Explanation of the Hotel Management

호텔경영의 이해

박대환 · 정연국

백산출판사

머/리/말

21세기 세계에서 가장 많은 고용을 창출할 수 있는 산업으로 호스피탈리티 부문을 꼽고 있다. 호스피탈리티산업은 호텔 · 외식 · 항공 · 여행 · 크루즈 · 카지노 · 엔터테인먼트 등을 포함하고 있다. 이 시대의 경제를 주도하는 미국은 벌써 이 부문에서 고용창출 1위를 자랑하고 있고, 아시아 · 태평양지역이 이 방향으로 발전해 가고 있는 것이 현실이다. 이는 호스피탈리티산업이 고부가가치를 창출하고, 각광받는 산업이 될 것임을 알려주는 신호라고 할 수 있을 것이다. 세계의 흐름에 발맞춰 우리나라 또한 관광산업을 국가전략산업으로 육성해 가고 있고, 관광산업의 꽃이라 불리는 호텔업의 발전은 재론의 여지가 없을 것이다. 따라서 이 분야에 시대를 앞서가는 인재를 양성해야 할 필요성이 대두되고 있음은 기정사실일 것이다.

본서는 이러한 시대적 요구에 의해 호텔경영전문가를 양성하는 데 꼭 필요한 실용학문을 정리하였으며, 필진은 호텔실무에 오랜 경험을 가진 교수와 이 분야 학문에 대한 깊이 있는 연구로 학문적 정진을 이룬 교수가 심혈을 기울여 만든 교재이다. 이 책은 호텔업에 관심을 가지고 있는 대학생, 현업근무자를 위한 학습교재로 사용될 수 있도록 구성하였으며, 제1장 호텔경영개요, 제2장 호텔경영 역사와 미래, 제3장 호텔기업 체인화, 제4장 호텔경영조직, 제5장 호텔지배인 역할과 기능, 제6장 호텔마케팅과 세일즈, 제7장 호텔객실영업, 제8장 호텔 객실관리, 제9장 호텔식음료영업, 제10장 호텔 컨벤션과 연회, 제11장 호텔부대시설영업, 제12장 호텔조리부서, 제13장 호텔안전관리 등을 기술하였다.

이 교재는 실용학문을 필요로 하는 시대의 흐름에 따라, 이 분야에 관심과 뜻이 있는 분에게는 크게 도움이 될 것으로 믿는다. 그러나 저자들의 학문과 경험만으로 호텔경영의 모두를 논할 수 없음을 안타깝게 생각하며 미진한 부분은 향후 더 발전시킬 것을 약속하는 바이다. 끝으로 이 책의 출판을 위해 수고를 아끼지 않으신 백산출판사 진욱상 사장님, 진성원 상무님, 그리고 편집진 여러분에게 진심으로 감사드린다.

2014년 3월
저자

차 례

Chapter 01

호텔경영개요

제1절 호텔의 정의

제2절 호텔의 분류

제3절 호텔기업의 특성

Chapter 01

호텔경영개요

제 1 절 호텔의 정의

1. 호텔경영의 의의

현대호텔경영은 호텔이라는 서비스기업을 대상으로 경영활동을 전개하는 것이다. 따라서 호텔경영은 경영학이라는 학문적 기반 위에 호텔이라는 특수한 서비스기업의 경영노하우와 현장경험을 바탕으로 기업을 경영하게 된다. 호텔경영의 이론적 배경이 되는 경영학은 조직체를 효과적으로 운영하는 지식을 습득하는 학문이다. 이를 구체화하면 호텔경영학은 호텔이라는 서비스 조직체에서 제공되는 하드웨어, 시스템 및 소프트웨어를 인사조직, 마케팅, 재무관리, 회계학, 생산관리, 정보시스템 등의 경영학적 체계를 통해 조직적으로 운영하여 훌륭한 산출물인 호텔의 이미지 제고와 재무적 성과를 극대화시켜 나가는 경영활동이다.

20세기 현대경영학 발전의 직접적인 계기는 18세기 산업혁명과 그 후 많은 학자들의 노력에서 찾을 수 있는데, 가내수공업자들이 물품을 한두 개씩 만들던 것을 공장이란 조직체에서 분업을 통해 대량으로 생산하게 되면서 조직이라는 공동체의 중요성을 인식하게 되었다. 이는 영국의 경제학자 아담 스미스(A. Smith), 수학자인 찰스 베비지(C. Babbage), 공상적 사회주의자인 로버트 오웬(R. Owen) 등이 기본적 틀을 제시하였던 것으로 특히 아담 스미스는 그의 저서 국부론에서 분업론을 주장하여 생산성의 극대화에 기여하였다. 또한 20세기 초 미국을 중심으로 대규모 공장과 대기업의 출현뿐만 아니라 철도, 도로, 통신 등의 기간산업체들이 산업화를 추진한 사회간접시설도 급격히 증가하였다. 그러나 당시 노동인력의 낮은 교육 수준과 경영자들의 비조직적인 회사경영 등은 기업발전의 걸림돌로 작용을 하게 되었다. 이즈음 현대 경영학의 시조라고 불려지는 미드베일 철강회사의 엔지니어였던 테일러(F. Taylor)는 1904년 경영학의 효시를 이룬 과학적 관리(The Scientific Management)를 경영학의 이론으로 제시하였다. 그가 제시한 경영관리의 주요내용은 과학적 작업방법의 연구, 과학적인 근로자의 선발, 차별 성과급제도, 분업 등을 실무에 적용할 수 있도록 체계화하였다. 이에 이어 벽돌공장 인부들의 작업 활동을 보다 빠르고 짧은 동작으로 능률을 올릴 수 있도록 연구한 길브레스(F. B. Gilbreth) 부부의 동작연구(Motion Study), 작업시간을 단축하기 위해 시간연구(Time Study)를 한 간트(H. Gantt) 등은 작업 활동을 과학화한 연구자들이었다. 그 후 포드(H. Ford)는 자동차 생산공정관리를 컨베이어벨트시스템을 이용하여 공정을 간소화, 표준화, 전문화하므로 비용절감에 획기적인 장치를 만들게 되었다. 이에 따라 생산 판매된 자동차모델 T는 튼튼하고 값싸게 대량생산되어 박리다매로 대중화에 성공함으로써 과학적 관리가 경영이론으로 확고하게 자리를 잡게 되었다. 이러한 포디즘(Fordism)을 호텔산업에 과감히 도입한 사람은 엘즈워드 스타틀러(E. M. Statler)로서 그는 호텔이란 고급스럽고 값이 비싸기 때문에 특정인들만 출입한다는 고정관념을 과감히 탈피하여 일반대중에게 적절한 가격에 우수한 서비스상품을 제공하여 큰 성공을 거둔 최고의 호텔경영인이었다.

호텔산업은 관광서비스업의 핵심인 환대산업(hospitality industry)에 속하며, 여기에는 호텔을 비롯한 숙박업, 외식업, 엔터테인먼트(entertainment) 등을 포함하게 된다. 관광서비스업은 관광 기념품을 중심으로 한 상품관련업, 이동을 위한 각종 교통관련업, 관광목적지 및 채류지에서 일어나는 각종 행사 및 이벤트 등 관광활동 등이 포함되어 매우 큰 산업 규모로 발전해 가고 있다. 따라서 호텔관련업은 고용효과가 가장 큰 서비스업으로 호텔이라는 특수한 개별기업의 중장기 발전에 따른 투자 및 재무관리, 회계, 인사관리, 마케팅 및 정보시스에 대한 메카니즘을 고객지향적인 방법으로 운영하는데 필요한 경영관리 기법을 연구하고, 습득하여, 실행하는 서비스기업 활동이라고 하겠다.

2. 호텔경영의 사전적 정의

오늘날 우리가 의미하는 호텔의 개념은 우리들이 일상적으로 생활하는 범주의 기본단

위인 가정(home)을 확대한 것으로 생각하면 쉽사리 이해될 수 있다. 즉 "가정을 떠난 가정(a home away from home)"의 뜻으로 사랑하는 가족이 있는 집처럼 안락하고 편안한 가정의 분위기를 포함하는 숙박시설인 것이다.

'Hospitale'란 현대어로 병원에 가까운 의미로 해석되고 있으나 「Webster's Dictionary」에서는 "A place of shelter and rest for travelers"로 기술하여 병원의 기능과 호텔의 기능이 합해진 숙소의 역할을 하는 공간으로 'Hospitale'는 여행자의 숙소 또는 휴식의 장소이며, 병자나 부상자를 치료하고 간호하는 시설로 볼 수 있겠다. 전자의 성격이 발전하여 Hostel(여인숙), Inn(여관) 또는 현대의 Hotel(호텔)이 되었고, 후자의 성격이 지금의 Hospital(병원)이 된 것으로 파악된다.

그림 1-1 호스텔

한편 호텔의 기원에 관한 또 다른 견해는 당초 파리의 도심지에 프랑스 귀족들의 사교장으로서 귀족들의 큰 저택들이 이용되었고, 차츰 대중들에게 알려지면서 이곳은 '친절한 접대(gracious hospitality)'가 있는 특별한 곳이라고 여겨졌다. 이 낱말 역시 미국 독립전쟁 당시 조지 워싱턴과 막역한 친구였던 라피엣 장군(General Lafayette)이 미국으로 가져온 여러 개의 외래어 가운데 하나로서 'Hotel'이란 용어가 있었다고 전하고 있다. 뿐만 아니라 'Gracious Hospitality'는 Host와 Hostess라는 말도 포함하는 포괄적인 환대의 표시로, Host와 Hostess는 우리말로 주인(主人) · 주부인(主婦人)으로 해석되며, 환대(hospitality) · 예의(courtesy)를 최대한으로 발휘하는 것을 의미하고 있는 것으로 보아 Hotel은 고객에 대한 친절한 봉사와 예의를 최대한 요구하고 있는 것으로 볼 수 있다.

위의 내용들을 살펴보고, 「Webster's Dictionary」에서 현대적 호텔을 정의한 것을 보면

"A building or an institution providing lodging, meals, and service for the public"이라고 기술하고 있는 것을 토대로 "호텔이란 일반대중에게 호텔이 가진 최상의 인적, 물적, 시스템적 서비스를 동원하여 고객에게 숙박과 식음료, 각종 연회행사 및 국제행사, 부대시설을 활용한 제반 이벤트 등을 수시로 제공하는 영리 서비스기업이다"라고 정의할 수 있겠다.

3. 호텔경영의 법적 정의

호텔의 정의를 영미 법률에서 살펴보면, 호텔이란 예절 바른 접대에 대한 지불능력 및 준비가 되어 있는 모든 사람에게 시설의 여유가 있는 한 수용이 허락되며, 체재 중에는 타당한 대가를 지불하고서 식사, 침실 등을 제공받으며, 그 건물을 임시 가정으로 이용하는 데 필연적으로 부수되는 서비스와 관리를 받을 수 있는 장소이다.

일본의 호텔 관계법령(국제관광호텔 정비법, 1949년 7월 30일 제정, 1980년 11월 24일 개정)에는 "외객의 숙박에 적합한 양식 구조 및 설비를 갖고 지어진 시설"이라고 규정하고 있다. 이는 호텔의 기본적 개념 이전에 관광사업진흥을 목적으로 한 국가적 견지에서 규제요건을 설정한 개념이다.

중국의 경우는 관광발전조례(1969년 7월 30일 제정, 1980년 11월 24일 개정)에 의하면 "관광호텔업이란 관광호텔을 경영함에 있어서 관광객을 접대하고 숙박 및 서비스를 제공하는 사업을 말한다"라고 정의하고 있다.

우리나라의 경우에도 1961년 제정 공포된 관광사업진흥법에 다음과 같이 관광호텔의 개념을 규정하고 있다.

"관광호텔업이라 함은 외국인 숙박에 적합한 구조 및 설비를 갖춘 시설에서 관광호텔 또는 이와 유사한 명칭을 사용하여 사람을 숙박시키고 음식을 제공하는 업"으로 규정하여 전항의 여러 개념과 근본취지에 부합하는 일면을 보여 주고 있다. 이에 우리는 호텔의 개념을 다음과 같이 집약된 개념으로 표현하게 된다.

호텔은 일정한 지급능력이 있는 사람에게 객실과 식음료를 제공할 수 있는 시설을 갖추고 예의 바른 종사원이 조직적으로 서비스용역을 제공하여 그 대금을 받는 사업체다. 호텔이 고객을 위한 숙박장소임에는 여관과 동일하다. 그러면 호텔과 여관은 어느 정도의 자본과 기업규모의 대소, 시설의 우열 등으로 구분할 것인가 하는 문제가 제기된다. 오늘날 세계 각국에서는 그들 국가의 법령으로 관광호텔의 등록기준을 일정한 시설과 인적 요건으로 규제하고 있다. 따라서 우리나라도 관광진흥법 제3조 제1항 2호에서 관광숙박업을 정의하고 있다.

1) 호텔업

관광객의 숙박에 적합한 시설을 갖추어 이를 관광객에게 제공하거나 숙박에 부수되는 음식 · 운동 · 오락 · 휴양 · 공연 또는 연수에 적합한 시설 등을 함께 갖추어 이를 이용하게 하는 업으로 규정하고 있다.

또한 동법 시행령 제2조의 2에서 호텔업의 종류를 다음과 같이 규정하고 있다.

(1) 관광호텔업

관광객의 숙박에 적합한 시설을 갖추어 이를 관광객에게 이용하게 하고 숙박에 부수되는 음식, 운동, 오락, 휴양, 공연 또는 연수에 적합한 시설을 함께 갖추어 이를 관광객에게 이용하게 하는 업을 말한다.

(2) 수상관광호텔업

수상에 구조물 또는 선박을 매어놓고 관광객의 숙박에 적합한 시설을 갖추거나 부대시설을 함께 갖추어 이를 관광객에게 이용하게 하는 업을 말이다.

(3) 한국전통호텔업

한국전통의 건축물에 관광객에 관광객의 숙박에 적합한 시설을 갖추거나 부대시설을 함께 갖추어 관광객에게 이용하게 하는 업을 말한다.

(4) 가족호텔업

가족단위 관광객의 숙박에 적합한 시설 및 취사도구를 갖추어 관광객에게 이용하게 하거나 숙박에 딸린 음식 · 운동 · 휴양 또는 연수에 적합한 시설을 함께 갖추어 관광객에게 이용하는 업을 말한다.

(5) 호스텔업

배낭여행객 등 개별관광객의 숙박에 적합한 시설로서 샤워장, 취사장 등의 편의시설과 외국인 및 내국인 관광객을 위한 문화 · 정보 교류시설 등을 함께 갖추어 이용하게 하는 업을 말한다.

2) 휴양콘도미니엄업

관광객의 숙박과 취사에 적합한 시설을 갖추어 이를 당해 시설의 회원 · 공유자 기타 관광객에게 제공하거나 숙박에 부수되는 음식 · 운동 · 오락 · 휴양 · 공연 또는 연수에 적합한 시설 등을 함께 갖추어 이를 이용하게 하는 업을 말한다.

제 2 절 호텔의 분류

호텔경영학을 연구하는 학자들은 보다 깊이 있는 연구 활동을 통해 호텔의 인력관리, 마케팅, 재무관리, 회계, 생산관리, 경영정보시스템 등으로 구분하여 업무를 집중적으로 추진하므로 많은 성과를 내고 있다. 호텔을 연구할 때, 그 호텔이 처해져 있는 환경이 매우 중요한 요인으로 등장하게 된다. 뿐만 아니라 실제로 호텔경영에 참여하는 임직원에게도 호텔의 분류는 매우 중요한 배경이 되기도 한다. 일반적으로 호텔을 분류할 때, 위치에 따라, 고객의 이용목적에 따라, 시설수준에 따라, 규모에 따라, 고객의 체재기간에 따라, 이용요금의 지불방법에 따라, 불려지는 명칭에 따라, 경영 및 자본형태에 따라 분류하게 된다.

표 1-1 호텔의 분류

분　류	내　용
위치에 따른 분류	도심호텔, 교외호텔, 휴양지, 에어포트호텔, 시포트호텔, 스테이션호텔, 하이웨이모텔
이용목적에 따른 분류	상용호텔, 컨벤션호텔, 리조트호텔, 카지노 호텔
시설수준에 따른 분류	전관 특실호텔, 고급호텔, 중가호텔, 중저가 호텔
규모에 따른 분류	초대규모호텔, 대규모호텔, 중규모호텔, 소규모호텔
고객의 체재기간에 따른 분류	장기체재호텔, 단기체재호텔
이용료의 지불방법에 따른 분류	아메리칸 플랜, 유로피안 플랜, 컨티넨탈 플랜
불려지는 명칭에 따른 분류	호텔, 모텔과 모터호텔, 인, 유스호스텔, 보텔, 펜션, 롯징, 캡슐호텔
경영 및 자본형태에 따른 분류	독립경영호텔, 체인호텔

1. 위치에 따른 분류

1) 도심호텔(Downtown Hotel)

도심호텔은 도시의 중심지에 위치한 호텔로서 시티호텔(city hotel)이라고도 불린다. 보통 도시의 비즈니스와 쇼핑 등이 원활히 이루어지는 도시의 중심가에 위치하여 교통이 편리할 뿐만 아니라 비즈니스를 위한 다양한 시설을 갖추고 있어 주로 상용, 공용 또는 도시를 방문하는 관광객들이 많이 이용한다. 또한 연회장, 전시장 등이 있어 도시민들이 사교의 장으로나 공공장소 등으로도 사용된다. 시티호텔은 대부분 다른 호텔보다는 식음료 매출이 높고 주중 객실점유율이 주말보다 높다.

그림 1-2 도심호텔

2) 교외호텔(Suburban Hotel)

교외호텔은 시티호텔과는 달리 도시를 벗어난 한가한 교외에 위치한 호텔을 말한다. 교외호텔은 공해, 소음, 주차장의 어려움을 갖고 있는 도심지 호텔에 비하여 토지가격이 상대적으로 싸고 중심지역의 슬럼화와 호텔 부지 부족의 현상으로 호텔이 교외로 진출하는 것으로, 비교적 넓은 주차장을 가지고 있으며 또한 공기와 경치가 좋은 곳에 위치하기 때문에 자동차 여행객의 증가와 더불어 급격히 확대되고 있다.

그림 1-3 교외호텔

3) 휴양지호텔(Vacational Hotel)

휴양지호텔은 주로 관광이나 휴양을 즐기기 위한 여행객을 대상으로 건립된 호텔로 보통 리조트호텔(resort hotel)이라고 불린다. 리조트호텔은 주로 휴양지나 관광지에 건립되며 다양한 부대시설을 갖추고 있다. 리조트 호텔이 입지한 경우에 따라 다소 차이는 있지만 대부분의 리조트호텔은 사우나, 수영장, 테니스장과 같은 스포츠 시설과 동계 리조트에서는 스키나 눈썰매를 즐길 수 있는 시설도 갖추고 있으며, 이외에도 골프, 하이킹, 요팅(yachting) 등 호텔의 위치 또는 주변 조건에 따라 다양한 시설을 갖추고 있다.

그림 1-4 휴양지호텔

4) 에어포트호텔(Airport Hotel)

공항호텔은 공항근처에 위치하여 비행편의 연결을 위하여 기다리는 항공 여행객이나 항공기 승무원을 위한 호텔로 시작하였다. 에어포트호텔의 발전은 항공기를 이용하는 여행객의 증가와 공항의 거대함에 따라 도심과 거리가 멀어져 도심지 호텔 이용을 기피하려는 여행객이 증가하여 빠른 속도로 발전하고 있다. 즉 항공기를 이용하는 여행객 중 시간과 경비의 절약을 위해 공항근처에 있는 호텔을 선호하기 때문에 이들 고객을 대상으로 한 호텔이다. 국내는 국토의 협소로 인하여 항공여행이 일반화되지 않아 이렇다 할 공항호텔이 없었지만 2000년대 인천국제공항의 개장으로 하얏트리젠시와 베스트웨스턴이 개업하였고, 타 투자자들도 사업성을 주시하고 있는 상태이다.

그림 1-4 에어포트호텔

5) 시포트호텔(Seaport Hotel)

시포트호텔은 에어포트호텔과 동일한 성격으로 항구에 위치하여 발전된 호텔로서 선박을 이용하는 여행객이나 선원들을 위하여 설립된 호텔이다. 시포트호텔은 기항선객의 편의를 제공하기 위해 교통이 편리한 위치에 있다는 것으로 일반 호텔과 특별히 구분되는 것은 거의 없고, 다만 항만부두에 인접해 있는 것만 다를 뿐이다.

6) 스테이션호텔 (Station Hotel)

철도역 근처에 위치한 호텔을 지칭하는 것으로 유럽에서 흔히 있는 호텔이다. 유럽에서는 유레일(Eurail)이 발전하여 철도를 이용하는 여행객이 많아 이들을 위하여 각 국의 주요 도시역마다 스테이션호텔이 많다. 미국의 경우에는 항공기의 이용이 보편화되기 전에는 철도를 많이 이용하였기 때문에 20세기 중반까지는 역전 호텔이 매우 성행하였다. 국내에서도 1960년대까지는 철도청에서 전국 곳곳에 여러 호텔을 경영하였다.

7) 하이웨이모텔(Highway Motel)

모텔은 자동차 여행객을 위해 고속도로에 인접하여 설립된 호텔을 말한다. 모텔이란 원래 자동차 여행자용의 호텔이라는 "Motorist's Hotel"의 약어를 일컫는 말이나, 현재에는 호텔과는 달리 사용되고 있다.

모텔은 자동차의 보급과 고속도로의 발달로 자동차 여행객이 급격히 증가하자 이들을 위하여 자동차의 주차와 함께 숙박할 수 있도록 한 숙박시설이다. 모텔은 도시나 교외에 위치하는 비즈니스 모텔과 고속도로 근처에 있는 하이웨이 모텔이 있고, 규모는 대개 50실 내외이다.

모텔은 대부분 셀프서비스의 형식으로 운영되며, 호텔보다는 비교적 이용하기 편리하게 1~2층의 단층으로 되어 있고, 객실 바로 앞에 자동차를 주차할 수 있게 되어 있다. 모텔의 숙박객 체제기간은 통상 1~2일 정도이다. 모텔은 등록절차도 간단하며, 예약 또한 필요하지 않다. 모텔은 큰 도로변에 위치하므로 차량으로 이동하면서 빈객실의 유무를 확인할 수 있도록 "VACANCY" 또는 "NO VACANCY"라는 사인(sign)을 볼 수 있게 해 둔다.

그림 1-6 하이웨이모텔

2. 이용목적에 따른 분류

1) 상용호텔(Commercial Hotel)

상용호텔로서 비즈니스호텔(business hotel)이라고도 불린다. 상용호텔은 대부분 도시의 중심지에 위치하여 주로 상용 목적을 가진 단기체재의 여행객을 대상으로 영업을 하게 된다. 이들이 호텔에서 업무를 보는데 불편함이 없도록 팩스, 복사기, 컴퓨터, 프린터기 등 사무기기를 갖춘 비즈니스 센터를 운영하며 객실 외에 다양한 부대시설을 운영한다. 각종 소규모 회의를 할 수 있는 회의시설과 업무를 위한 거래자와의 접촉이나 상담을 할 수 있는 다양한 업무기기들을 갖추고 있다. 또한 '호텔 안에 작은 호텔(a small hotel within a hotel)'이라고 불려지는 귀빈층(executive floor)을 운영하기도 한다. 그러나 상용호텔의 주 고객은 상용목적을 가진 여행객이지만, 단체 관광객이나 개인 관광객 등 다양한 고객이 이용할 수 있으며, 실제로 대부분의 상용호텔이 교통이 편리한 도심에 위치하고 있어 많은 관광객이 이용하는 편이다.

그림 1-7 상용호텔

2) 컨벤션호텔(Convention Hotel)

각종 회의를 유치하기 위해 지어진 호텔로서 일반 호텔보다는 비교적 규모가 크며, 회의에 참석하기 위해 투숙하는 고객들을 충분히 수용할 수 있는 객실을 가지고 있다. 컨벤션 호텔은 각종 회의를 치르기에 충분한 대회의장 및 주차장 설비가 완비되어 있으며 다양한 연회장이나 전시시설, 그리고 통역시설, 영상과 영화를 감상할 수 있는 시설 등도 갖추게 된다. 최근에는 원격화상회의시설, 컴퓨터를 이용한 각종 회의시스템 등을 보유하는 호텔도 증가하고 있다.

컨벤션호텔은 투숙객들을 한꺼번에 많이 유치하여 동시에 식사를 할 수 있는 제반 시설과 공간, 주방, 그리고 식음료 서비스를 위한 충분한 인력이 확보되어야 한다.

그림 1-8 컨벤션호텔

3) 리조트호텔(Resort Hotel)

리조트호텔은 휴양지에 위치한 호텔로서 휴양을 즐기고 건강을 회복하고자 하는 여행객을 위한 호텔이다. 입지의 특성상 리조트호텔은 해안, 산악, 온천지, 피서지, 피한지 등에 위치하기 때문에 경영의 특성을 가진다. 리조트호텔은 여행 시즌에 고객이 몰려드는 성수기(on season)와 반대되는 비수기(off season)가 뚜렷하여 호텔의 수입이 불안정하며, 또한 입지적 조건으로 인해 시설의 유지 · 보수가 다른 호텔에 비하여 그 훼손도가 높아 상대적으로 경영의 어려움을 가져온다. 뿐만 아니라 그 인근 지역의 자연자원에 훼손이 생기면 고객의 이용이 크게 줄게 된다. 최근에는 비수기의 객실점유율 하락을 막기 위하여 컨벤션유치에 심혈을 기울이고 있다.

그림 1-9 리조트호텔

4) 카지노호텔(Casino Hotel)

카지노호텔이란 호텔 내에 카지노 시설을 갖추고, 이를 이용하려는 고객을 주로 유치하는 호텔로서 호텔의 객실, 식음 기타 업장 수입보다 카지노의 수입이 더 많은 호텔이다.

경영형태는 별도의 법인으로 운영되기도 하지만 고객의 입장에서는 호텔의 명성과 카지노 시설 및 서비스를 동일시하게 된다. 세계적으로 카지노 호텔이 군집된 곳은 미국의 서부 라스베이거스와 동부 아틀랜틱이며 아시아에서는 마카오를 카지노 호텔 군집지역으로 분류한다. 국내에는 전체 16개 사업체 중에 8개가 제주도에 허가되어 있어 제주도를 카지노호텔 군집지역으로 볼 수 있다.

카지노호텔은 연중 고객을 유치하기 위한 다양한 엔터테인먼트 프로그램을 개발하고, 이를 마케팅하고 있으며, 라스베이거스의 호텔들은 권투세계타이틀전을 유치하기도 하고, 연일 호화로운 쇼를 보여주기도 한다. 뿐만 아니라 프로모션의 일환으로 세계적인 골프경기를 카지노 호텔 비즈니스에 활용하기도 한다.

그림 1-9 카지노호텔

표 1-2 우리나라 카지노 업체 현황(2013년 12월 31일 현재)

시 · 도 / 계	서울	부산	인천	강원	대구	제주
17	3	2	1	2	1	8

※강원도에 소재하는 강원랜드는 내국인 출입가능 카지노임.

3. 시설수준에 따른 분류

1) 전관특실호텔(All Suite Hotels & Resorts)

상업중심지나 고급스런 리조트지역에 호화롭고 넓은 객실과 식음시설 및 다양한 부대시설을 갖추고, 매우 고급스런 서비스를 제공하는 호텔로서, 각종 시설 및 이용료도 높게 책정 되어 있다. 객실의 크기는 일반객실의 두 배정도 또는 그 이상이 보통이며, 객실 내의 시설은 비즈니스나 휴양에 적합한 최첨단 시설을 갖추고 있다. 세계적인 호텔체인들이 앞세우는 브랜드들이 이런 범주에 들어간다.

그림 1-11 전관 특실호텔(상업중심지역, 리조트 지역)

2) 고급호텔(Deluxe Hotels, Full Service Hotels)

호텔의 시설이 비교적 호화스럽고 고급스러운 호텔을 지칭한다. 따라서 호텔의 건립에 대규모 자본이 투자되며, 따라서 요금도 비교적 높은 호텔이다. 딜럭스 호텔의 객실은 보통 호텔보다는 넓으며, 또한 다양한 장식을 하여 고급스럽게 만들며, 식음료 영업장은 물론 다른 부대시설 등도 다양하고 호화스럽게 만든다. 체인본부의 대표적인 브랜드로서 Marriott, Hyatt, Westin, Ritz Carlton, Renaissance, Sheraton, Four season 등이 여기에 속한다.

그림 1-12 고급스런 호텔들

3) 중가호텔(Superior Hotel, Limited Service Hotels)

객실 요금이 보통수준으로 특급호텔보다 싸지만 이코노믹 호텔보다는 비싼 호텔로 보통 수준의 호텔을 지칭한다. 현재 세계적으로 가장 큰 시장을 가지고 있다. Holiday Inn, Ibis, Crown plaza 등이 여기에 속하며, 1980년대 메리어트호텔그룹이 중저가 시장에 뛰어들기 위해 'COURTYARD by Marriott' 브랜드를 출시하였다.

그림 1-13 중가호텔

4) 저가호텔(Economic Hotel, Sleeping Rooms)

객실 요금이 저렴하나 한정된 서비스를 제공하는 호텔을 말한다. 단기 출장객을 대상으로 객실과 간단한 조식을 제공하거나 비즈니스에 필요한 시설과 장비를 제공하는 호텔의 형태로써 이러한 수준의 호텔로서 우리나라에는 베스트웨스턴 그룹이 진출해 있다. 우리나라에서는 한국관광공사가 추진하고 있는 BENIKEA 브랜드가 여기에 속한다고 하겠다.

그림 1-14 저가호텔

4. 규모에 따른 분류

1) 초대규모호텔(Mammoth Hotel)

800여실 이상의 객실을 갖춘 국제적 규모의 호텔로서 국제 비즈니스 고객, 컨벤션 고객, 관광단체 등을 다양하게 수용할 수 있는 규모의 호텔이다. 이러한 호텔은 연회장 영업이 매우 활성화 되어 있는 게 보편적이다. 우리나라의 특1등급호텔(deluxe hotel)이 여기에 속한다.

그림 1-15 초대규모호텔

2) 대규모호텔(Large Hotel)

300~500실 내외의 규모로서 우리나라에서는 특급호텔의 범주에 들어가며 외국인 단체 고객이나 지역모임, 일정규모의 국제회의 등을 유치할 수 있는 규모의 호텔이다. 대개 5~6개의 식당과 연회시설을 갖추고 있으며 위치에 따라서는 식음료 매출이 객실 매출을 앞서는 영업의 형태를 갖추고 있다.

그림 1-16 대규모호텔

3) 중규모호텔(Average Hotel)

100~250여실 내외의 호텔로서 지역 커뮤니티센터의 역할을 잘 수행할 수 있는 호텔이라 할 수 있다. 객실, 그리고 중소규모 가족연과 결혼식 등으로 지역사회에 기여하게 된다. 우리나라 호텔의 객실수는 50% 이상이 중규모호텔에 속한다.

그림 1-17 중규모호텔들

4) 소규모호텔(Small Hotel)

50여실 내외의 가족적 호텔 기업을 소규모호텔이라고 한다. 이러한 호텔은 객실 중심의 영업을 이행하며, 커피숍을 겸한 식당(three meal restaurant)정도의 부대시설을 갖추고 있다.

그림 1-18 소규모호텔

5. 고객의 체재기간에 따른 분류

1) 장기숙박호텔(Residential Hotel)

일반적으로 호텔이 단기 체재객을 위주로 운영되는데 비하여 장기숙박호텔은 장기 숙박객을 위주로 운영되기 때문에 경영 및 시설의 설비도 이에 맞추어져 있다. 장기숙박호텔은 다른 호텔과는 달리 객실 내에 주방시설들을 갖추고 있으므로 이에 따라 식음료 영업장 등은 비교적 소규모이며 객실판매를 위주로 한다. 장기 숙박호텔이 아파트먼트와의 차이는 호텔식의 메이드 서비스가 있으며, 또한 식사와 음료서비스가 제공되는 식당을 갖추고 있는 것이다. 보통 최소 숙박계약기간은 15일이다. 국내에서 대표적인 장기숙박호텔은 그랜드힐튼 호텔과 쉐라톤워키힐의 타워이다. 최근에는 오피스텔형의 장기투숙 숙박시설도 성행하고 있어 호텔사업을 원용하기도 한다.

그림 1-19 장기숙박호텔

2) 단기체재호텔(Transient Hotel)

보통 대부분의 호텔은 단기체재호텔로서 단기로 호텔을 이용하는 고객을 주 대상으로 영업하는 호텔이다. 단기체재호텔은 역이나 공항 근처에 입지하여 이곳을 이용하는 고객을 주 대상으로 하는 호텔과 시내 중심가에 위치하여 상용고객을 주 대상으로 하는 호텔로 구분할 수 있다.

6. 이용요금 지불방식에 의한 분류

1) 아메리칸 플랜(American Plan)

이 제도는 호텔주변에 별다른 식당이 없던 시대에 호텔 중심적인 요금산정 방법을 고객에게 요구해 왔던 것으로 주로 미국 서부 개척시대에 활용되었던 요금제도이다. 아메리칸 플랜을 적용하는 호텔은 객실요금에 아침, 점심, 저녁 식사를 포함하여 계산하게 된다. 그러나 시대의 흐름에 따라 이 제도의 실효성이 없게 되자 아침식사와 점심식사 또는 저녁식사를 포함하는 변형된 요금제도가 만들어져 수정 아메리칸 플랜(Modified American Plan)을 적용하기도 한다.

2) 유로피안 플랜(European Plan)

대부분의 호텔들이 적용하는 요금제도이며, 객실요금과 그 밖의 식음요금, 부대시설요금을 구분하여 별도로 적용하는 요금제도이다.

고객은 식사를 포함하는 요금을 강요받지 않으며 식성과 취향에 맞는 식사를 호텔 내부나 외부에서 자유롭게 할 수 있다. 뿐만 아니라 경비도 절감할 수 있고, 고객의 입장에서는 가장 선호하는 요금제도이다.

3) 컨티넨탈 플랜(Continental Plan)

이 제도는 주로 유럽지역의 호텔들이 적용하는 요금제도로서 객실요금에 아침식사를 포함하여 계산하는 요금제도이다. 객실에 투숙하고 아침에 외부의 마땅한 식당을 찾기에는 심리적, 시간적 여유가 없을 수 있는데, 이 때 상대적으로 저렴한 조식을 제공받을 수 있어 활용하기에 편리하다. 아메리칸 플랜에서 조식이 계산에 포함되는 것과는 다르게 빵과 토스트, 쥬스, 커피나 홍차 등 보다 간편한 식사가 제공된다. 우리나라에도 특급호텔들이 귀빈층을 중심으로 대륙형 조식(Continental Breakfast)을 제공하는데 이 제도의 확대된 개념으로 볼 수 있다.

그 밖에 아메리칸 플랜, 유로피안 플랜을 고객의 요청에 의해 제공해 주는 것을 혼합식 요금제도(Dual Plan, Burmuda Plan)라고 한다.

7. 명칭에 따른 분류

1) 호텔(Hotel)

여러 등급의 숙박시설의 명칭 중 제공되는 서비스, 시설, 규모, 경영형태, 국제화 등의 측면에서 상층부에 있는 것을 호텔이라고 할 수 있다. 미국의 경우 시설이 나쁘고 서비스가 형편없는 곳에서도 호텔이라는 명칭을 쓰는 곳도 있으나 대부분은 시설과 서비스가 다른 곳보다 우월하고 가격도 비싼 곳을 호텔이라는 명칭을 사용하고 있다. 국내에서는 호텔이라는 명칭사용은 법적인 기준을 충족시키고, 관련기관에 등록하여야 사용할 수 있다.

2) 모텔(Motel)과 모터호텔(Motor Hotel)

모텔은 자동차 여행객이 편리하게 사용할 수 있도록 설계되어진 숙박시설로서 가격이 저렴하며, 주로 고속도로 주위에 위치하고 규모 면에서는 50실 내외이다. 규모가 크고 시설과 서비스가 좋은 모텔을 모터 호텔이라고 하나 그 범주는 정확치가 않다.

그림 1-20 모터호텔

3) 인(Inn)

인(inn)은 현대적 의미의 호텔이 등장하기 이전에 나타난 초기적 숙박시설을 말한다. 따라서 오늘날 호텔에서 제공하는 시설보다 간결한 내용의 숙박시설로 저가의 숙박시설이다.

그림 1-21 여관

4) 유스호스텔(Youth Hostel)

유스호스텔은 대량관광(Mass Tourism)의 일환으로 발전한 청소년 여행, 즉 유스 트래블(youth travel)과 직결되어 성장을 보여주고 있는 젊은이를 위한 숙소를 말한다. 호텔이나 다른 숙박시설이 영리를 목적으로 하는데 비하여 유스호스텔은 경제력이 부족한 청소년들이 여행을 통하여 심신의 단련을 도모하며, 나아가서는 여행 중 단체생활을 익힘으로써 봉사와 우애의 정신, 그리고 국토보호의 정신을 함량케 하며 학교교육의 재확인을 기대할 수 있는 성과를 위하여 마련된 공공적 성격이 강한 숙박시설이다. 유럽에서 크게 발달되어 왔으며, 세계적으로 확산되어 가고 있다. 우리나라에는 서울에 올림픽파크텔, 부산에 아르피나 등이 있다.

그림 1-22 유스호스텔

5) 보텔과 크루즈(Boatel & Cruise)

보텔(boatel)은 시텔(seatel), 리버텔(rivertel), 플로텔(floatel) 등과 같이 수면 위에 있는 모든 숙박시설을 총칭하는 것으로 주로 폐선이 된 호화유람선을 개조하여 보텔로 사용하고 있다. 뿐만 아니라 타이타닉과 같은 호화유람선(cruise)도 보텔로 분류된다.

그림 1-22 보텔(크루즈)

6) 펜션(Pension)

펜션은 유럽에서 발전된 전형적인 하숙집 숙박시설이다. 비교적 소규모의 객실을 가지고 있으며 제한된 서비스를 하는 곳으로 숙박비가 저렴하다. 단기 체재객보다는 장기 체재객에게 할인요금의 혜택을 주며 요금제도도 1박에 3식을 포함하는 풀 펜션(full pension)과 1박 2식을 포함한 세미펜션(semi pension) 등이 있다. 우리나라는 2000년대 가족관광의 붐을 타고 제주도와 남해안에 대규모의 펜션마을이 조성되어 있으며, 주로 가족여행객이나 학생 연수 고객들을 대상으로 영업활동을 하고 있다.

그림 1-24 펜션

7) 롯지(Lodge)

롯지는 펜션과 큰 차이는 없으나 그 명칭이 풍기듯 독특하고 아름다운 이미지를 갖는 전형적인 프랑스의 시골 숙박시설이다. 국가의 보호와 지도 아래 프랑스 관광사업의 진흥을 위하여 지원을 받고 있는 시설로서 보통 30~50개의 객실을 보유하고 있다. 미국에도 이러한 명칭을 사용하는 많은 중저가의 숙박시설이 있다.

그림 1-25 롯지

8) 캡슐호텔(Capsule Hotel)

1990년대 초반부터 일본의 도심을 중심으로 발전한 호텔의 형태이며, 좁은 객실공간에 침대, 샤워실, 화장실, TV 등 아주 기본적인 시설만 갖춰진 작은 객실이다. 주로 출장, 장거리 여행 시 잠시 체류하는 도심호텔이라고 할 수 있다.

그림 1-26 캡슐호텔

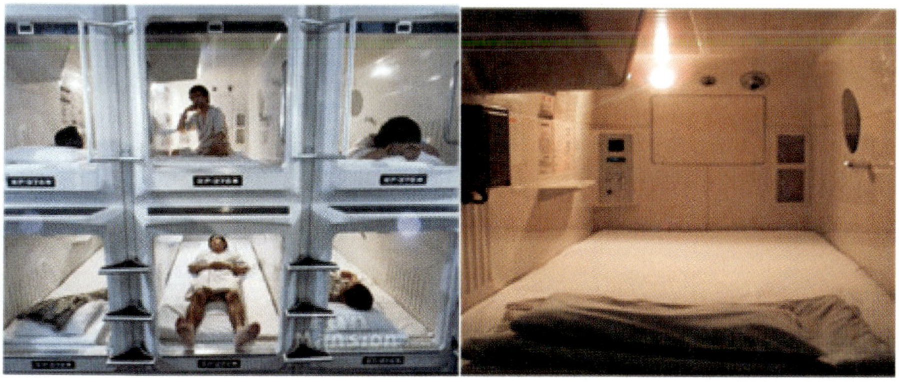

8. 경영 및 자본형태에 따른 분류

1) 독립경영호텔(Independent Hotel)

소유주가 호텔에 직접 투자하여 경영하는 방식이다. 체인호텔에 비하여 의사결정이나 경영정책에 대하여 간섭이나 규제를 받지 않아 비교적 자유로운 경영을 하는 호텔 경영 방식이나 경영 노하우의 부족이나 다른 체인호텔의 이점을 누리지 못할 경우 경영상의 위험이 체인 호텔보다는 높다고 하겠다.

2) 체인호텔(Chain Hotel)

단독호텔이 독자적인 경영을 통해 성장의 한계성을 나타낼 때 여러 호텔을 엮어 체인화하므로 규모의 경제를 실현할 수 있게 된다. 20세기에 접어들면서 세계적인 호텔들이 체인화를 모색하고 고객수요에 따른 다양한 브랜드를 개발하여 체인화를 발전시켜 왔다.

모(母)회사 역할을 하는 체인본부는 전문인력 활용, 공동마케팅 활동, 대량의 예약망 활용, 공동구매 및 배송, 공동투자 등을 앞세워 브랜드를 키워가고 있으며, 상호, 건축양식, 실내장식, 로고와 색상, 서비스의 표준화로 보다 체계적이고 전략적으로 시장을 확대해 가고 있다.

① 본사직영호텔(Chain-Owned Hotel)

체인본사가 직접 투자하여 경영하는 호텔로 체인의 명성에 걸맞는 규모의 호텔을 건립하여 운영한다. 보통 지역본부(regional headquarter) 역할을 하기도 하며 지역 체인호텔 종사원의 교육장소로 활용되기도 한다.

② 임차경영호텔(Leased Hotel)

토지 및 건물의 투자에 대한 자금 조달능력을 충분히 갖고 있지 않은 개인 또는 법인이 제3자의 호텔을 일정한 계약에 의하여 임차하여 운영하는 방식이다. 호텔의 임대인은 호텔 내·외부 시설뿐만 아니라 비품이나 가구 등에 대한 투자를 하고, 임차인은 이를 임차계약에 의한 일정한 임차료를 지불하고 경영하는 경우가 보통이고, 이때 임차료는 영업실적과는 관계없이 임대인에게 지불하는 경우와 영업실적에 따라 일정한 비율로 지불하는 경우, 그리고 앞의 두 가지를 혼합하여 지불하는 방식을 택하게 된다.

③ 위탁경영호텔(Management Contract Hotel)

경영관리기술을 제공하는 방식으로 일명 힐튼(Hilton)방식이라고도 부른다. 경영 노하우(know-how)를 가지고 있는 호텔이 계약을 통해 다른 호텔을 경영하는 방식이다. 경영계약호텔은 가맹본부로부터 여러 가지 지원을 받는 것은 물론 가맹본부로부터 호텔의 총지배인을 비롯한 주요 전문가를 파견 받아, 이들이 직접 경영하는 방식으로 위탁경영에 따른 경영료(management fee)를 지불하는 것을 말한다. 경영위탁호텔은 프렌차이즈 호텔과 여러 가지 점에서 유사하나, 경영위탁호텔에서는 호텔의 총지배인을 포함하여 중요 스탭들을 본부에서 파견하여 직접 경영을 담당하는 반면에, 프랜차이즈 호텔에서는 총지배인을 포함하여 인력을 파견하는 경우는 없는 것이 차이점이다. 위탁경영호텔의 체인본부에서 지원받는 영역은 우수한 전문가의 파견, 공동마케팅활동, 공동구매와 배분, 체인호텔의 예약망 활용, 공동투자, 창업 준비 등으로 나열될 수 있다. 이러한 경영방식의 대상호텔은 대규모이거나 고급호텔들이 주류를 이루고 있다.

④ 조인트 벤처(Joint Venture)

자본제휴를 통해 호텔을 설립하여 운영하는 것을 말한다. 보통 합작투자 호텔이라고 불리는 것으로, 이는 경영방식이기보다는 일정지분의 자본이 투자된 합작호텔을 말한다. 프렌차이즈나 경영위탁계약과 같은 호텔의 체재방식은 경영 노하우 등을 제공하기 위한 체인이라면 조인트 벤처는 자본을 투자하기 위한 체인이다. 대규모 체인호텔의 경영 노하우와 자본을 동시에 획득하는 경우도 있다. 우리나라에서는 Renaissance, Intercontinental, Sheraton, Hilton, Westin, Ritz Carlton, Marriott, Hyatt 등이 대표적인 브랜드이다.

⑤ 프랜차이즈 호텔(Franchise Hotel)

프랜차이즈(franchise)는 가맹점(franchisee)과 가맹본부(franchisor)간에 협약을 맺고 가맹자가 가맹본부로부터 상호, 경영 매뉴얼, 경영 노하우를 빌려 경영에 활용하는 방법이다. 호텔의 설립 시 입지선정부터 상표 대여, 교육 · 훈련, 판매, 선전, 마케팅과 시장조사 등 경영 전반적인 부문에 이르기까지 모든 면에서 지도와 자문을 하는 방식이다. 따라서 프랜차이즈 호텔이란 프랜차이즈 계약에 의해 운영되는 호텔로서 가맹점이 가맹본부에게 가맹점 가입료(initial fee)와 수수료(royalty)를 지급하는 호텔을 말한다. 이는 Holiday Inn

과 Sheraton Chain에서 많은 발전을 본 제도이다.

⑥ 리퍼럴 그룹(Referral Group)

프랜차이즈나 경영계약에 의한 체인호텔이 증가함에 따라 단독경영 호텔(independent hotel)들은 경쟁에 위협을 느껴 다른 독립 경영호텔들과 상호협력하에 공동선전, 판매전략 및 예약 서비스 등의 획일화를 위한 조직, 즉 동업자결합에 의한 경영방식으로 운영되는 호텔을 말한다.

프랜차이즈나 위탁경영계약에 의한 호텔경영에 비하여 호텔의 소유자가 경영권에 대한 전권을 행사할 수 있어 중소규모호텔들은 리퍼럴 그룹에 가입하게 된다. 리퍼럴 체인본부는 리퍼럴 조직에 가입한 회원사의 시설과 서비스의 수준을 일정하게 유지하기 위해 기준을 정하였으며, 이 기준에 적합한지를 정기적으로 점검을 하게 된다. 또한 선전 · 광고비를 공동 부담하게 되며 예약망을 서로 연결하여 체인호텔과 비슷한 효과를 추구한다. 그러나 프랜차이즈나 경영위탁계약에 의한 체인경영보다는 체인의 결속력이 약하므로 브랜드를 중심으로 모여 있는 개별 호텔기업이라고 할 수 있다. 그렇지만 이들도 프랜차이즈 형태로 점점 발전되어 가고 있다.

세계적 리퍼럴 그룹들이 한국에도 진출하고 있으며, 베스트 웨스턴이 최초로 한국에 상륙하여 서울을 비롯하여 전국에 13개의 체인을 연결하고 있다.

제 3 절 호텔기업의 특성

스타틀러 호텔그룹의 창시자인 스타틀러(E. M. Statler)는 '인생은 서비스이다'라는 슬로건으로 현대 호텔경영이 서비스지향성을 바탕으로 이뤄져야 함을 주장하고, 고객의 욕구와 요구에 부응함으로써 호텔기업의 발전을 도모하여야 함을 강조하였다. 호텔은 유형상품인 호화로운 시설상품과 무형상품인 인적 서비스와 앞서가는 경영조직이 개발한 시스템으로 움직이게 되며, 이는 고객에게 제공되는 고객감동서비스와 객실, 식음료, 부대시설 등이 결합됨으로써 가치를 창출하게 된다. 호텔기업의 특성으로는 첫째, 인적 자원의 특성, 둘째, 물적 시설의 특성, 셋째, 시스템적 경영의 특성으로 나눠서 설명할 수 있다. 인적자원의 특성으로는 인적 서비스에 대한 의존성, 가장 훌륭한 근무 조건, 연중무휴의 영업, 부서간의 협동이 매우 중요하며, 물적 시설의 특성은 최초투자의 고율성, 시설의 빠른 진부화, 공공장소적 기능 등이 있으며, 시스템적 경영의 특성으로는 경영자의 경영철학과 비전에 의해 호텔이미지 결정, 기계화의 한계성, 비전매성 상품의 경영, 상품공급의 비탄력성, 성장의 저하성, 고정경비의 과대지출, 환경영향의 민감성, 특이한 경영조직 등을 들 수 있다.

이와 같은 특성은 곧 특정호텔의 위치와 접근성, 부대시설의 다양성 및 고급성, 서비스의 차별성, 독특한 이미지, 고객의 지불능력 등에 따라 고객의 구성이 달라질 수 있다. 즉 이용하는 고객층과 그 호텔이 추구하는 서비스지향성이 호텔기업의 등급결정과 재무구조에 큰 영향을 미치게 된다.

1. 인력자원의 특성

1) 인적 서비스에 대한 의존성

잘 훈련되고 교육받은 종업원에 의해 호텔상품이 생산되고 판매될 때, 고객으로부터 긍정적인 반응을 이끌어 낼 수 있다. 호텔종업원의 사기, 태도, 직무만족, 조직몰입은 호텔 이용객의 만족도와 직결되는 동시에 노동생산성의 제고는 경영효율에 크게 영향을 미치게 된다. 따라서 인적 서비스에 대한 호텔기업의 의존성은 매우 높을 수밖에 없다.

"호텔은 단 한 가지 판매할 것이 있으니 그것은 서비스이다. 저질의 서비스를 판매하는 호텔은 하급 호텔이다. 좋은 서비스를 판매하는 호텔은 훌륭한 호텔이다. 스타틀러 호텔은 세계에서 가장 좋은 서비스를 고객에게 판매하고자 함이 곧 호텔의 궁극적 목표다."

-스타틀러 호텔 서비스 규약-

"A hotel has just one thing to sell. That one thing is service. The hotel that sells poor service is a poor hotel. The hotel that sells good service is a good hotel. It is the object of the HOTEL STATLER to sell its guest the very best service in the world."

-The Statler Hotel Service Code-

2) 가장 훌륭한 근무 조건

호텔은 어느 기업들보다 근무자의 근무환경이 좋은 곳이다. 4계절이 뚜렷한 우리나라의 기후에서도 더위와 추위를 모를 정도로 항온, 항습이 잘 되어 있으며, 많은 예술작품이 비치되어 있고, 인테리어가 잘 된 곳에서 고객과 함께 생활하게 됨은 또 하나의 특성이라고 하겠다.

3) 연중무휴의 영업

호텔기업은 하루 24시간, 일년 365일 휴업 없이 계속적으로 영업해야 하므로 야간수당, 휴일수당, 초과과업수당 등 인건비의 부담이 증가될 뿐만 아니라 종업원의 입장에서도 불규칙적인 교대근무, 주말근무, 공휴일근무 등 근무조건이 타 기업에 비해 불리하다. 물론 타 기업에 비해 생산기회가 높은 것은 하나의 장점이 될 수 있지만, 연중무휴에 의한 설비의 내구연수를 감안한 시설투자 등은 또 다른 단점으로 작용할 수 있다.

4) 부서간의 협동이 매우 중요

호텔기업은 마케팅, 객실, 식음, 부대시설 등 영업부문과 하우스키핑과 조리 등의 생산부문, 인사, 회계, 경리, 구매, 시설, 안전 등의 관리부문으로 구분되어 있지만 이 모두가 고객을 위해 존재하는 조직이므로 부서간의 협조를 매우 중요시하게 된다. 직원 상호간의 갈등과 비협조는 고객서비스에 직 · 간접적인 영향을 미치게 된다.

2. 물적 시설의 특성

1) 최초투자의 고율성

호텔 건립 시 좋은 위치에 토지, 건물 등 부동산의 확보뿐만 아니라 기계기구, 비품, 집기 등 고정자산의 투자가 가장 높은 비중을 차지하며 최초투자가 70~85%에 달하고 있어 고정자산에 대한 의존도가 높다.

2) 시설의 빠른 진부화

호텔기업은 건물의 설계 및 규모와 각종 시설의 우열이 그 호텔의 가치 및 영업에 결정적인 영향을 주고, 호텔객실은 고객의 이용에 관계없이 시시각각 진부화되어 고객유치면에서 경제적 가치의 상실을 가져오게 된다. 따라서 일반적으로 호텔건물의 수익성이 가능한 시기는 20~30년 정도가 되며, 호텔건물의 내용연수는 40년 전후로 보고 있어 시설의 빠른 진부화가 이루어짐을 알 수 있다.

3) 공공장소적 기능

호텔은 숙박기능, 음식제공, 집회공간, 문화행사, 스포츠, 레저, 상업공간, 건강센터 등 단순한 개인생활공간뿐만이 아니라 지역사회의 정치, 경제, 사회, 문화, 예술, 커뮤니케이션공간으로 활용되는 공공장소의 역할을 수행하고 있다. 특히 특1등급호텔에서는 예식업이 허용되어 지역주민들의 만남의 공간으로도 활용되고 있다.

3. 시스템적 경영의 특성

1) 경영자의 철학과 비전에 의해 호텔이미지 결정

호텔은 서비스산업의 꽃이라고 한다. 경영자의 경영철학과 기업을 이끌어 가는 비전에 따라 매우 다른 결과를 낳게 된다. 고급스러운 시설, 고객지향적인 경영마인드, 이를 위한 제반 시스템의 구축이 호텔의 이미지를 높이게 된다.

2) 기계화의 한계성

호텔상품은 고객과 종업원이 함께 참여하여 서비스를 생산하여 동시에 소비하는 특성을 가지고 있으며, 인적 서비스를 기계가 대신할 수 있는 부분도 한계가 있어 인건비율이 일정부문 고정비의 성격으로 작용하게 된다.

3) 비전매성 상품

호텔상품은 소비자가 직접 현장에 와서 인적 · 물적 · 시스템적 서비스를 이용하거나 소비하지 않으면 안 된다. 또한 호텔객실의 경우 당일 판매하지 못하면 상품으로서의 가치를 상실하는 시간적 소멸성이 있다. 또한 일시적 수요가 있다고 호텔건물을 이동하여 영업에 임할 수도 없으므로 공간적 소멸성이 있다고 하겠다. 즉, 호텔의 주력상품인 객실은 시간적, 공간적 제약을 많이 받는 상품이다. 따라서 호텔은 예측시스템을 최대한 가동하여 객실점유율과 매출극대화를 동시에 달성하기 위해 효율적인 수익성관리(yield management)를 추진하여 기회손실을 줄여야 할 것이다.

4) 상품공급의 비탄력성

일반상품은 수요가 증가하면 대량생산으로 수요와 공급의 균형을 유지할 수 있다. 하지만 호텔상품의 경우, 일시에 몰리는 객실의 수요는 추가생산이 불가능하고, 식당의 주문은 그 날 준비된 양만큼만 판매가 가능하며, 넘치는 주문(order)은 별도의 조치가 없는 한 수용을 할 수 없으므로 호텔상품은 시간적 · 공간적 신축성을 갖지 못한다. 따라서 호텔의 상품공급은 비탄력적이라고 할 수 있다.

5) 성장의 저하성

호텔기업은 타 업종에 비해 대규모 자본을 필요로 하는 반면, 투하자본의 회수는 결국 매출에 의해서 회수될 수밖에 없으므로 그 액수는 소규모일 뿐만 아니라 더딜 수밖에 없어, 타 산업에 비해 성장속도가 느리게 나타난다.

6) 고정경비의 과대지출

기업을 성공적으로 운영하려면 모든 지출을 억제해야 되는데, 호텔기업은 고정경비인 인건비, 수도광열비, 시설유지관리비, 감가상각비, 급식비, 세금 및 수선비, 체인본부 분담금(체인호텔의 경우) 등의 지출이 과다하여 운영에 압박을 받게 된다. 항시 손익분기점(break-even point) 이상의 수익성이 있다면 효율이 높을 수가 있지만, 대다수 호텔들은 매출이 일시적으로 크게 신장되지 않으므로 경비억제로 경영내실을 다지고 있다.

7) 환경영향의 민감성

호텔경영은 타산업보다 정치 · 경제 · 사회의 변화에 민감한 영향을 받고, 국제통상, 외교 및 기술분야에서 호텔매출에 미치는 영향은 크다. 또한 성수기, 비수기 등 계절에 따라 매출의 기복이 심하고, 호텔의 입지는 물론 홍보 및 판촉활동 등에 의해 호텔기업의 성과도 크게 달라지게 된다. 따라서 환경에 적응력이 강하고 체질화된 경영조직으로 어려움을 극복해 나가는 효율적인 경영기법이 필요하게 된다.

8) 특이한 경영조직

호텔기업은 호텔에 대한 전문지식과 풍부한 경험을 가진 총지배인(호텔경영사, 호텔관리사)에 의해 운영되므로 국제적 감각과 지역감각에 뛰어난 전문인력의 양성이 무엇보다 중요하다고 하겠다. 따라서 호텔기업은 동원 가능한 모든 인적 · 물적 · 시스템적 자원을 바탕으로 고객에게 고품격 서비스를 제공하고 고객의 '원하는 바'를 예측하여, 이를 사전에 챙기며 고객의 소리를 경청하여 고객지향적인 마케팅활동을 실천해야만 시장 내에서 경쟁우위의 자리를 보장받게 된다. 따라서 각 부서장이나 임원의 업무들을 조화있게 꾸려가도록 조정하는 업무는 총지배인이 수행해야 하는 가장 중요한 일인데, 이는 오케스트라의 지휘자가 맡은 임무와 같다고 볼 수 있다.

Chapter 02

호텔경영 역사와 미래

제1절 호텔의 기원

제2절 현대 호텔기업의 발전

제3절 호텔경영의 미래

Chapter 02

호텔경영 역사와 미래

제 1 절 호텔의 기원

여행자들은 그들의 하루를 마무리하는 저녁에는 잠자리가 필요하게 된다. 이들이 여행하는 도로주변에 있는 가정집들은 이러한 역할을 할 수 밖에 없는 위치에 있었고, 숙박업이라는 상업시설을 태동시키는 모태 역할을 하게 되었던 것이다. 숙박의 기원은 인류가 지상에서 생존을 영위하고 상호 왕래가 이루어지던 시기에서부터 그 유래를 찾아볼 수 있다. 조물주께서 인간을 만들 때 인간에게 발이 주어지면서 인간은 이동을 하도록 되었고, 인간의 이동행위는 생존을 위한 필수행위였으며, 이를 통해 삶을 영위하여 왔다. 이러한 인간의 이동은 인간의 본질적 욕구에서 행해지고 있었지만 시대의 흐름과 사회생활의 발전과 더불어 인간의 이동은 변화하여 그 목적, 범위, 행동양식 등에 따라 현저한 발전을 가져왔다.

인간은 이러한 여러 가지 목적을 위하여 이동을 하게 되고 자기의 정주지로부터 떠나서 인간의 기본적인 목적을 위한 이동행위(movement)가 여행이라는 사회행동의 현상으로 나타나게 되었다. 인간이 여행을 할 때는 "먹고 마시는 것(eating and drinking), 잠자는 것(lodging), 즐기는 것(enjoying)" 등 3가지 기본적이고 필수적인 요건이 있다. 이러한 이동의 여행행위에서 필요한 사항들이 숙박시설로 발전하였고, 나아가 영업행위로서 인간에게 음식과 음료, 잠잘 곳과 휴식의 장소를 마련해 주게 되었다.

미국 코넬대학의 래턴(G.W. Lattin) 교수는 호텔이 기업으로서의 출연을 B.C. 6세기경으로 추정하며 셀프서비스(self service) 형태의 숙박시설로 운영되었다고 주장하였다. 이 당시의 숙박시설은 현재 여인숙(inn) 시설의 규모로서 청결하고 적은 규모로서 중세까지 운영되었다.

여행자들은 발달되지 못한 도로 사정 속에 불량배들의 피해를 두려워했고 정보가 없는 불안한 상태에서 여행을 해야 했기 때문에 여인숙 시설을 유일한 피난처이자 휴식공간으로 이용하였다. 그러나 때로 악덕 여인숙 주인이 악당들과 결탁하여 여행자들을 괴롭히기도 하였다. 이러한 사례들로 오늘날 영국 등지에서 발달해 온 호텔 법규(inn keeper's law)에서는 법률상의 권리와 함께 의무를 부과하여 숙박업자들의 윤리성을 강조하였다.

그러나 오늘날 기업형태로서의 호텔로 발전하게 된 것은 18세기 후반 영국의 산업혁명(industrial revolution)에 의하여 인구가 공업도시로 집중하게 되고, 인구의 대량이동과 그에 따른 숙박시설의 발전도 이뤄지게 되었다. 산업혁명과 더불어 동력화한 대량이동의 교통수단 발달과 정비된 도로망의 형성으로 여행에 필요한 숙박시설이 기업형태로서 발전할 수 있는 기틀이 되었다. 1750년대에서 1820년대 사이에는 영국 등지에서 새로이 발전된 호텔 기업 형태로 그 모습을 보였고, 세계에서 가장 좋은 명성을 얻는 기업 중에 호텔업도 포함되게 되었다. 특히 런던을 중심으로 한 지역에서 호텔업은 큰 각광을 받으며 숙박업으로서 객실을 중심으로 한 영업을 하면서 때로는 고객의 요청에 의하여 일부 연회서비스까지 제공하였다. 그러나 영국의 호텔업은 픽크위키안 시기(pickwickian period)를 통해 영국의 고유한 보수성에 영향을 받으면서 그 이상 발전하지 못하고 호텔 기업의 발전과 성장의 맥을 미국에 넘기게 되었으며, 이는 오늘날 미국이 세계 호텔산업의 중심이 되는 계기가 되었다.

제 2 절 현대 호텔기업의 발전

산업혁명 이후 호텔의 발전과정은 유럽과 미주 두 대륙의 지역적 특성에 따라 다른 변화를 보이고 있다.

산업혁명에 의해 영국에서 근대 호텔기업이 시작되기는 하였으나 미국에서는 신대륙 개척의 물결 속에 인구의 집중과 정보교환에 필요한 사교의 중심지로서 호텔기업은 융성한 발전을 가져와 현대 호텔산업의 기틀을 마련하였다. 이는 미국의 호텔업자들이 유럽에 비해 진취적이고 투기적이며 확장주의적 과감성을 보여 준 결과로 판단된다.

호텔기업의 특성 면에서도 유럽의 호텔들이 귀족적 차원에서의 화려하고 품격을 강조한 반면에 미국의 호텔들은 모든 고객에게 평등하고 대중적인 취향의 운영 형태를 보여주고 있다. 이의 중요한 요인으로는 어느 지역보다 여행을 좋아하는 미국인의 생활습관 속에서 기인된 것으로서 현대 호텔산업의 발전을 주도한 중요한 요인이 되고 있다.

1. 유럽지역 호텔의 발전

1807년 독일의 온천지인 바덴바덴(Baden Baden)에 건립된 바디쉬 호프(Der Bardishe Hof)는 유럽 근대 호텔의 새로운 면모로 등장하였다. 이 호텔은 초기의 청결하고 단순한 숙박시설인 여인숙(inn) 형태에서 벗어나 대단히 호화스러운 숙박시설로 건물구조도 크고, 대소의 응접실 · 발코니 · 오락실 · 독서실 · 식당 · 욕실이 딸린 침실 등이 조직적으로 잘 설비되어 있을 뿐 아니라 냉수와 온수의 공급이 원활하고 정원 등이 마련되어 있어서 근대 호텔의 면모로 손색이 없을 정도였다.

이 같은 의미에서 이 바디쉬 호프는 19세기 초엽에 여인숙에서 근대 호텔로 발전하는 가교 역할을 했으며 스위스를 비롯하여 유럽 여러 나라의 호텔산업에 크게 영향을 미쳤음에 비추어 볼 때 근대호텔 발전사에서 그 의미가 크다고 할 수 있겠다.

1874년에는 베를린에 '카이저 호프(Kaiser Hof)'가, 1876년에는 라인 강변의 프랑크푸르트에 '프랑크 퍼터 호프(Frank furter Hof)'가 건립되었다. 한편 독일에서는 이 시기에 유스호스텔(Youth Hostel)의 등장이 있었다. 1874년 독일의 동프러시아 태생의 리하르트 시르만(R. Shirman, 1839~1926)이라고 하는 35세의 초등학교 교사는 자신의 글 「젊은이의 여행-초등학교 호스텔」에서 착안하여 건전한 청소년의 숙박시설로서 유스호스텔을 창시한 것이다.

당시 루루 지방은 세계적으로 유명한 중공업지대로 환경이 대단히 오염되어 있어 그 지방 사람들은 아름다운 산과 전원을 찾게 되었다. 이 때 리하르트 시르만이 90명의 학생들을 인솔하고 알테나지방에서 300㎞나 되는 거리를 8일간에 걸쳐 여행을 하게 되었다. 그러나 여행 도중 가장 심각한 문제는 숙박시설이었다. 그렇지만 어느 지방이든 방학 중에 초등학교는 비어 있는 것을 알 수 있었다. 교실에서 책상을 한 곳에 마주 붙여 놓으면 훌륭한 침대를 만들 수 있었으며, 3개의 교실에 15개의 침대를 만들어 남 · 여학생의 숙박시설을 해결할 수 있었다. 사용한 교실은 학생 스스로 청소를 하고, 정돈을 하며, 학교 당국의 교사들이 숙박을 돕게 되어 청소년들의 관리능력과 탐구활동도 발전할 수 있는 훌륭한 숙박시설이 되었다. 그 후 1910년 리하르트 시르만은 자신이 근무하는 초등학교 '인데아데데'를 유스호스텔의 숙박시설로 사용한 것이 세계최초의 유스호스텔로 등장하게 되었다.

1914년에는 유스호스텔의 건립 붐이 전국적으로 일어나 무려 83개의 유스호스텔이 건립되자 시르만은 유스호스텔협회를 결성하여 자신이 위원장이 되었다. 이 제도는 1925년 이후에는 유럽은 물론 미국에까지 확대되면서 세계적으로 청소년들을 위한 숙박시설로 발전하게 되었다.

한편 프랑스에서도 철도회사의 부대시설로서 철도역이나 터미널 근처에 간이 숙박시설들을 운영하면서 독립된 회사조직으로 큰 호텔들이 건립되었다. 특히 근대 호텔의 출현은 1850년 르 그랑 호텔(Le Grand Hotel)에 이어 나폴레옹 3세에 의해 건립된 거대한 루브르 호텔(Hotel Louvre)이 파리에 모습을 드러내었다. 이는 궁전형의 거대한 호텔로서 당시 상류층인 귀족들의 사교 중심지가 되었으며 1870년에 세계에서 가장 호화롭다고 하는 '호텔 그랑 나시오날(Hotel Grand National)'이 세워져 유럽 상류 사회의 인기를 독차지하였다. 이러한 상류사회의 호텔문화는 북미지역으로 흘러들어 미국의 뉴욕, 캐나다의 퀘백, 몬트리올, 토론토지역으로 이어지게 되었으며, 토론토의 카사로마궁전에는 그 당시의 고급스러웠던 호텔문화를 지금도 고스란히 간직하고 있다.

그림 2-1 1900년경 토론토 카사로마성의 호텔시설

이어 1880년 세자르 리츠(Ceasar Ritz, 1850~1918)는 고급스런 호텔서비스의 개념을 토대로 파리에 리츠 호텔(Ritz Hotel)을 개업하여 현대 호텔산업이 성장하는데 많은 공헌을 하였다. 그는 "고객은 항상 정당하다(Guest is always right)"는 슬로건으로 호텔은 고객에게 품격 높은 서비스를 제공하여야 함을 강력히 주장하므로 오늘날 호텔경영자의 서비스철학과 이념을 확립한 장본인이기도 하다. 이 호텔은 규모의 경제를 목표로 체인호텔(chain hotel)을 결성하여 유럽지역에 18개의 'Ritz Carlton Hotels'을 보유하게 되었으며, 그 후 리츠개발회사(The Ritz Development Company)를 설립하여 체인호텔시스템의 효시가 되었다.

1912년 제 1차 세계대전이 일어나기 전 뛰어난 관광지인 칸느(Cannes)에 루마니아 태생의 네그레스코(Henri Nehresco)가 네그레스코 호텔(Hotel Negresco)을 건설하여 칼튼 호텔(Hotel Carlton)과 더불어 특유의 개성을 보이는 휴양지 호텔(resort hotel)의 완성을 보여주었다.

유럽 호텔의 유형은 그 발전과정에서 바디쉬 호프 풍의 휴양지 호텔 특성과 르 그랑 호텔 등과 같이 철도회사의 사업으로 발전한 전형적 도심지 호텔(downtown hotel)의 특성으로 크게 양분되어 오늘날의 휴양지 레저호텔과 도심 상용호텔로 구분되어 발전하게 되었다.

유럽식 고급호텔의 창시자 세자르 리츠의 경영방식

하나: "Guest Is always right" 슬로건을 호텔경영의 중심에 고객을 둠
둘: 유럽의 왕족과 귀족, 유명 인사를 주된 고객으로 VIP 마케팅 구사
셋: 고객의 욕구를 충족시키기 위해 고객지향적 마케팅을 추진
넷: 프랜차이즈에 의한 호텔체인화를 꾀하므로 소유와 경영을 분리
다섯: 궁중요리사였던 Georges A. Escoffier와 손잡고 호텔 내 · 외에 고급레스토랑을 경영하므로 부유층 여성고객을 유치

2. 미국 호텔의 발전

1) 최초 호텔의 출현 시기(1794~1829)

최초의 호텔이 미국에 건립된 것은 1794년에 뉴욕에 건립된 시티호텔(City Hotel)이다. 이 호텔이 문을 열기 이전까지는 여인숙(inn) 형태로 1624년 건립된 30실의 킹스 암스(King's Arms)와 1700년에 건립된 비크맨 암스(Beekman Arms) 등이 여행자를 수용하는 숙박시설로 운영되었다. 시티호텔은 73실의 객실을 보유하였으며, 당시 인구 30,000명의 뉴욕지역에서 사회적 사교 중심지로 그 기능을 다 하였다. 이어 보스턴에 익스체인지 커피 하우스(Exchange Coffee House), 발티모어에 시티호텔(City Hotel), 필라델피아에 맨션 하우스(Mansion House) 등이 때를 같이 하여 문을 열게 됨으로써 호텔은 그 지역의 공공적 회합장소로 그 기능을 수행하게 되었다. 그 이후 35년간에 걸쳐 위와 같은 숙박시설의 확장이 이루어졌다.

2) 근대 호텔의 등장 시기(1829~1900)

1829년에는 보스턴에 근대 호텔의 원조라 할 수 있는 호텔로 '트레몬트 하우스(Tremont House)'가 출현하였다. 미국 호텔산업의 원조라고 불려지는 객실 170실의 트레몬트 하우스가 종전과는 전혀 다른 경영 형태와 고가의 건축비로서 호텔 건축의 권위자인 아이세아 로저스(Isaiah Rogers)에 의해 건립되었으며, 이는 이후 50여년 간 유럽식 호텔 건축양식이 미국에 정착하는데 크게 영향을 미쳤다. 이 호텔은 그 규모나 비용 및 호화로움에서 그치지 않고 호텔 경영에 있어서도 단연 근대 호텔 산업의 한 전기를 마련하였음을 주목할 일이다.

종전의 전통적인 여인숙(inn) 형태의 숙박시설은 한 방에 큰 침대를 여러 개 놓고 최소한 2명 이상의 고객이 투숙해야 채산이 맞는다고 생각하였다. 그러나 이 호텔은 경영방식을 바꾸어 오늘의 호텔객실처럼 고객의 충분한 개인 공간(private space)의 특성을 실현한 것으로 개인전용의 열쇠가 부착된 1인용 객실(single room)과 2인용 객실(double room)을 마련한 최초의 호텔로 다음과 같은 경영기법을 창안하였다.

① 모든 객실에 물주전자를 비치하여 음용할 수 있게 하였다.
② 세면용 용기와 비누를 제공하여 고객에게 안락함을 제공하였다.
③ 객실에 조간신문을 무료로 제공하였다.
④ 고객을 정중하게 접대할 수 있도록 종업원을 교육시키고, 지배인에 의한 경영제도가 도입되어 자본과 경영의 분리를 시도 하였다.
⑤ 벨 보이(bell boy)와 페이지 보이(page boy)를 연결할 수 있는 호출기(announciator)를 두어 초보적 객실 전화 기능을 도입하였다.
⑥ 미국 호텔에서는 처음으로 잘 훈련된 서비스맨으로 하여금 최고급 프랑스 요리를 제공하게 하였다.

그러나 이 호텔도 65년 간 세계적인 호텔로 명성을 다해 왔지만 마지막 20년 동안에는 다른 경쟁 호텔의 앞서가는 경영기술의 도입으로 인하여 이류로 전락하게 되었다.

1830년~1850년경에는 미국 호텔업계의 서부지역 진출이 태평양 연안으로까지 뻗어 시카고의 그랜드 퍼시픽(Grand Pacific), 팔머 하우스(Palmer House), 셔먼 하우스(Sherman House), 세인트 루이스에 플란트(the Planters), 샌프란시스코에 팔레스 호텔(Palace Hotel)

등의 출현을 보았다. 1860년대는 뉴욕의 왈도프 아스토리아호텔(The Waldorf-Astoria Hotel)이 당대 제일의 규모와 고급스러움을 자랑하면서 탄생하였고, 지금도 그 명성과 위용을 자랑하고 있다.

그림 2-2 뉴욕 왈도프 아스토리아호텔

그림 2-3 철도와 근대 호텔의 발달

19세기 미국 호텔의 발전은 이 이상 새로운 개선점이 없을 것이라는 정도로 발전하였으나 부유층 전유물처럼 인식되어 지나친 소비와 호화로움으로 대중적 이용은 사실상 억제되었으며, 또한 시골역 주변 등지에서 발전을 보인 숙박시설마저 그 규모나 경영의 모순으로 실제로 호평을 받지 못하는 상태였다. 이러한 침체 현상은 새로운 형태의 20세기 호텔 출현을 촉진한 호기를 이루게 되었다.

3) 현대 상용호텔 등장 시기(1901~1950)

20세기에 접어들면서 여행객의 증가에 따라 상용객이 원하는 형태의 객실이 제공되게 되었다. 이에 따라 고객서비스에 대한 개념도 도입이 되면서 규모나 경영면에서 차츰 기업형태를 갖추게 되었다. 1900년에는 호텔들이 객실에 스팀히터, 가스버너, 전화기, 각 층에 옷장과 욕실, 로비에 당구장, 이용실 등을 설치하고 유니폼을 입은 종업원이 서비스를 하게 되었다. 1904년에 세워진 뉴욕의 세인트 레지스 호텔(St. Regis Hotel)은 각 객실에 냉온방 조절이 가능하도록 시설을 하여 호텔시설이 타 건물의 시설보다 우수함을 과시하였고, 현대호텔경영의 혁명을 가져온 Elsworth M. Statler는 1908년 1월 18일에 개업한 뉴욕의 버팔로 호텔(Buffalo Hotel, New York)은 300실 규모의 현대식 건물과 스타틀러 서비스 코드를 앞세워 가장 좋은 서비스를 저렴한 가격에 제공한다는 호텔의 경영철학과 미션을 적극적으로 홍보하게 되었다. 호텔시설이 미비했던 이 시기에 1달러 50센트에 욕실달인 객실(A room with a bath for a dollar and a half)을 제공한다는 것은 고객에게 충분한 매력을 주었고, 이는 호텔경영방법의 획기적 개선과 호텔에 위탁경영방식이 태동하는 계기가 되었다. 1910년 미국의 호텔업계는 1만개의 호텔이 1백만실의 호텔을 보유하고, 3만명의 종업원을 채용하는 거대한 규모의 산업으로 성장하게 되었다. 이 때부터 호텔마다 전기불을 밝히고, 전기를 이용하여 요리를 하는 현대화가 빠르게 다가왔다. 1920년대에 들어서면서 미국은 주류제조 및 판매에 관한 법률이 제정 공포되어 호텔은 숙박에만 전념할 수 밖에 없었다. 그러나 국가적 건설의 붐과 고속도로 신설공사로 객실판매는 최고조에 이르러 연간 객실점유율이 85%에 달했으며, 전국에 수천 개의 호텔이 신축되는 호황기에 들게 되었다. 1925년에는 캘리포니아 센 루이스 고속도로변에 최초로 모텔이 등장하게 되었다. 이때의 호텔객실요금은 평균 2불50센트를 받았고, 모텔은 1불50센트 정도 받았던 것으로 기록에 남아 있다. 1927년 보스톤의 호텔 스타틀러(The Hotel Statler)가 방송시스템을 설치하여 각 객실에 채널에 의한 라디오 청취가 가능하도록 고객서비스를 개선하였고, 1929년에는 오클랜드 공항에 오클랜드 공항호텔(Oakland Airport Hotel)이 공항호텔의 첫 선을 보였다. 1930년에 접어들면서 대공황이 찾아와 대형호텔들이 금융기관의 재산관리 상태에 놓이게 되었다. 1933년 미국의 대공항으로 말미암아 객실점유율이 50% 대로 곤두박질하고 평균객실요금은 5달러 선에서 더 이상 올라갈 기미를 보이지 않았다. 호텔들은 줄을 이어 도산을 하였으니 앞서가는 서비스 마인드로 호텔을 경영했던 스타틀러 호텔만은 90%가 넘는 객실점유율을 올려 호텔 경영의 신화를 남기게 되었다. 스타틀러는 이러한 외부 환경에도 불구하고 지속적인 투자로 1934년에는 디트로이트 스타틀러 호텔(The Hotel Statler Detroit)을 신축하고 중앙공급식 냉방시스템을 설치하였다. 1940년에는 호텔이 더 이상 성장할 수 없어 객실점유율은 1930대와 같은 수준인 평균 64%이었지만 객실가격은 계속 하락하여 3불20센트 정도에 그쳤다. 1945년에는 드디어 호텔업들이 자본을 개방하여 쉐라톤호텔을 필두로 뉴욕증권시장에 상장을 하게 되어 또 다른 성장의 기회를 갖게 되었다. 1946년 웨스틴호텔(Westin Hotels and Resorts)이 고객들에게 호텔 신용카드를 발급하여 호텔의 단골고객 확보를 위한 프로그램을 시작하였으며, 플라밍고 카지노 호텔(The Flamingo Casino Hotel)이 라스베이거스에 등장하였다. 1947년 웨스틴 호텔이 업계 최초로 중앙예약시스템(Central Reservation System)을 가동하여 체인호텔의 마케팅 활동에 적극적으로 대처하기 시작하였다. 이즈음에 뉴욕의 루즈벨트 호텔(Roosevelt Hotel)은 호텔 최초로 전 객실에 TV를 설치하게 되어 호텔의 하드웨어를 강화하였고, 1949년에는 힐튼 호텔이 프에리토 리코(Puerto Rico) 정부와 합자투자로 카리브 힐튼(Caribe Hilton)에 호텔을 신축하여 운영을 맡으므로 국제적 체인화를 구축하기에 이르렀다. 이러한 기반에서 호텔들은 대형화, 시스템화, 체인화 되면서 1950년대 고도성장의 토대를 마련하게 되었다.

그림 2-4 플라밍고 카지노 호텔

4) 호텔의 서비스제도 도입 시기(1951~1980)

1950년대 초와 1980년대 말을 비교하면 미국의 호텔 객실요금은 6달러에서 45달러로 8배가량 성장하였다. 이 시기는 각 경영주체들이 경영이익 창출을 위한 각고의 노력을 경주했음을 볼 수 있다. 각 호텔체인들은 규모의 경제를 실현하기 위해 체인화를 보다 강화하고, 서비스 품질 강화를 위한 부문별 서비스 매뉴얼을 개발하기에 이르렀다. 뿐만 아니라 고객지향적 마케팅 활동과 호텔의 대형화, 시스템화를 강화하게 되었다. 1951년 힐튼 호텔은 체인호텔로서는 처음으로 체인호텔의 전 객실에 TV를 설치했으며, 1951년 1월에는 케몬 윌슨(Kemmons Wilson)의 야심작인 'Holiday Inn'이 테네시 멤피스(Memphis, Tennessee)에 개업을 하게 되었다. 1954년에는 하워드 존슨(Howorrd Dearing Johnson)이 모텔 프랜차이즈를 조지아 사바나(Savannah, Georgia)에서 시작하였고, 콘라드 힐튼이 1억 11백달러에 스타틀러 호텔 체인의 16개 호텔을 인수하므로 호텔 역사상 가장 큰 부동산 소유이전이 이루어졌다. 1957년 메리엇(J.W. Marriott)이 버지니아 알링턴에 'The Twin Bridge Marriott Motor Hotel'을 개관하였다. 하이얏의 소유주인 플릿커(Jay Pritzker)는 로스엔젤레스 공항호텔인 'The Hyatt House'를 인수하여 호텔사업에 뛰어들었다. 1950년에는 호텔의 경기가 회복되고 객실가격이 급속히 증가되면서 각 호텔체인들이 속속 출현함과 동시에 고객서비스 개선에 치중하였다. 각 호텔들은 객실에 커피포트를 설치하기 시작하였으며, 쉐라톤호텔은 자동화예약시스템을 수신자 부담전화(toll-free phone)로 제공하게 되었다. 힐튼은 객실에서 교환원을 거치지 않고 외부로 전화를 할 수 있는 직통전화(direct dial telephone) 서비스를 제공하기 시작하였다.

1960년대에 접어들어 객실가격이 10달러 시대가 도래되면서 객실에 미니바가 등장하고, 장애인을 위한 휠체어 출입이 가능한 객실을 설치하였으며, 얼음공급기(ice vending machine)가 선보여지는가 하면 각 호텔에 식당가가 만들어졌다. 1967년에 'The Atlanta Hyatt Regency Hotel'이 21층 아트리움형으로 지어져 호텔 건축 양식의 일대전환기가 오게 되었다. 1969년에는 웨스틴 호텔 체인이 24시간 룸서비스제도를 채택하여 시행하므로 각 호텔체인들의 고객서비스에 영향을 미치게 되었다. 1970년 초기에 힐튼은 호텔업계 최초로 그룹단독으로 10억불 매출을 기록하여 미국 호텔업계 전체 매출의 13%를 차지하므로 힐튼의 경영능력을 인정받게 되었다. 1973년에는 'The Sheraton Anaheim'이 객실에서 무료영화를 제공하기 시작하였다. 1974년에는 에너지 대란이 일어나서 각 호텔들이 제한적 전기공급에 시달리게 된 경우도 있었다. 1975년부터 호텔고객의 서비스차별화전략이 등장하기 시작하면서 포시즌 호텔이 객실편의품(in-room amenities)을 개발하여 객실과 욕실에 제공하고, 하이얏은 귀빈(VIP: very important person)을 위한 컨시에이지 클럽(concierge club)을, 세실 데이 호텔은 노년층 프로그램(seniors program)을 개발하여 이행하므로 고객서비스 시대를 열어가게 되었다.

5) 고객지향적 서비스 제공 시기(1981~1995)

1980년대 들어서 미국의 호텔기업들이 서비스의 차별화를 통해 제대로 된 객실가격을 받고자 많은 노력을 한 시기로 기록되고 있다. 또한 각 체인 본부는 고객서비스 프로그램을 개발하기 위해 별도의 자문조직을 구성하여 서비스표준을 개발하고, 꾸준한 고객서비스개선을 위해 노력하게 되었다. 1983년 웨스틴 호텔체인은 최초로 주요 크레디드 카드로 호텔의 대금을 결재할 수 있도록 아메리칸 익스프레스 카드회사와 제휴 프로그램을 내놓았고, 객실 출입문 시스템인 'Vingcard System'을 도입하여 고객안전에 만전을 기한 호텔로 기록되고 있다. 1980년에는 홀리데이인이 중앙집중식 여행수수료제도를 이행하여 고객의 여행편의와 원스톱 서비스를 제공하였고, 초이스 호텔체인은 시장세분화(market segmentation)를 소개하고, 금연실(non-smoking room) 제도를 시행하게 되었다. 1986년에는 'Teleday Corporation'이 호텔객실전용전화기 공급을 각 호텔체인에 권고하여 보다 편리한 전화기가 호텔의 객실에 공급되게 되었다. 1988년에는 메리엇과 홀리데이인 체인이 호텔식 아파트(Residence inn, Homewood Suites)에 대한 개념을 발표하고 사업에 착수하게 되었다. 1989년 하이얏 체인이 3~12세의 어린이 고객을 위한 어린이 프로그램(kids program)과 시카고의 하이얏 리젠시에 비즈니스 센터를 설치하여 상용고객에게 또 다른 사무실을 제공하게 되었다. 햄턴 인 체인은 고객만족 100%보증제를 선포하고, 만족하지 않은 고객에게는 서비스 실패에 대한 보상제도를 실시하게 되었다.

1990년 플로리다 마이애미에 있는 특등급 컨벤션 호텔인 Loews Hotel이 이웃과 함께(good neighbor policy)를 발표하고 주변의 모든 구성원들과 함께 하는 프로그램을 시행하게 되었다. 대표적인 프로그램 중에 'South Beach Food and Wine Festival'의 본부호텔로서 세계 각지에서 모여드는 30,000여명의 참가객을 위한 다양한 프로그램도 제공하므로 지역발전에 크게 기여하고 있다. 1991년 웨스틴 호텔 체인은 전체 계열사에 음성녹음장치(voice mail system)을 도입하여 고객편의를 한층 더 증가시켰다. 1993년 레디슨 호텔체인은 비즈니스룸(business rooms)의 개념을 발표하였다. 1994년 호텔업계 최초로 하이얏 호텔체인은 온라인에 의한 호텔예약과 홍보를 위한 'Travel/Web.com'을 개설하였다.

이 처럼 1990년대 중반까지 미국호텔 산업은 고도성장의 기초를 마련하였고, 고객지향적인 서비스 프로그램을 전사적 차원에서 개발하여 추진하므로 호텔 서비스를 대폭 개선하는 시기가 되었다. 이러한 고객지향적 서비스개선은 이익의 극대화를 가져와 객실평균요금의 50불 시대를 열었다.

그림 2-5 플로리다 마이애미 로이스호텔

6) 호텔의 체인 브랜드화 시기(1996~현재)

인터넷을 이용한 실시간 예약이 세계전역에서 이뤄지면서 많은 체인호텔들이 온라인 마케팅과 브랜드 이미지 제고에 전략을 치중하였다. 세계적 체인호텔의 본부가 미국에 치중되어 있고, 대부분의 호텔들은 다양한 형태의 체인에 가입하여 결속을 다지며 브랜드 가치에 편승하고 있다. 체인본부는 브랜드 이미지 확장을 위해 안간힘을 쓰면서 내부적으로는 수익률관리(yield management)에 의한 실시간 예약 및 마케팅 활동으로 호텔 서비스 상품 제값 받기를 이행하였다.

체인의 브랜드화를 가속화 하는 틈새를 이용하여 레퍼럴 그룹이 결속을 다지면서 프랜차이즈와 비슷한 형태로 지속적인 발전을 거듭하고 있다. 1946년 거틴(M.K Guertin)에 의해 미국 켈리포니아에서 창설된 레퍼럴 그룹의 선두주자 베스트 웨스턴 인터네이셔날(Best Western International Inc.)의 2006년도 자료에 의하면, 세계 80개국에 4,200여개의 호텔이 가입되어 있고, 315,000여실의 객실을 851명의 예약담당원들이 그들의 예약망인 Phoenix, Arizona, Milan과 이태리 로마와 필리핀 마닐라에 있는 예약사무소를 통해 '1일 1백만불 매출' 판매목표로 예약을 접수하고 있다. 이들은 프랜차이즈 체인본부와 같이 항공사와 파트너십으로 마일리지를 제공하고, Gold Crown Club International, Spead Rewards, Best Western Travel Card, Best Western Premier Card와 같은 VIP 프로그램을 운영하기도 한다. 이 체인은 2006년도 상반기 미국에 2,213개를 비롯하여 유럽지역에도 대대적으로 진출하고 있으며, 우리나라에도 최근 수년간에 13개의 호텔이 이 레퍼럴그룹에 참여하므로 베스트웨스턴의 브랜드를 활용하고 호텔기업을 발전시켜 나가고 있다.

21세기에 접어들면서 미국경기가 회복되고 관광산업이 활성화되면서 객실 4백9십여만 실 규모, 호텔 52,530여개나 되는 미국 호텔 시장은 나날이 만실(full house)을 위해 노력하고 있으며, 특히 2006년에는 미국의 호텔역사상 가장 호황기에 접어들어 일부 특등급 호텔들은 90%가 넘는 높은 객실점유율과 300달러를 상회하는 일일 평균요금을 받고 객실을 판매하고 있다. 2008년에 9월에 불어 닥친 미국의 금융위기는 호텔산업에도 크게 영향을 미쳐 대도시 특등급호텔을 제외한 대부분의 호텔들이 심각한 경영위기를 맞았다. 그러나 2013년 후반부터 미국의 국내 경제가 회복되면서 호텔산업 경기도 회복세를 나타내고 있다.

3. 우리나라 호텔산업의 발전

1) 최초 서양식 호텔의 출현 시기(1888~1910)

우리나라는 지형적인 특성으로 중국과 일본을 대상으로 관리들과 학자들의 내왕이 있어 왔다. 신라시대는 역관(驛館)이 설치되어 지방을 순회하는 관리들에게 숙식을 제공하였고, 고려시대는 점역제(岾驛制)가 발달하여 공설 주막(酒幕), 원(院) 등도 개설되었다는 기록이 있다. 조선시대에는 역(驛), 원(院) 등의 제도가 지속되었고, 민간인을 위한 주막(酒幕)이 활성화 되었다.

우리나라 근대 호텔의 발전은 유럽이나 미국과 궤를 같이 한다고 볼 수 있다. 19세기말 서양의 문물이 유입되면서 호텔경영분야도 자연스럽게 함께 도입되었다. 유럽에서 세자르 리츠(Ceasar Ritz)가 리츠호텔을 개관하여 명성을 떨칠 즈음, 우리나라에서는 1888년에 일본인 호루 로쿠다로에 의해 최초로 인천 서린동에 '대불호텔'이 건립되어 서구식 호텔의 효시를 보였다. 이 호텔은 벽돌 3층의 양식 건물로 11개의 침대를 갖춘 객실을 보유하였고, 당시 개항된 인천항을 드나들던 일본인과 미국인을 비롯한 서양인을 대상으로 영업을 하게 되었다. 그 후 1900년 독일인 손탁(Sontag)에 의해 현재의 서울 정동 이화여중 자리에 서양식 호텔인 '손탁호텔'이 건립되었다. 손탁은 러시아 공사인 봐버(Waber)의 처형으로 프랑스인 혈통이면서 독일 국적을 가졌었고, 활동 무대는 제정 러시아였다. 그녀는 우리나라 양반사회에 서양 식기류와 양식 가정 장식류를 선보여 상류사회에 널리 알려지게 되었고, 이러한 인연으로 고종황제와 명성황후에게 서양식 생활문화를 전달하는 기회도 갖게 되었다. 서양의 예절을 전수하는 과정에서 고종황제의 신임도 얻게 되었다. 한국어 · 불어 · 영어 · 러시아어에 능통한 손탁은 고종황제에게서 정동 29번지에 있는 왕실 소유의 대지 184평, 한옥 한 채를 하사받아 그 자리에 2층의 양옥을 지어 위층은 왕실의 귀빈을 모시는 객실, 아래층은 보통의 객실과 식당, 회의장, 그리고 손탁 자신이 거처하는 숙소로 쓰도록 설계하였다. 이 호텔에서는 정통 서양식 요리를 선보이고, 서양식 연회를 베풀어 한 때 이곳은 우리나라 외교 및 사교의 중심지가 되었으나 1908년 손탁이 우리나라를 떠나면서 이 호텔도 문을 닫게 되었다.

2) 철도호텔 성업 시기(1911~1960)

우리나라 호텔업이 생성된 시초의 동기는 철도교통발달에 따른 관사의 건축으로부터 유래된 것이다. 우리나라 최초의 철도부설은 1899년 4월 19일에 개통된 경인선이다. 그 다음은 경부선이 1905년 1월 1일에, 경의선이 1906년에 1월에 각각 개통하게 되었고, 1912년 9월 경부선 복선철도가 개통 되였다. 부산에서 신의주까지 남북 종단철도의 개통은 그 당시에 있어서 교통 · 지리에 큰 변화를 가져 왔으며, 우리나라의 경제구조가 원시적인 지방적 자급자족상태에서 탈피하여 지역 간 상거래와 유통을 원활하게 하는 시장개척의 시대로 탈바꿈하게 되었다.

따라서 교통의 중심지인 도시에는 인구가 집중하는 새로운 경향이 날로 증대하게 되었으며, 또한 일본이 승리한 러일전쟁의 여파로 일본인의 이주가 급격히 증가하는 사회현상으로 자연스럽게 숙박시설에 관심을 가지게 되었다. 이와 같은 환경에서 주요 지역 철도역에 역사를 건축하면서 서구적 숙박시설인 호텔이 함께 개업을 하게 되었다. 그러나 실제 우리나라 호텔 산업의 발전은 1912년 7월 15일 부산 철도호텔과 1912년 8월 15일 신의주 철도호텔의 건립에서 비롯되었다고 볼 수 있다. 보다 구체적으로 말하면 1908년 일본이 중국 대륙을 침략하기 위해 한반도를 그 교두보로 삼고 남북을 관통하는 철도를 부설하였고, 이의 부대사업으로 철도 이용객의 편의를 위해 처음으로 철도호텔로서 서양식 숙박시설을 도입한데서 호텔 발전의 기틀이 마련되었다. 이는 세계적 현상으로 유럽이나 미국의 초기적 숙박시설의 출연과 마찬가지로 숙박시설이 철도사업의 일환으로 추진되었다는 것은 흥미 있는 일이다. 어느 면에서는 이 숙박시설이 여행객과 불가분의 관계를 맺고 있어 그 당시 여행객을 운송하는 대표적 수송수단이 철도였음을 상기한다면 이해될 수 있다.

그림 2-6 구 조선호텔

한국 최초의 근대식 호텔로서 1914년 조선호텔이 독일인 건축가 게오텔란드(Geotheland)에 의해 설계되어 그 우아하고 전형적인 구라파 풍의 숙박시설의 면모를 갖추었다. 연회, 유흥시설을 갖추었고 우아한 로비는 근대 우리나라 호텔업계의 가장 전형적인 풍모를 자랑하였던 것이다. 이 호텔은 4층 건물로서 65개의 객실을 보유하고 우아하고 고급스런 호텔로서 우리나라에 왔던 서양인들의 생활과 비즈니스 근거지로 활용되어 오던 중 1967년에 헐리게 되었고, 그 자리에 현 웨스틴조선호텔이 한국관광공사와 아메리카나 에어라인이 공동 투자하여 최신식호텔의 면모와 현대적 경영체계로 1970년 3월에 개관하였다. 이 호텔은 지하 2층, 지상 19층의 객실 499실을 보유하게 되었으며, 수용인원 1,000여명의 그랜드 볼륨, 다양한 식당, 국제회의 시설, 헬스 및 사우나 등 부대시설을 갖춘 우리나라 현대적 도심상업호텔의 대표로 불려지며, 최고(最古)의 호텔로 기네스북에도 올라 있다.

그림 2-7 서울 웨스틴조선호텔 전경

1936년 반도호텔이 9층 건물, 객실 111실 규모로 조선호텔 옆 소공동 1번지에 등장하였다. 이 호텔은 미국 스타틀러 호텔의 건축양식과 운영체계를 도입한 당시 한국 최대규모로 대지 1,544평, 연건평 6,164평으로 숙박인원을 150명이나 수용할 수 있는 미국식 호텔이었다. 이것은 흥남 질소비료공장을 경영하였던 일본인 노구치에 의해 세워진 건물로 1960년대 상반기까지 가장 대표적인 서울의 숙박시설로서 그 명성을 유지하였으나 1970년대 중기에 롯데호텔의 신축공사로 헐리게 되었다.

그림 2-8 구 반도호텔

일본의 식민지 기간 중 위에 언급한 대표적 숙박시설 이외에 1930년대 일본의 소위 문화정책 유산으로 한반도 곳곳에 초기적 관광 붐을 가져와 경승지 및 온천장들에 유원지를 만들고 철도회사의 경영에 의한 몇 개소의 숙박시설이 동시에 발전을 보이기도 하였다. 1957년 온양호텔이 구미식과 한국식을 겸한 3층 건물로 객실 65개와 대정원을 갖추고 개관하였고, 1950년대 초 동래철도호텔과 불국사철도호텔, 설악산철도호텔이 세워졌다.

제2차 세계대전이 끝나고 우리나라도 새로이 국제적 관광동향에 겨우 관심을 가질 무렵 민족적 수난을 겪게 됨으로서 전쟁의 와중에서 그나마 몇 개의 숙박시설 마저 전쟁 수행에 동원되어 가장 불행한 수난기를 맞아야 했다. 전쟁이 끝나고 새로이 질서와 번영을 지향하는 관점에서 1958~1960년 국제관광사업 진흥책의 일환으로 지방 관광호텔을 신축 내지 개축하여 우리나라 호텔산업의 이정표를 마련하였다. 해운대 · 불국사 · 온양 · 무등산 · 설악산 · 서귀포 · 대구관광 호텔 등이 모두 이 무렵에 정비되었던 것이다.

3) 공사(公社) 주도의 관광호텔 발전 시기(1961~1975)

우리나라의 호텔사업이 본궤도에 올리게 된 것은 1961년에 관광사업진흥법이 제정 공포되고, 1962년 한국관광공사의 전신인 국제관광공사가 설립되면서 국가가 보유하였던 조선호텔, 반도호텔을 비롯한 전국의 철도호텔들의 경영권을 국제관광공사가 인수하므로서 민영화에 의한 발전의 계기를 마련하게 되었다. 이 때 불국사관광호텔, 설악산관광호텔, 온양관광호텔, 대구수성관광호텔, 서귀포관광호텔, 무등산관광호텔 등이 공사에 편입되어 현대적 호텔의 서비스개념이 적용되는 경영체제로 변모하게 되었다.

1965년 관광호텔 육성자금의 지원 및 조세감면정책으로 전국적으로 당시의 규모로 보아 큰 호텔이었던 100실 이상 호텔들이 신축되기 시작하여 우리나라에서도 비로소 호텔산업의 진출이 이뤄지게 되었다. 서울의 명동을 중심으로 아스토리아, 사보이, 메트로, 앰배서더 호텔 등이 개업을 하게 되었다.

1963년 4월에는 워커힐 호텔이 대지 14만평, 지하 3층, 지상 17층의 본관건물에 객실 254개와 가야금 극장식당, 카지노, 나이트클럽, 쇼핑센터 등을 갖춘 리조트 호텔로 출발하였으며, 국가 경제개발계획에 필요한 외화 벌이에 앞장서기도 하였다. 이 호텔은 정부의 호텔민영화계획에 의해 1973년 선경그룹의 선경개발(주)이 인수하여 대대적인 증축과 시설확장을 하고 1978년 쉐라톤 체인호텔과 프랜차이즈 계약을 맺고, 상호를 쉐라톤 워커힐(Sheraton Walker Hill)로 바꾸었으며, 고급스런 객실 및 레지덴스 타워(Residence Tower)에 객실 623실과 컨벤션센터 및 각종 식당 · 연회장 · 나이트클럽 · 오락실 · 카지노 · 편의시설 등을 운영하고 있다.

1965년 한일 국교정상화가 논의되고, 일본인이 우리나라에 입국을 하면서 호텔업계는 눈부신 발전의 바탕을 마련케 되었고, 이와 때를 같이 하여 뉴코리아호텔이 등장하게 되었다. 이 후 제2차 경제개발 5개년 계획으로 나라의 경제가 빠르게 성장하면서 외자도입법이 정비되어 시행됨으로써 국내 여타 산업의 붐과 함께 호텔산업도 외국자본에 의해 건설되게 되었다. 1966년에는 322실의 세종호텔이 세종대학교 산학실습호텔로 개관하였으며, 1970년대 초에는 조선호텔, 코리아나호텔이 각각 개관을 하여 우리나라 호텔의 대형화를 선도하였다. 한국관광공사는 1971년 경주 보문단지 개발에 착수하여 코모도호텔경주의 전신인 경주조선호텔, 경주콩코드호텔의 전신인 경주도큐호텔, 경주코오롱호텔, 경주힐튼호텔 등을 주도적으로 개관하였으며, 1978년 우리나라 관광객 100만명 유치에 선도적 역할을 하였다. 이는 1979년 PATA 총회를 서울과 경주에 유치하는 계기가 되기도 하였다. 1980년에는 제주 중문단지 개발에 착수하여 신라, 롯데 등 대규모호텔과 카지노를 건설하게 하고, 내외관광객을 대규모로 제주에 유치하므로 제주도를 관광의 도시로 만들었다. 그러나 호텔의 규모가 커지고, 호텔들의 국제적 감각과 체인화가 강화되면서 공사가 주도하던 호텔의 발전은 순수민간인에게 돌아가게 되었다.

4) 호텔의 국제화, 체인화 시기(1976~현재)

1976년에는 서울시청 맞은편에 서울프라자호텔, 1978년에는 서울의 남산 기슭에 하얏트 리젠시 등의 매머드 호텔이 건설되어 우리나라 호텔이 대형화의 붐을 일으켰다. 유리의 성으로 불리어지는 서울 하얏트 리젠시는 1978년에 4월에 지하 2층, 지상 20층 규모에 602실의 객실로 개관하였으며, 지금은 세계 200여개의 하얏트호텔 앤드 리조트(Hyatt Hotels & Resorts)의 체인 중 최고급 브랜드인 그랜드 하얏트 호텔로서 서울의 대표적인 비즈니스호텔이다. 또한 우리나라 최대(最大)호텔인 롯데호텔은 지하 3층, 지상 38층, 옥탑의 건물로 총 객실 975실과 한식당 · 양식당 · 중식당 · 일식당 · 이태리식당 · 프랑스식당 · 커피숍 · 제과점 · 사우나 · 나이트클럽 등을 갖춘 매머드 국제호텔로서 위용을 자랑하고 있으며, 외국인들에게 각광을 받고 있는 것이다.

1978년 호텔의 국제화에 힘입어 부산에도 국제적인 체인호텔이 개업을 보게 되었다. 해운대 동백섬에 있는 부산웨스틴조선호텔은 미국의 아메리카나 항공사와 동양고속(주)이 경영위탁 및 합자투자로 설립된 최초의 지방호텔이며, 그 후 웨스틴호텔 체인이 아메리카나항공사 계열 호텔분야를 인수하면서 웨스틴 호텔체인에 편입되고, 1994년 4월부터 신세계 그룹으로 주주회사가 바뀌 서울웨스틴조선호텔과 함께 운영되고 있다. 웨스틴조선비치와 같은 해인 1978년에 개업한 코모도호텔은 호주의 코모도호텔그룹과 경영위탁 및 합자투자로 개업하였으나 3년이 지난 1991년에 단독호텔로 전환하였다.

호텔신라는 1973년 국가소유이던 영빈관을 인수하여 1973년 3월 호텔사업부를 창설하고 1973년 5월 임페리얼호텔(주)을 설립하였다. 호텔신라는 호텔을 문화공간적 기능과 전관이 하나의 예술품이라는 개념으로 건축이 되었고, 오랜 공사기간을 걸쳐 1979년 3월에 672실의 규모로 전관을 개관하게 되었다. 호텔신라는 1990년 7월에 호텔제주를 개관하면서 우리나라 노태우대통령과 구소련연방의 대통령이었던 고르바초프의 세기적 정상회담 장소로 제공되므로 개관초기부터 세계적 매스컴의 주목을 받은 곳이기도 하다. 호텔신라는 삼성그룹의 일원으로서 서비스 질 관리와 인재양성에 앞서고 있어 호텔리어들의 꿈을 실현해 주는 교육장의 역할도 이행하고 있다. 호텔신라는 관광사업의 역할뿐만 아니라 주요 세계기구의 총회, 월드컵의 본부호텔 및 국제행사의 장소로서 이용되어 민간외교의 역할을 충실히 하였으며, 학술 · 문화 · 국제회의 등 각종 행사의 장으로서 사회 · 문화 · 예술부문의 발전에 기여하고 있다.

또한 우리나라 호텔은 1988년 서울올림픽을 계기로 서울 르네상스 호텔이 삼부토건(주)과 메리어트 인터내셔널 호텔체인의 브랜드인 르네상스와 경영위탁계약에 의해 설립되어 1988년 7월 473실 규모로 개관을 하게 되었다. 스위스그랜드 호텔은 스위스 취리히에 본사를 둔 스위스호텔과 합자투자에 의해 설립된 호텔로 1988년 객실 511실로 개관하였으며, 2001년에 힐튼호텔 체인으로 경영계약을 옮겨 그랜드 힐튼으로 개명하였다. 이 호텔은 장기투숙객을 위한 아파트식 건물인 스위트 호텔(The Suite Hotel)을 4개동 운영하여 서울에 오는 외교관, 국제비즈니스맨, 국제적 대기업의 임원들에게 편안하고, 안전한 주거공간을 제공해 주고 있다. 서울 인터컨티넨탈호텔은 1989년 1월에 개관한 그랜드 인터컨티넨탈 서울과 1999년 12월에 개관한 코엑스 인터컨티넨탈 서울이 있다. LG그룹 계열사인 한무개발(주) 소유로 전 세계 90개국에 2,700여개의 호텔을 거느린 세계적인 호텔체인 배스 호텔 앤 리조트(Bass Hotels and Resorts)가 경영위탁에 의해 운영하고 있다. 두 호텔은 하나의 전산시스템으로 연결되며, 코엑스몰 지하통로를 통해 이동도 가능하다. 두 호텔의 객실 수는 그랜드535실, 코엑스 654실로 합해서 1,100여실이 되지만 객실점유율은 매우 높게 나타나고 있다. 인터컨티넨탈 서울은 개관 이래 서울올림픽, 세계장애인올림픽, PATA총회, 제78회 라이온스클럽세계대회, 아시아유럽정상회의 등의 각종 국제회의의 본부호텔로서 기여도가 컸으며, 2000년 10월에는 미국에서 열린 '배스 호텔 앤 리조트 세계 투자자회의'에서 전 세계 인터컨티넨탈 호텔 중 2000년 최고의 호텔로 선정되기도 하여 우리나라 호텔의 선진화를 보여준 표본이기도 하다.

호텔롯데는 1979년 반도호텔과 국립도서관 부지를 인수하여 호텔을 건립하게 되었다. 본관은 지하3층, 지상 38층으로 건축되었으며, 신관 지하 5층, 지상 35층 객실 1,486실과 1,500명을 수용할 수 있는 국제회의장을 비롯한 연회장 15개실각종 식당 및 영업장 26개소와 지하 아케이트 6,406평으로 구성되어 있다. 호텔롯데는 서울 잠실에 505실의 호텔롯데월드를 1989년 7월에 완공하면서 호텔과 쇼핑몰, 스포츠센터, 문화센터, 어드벤처, 매직아일랜드, 민속박물관 등 레저스포츠와 엔터테인먼트를 호텔 공간과 접목시키는 최초의 호텔이 되었다. 1993년 대전 유성에 300실 규모의 호텔롯데대덕, 1997년 부산에 808실의 호텔롯데부산, 2000년 500실 규모의 호텔롯데제주를 개관하였다. 2002년 2월에는 280

실 규모의 호텔롯데울산을 개관하게 되었다. 호텔롯데는 일본관광객과 비즈니스고객을 가장 많이 유치하는 호텔로 유명하지만 2002 FIFA 월드컵 TM 공식호텔로 선정되었으며, 2002년 9월에는 외화획득 5억불 달성으로 관광진흥탑을 수상하기도 하였다.

우리나라 카지노 그룹인 파라다이스는 1987년 7월에 부산 해운대에 파라다이스호텔 본관 250실을 개관하고, 1999년 9월에 별관 278실을 개관하였다. 해운대 바다를 정면에서 볼 수 있는 위치 선정, 내부의 고급스런 인테리어, 객실내의 FF&E (furniture, fixture and equipment)와 주변의 조경은 다른 호텔에 비해 매우 돋보이는 것으로 알려져 있다. 파라다이스 그룹은 부산을 비롯하여 제주, 인천, 도고, 케냐에 각각 호텔을 보유하고 있으며, 'The Leading Hotels of the World'에도 가입되어 있어 고급스런 호텔의 품격을 잘 유지하고 있는 호텔로 정평을 얻고 있다고 하겠다.

JW메리어트호텔서울은 2000년 9월에 서울 강남터미널에 복합건물로서 호텔을 시도한 우리나라 최초의 호텔로 개관을 하게 되었으며, 세계 70여개국, 2,800여개의 호텔망을 가진 메리어트 인터내셔널 호텔체인과 경영위탁계약을 맺어 호텔 운영에 들어가게 되었다. 또 다른 메리어트 호텔로서 부산 메리어트 호텔은 1988년 11월 16층 365개의 객실로 해운대 백사장 앞에 세워졌으며, 개관 당시 하얏트 리젠시 호텔로 개업하였으나 모기업인 한일그룹이 매각하므로 새로운 주주회사와 메리어트 체인본부와의 경영위탁계약에 의해 메리어트 호텔에 합류하게 되었다. 또한 2006년에 와서 주주회사가 바뀌면서 호텔명도 ACCOR Hotels의 노보텔앰버서더(NOVOTEL AMBASSADOR BUSAN)로 개칭되었다.

1990년대 후반에는 세계적 체인호텔들이 우리나라 시장에 대대적으로 진입하게 되었는데, 1995년 2월에는 세계에 90여개의 체인호텔을 보유하면서 고급스런 호텔로 정평이 나 있는 리츠칼튼 체인이 서울에 상륙하게 되었다. 리츠칼튼은 유럽지역에서 고급스런 호텔의 발전에 크게 기여했던 호텔체인으로 종업원들에게 "여러분은 신사숙녀를 모시는 신사숙녀입니다(We are ladies and gentlemen serving ladies and gentlemen)"이라는 슬로건을 앞세워 종업원 교육에 시간과 자원을 많이 투입하는 호텔로 알려져 있다. 이들은 모든 종업원에게 연간 100시간 이상의 서비스품질관리교육(Service Quality Management Training)을 요구하는 정통적 호텔기업이다. 뿐만 아니라 유럽에 체인본부를 두고 유럽지역을 발판으로 세계 90개국에 4,000여 호텔과 프랜차이즈 체인계약을 맺고 있는 거대 호텔그룹 아코아(Accor Hotel and Tourism Group)가 서울에 소피텔(Sofitel), 노보텔(Novotel) 브랜드를 진출시키고, 2005년에는 이비스(Ibis) 브랜드도 상륙함으로써, 그 간 경영위탁이 주류였던 호텔체인 계약에 프랜차이즈 계약이 본격적으로 도입되는 계기가 되었다.

2000년대 들어서 인천 허브공항(Hub Airport) 시대가 오면서 2003년 9월에 인천공항 국제업무단지에 공항호텔로서 하얏트 리젠시 인천이 개업을 하고, 2004년 2월에는 베스트웨스턴 인천 에어포트 호텔이 개관하게 되므로 우리나라도 에어포트호텔을 보유하게 되었다.

이와 같은 20세기 후반부터 우리나라는 국제화의 물결과 경제적 고도성장으로 세계 굴지의 호텔체인이 상륙하는 시대에 놓이게 되었으며, 호텔의 시설과 인적 서비스가 세계적인 수준에 진입하는 시기를 맞게 되었다.

표 2-1 관광숙박업 현황(2014.1.31.)

구분		합계	전년도	성장률	서울	부산	대구	인천	광주	대전	울산	경기	강원	충북	충남	전북	전남	경북	경남	제주
관광숙박업	관광 호텔업	641	610	5.1%	156	48	20	21	19	19	9	75	38	21	17	25	34	45	41	54
	수상관광 호텔업	1	0	100%	–	–	–	–	–	–	–	–	–	–	–	–	1	–	–	–
	한국전통 호텔업	4	1	400.%	–	–	–	–	–	–	–	–	–	–	–	–	2	1	–	1
	가족 호텔업	63	44	43.2%	4	1	–	–	–	–	–	1	8	1	–	5	7	1	8	26
	호스텔업	25	0	250%	–	2	–	–	–	1	–	1	–	–	2	–	1	–	–	18
	휴양콘도 미니엄업	179	160	11.9%	–	4	–	1	–	–	–	16	58	8	14	5	5	16	8	44
	소계	913	815	12.0%	160	55	20	22	18	21	9	93	104	30	33	35	50	63	57	143

자료: 한국관광호텔업협회, 관광사업체등록현황, 2014.

제 3 절 호텔경영의 미래

세계적 호텔산업은 경제 성장, 사회 변화, 정보기술 발전에 따라 많은 변화를 예상하게 된다. 또한 우리나라 호텔산업은 우리 경제 성장의 속도에 맞추어 고도의 발전을 할 것으로 예상된다. 다만 세계적인 체인호텔들이 속속 한국에 진출하고, 국내 호텔들도 자체 브랜드의 가치를 높이기 위해 결속을 다져 나가는 것을 보면서 호텔기업도 점점 대형화, 체인화, 다양화 되어 가고 있음을 알 수 있다. 최근에 두드러진 양극화 현상이 더 심화되면서 브랜드를 앞세운 고급스런 대규모 체인호텔과 중저가, 객실 중심의 영업을 하는 개별호텔로 이원화 될 것임을 예측할 수 있다. 뿐만 아니라 우리나라 호텔의 체인 브랜드가 외국시장에서 세계적 호텔체인과 치열한 경쟁을 벌릴 날도 그리 멀지는 않은 것으로 본다.

1. 호텔관광 서비스 수요자의 획기적 증가

정보통신의 획기적인 발달, 경제의 급속한 성장, 산업구도의 3차 산업으로의 대변화, 교통수단의 발달과 이동인구의 증가는 날로 심화되어 관련 산업의 발전을 뒷받침할 것으로 본다. 미래학자들은 2010년경 세계인구를 70억명으로 추산하며, 한국, 미국, 일본 등 경제선진국들의 저출산에도 불구하고 경제활동의 기본이 되는 인력은 날로 늘어갈 것을 예고하고 있다. 이는 가처분소득의 증가로 여행기회의 증가, 호텔 및 외식산업의 발전, 관련 관광산업의 성장기회를 제공하게 될 것으로 보며, 호텔관광 서비스의 수요자가 획기적으로 증가될 것으로 본다. 미국에서 1946~1964년 사이에 불었던 베이비부머(baby boomers)의 영향으로 7천6백만 명의 어린이들이 태어났고, 오늘날 미국은 이 시대에 태어났던 사람들이 대부분의 경제주체들로 활동하여 21세기 미국의 경제를 이끌어 가고 있다. 이들이 주도하는 정부정책, 패션, 추구가치, 생활 태도 등이 바뀌가고, 특히 호텔업과 외식업 등의 발전에 큰 영향을 미치고 있는 것이 사실이며, 2012년부터 베이비부머들이 현직에서 퇴직하는 시기에 접어들면서 축적된 부를 이용한 레저관광 등이 성장의 극에 달할 것으로 본다.

2. 호텔기업의 세계적 체인화 가속

21세기는 항공, 여행, 호텔, 외식산업 등이 동반 발전하는 고도성장시기에 도래할 것으로 보며, 인터컨티넨탈, 하얏트, 스타우드, 메리어트, 힐튼 호텔체인 등 세계적인 체인호텔의 브랜드 가치가 상승하면서 체인화가 속도를 더할 것으로 본다. 호텔의 합자투자, 경영의 체인화, 마케팅의 통합으로 브랜드 전쟁이 심화될 것으로 예상하고 있다. 현재 세계 주요 호텔체인회사는 미국을 중심으로 분포되어 있으며, 2012년 12월 미국을 중심으로 한 세계적 체인호텔이 52,530개에 4백9십여만실이나 되는 객실을 보유하여 대부분의 대규모 호텔을 그들의 체인 하에 두고 있다.

3. 중저가 호텔의 확대 및 숙박시설의 다양화

대부분의 호텔들이 고급화, 대형화를 지향하면서 저가 모텔(budget motel), 콘도-타임 쉐어(condo-time share), 펜션(pension) 등 호텔 서비스 이용자의 경제적 능력, 가족여행의 이용 목적에 맞는 숙박시설이 다양하게 발전할 것으로 본다. 또한 21세기는 세계의 모든 과학이 한 단계 더 발전하는 첨단과학시대가 될 것으로 보면서 우주여행을 위한 우주호텔, 해저여행과 수상레저관광을 위한 수중호텔을 건설하려는 연구가 이루어질 것으로 본다. 이러한 추세는 고객의 경제적 부담, 라이프스타일, 이용목적 등의 다양한 욕구를 폭넓게 수용할 수 있는 자연스러운 숙박시설의 발달로 볼 수 있다.

4. 도심 복합형 호텔로 상권 형성

특히 도심호텔을 중심으로 두 종류 이상의 시설기능을 병합한 건물로서 다양한 기능이 복합되어 있는 호텔이 많이 들어설 것으로 본다. 복합화는 고객의 편의성, 시설 간의 시너지 효과를 가져 올 수 있어 고객의 선호도가 높을 것으로 본다. 상업시설, 역사(驛舍), 오피스빌딩, 공공시설, 카지노, 컨벤션센터, 면세 및 명품관 등과 복합화가 바람직하며, 싱가폴의 웨스틴 스템포드, 서울의 롯데호텔이 좋은 예라고 할 수 있겠다.

5. 테크놀로지(technology) 활용 심화

20세기말 컴퓨터의 발달로 각급 호텔들은 PMS(property management system), EMS(energy management System), YMS(yield management system), CAS(call accounting system), SKS(safety and key system) 등의 시스템들을 호텔경영관리에 도입하여 많은 경영개선 효과를 보았다. 그러나 21세기는 보다 많은 첨단 장비와 장치들이 호텔의 서비스에 투입되고, 관광활동에 활용될 것이다. 전산장비는 호텔의 영업회계, 예약, 프런트 오피스, 하우스키핑, 식음료업장과 조리, 안전관리, 업무지원분야 등 모든 분야를 네트워크로 묶어 업무의 편의성과 고객서비스에 크게 기여할 것이다. 이들은 서비스의 속도를 높이고, 고객을 편리하게 하기도 하지만 일정부분의 비용절감에도 기여를 할 수 있을 것이다.

호텔객실에서 온라인으로 항공권을 예약하고, 전자항공권을 공항 카운터에서 수령하며, 고객이 소지한 대형 여행용 가방을 호텔에서 전산처리에 의해 발송하고, 도착지 호텔에서 때맞춰 수령하는 시스템은 흔히 있을 것이며, 이런 것들이 고객이 소지한 유비쿼터스 단말기에 의해 호텔, 항공회사, 여행사를 연결하는 업무를 동시에 진행할 수 있는 시대를 맞이하게 될 것으로 본다.

6. 호텔인력의 부족시대 도래

호텔외식경영분야에도 인력의 부족 시대가 곧 올 것으로 보며, 이에 대한 준비가 필요한 시점이다. 고령화 시대가 오면서 젊고 유능한 사람을 필요로 하는 직종이 늘어나고, 단순노동인력이 많은 호텔에는 필연코 인력난을 겪게 될 것이며, 호텔은 이에 따른 각종 제도적 연구가 필요하리라 본다. 인턴제, 임시직, 계약직, 정규직과 같이 다양화되어 있는 고용구조와 급여제도를 보다 단순화 하고, 임금피크제와 장기 근속자 우대 프로그램 등을 운영하므로 고객지향적인 마인드와 인지력(recognition)이 강한 장기 근속자를 확보하는 것은 수준 높은 호텔을 경영관리 해 나가는 중요한 요소가 되리라 본다. 호텔의 전문경영인은 이 문화에 대한 폭넓은 이해와 지식이 있어야 다국적기업경영에 성공할 수 있다. 미국의 유명호텔들이 일본식당, 중국식당을 확장하고, 고급화해 가는 것은 아시아 경제가 미국에서도 그 활동범위가 날로 늘어 간다는 증거로써 각 분야별 전문가들에 의한 책임경영이 심화되면서 경력관리가 매우 중요한 고용조건으로 작용할 것이다. 뿐만 아니라 호텔외식산업의 세계화로 호텔외식전문직의 국제적 교류가 심화될 것으로 보아 외국어와 전문영역 능력을 함께 갖춘 인재를 많이 배출해야 하리라 본다.

7. 개별고객을 위한 다양한 서비스 제공 시대

21세기는 보다 다양한 생산체계와 서비스를 필요로 한다. 소비자들의 해외여행 경험 증가, 교육수준의 상향, 소득 증대, 라이프 스타일의 변화, 외국인 관광객의 증대 등에 따라 호텔상품에 대한 욕구가 다양해짐으로서 이러한 고객 동향을 반영한 다양한 상품 구성은 앞으로의 호텔 업계가 당면한 중대 과제라 할 수 있다. 이용고객의 다양성을 존중하고, 개별고객에게 맞는 호텔시설과 서비스를 개발하여, 매뉴얼화하고, 이를 상황에 맞게 적용하는 경영관리가 필요로 하게 될 것이다. 호텔이 지향하는 고객유치 전략이 시장에서 효과를 발휘하지 못할 것으로 보며, 호텔고객의 세분화는 가족단위 젊은 휴가객, 비즈니스고객, 여성고객, 노인 레저고객 등으로 대별되리라 보고, 특히 노년층을 위한 시설은 보다 고급스럽고, 안락하며, 실내의 조명, 음향, 엔터테인먼트와 각종 안내서의 디자인, 색상, 활자의 크기 등도 보다 세심하게 고려되어야 할 것으로 본다. 뿐만 아니라 가격과 서비스가 호텔 선택의 기준이 될 것으로 본다.

8. 환경친화적 호텔경영

환경문제가 전 세계적으로 인간 생활에 많은 변화를 가져오고 있다. 호텔처럼 많은 사람, 많은 물자, 많은 쓰레기가 모이고, 일시에 많은 동력자원을 필요로 하는 업체에는 필연적으로 환경오염에 대한 대책이 의무화 되어 가고 있다. 재활용 자원의 관리 및 폐기물 처리시스템의 연구개발에 많은 관심을 보여야 하는 것은 물론 탄소배기량을 줄이는데 필요한 노력을 기울여야 할 것이다. 환경친화적인 호텔을 경영하기 위해서는 적절한 투자가 필요하게 될 것이며, 친환경적 조경과 건물 유지관리를 호텔문화로 승화시켜나가야 할 것이다.

그림 2-9 환경친화적 조경

Chapter 03

호텔기업 체인화

제1절 다국적 기업과 호텔체인

제2절 호텔의 체인화 방향

제3절 호텔의 위탁경영 계약

제4절 체인호텔과 총지배인의 역할

Chapter 03

호텔기업 체인화

국제화, 세계화의 물결이 사회생활 전반에 크게 영향을 미치면서 대다수의 현대인들은 사업여행이든 관광여행이든 가정을 떠나 타지를 여행하게 된다. 이때 먼저 염두에 두는 것이 이동수단, 투숙할 호텔, 식사와 연회, 선물이나 토산품, 여행지에서의 제반 활동들일 것이다. 그 중에서도 많은 시간을 보내는 곳이 숙박시설이기 때문에 여행 목적과 목적지, 경제적 능력, 사회적 지위 등에 따라 투숙할 호텔의 상표, 체인, 브랜드를 먼저 떠 올리게 된다.

관광산업의 규모가 커지면서 그 중심부에 있는 호텔사업은 세계 우수체인호텔들의 직 · 간접적 영향을 받게 되고, 지속적인 성장을 위해 체인에 가입하고 있다. 체인호텔들은 최고급호텔에서 중저가 호텔까지 다양한 브랜드를 개발하여 운영체계, 호텔의 규모, 시설 및 서비스 수준에 따라 호텔을 분류하고, 그들의 체제에 편입시켜가고 있다.

호텔사업이 세계화되어 가는 시점에 보다 시야를 넓혀 국제적 체인호텔들의 현황과 그들의 경영체계와 계약 관계를 살펴보고, 이들과 어깨를 나란히 하는 것이 필요하게 된다. 특히 경영을 책임지고 있는 총지배인은 인지도가 높은 브랜드를 유리한 조건으로 도입하여 경영활성화를 꾀해 나가는 능력을 요구받게 된다. 체인의 도입은 적법한 도입 절차와 상호 호혜적 관계를 지속시키기 위한 신뢰성을 바탕으로 이뤄지는 것이 매우 중요하다고 볼 수 있다.

제 1 절 다국적 기업과 호텔체인

1. 국제기업과 다국적 기업

경영학에서 국제기업이라함은 특정국에 본사를 두고, 세계 각지에 영업거점을 두어 제품을 생산하여 수출하고, 본사 중심으로 자본투자가 이뤄지고 그 이익과 배당은 본사로 송금하게 되는 기업을 말한다. 또한 다국적 기업이라함은 국제기업의 특수형태로서 다국적인에 의해 공동으로 소유되고, 경영되는 기업으로 거점국은 모두 독립된 이익관리단위(profit center)로 운영되며, 그 이익은 현지법인에 의해 관리되고 재투자된다. 다국적 기업의 특징으로는 경영활동 무대가 세계화되어 있고, 투자액과 이윤의 해외의존도가 높으며, 생산의 국제성이 강하며, 경영계획이 세계적 수준으로 평가되어야 하고, 경영전략은 국가를 초월하여 세계적 경제기반에서 짜여져야 한다.

2. 다국적 호텔체인

다국적 호텔기업은 2개국 이상에 동일한 경영정책하의 체인 가맹호텔을 경영하는 모(母)기업을 말하여, 규모의 경제를 이루기 위하여 위치가 다른 숙박업소들이 동일한 경영정책, 동일한 상품, 동일한 서비스표준에 의해 연결되고, 통합경영되는 호텔기업을 말한다. 호텔기업의 다국적화 과정은 내수지향적인 호텔기업이 해외로 사업영역을 넓혀가는 해외지향형으로 발전하며, 이는 사업현지에 적응하기 위해 현지지향형의 호텔로 변모하고, 최종적으로 세계지향적인 다국적 호텔기업으로 발전해 가게 된다. 호텔 체인화의 도입 배경에는 국제경제의 발전, 교통수단의 발달로 전 세계적으로 여행이 폭발적으로 증가하고, 국제화가 발 빠르게 진행되면서 여행자들은 편이성과 안전성에 관심을 갖게 되면서 브랜드를 중심으로 고객선호도가 높아지는 시장현상에 기인한 바 크다. 또한 호텔 경영진들은 규모의 경제에 눈을 뜨게 되고, 호텔경영의 체인화로 사세 확장에 박차를 가하게 되었다. 이러한 현상은 고객, 호텔의 투자자와 경영진, 그리고 종업원에게도 많은 혜택과 자긍심을 제공하고 있다.

제 2 절 호텔의 체인화 방향

체인경영계약은 호텔의 소유자와 호텔의 브랜드를 보유한 체인본부 사이에 맺어지는 상호협력관계를 문서화한 것으로서 전략적 경영의 일환으로 추진되고 있다.

주로 협의되는 대상으로는 상호의 사용, 경영노하우의 전수, 운영시스템 활용, 예약망 활용, 공동마케팅 활동에의 참여, 각종 자재의 공동구매 및 개발, 전문 인력의 지원 등으로서 이에 따른 가입비와 사용료지급, 계약기간, 법적지위 등을 포함하고 있다. 호텔의 경영형태를 분류할 때 일반적으로 단독경영호텔과 체인경영호텔로 구분을 하고 체인호텔경영은 본사직영호텔, 임차경영호텔, 프랜차이즈경영호텔, 위탁경영호텔, 조인트벤처, 레퍼럴 그룹으로 구분한다. 현대에 와서 가장 활성화 되어가는 체인경영은 프랜차이즈이며, 호텔소유주와 체인본부가 상호 큰 부담 없이 체인화에 동의하고, 운영하며, 결별할 수 있는 제도이다. 따라서 호텔의 체인화를 대부분이 프랜차이즈가 차지한다고 하여도 과언이 아니다.

표 3-1 세계 5대 호텔 그룹

호텔체인 명	호텔브랜드 명	호텔 수	객실 수
1. Cendant Corporation		6,761	557,054
	① Day inn Worldwide	2,122	163,998
	② Ramada Franchise Systems	1,035	127,753
	③ Super 8 Motels	2,001	124,665
	④ Howard Johnson International	500	50,039
	⑤ Travelodge Hotels	560	45,550
	⑥ Knights Franchise Systems	227	18,001
	⑦ Wingate Inns	115	10,801
	⑧ Villager Franchise Systems	109	9,596
	⑨ AmeriHost Franchise System, Inc.	92	6,653
2. Inter－Continental Hotels & Resorts		3,830	553,482
	① Holiday Inn	1,875	327,466
	② Holiday Inn Express	1,151	92,051
	③ Crowne Plaza	155	45,464
	④ Inter－Continental Hotels & Resorts	131	43,495
	⑤ Holiday Inn Select	79	20,286
	⑥ Holiday Inn Sunspree Resort	26	6,064
	⑦ Forum Hotels & Resort	14	5,853
	⑧ Staybridge Suites by Holiday Inn	22	2,704

〈계속〉

호텔체인 명	호텔브랜드 명	호텔 수	객실 수
3. Marriott International		1,846	374,010
	① Marriott Hotels, Resorts & Suites and Ritz Carlton	417	161,265
	② Courtyard by Marriott	469	70,815
	③ Renaissance Hotels and Resorts Ramada International	120	45,712
	④ Fairfield Inn by Marriott	412	41,346
	⑤ Residence Inn by Marriott	323	40,908
	⑥ Towne Place Suite by Marriott	59	7,481
	⑦ Spring Hill Suites by Marriott	34	4,019
	⑧ Marriott Conference Centers & Hotels	12	2,464
4. Choice Hotels International		4,219	337,511
	① Comfort Inns, Suites & Hotels	1,794	138,940
	② Quality Inns, Suites & Hotels	728	78,823
	③ Econolodge	712	45,124
	④ Clarion Hotels, Inns & Suites	144	22,657
	⑤ Flag Hotels, Suites & Inns	406	20,692
	⑥ Sleep Inns	226	17,361
	⑦ Rodeway Inns	167	10,747
	⑧ Mainstay Suites	28	2,584
	⑨ Friendship Inns	7	298
	⑩ Royal Inns	7	285
5. Hilton Hotels Corporation		1,910	333,110
	① Hampton Inns	1,078	112,370
	② Hilton Hotels	235	97,414
	③ Doubletree Guest Suites & Hotels	158	42,394
	④ Embassy Suites	163	39,865
	⑤ Hilton Garden Inns	89	12,579
	⑥ Homewood Suites by Hilton	89	10,024
	⑦ Harrison Conference Centers & Independents	53	8,527
	⑧ Red Lion Hotels & Inns	33	5,377
	⑨ Conrad International Hotels	12	4,540

자료: www.ahla.com/informationcenter, 2013.12.

1. 호텔 프랜차이징의 상징

호텔이 프랜차이즈로 얻어지는 가장 큰 효과는 건물 외벽에 새겨지는 상호(Logo)와 펄럭이는 깃발(Flag)이다. 이러한 징표는 호텔의 소유주, 호텔을 운영하는 총지배인, 그리고 체인본부의 공동이익을 대변하는 것이기도 하다. 흔히 체인본부는 브랜드를 유지 개선하고, 호텔의 소유주, 총지배인은 호텔의 서비스 질을 관리하여 공동이익을 취하게 된다.

2. 프랜차이즈의 기원

프랜차이즈의 기원은 1950년대 초 미국의 홀리데이인(Holiday Inn)체인의 창시자인 케몬 윌슨(Kommons Wilson)에 의해 이루어졌다. 1951년 미국 테네시주 멤피스에 살던 케몬 윌슨이 그의 가족과 함께 워싱턴(Washington, D.C.)에 휴가를 떠나게 되었고, 당시 7명의 가족이 쓰기에는 도로변의 숙박시설이 너무 작을 뿐만 아니라 가격도 비싸고 불결하기 그지없었다.

여행에서 돌아온 윌슨이 가족여행을 떠나는 관광객을 위해 적절한 가격에 깨끗하고 안락한 객실을 제공하는 방안을 검토하고, 이를 동일 상호아래 운영하고자 하는 계획을 세우게 되었다. 그는 건축사를 고용하여 기본에 충실한 호텔을 디자인하도록 요청하였고, 그는 영화 'Holiday Inn'에 나오는 옛날 집 'Bing Crosby'를 보고, 스케치한 것을 케몬 윌슨에게 보여주게 되었다. Bing Crosby를 그린 도면 위에 'Holiday Inn'이란 타이틀을 본 케몬 윌슨은 그가 제안한 아이디어를 채택하였고, 오늘날 프랜차이즈의 효시인 Holiday Inn이 탄생하게 되었다. 그는 첫 번째 Holiday Inn의 체인호텔을 1952년 테네시에 개업을 하였고, 그 후 10년이 지난 1962년 12월에는 400번째 호텔체인이 탄생했다. 오늘날 Holiday Inn 계열의 호텔은 'Intercontinental Hotel Group'에 속해 있고, 세계 곳곳에 2,730여개의 체인호텔을 보유하고 있다. 홀리데이인이 속해 있는 Intercontinental Hotel Group은 Intercontinental Hotels, Holiday Inns, Holiday Inn Select, Holiday Inn Express, Holiday Inn Crown Plaza와 Staybridge Suites 등 8개의 브랜드를 가지고 있으며, 그룹 내 3,030개 호텔에 481,482여실의 객실을 보유하고 있다.

3. 프랜차이즈의 발전 방향

호텔체인 그룹들은 그들의 브랜드를 수시로 사고팔아 사업의 영역을 확대하거나 축소해 나가고 있다. 각각의 브랜드는 모기업의 구도에 큰 영향을 끼치게 되며, 경영진은 각각의 브랜드에 걸맞는 서비스 수준을 정하고 서비스 질 관리에 최선을 다하고 있다.

이렇듯 여러 개의 브랜드를 소유한 체인본부는 각각의 브랜드 운영에 최선을 다 하기도 하지만 브랜드의 보유와 매각에 더 많은 노력을 기울인다. 왜냐하면 이들은 주식을 사고, 팔듯이 좋은 브랜드의 권리를 구입하고, 판매하는 것이 본업일 수 있기 때문이다.

그러나 체인본부를 대표하는 브랜드 매니저와 호텔을 대표하는 총지배인은 브랜드 명성에 걸맞는 브랜드 이미지 유지개선 전략을 수립하고 꾸준히 가꿔가야 하는 책임을 지고 있다고 하겠다.

표 3-3 세계 TOP 10 호텔 브랜드

1	Best Western International	4,008	304,664
2	Holiday Inn	1,576	295,252
3	Days Inns Worldwise	1,947	164,023
4	Marriott Hotels, Resorts & Suites	433	160,540
5	Comfort Inns and Comfort Suites	2,065	159,619
6	Sheraton Hotels & Resorts	399	133,200
7	Super 8 Motels	2,092	127,533
8	Hompton Inn / Hompton Inn and Suites	1,175	120,589
9	Ramada Franchise System	971	118,114
10	Holiday Inn Express	1,351	109,186

자료: www.ahla.com/informationcenter, 2013.12.

4. 프랜차이즈에 대한 법적 근거

전 세계적으로 호텔에 대한 프랜차이즈 제도를 법제화한 것은 1979년 미국에서 처음으로 이루어졌다. 이 법안은 연방교역위원회(FTC: Federal Trade Commission, 1979)에 의해 제안된 것으로 "Disclosure Requirements and Prohibitions Concerning Franchising and Business Opportunity Ventures"로서 흔히 프랜차이즈 규칙(Franchise Rule)이라고 불리어지며, 프랜차이저(Franchisor)가 프랜차이지(Franchisee)에게 상호를 빌려주는 계약에서 밝혀야 할 사항들을 규정해 두고 있다. 내용을 살펴보면;

① 프랜차이저는 잠재적 프랜차이지에서 첫 회의를 가지기 전이나 계약금이 지불되기 10일 이전에 프랜차이저가 제공하여야 하는 서비스내용을 충분히 설명한 것을 문서로 제출하여야 한다.
② 프랜차이저는 일어날 수 있는 분쟁(claims) 또는 예측되는 이익에 대해 서면으로 증거를 제출하여야 한다.
③ 프랜차이저는 프랜차이저에 의해 제공되는 어떤 프로모션이든 잠재적 프랜차이지가 부담해야 하는 광고비의 비율을 밝혀야 한다.
④ 프랜차이저는 잠재적 프랜차이지에게 줄곧 사용해 왔던 프랜차이즈 계약서 사본을 제공하여야 한다.
⑤ 잠재적 프랜차이지가 당해 프랜차이저와 프랜차이즈 계약을 맺지 않기로 결정하면 즉시 계약금을 반환해야 한다.
⑥ 프랜차이저는 잠재적 프랜차이지가 제공한 서류에 대해 구두나 서면으로 대립할 수 없다.

그러나 전문업체와 개인사업자간에 이뤄지는 법률적 이해관계는 가끔 약자가 손해를 보는 경우가 있다. 이를 보다 명확하게 보호하기 위해 FOC에는 FTC 프랜차이즈 규칙과 아래 내용을 언급하도록 하고 있다.

- 프랜차이저의 상호와 프랜차이지의 업태 및 업종
- 프랜차이지의 사업경력
- 프랜차이지가 지불해야 하는 경영수수료와 로얄티 금액
- 최초 투자 요청 내용
- 프랜차이저와 프랜차이지의 권리와 의무
- 프랜차이저가 제시하는 기본적인 보호사항
- 운영규정의 요청

- 보상, 전환, 해약 등의 절차
- 수입에 대한 요구 내용
- 현재 보유하고 있는 프랜차이지 현황
- 프랜차이지 계약서 견본
- 제시된 FOC의 각 항목에 대한 특정한 정보 제공
- 프랜차이저의 법률사무소에 대한 안내

5. 프랜차이즈 약정과정

호텔을 구입하거나 신축하여 적절한 브랜드와 체인계약을 맺게 될 때 프랜차이저를 대리하여 브랜드 매니저(brand manager)와 호텔사주(Hotel owner, Franchisee)가 서명을 하게 된다. 이때 브랜드 매니저는 이 분야에 전문가이므로 많은 권한을 가지고 각종 조건을 유리하게 이끌어 가게 된다. 최근 이러한 폐단을 막기 위해 아시아 미주 지역 호텔 사주협회(AAHOA: Asia America Hotel Owner's Association)가 발족되어 체인본부의 독단을 막고 사업파트너로서의 지위를 확보해 가고 있다. 프랜차이즈 약정서의 내용은 대부분 아래와 같은 내용을 의무화하고 있다.

1) 프랜차이즈 약정서의 주요 요소들

- 양 당사자의 법적 지위와 서명자로서의 효력
- 세부 내용에 대한 정의(특히 매출액 산정과 매출원천에 대한 구체적 범위)
- 라이센스 사용범위(브랜드 로고, 사인네이지, 당해 호텔의 명칭 등)
- 계약기간(시작하는 날과 끝나는 날 명시, 보통 20년 계약)
- 경영수수료(계약금, 로얄티, 마케팅 비용과 광고료, 예약망 이용료)
- 보고대상, 보고체계 및 기간(주별, 월별, 분기별, 반기별, 연도별)
- 프랜차이저의 의무(각종 지불에 대한 노력, 경영진단, 마케팅노력, 브랜드 표준준수 등)
- 프랜차이지의 의무(운영지침 준수, 각종지불액 및 기간 준수, 브랜드 이미지 유지 등)
- 계약 당사자의 지위변경(프랜차이지가 매각이나 임대를 할 때는 프랜차이저의 승인을 받음)

- 계약해지와 중도해지에 대한 처리(중도해지 시엔 위반에 따른 변상 조치)
- 보험가입요청(호텔사주가 보험에 가입, 4대 보험과 각종충당금)
- 계약변경(계약서 내용의 변경에 대한 권한은 프랜차이저에게 있음)
- 중재료와 법률 수수료(조정, 중재에 대한 장소, 비용을 언급하며 주로 체인본부가 있는 법원행정구역을 명시함)
- 서명란(법적효력을 지닌 양측의 대표가 서명)

6. 프랜차이저와 프랜차이지가 각각 얻을 수 있는 것

1) 프랜차이지가 얻을 수 있는 것

- 개별호텔에 유명한 브랜드를 접목하면 전체자산가치가 상승하게 된다.
- 체인예약망(GDS: Global Distribution System)을 활용하므로 예약률을 증가시킬 수 있다.
- 마케팅력이 강화된다. 대부분호텔에서 매출액의 증가비율이 경영수수료율 지급액을 초과한다.
- 체인 본부로부터 각종 연수지원을 받을 수 있고, 경영 노하우를 전수 받을 수 있다.
- 대행공급업체로부터 각종 자재 및 용품을 규격화시켜 공급받을 수 있어 비용을 줄일 수 있다.
- 프랜차이저와 협의하여 금융지원에 공동으로 대응할 수 있다.

2) 프랜차이저가 얻을 수 있는 것

- 전체 매출 규모가 커지므로 규모의 경제를 달성할 수 있다.
- 브랜드를 사용하는 멤버가 들어나므로 전체 브랜드 가치가 높아진다.
- 수수료 수입이 늘어나므로 사업의 활성화가 이뤄진다.
- 가입된 프랜차이지와 새로운 호텔의 진입을 공동으로 모색할 수 있다.

3) 프랜차이즈 협상 시 검토할 주요내용

- 프랜차이저의 질적 수준과 경험

- 프랜차이저가 제공하는 서비스의 수준과 이용하는 고객의 성향
- 프랜차이저에게 지불되는 경영수수료 금액
- 프랜차이저가 운영하는 브랜드의 장래성 및 과거이력 분석
- 프랜차이저 멤버호텔의 일일 평균요금(ADR: Average Daily Rate)의 동향
- 프랜차이저 멤버의 지난 5년간 객실점유율(Room Occupancy Ratio) 파악
- 프랜차이저가 제공하는 예약시스템을 통한 예약 기여도와 평균객실요금 평가
- 점포 허용구간에 대한 규정 확인(예, 향후 5년 이내, 8km 반경 이내 브랜드 허용금지)

4) 프랜차이저에게 보내는 협정 진행 질문서 작성 및 배포

호텔 사업을 하고자 호텔을 신축할 계획이 있거나, 신축 중인 호텔을 프랜차이즈 형태로 운영하고자 하거나, 현재 운영되고 있는 호텔을 개보수와 함께 새로운 프랜차이즈 브랜드를 도입하고자 한다면 프랜차이즈에 대한 여러 가지 제도와 시장을 면밀히 검토하고, 이들의 조건에 대한 질문서를 작성하여 대상 프랜차이저에게 브랜드 제공이 가능한지, 어떤 조건으로 협상이 가능할지를 미리 타진하므로 시간과 비용을 절약하면서 호텔이 주도적으로 적당한 브랜드를 택할 수 있다. 가능하면 긴 기간을 두고 몇몇 업체씩 선별하여 공식서류를 보내서 상대방의 반응을 얻어 협상을 진행하는 것이 바람직한 방법이라고 하겠다.

표 3-4 프랜차이저에게 보내는 계약 타당성에 대한 질문서

MEMO

To: POTENTIAL FRANCHISORS
From: J.D. Ojisima
Subject: Attached Franchisor Questionnaire
Date 1/1/20XX

I represent an ownership group that will be building a 150-room, limited-service hotel in our city. The investors have asked me to assist them in evaluating options for flagging the property. In an effort to fairly compare the offerings of alternative potential franchisors, please respond, in writing, to the following questions if your brand has an interest in being considered as a potential franchise partner. Please e-mail your responses to J.D. Ojisima at the following e-mail address: JDOJISIMA@ournewhotel.com.

In addition, our group would like to receive any print materials available regarding your brand. Thank you in advance for your interest in our project.

2. Area of Protection:
  - What is the area of protection (AOP) proposed by your organization?
  - Does your AOP restrict any other brands you operate (or will operate in the future) from this AOP? If so, name those brands.
  - Does your AOP give our organization the right of first refusal for any brand(s) you currently operate? If so, name those brands.
3. Reoccurring Fees
  - Please identify your proposed fee structure for EACH of the first five years of this agreement. Include all fees, that is,
    - Royalty
    - Marketing
    - Reservation
    - All other (including required purchases)
    - Is there flexibility in regard to these fees? If so, who in your organization is authorized to negotiate these fees?
4. Standards
  - Please identify the scoring range used in your brand inspection program, as well as the number of times the property will be inspected each year.
  - Please identify the average score (past three years) of all properties in this brand that are within 150 miles of our city. (continued)
  - Are inspection scores published? If so where?
  - What is the current number of properties operating under this brand? How many of those properties are operating as three diamond (or higher) properties (under AAA inspection standards)?
5. Mandatory Service Programs
  - Please describe any mandatory food and beverage programs required by the brand, that is, room service, breakfasts, manager receptions, and so forth.
6. Operating Performance
  - Please identify for the previous two years, the brandwide statistics related to
    - ADR
    - Occupancy percent
    - RevPar
    - Reservation system room night contribution
  - Location of all branded (your proposed brand) hotels in our state that are now open or will open next year
  - List of any hotels in our state converting out of your brand last year
  - Address of Web site listing all current properties.
7. FOC
  - Please send an up-to-date FOC to our address.
8. Fair Franchising
  - Do you subscribe to AAHOA's published 12 Points of Fair Franchising? If not, with which points do you disagree?
9. Financing Assistance
  - Please describe the assistance your organization can supply us in the area of securing funding for our hotel project.
  - Please identify the individual within your organization who would supply such assistance.
10. Termination
  - What is the length of your proposed agreement?
  - Please describe the penalties incurred and the procedures used should the franchisee elect to take advantage of early termination.

www.franchisehelp.com

5) 프랜차이즈 도입에 대한 협상

프랜차이즈는 프랜차이저와 프랜차이지의 상호이익을 위한 상업적 협조이므로 서로 협상을 통해 계약조건을 결정하게 된다. 협상내용은 앞에서 언급하였던 약정서 내용, 검토내용의 요약, 질문서의 내용을 바탕으로 진행하면 큰 무리 없이 순조롭게 합의에 도달할 수 있게 된다. 대부분의 영업이 그리하듯이 호텔영업은 먼 앞을 내다보고 인적, 물적 자원을 지속적으로 투입한 결과로 호텔의 이미지가 높아지고 이에 따른 매출 증가, 이익증대가 선순환적으로 이뤄지게 되므로 장래의 브랜드 가치를 찾는데 노력을 아끼지 말아야 한다.

표 3-5 세계 유명브랜드별 호텔프랜차이즈 계약 조건

호텔 체인점	가입비	브랜드사 (Royalty)	광고마케팅수수료	예약수수료
RAMADA HOTELS	객실당 350달러(최저3만5천달러)	객실매출액의 4%	객실매출액의 4.5%	
DAYS INN	객실당 350달러(최저3만5천달러)	객실매출액의 6.5%	객실매출액의 2.3% + 기본수수료 객실당 100달러 또는 전체 1만달러	
HOLIDAY INN	객실당 100실당 3만달러(크라운 프라자 7만5천달러)	총매출액의 5%	총매출액의 1.5% 크라운 프라자 2%	총매출액의 1%
BEST WESTERN	객실당 100실당 2만5천달러	객실 100실당 2만2천달러	객실 100실당 3천달러	첫해 객실당 하루 5센트 + 둘째 해부터 전년도 실적 반영
CHOICE HOTELS	객실당 300달러 (최저 4만달러)	객실매출액의 5%	객실매출액의 1.3% + 객실당 일일 28센트	객실매출액의 1% + 예약객실당 1달러
EMBASSY SUITES	특실 객실당 500달러(최저 10만달러)	객실매출액의 4%	–	–

※ 자료: 정규엽, 호텔관광외식마케팅, 2010. 인용

6) 프랜차이즈 도입에 대한 의사결정

호텔기업을 운영하고자 하는 프랜차이지와 신규사업가를 브랜드에 참여시키고자 하는 프랜차이저는 호텔사업에 대해 깊이 있는 지식이 부족할 수 있고, 그 지역의 특성을 잘 모를 수 있으므로 이때 경영을 맡은 총지배인이 호텔의 기업주를 적극적으로 도와서 의사결정에 도달하도록 최선을 다해야 한다. 상호간에 프랜차이즈 계약에 서명을 하고나면 모든 업무는 총지배인이 수행해야 하므로 더더욱 신중한 검토와 의사결정이 요구된다.

제 3 절 호텔의 위탁경영 계약

현대 호텔경영은 프랜차이즈 계약에 의해 급속히 국제화되어가고 있다. 그러나 세계적인 호텔그룹들이 고유 브랜드를 보유하고 자사가 직접 건축한 호텔을 직영하는 경우가 있는가하면 그들의 명성을 앞세워 대규모호텔의 경영을 위탁받아 크게 성장시켜 나가기도 한다.

이러한 위탁경영의 형태는 프랜차이즈 호텔이 체인본부가 제공하는 각종 브랜드에 따른 매뉴얼이나 서비스표준에 의해 각각의 호텔이 별도의 경영체계를 중심으로 운영하므로 프랜차이저가 지향하는 서비스의 질을 유지하지 못하는 경우가 흔히 발생하는데 반해 위탁경영은 브랜드를 제공하는 체인본부에서 총지배인을 비롯하여 경영진을 파견하므로 이들에 의해 호텔이 경영되기 때문에 서비스표준, 고객관리규정, 회계제도, 재투자계획 등이 차질 없이 진행될 수 있다.

위탁경영 계약이 이뤄지는 과정은 프랜차이즈 경영계약과 크게 다른 바가 없지만 제공되는 각종 수수료, 파견 직원들에게 제공되는 각종 혜택, 호텔 기업주가 일선 경영에 참여하지 못하는 규정 등이 적용되므로 호텔기업주가 타 기업의 대주주가 아닌 경우, 또는 규모가 매우 크지 않는 경우 기업주에게 매력적인 제도라고 할 수는 없다. 위탁경영에 참여하는 체인본부는 주로 월 매출액의 1~5% 선에서 경영수수료를 요청하며, 파견 직원의 숙식은 물론 가족 생활비도 보조하도록 요청한다.

최근에는 경영위탁의 약한 형태인 'Soft Management Contract'을 맺어 영업부문은 파견된 총지배인이 중심이 되어 진행을 하고, 인사, 총무, 재무, 구매 등 관리부문은 호텔기업주가 대리인을 통해 경영에 참여하는 형태로 변화되어가고 있다.

표 3-6 Property/Room Breakdown

By Location	Property	Rooms
Urban	4,866	756,490
Suburban	17,651	1,753,178
Airport	2,268	313,672
Interstate	7,401	502,953
Resort	3,866	609,019
Small Metro/Town	16,477	965,330
By Rate	**Property**	**Rooms**
Under $30	342	34,498
$30~$44.99	3,699	287,814
$45~$59.99	8,624	558,108
$60~$85	15,379	1,097,315
Over $85	24,485	2,922,907
By Size	**Property**	**Rooms**
Under 75 rooms	29,149	1,247,532
75~149 rooms	17,299	1,817,319
150~299 rooms	4,403	881,838
300~500 rooms	1,143	425,334
Over 500 rooms	535	528,619

Data for December 2012. www.ahla.com/informationcerter

1. 호텔위탁경영회사의 구조

호텔경영위탁을 주 업무로 하는 체인본부는 다각적으로 객관적인 평가를 받고 있다. 이들은 브랜드 가치를 높이기 위해 엄격하게 서비스표준을 관리하며, 호텔 브랜드 가운데 상위에 있는 호텔들이다. 이 범주에 속하는 호텔체인은 하얏트, 힐튼, 메리어트, 포시즌, 쉐라톤, 웨스틴 등 국내에도 진출해 있어 우리의 시야에 로고가 익숙한 기업들이다. 위탁경영회사도 다양한 브랜드를 가지고 있는데 이들의 평가는 체인본부가 운영하는 각각의 브랜드에 소속된 호텔의 수, 객실의 수, 일일평균요금 등으로 평가된다.

체인호텔들이 경영에 참여하는 형태는 아래와 같다.

1) 위탁경영회사가 순수하게 경영에만 참여하는 경우
2) 위탁경영회사가 합작투자에 의해 자본에 참여하면서 경영을 위탁받는 경우
3) 위탁경영회사가 호텔을 소유한 경우
4) 위탁경영회사가 호텔을 차용하여 운영하는 경우
5) 위탁경영회사가 합자 투자한 호텔의 영업만 맡아서 경영하는 경우

2. 위탁경영계약 과정

체인호텔은 경영에 참여하는 형태에 따라 여러 가지 계약조건을 제시하게 된다. 이들의 형태로는 순수하게 위탁경영계약형태를 취하는 Unique Management Contract과 Operating Agreement가 있다. 이는 다른 용어로 Hard Management Contract과 Soft Management Contract로 불려지기도 한다.

위탁경영계약을 맺을 때 개업 준비과정도 포함하게 되는데, 이는 프랜차이즈와는 달리 자본투자자가 설계 이전부터 체인본부와 계약에 의해 동반자로서 함께 업무를 진행하게 됨을 알 수 있다. 왜냐하면 체인본부에는 건축, 디자인, 인테리어, 익스테리어, 인력관리, 재무관리, 회계 등의 전문가가 있어 창업에서부터 운영, 경영진단, 재투자에 이르기까지 모든 업무를 맡아서 진행해 주게 된다.

1) 위탁경영계약의 핵심요소들

- 위탁경영기간(시작하는 날과 끝나는 날 명시)
- 상방에 의해 계약기간이전에 계약이 파기될 때 진행하는 절차
- 상방에 의해 계약기간이 연장될 때 진행하는 절차
- 호텔이 타인에게 이관될 때 상호 협상해야 하는 내용
- 각종 경영수수료(월 지급액, 파견직원 급여 및 각종 혜택, 마케팅비용과 광고료 부담, 예약망 이용료 등)

- 영업결과에 따른 보상과 피해 보존
- 위탁경영회사의 투하 자본
- 위탁경영회사의 지역 내 타 호텔 운영에 대한 제한
- 각종 서류의 보고대상, 보고내용, 보고기간 및 보고통로
- 보험료 부담과 부보에 대한 책임 명시
- 고용원에 대한 소속(호텔기업주회사 또는 위탁경영회사)
- 총지배인과 파견 경영진의 임용 및 해임에 대한 절차

2) 각급호텔의 경영수수료 비교

표 3-7 각급호텔의 경영수수료 비교표

호텔	소유회사	경영회사	수수료
그랜드인터컨티넨탈서울	한무개발	Inter-Continental Hotels Co.	영업이익의 8.5%
그랜드하얏트서울	미라마관광	Hyatt International Co.	총영업이익의 10~15%
밀레니엄서울힐튼	M&C그룹	Hilton Corporation	총영업이익의 15%
르네상스서울호텔	삼부토건	Mariott Corporation	총영업이익의 12% + 객실수입의 3%
호텔리츠칼튼서울	전원산업	Ritz-Carlton International Co.	총매출이익의 4.5%
부산웨스틴조선호텔	신세계그룹	Starwood Corporation	총영업이익의 2.5% +객실수입의 7.5%
웨스틴조선호텔	신세계그룹	Starwood Corporation	순영업이익의 1.9%

* 국내 호텔관련 자료에 의해 저자 작성, 2013. 12.

3. 위탁경영계약 시 호텔기업주에게 유리한 점과 불리한 점

1) 호텔기업주가 유리한 점

- 경영의 질을 높일 수 있다.
- 위탁경영회사가 보유한 분야별 우수전문가 활용이 가능하다.
- 위탁경영회사의 명성과 경험이 투자, 융자에 도움이 된다.
- 경영성과를 높일 수 있다.
- 장기적인 파트너십 유지로 새로운 투자처 발굴이 가능하다.

2) 호텔기업주가 불리한 점

- 호텔기업주가 체인본부에서 파견된 총지배인이나 간부직원을 직접 지휘할 수 없다.
- 호텔기업주가 원하는 능력 있는 경영진이 체인본부에 의해 자주 교체된다.
- 호텔기업주가 고용한 임직원과 체인분부에서 파견된 임직원의 충돌이 잦다.
- 위탁경영사에서 추진한 일들에 의해 호텔의 비용이 증가한다.
- 호텔기업주의 재산권 이양에 걸림돌이 된다.

제 4 절 체인호텔과 총지배인의 역할

앞서 언급했듯이 위탁경영(management contract) 형태로 경영을 하게 되는 호텔은 총지배인을 체인본부에서 파견하게 되고 프랜차이즈계약(Franchise Agreement)에 의한 호텔경영은 호텔기업주가 임명한 총지배인 업무를 총괄하게 된다. 어떤 형태이든 투자자와 운영자의 입장은 다를 수밖에 없다. 호텔조직은 총지배인이라는 전문성을 가진 사람이 표면에서 대표성을 가지고 업무를 수행하지만 그 뒤편에는 자본을 투자한 기업주와 브랜드를 성장 발전시키고자 하는 체인본부가 있기 때문에 이들의 요구를 조화롭고, 진취적으로 잘 이끌어 가는 임무를 받은 사람은 총지배인이다. 매우 힘들고 순탄하지 않은 일들이 일어날 것을 예측하지 않을 수 없지만 능력에 따라 오히려 돋보일 수 있는 것이 사실임에도 틀림이 없다.

1. 프랜차이즈 경영호텔의 총지배인 역할

1) 호텔 사주와 협력관계

호텔사주와 체인본부가 서로 협력하기로 결정했던 사항도 비용 절감 측면에서 사주는 가능하면 따르지 않으려 한다. 이때 총지배인은 호텔사주를 설득할 수 있는 충분한 자료와 신뢰성을 가지고 업무에 임해야만 장기적으로 체인호텔에 가입한 혜택이 돌아온다.

2) 프랜차이저와 협력관계

체인본부에서 프랜차이즈 서비스 담당책임자(FSD: Franchise Service Director)가 체인 서비스 표준을 따르는지 확인을 하게 된다. 뿐만 아니라 마케팅과 판매촉진에 대한 노력을 점검하기도 하고, 예약망 활용 실태를 확인하기도 한다. 이러한 과정은 호텔기업주와 체인본부 간에 협력관계의 지속여부를 판단하는 기준이 되며, 총지배인의 업무수행 능력과 인간관계 구축이 문제 해결의 중심에 서 있을 경우가 많다.

3) 브랜드 매니저와 협력관계

체인본부에서 제공하는 서비스와 영업현장에서 일어나는 결과는 언제나 일치하지는 못한다. 또한 상호결점과 비협조에 대한 불만을 보호할 수 있으므로 강력한 협조와 이해를 바탕으로 협력해야 한다.

4) 직원들과의 협력관계

평소 체인본부에서 제공하는 서비스표준 매뉴얼에 의해 근무를 할 수 있도록 인력관리, 서비스 질 관리를 생활화 하여야 한다. 항상 서비스 품질을 논할 때는 서비스 태도, 신속도, 정확도, 책임감, 서비스 환경 등을 거론하게 되는데 이들은 각 체인본부가 제공하는 서비스 매뉴얼에 명시되어 있으므로 많은 시간을 할애하여 교육에 임해야 한다.

5) 고객과의 협력관계

고객은 본인이 지불한 금액 이상의 융숭한 대접을 받았을 때 만족하게 된다. 같은 브랜드 내에서도 지역이나 사업주의 경영의지에 따라 제공하는 서비스가 달라질 수 있는데 총지배인은 동일 브랜드 내에서 또는 타 브랜드에서 제공하는 각종 서비스를 모니터링하여 개선점을 프랜차이저와 논의하여 적응시키는 데 앞장서야 한다.

2. 위탁경영호텔의 총지배인 역할

체인그룹이 소유한 호텔을 직영하는 경우 총지배인은 브랜드와 오너를 위해 일을 하게 되므로 조직 운영에 큰 문제가 되지 않지만, 경영을 맡은 체인본부와 소유주가 다른 호텔의 총지배인일 경우 매우 힘들게 업무를 추진할 수밖에 없다.

1) 주도적 업무 능력 배양

체인호텔에서 파견된 총지배인일지라도 업무를 주도적으로 잘 진행하고 체인본부의 지휘력 보다 더 높은 능력을 인정받으면 호텔사업주는 오히려 체인형태보다 총지배인 중심의 호텔로 독자적 경영을 모색하게 될 수 있다.

2) 양당사자의 이익을 위해

체인본부에서 파견된 총지배인은 체인본부에서 주어진 지침에 의해 일하고, 성과를 내면 되지만 항상 호텔사주와의 긴밀한 관계를 유지하므로 안정된 경영을 할 수 있도록 노력해야 한다.

3) 경영진과의 긴장 관계

총지배인이 지휘하는 주요 보직은 영업상황에 따라 체인계약이 연장되지 못했을 때 시직을 권고 받게 될 수 있다. 이러한 상황을 막는 방법은 최선을 다해 위탁경영계약을 연장하고, 최선을 다해 브랜드 이미지를 높이고, 매출과 영업이익을 증대시키는 것이다.

4) 영향을 미치는 관련된 종업원들

만약 경영위탁을 맡은 회사가 계약연장에 실패했을 때 대부분의 고용원은 새로 진입하는 다음 브랜드에 신임 고용되게 된다. 경영위탁의 경우 고용주가 경영회사로부터 종업원의 임용을 거부하게 될 수도 있으므로 관련법규를 중심으로 면밀한 검토와 평소 교육을 통해 인적자원의 가치를 높여야 한다.

5) 브랜드와 불협화음

아무리 자그마한 일일지라도 브랜드 이미지와 관련된 것은 함부로 처리할 수 없다. 브랜드 서비스 담당책임자와 사전에 논의하므로 불협화음을 예방할 수 있다.

Chapter 04

호텔경영조직

제1절 호텔경영조직의 개념 및 특성

제2절 호텔조직의 구조와 역할

제3절 부문별 업무감독의 범위와 내용

Chapter 04

호텔경영조직

제 1 절 호텔경영조직의 개념 및 특성

1. 호텔경영조직의 개념

조직이란 어떤 일을 한 사람의 능력, 시간으로 제 때 처리할 수 없을 때, 이를 분업이라는 형태를 택해 직무를 분담하여 보다 전문성 있게 수행하므로 효율을 높이는 것이다. 호텔의 조직구성은 호텔기업의 성공적인 경영관리를 위해 장기적인 안목에서 직무를 세분화 하고, 각자에게 맡겨진 업무를 효과적으로 처리할 수 있게 하는 과정을 말한다. 잘 구성된 호텔경영관리조직은 효율을 중요시하고, 고객서비스와 비용절감을 가장 잘 나타낼 수 있어야 하고, 호텔의 규모와 제공되는 서비스의 질적, 양적 소요를 충분히 감안한 조직이어야 한다. 따라서 호텔의 조직은 첫째, 업무지시와 보고체계는 물론 책임과 권한이 명확해야 한다. 둘째, 직무에 관한 업무절차와 업무의 표준이 확실하게 정의되어 있어야 한다. 셋째, 각 구성원이 맡은 업무는 무엇이며, 어떻게 수행하는가가 잘 정리되어 있어야 한다. 넷째, 호텔기업이 제시하는 전반적인 서비스 질과 서비스 양, 그리고 업무량이 명확하게 설정되어 있어야 한다. 호텔경영관리조직은 누구에게 보고 해야 하는지, 권한과 책임은 어떻게 되는지, 부서와 나의 업무 목적, 목표, 기능은 무엇인지, 직무에 따른 세부 규정과 절차가 매뉴얼에 의해 잘 정리되어 있는지를 명확히 할 수 있어야 한다. 좋은 조직이란 앞서 언급했듯이 체계적인 구조와 철저한 교육훈련, 각종 인센티브, 후생복리 프로그램에 의해 동기부여가 된 구성원의 집합이라고 할 수 있다.

2. 호텔경영조직의 특성

1) 고객서비스를 위한 협동체

호텔기업은 서비스를 수행하는 모든 과정이 고객접점을 이루고 있다. 고객이 호텔에 체류하는 동안 수없이 마주치게 되는 고객접점에서 단한번의 실수와 불친절이 호텔 전체의 서비스 질 관리에 치명적인 오류를 남길 수 있다. 이와 같이 서비스 질 관리를 위해 모든 구성원이 서비스 매뉴얼에 의해 고객지향적인 서비스 협동체로서 유기적으로 결합되어 있다.

2) 계선-참모형 조직

호텔조직의 객실, 식음, 연회, 부대시설 등 영업부문과 고객을 위해 시설과 안전을 책임지는 부서는 많은 구성원을 보유하고 차질 없는 고객서비스를 위해 상하의 지위계통이 잘 확립되고, 업무를 체계적이고 일사불란하게 진행하게 되므로 상하관계를 수직적인 모양을 갖추고 있어 이를 계선조직이라고 한다. 또한 영업부문과 이를 가까이에서 지원하는 시설관리, 안전관리부서를 지원하는 업무지원부문은 영업부문이 업무를 원활하게 추진할 수 있도록 전문영역을 담당해 주는 부서로서 인력관리, 경리, 재무, 회계, 총무, 구매 등을 참모조직이라고 한다. 대규모호텔은 이렇게 두 가지 형태의 조직이 서로 횡적으로 협조하면서 공동의 목표를 위해 조직을 운영해 나간다.

3) 수익부문과 비용부문의 명확성

호텔의 경영관리조직은 수익부문과 비용부문으로 명확하게 구분된다. 호텔의 수익부문(revenue centers)에 속하는 객실, 식음, 연회, 부대시설, 임대업장 등은 매출부서이고, 호텔의 비용부문(cost center)에 속하는 마케팅, 재무, 회계, 총무, 인력관리, 구매관리, 시설관리, 안전관리 등은 매출부서의 매출극대화를 위해 업무를 지원하게 된다.

4) 지배인제도에 의한 조직

호텔기업은 투자회사를 대표하는 대표이사와 호텔의 운영을 책임지는 총지배인, 그리고 부문별 전문성에 의해 경영관리를 맡은 임원들로 조직을 구성하고 있다. 호텔경영의 특성에도 나타나듯이 호텔의 지배인은 호텔이라는 특수한 조직에서 경험에 의해 실무지식을 쌓고, 국제적인 경영마인드, 품위 있는 몸가짐, 솔선수범하는 근무자세, 유창한 외국어 구사능력을 고루 갖춘 유능한 인재가 맡게 되는 특수한 직업이다.

3. 호텔경영조직의 관리 방향

효율적이고, 앞서가는 호텔조직을 만들기 위해서는 다음과 같은 요인을 파악하는 것이 중요하다. 이는 조직구성원이 수시로 본인에게 질문을 던져 스스로 관리해 나가는 조직으로 발전하여야 할 것이다.

첫째, 본인의 업무에 대해 무엇을 알고자 하는가?

누가 나의 상사이며, 누가 나의 동료인가에 대해 파악하고, 나는 어떠한 책임과 권한을 부여 받았는가를 알아야 한다. 또한 전체 조직을 위해 나와 우리 부서에 맡겨진 일은 무엇인가를 깊이 있게 되새겨 보아야 한다.

둘째, 우리 조직의 문제점은 어디에 있으며, 원인은 무엇인가? 문제가 있다면 무엇을 먼저 조사해 보아야 하는가? 지휘계통과 보고라인의 책임과 권한은 어떠한가? 모든 구성원이 보고라인을 숙지하고, 이를 이행하고 있는가? 혹시 한 사람이 두 명 이상의 상사로부터 지시를 받아 명령통일의 원칙을 어기고 있지는 않은가? 당신은 몇 명을 지휘하고 있는지? 지휘하는 인원이 너무 많지는 않은가? 20~30명 이상의 구성원이 있는 조직에서는 효과적인 러더십을 발휘하기가 매우 힘이 든다. 이러한 경우에는 단위별로 책임자를 임명하여 권한을 위양하는 것이 업무효율을 높이는 데 도움이 된다. 각자 업무의 내용과 절차는 명확하게 구분되어 있는가? 담당업무의 내용, 이행 절차, 이행 가능한 업무의 표준은 밝혀져 있는가? 업무절차는 매뉴얼화되어 있는가? 진행해 왔던 업무에 대해 날짜별로 서류가 정리되어 있는가? 같은 업무를 또 다른 사람이 맡고 있지는 않은가? 업무에 대한 책임과 권한은 잘 지키고 있는가? 어떤 사람은 업무가 많고, 어떤 사람은 업무가 너무 적지는 않은가? 교육훈련, 구성원들은 무엇을 해야 하는지, 어떻게 해야 하는지를 알고 있으며, 결과에 대한 업무표준은 정해져 있는가? 구성원은 잘 교육이 되어 있으며, 서비스표준을 능가할 수 있는가? 평가와 통제 서비스의 질적 표준, 양적 표준에 의해 업무를 달성하였는가? 호텔조직이 이러한 평가와 통제를 위한 시스템은 개발되어 있는가? 계획의 반복적인 이행을 위해 업무계획의 표준은 설정되어 있으며, 일반보고, 긴급보고 절차는 수립되어 있는가? 업무계획을 수립할 때 보고서 양식, 기록철, 정보 제공, 관리 방법 등에 대한 언급은 되어 있었으며, 구성원들은 이를 정확히 활용하고 있는가? 위의 내용들에 대해 정확하게 파악한다는 것은 호텔조직이 원활한 업무를 수행하고 있다는 것을 알 수 있다.

셋째, 호텔조직의 업무개선과 효과적인 운영을 위해 무엇을 할 것인지를 계획하는 것이 중요하다. 직무기술서는 업무에 대한 이해를 넓혀줄 것이고, 업무표준의 설정, 업무절차의 매뉴얼화, 그리고 직원의 선발, 교육훈련, 경력개발의 출발점이 될 것이다. 권한위양, 직무확대, 직원참여 프로그램은 보다 나은 결과를 유인하는 촉매가 될 것이다. 잘 짜여진 조직은 불필요한 업무를 줄여줄 것이고, 보다 많은 시간을 고객과 호텔 구성원을 위해 새로운 아이디어 개발에 활용할 수 있게 될 것이다.

제 2 절 호텔조직의 구조와 역할

호텔의 조직은 호텔기업의 목표 또는 각 조직단위의 목표를 능률적으로 달성함으로써 호텔기업의 성장과 발전을 촉진하는 데 그 목적이 있다. 호텔조직을 결정하는 요소로서는 호텔의 입지조건, 시설규모, 호텔의 건물 및 건축구조, 경영진의 구성, 지배인의 체인본부와의 관계, 소유형태, 경영협력방식 등에 의해 이루어진다.

1. 호텔의 조직구조

호텔의 경영조직은 확고한 서비스마인드를 가진 현장경험이 풍부한 전문경영인인 총지배인을 중심으로 주로 마케팅부서(marketing division), 객실부서(rooms division), 식음료부서(food and beverage division), 관리부서(administration and general division)로 업무를 구분한다. 규모와 역할에 따라 인사부문, 시설관리, 안전관리 등은 별도의 부서로 구분되어 총지배인이나 부총지배인이 관장하는 경우도 흔히 있다. 초대규모나 대규모호텔 등 규모가 큰 호텔은 부서책임자를 임원으로 보직하며, 가끔 대규모, 중규모호텔은 부서책임자를 부장이나 차장, 과장 등으로 보직하기도 하며, 소규모호텔은 총지배인 하에 과장, 계장, 주임 등으로 보직하는 경우가 있다.

1) 초대규모호텔(Mega Hotel)

초대규모호텔은 800여실 이상의 객실규모를 자랑하는 호텔들로 라스베이거스에 있는 MGM 호텔과 같이 5000실이 넘는 초대규모호텔도 있다. 이러한 호텔들은 총지배인뿐만 아니라 각 부문별 전문경영인이 경영관리업무를 담당하게 되며, 라인과 스텝의 기능도 명확히 구분되어 운영되고 있다.

그림 4-1 초대규모호텔의 조직

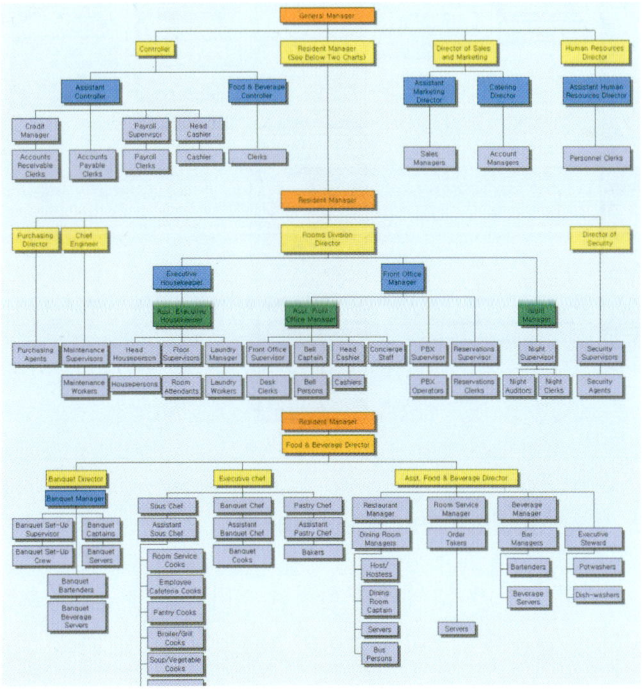

2) 대규모호텔(Large Hotel)

호텔의 객실규모가 300~500실 내외일 때 대부분의 호텔들은 부문별로 업무를 분담하고, 규모에 걸맞게 전반적인 서비스(full service)를 제공하는 호텔의 역할을 하게 된다. 부서의 책임자는 그 분야에 전문가가 보직이 되며, 객실영업, 객실관리, 식음료 영업, 연회 및 국제회의, 조리, 부대시설영업, 마케팅과 판촉, 인력관리, 재무 및 회계, 구매, 원가관리, 세무관리, 시설관리, 외식사업 등의 부서를 갖추게 된다.

그림 4-2 대규모호텔의 조직

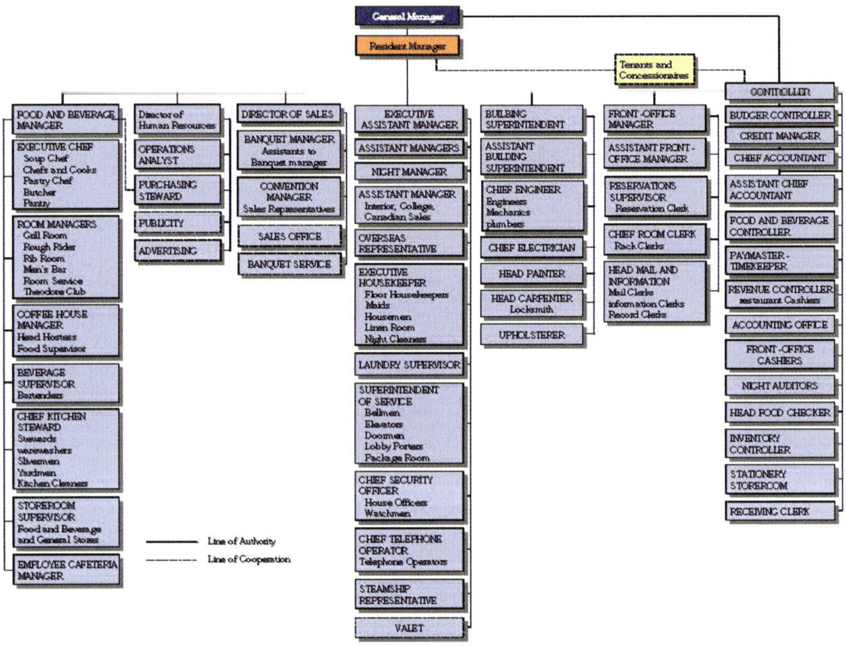

3) 중소규모호텔(Medium and Small Hotel)

일반적으로 호텔객실이 100실 내외로 한정된 서비스를 제공하는 호텔은 소유주가 직접 경영에 참여하고, 필요한 소수의 인력으로 호텔을 운영하게 된다. 지배인 역할도 영업에만 치중하는 한정적 권한과 책임을 가지며, 객실 중심의 영업에 활동을 주로 하게 된다. 식음부문은 중소연회에 적합한 공간, 레스토랑, 커피숍 등을 운영하며, 객실의 부대시설로서 매출의 중심부문이 되지 못하는 경우가 많다. 시설부문이나 하우스키핑부문 등도 일정부문의 정규직 외에 외부인력을 활용하는 경우가 허다하다. 관리부문은 소수인원이 다기능으로 회계, 재무, 총무, 구매 등의 업무를 보게 된다. 우리나라의 대부분의 2등급, 3등급 관광호텔들이 이 범주에 속한다고 볼 수 있다.

그림 4-3 중소규모호텔의 조직

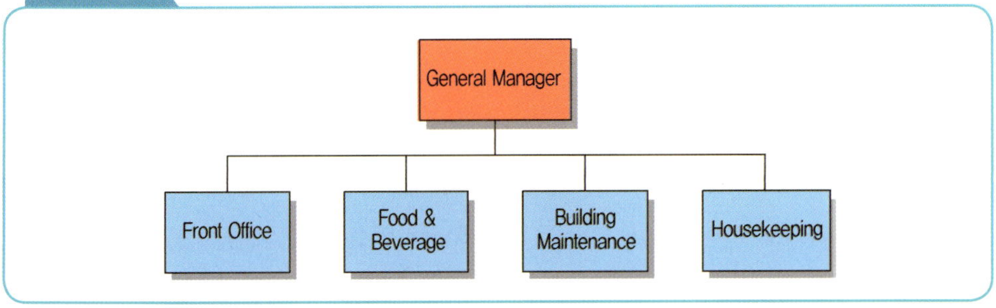

2. 호텔의 라인과 스텝 조직의 기능

호텔의 경영조직은 계선과 참모(line and staff)조직으로 구분할 수 있다. 객실영업부서, 객실관리부서, 식음료부서, 연회부서, 조리부서, 부대시설영업부서, 시설부서, 안전관리부서 등은 많은 인원을 보유하고 고객서비스를 위해 현장에서 지휘와 리더십을 발휘하는 부서이다. 이러한 부서의 장은 현장의 업무 능률을 높이고, 고객에게 수준 높은 서비스를 제공하기 위해 의사결정을 해야 하는 리더들이다. 이러한 부서장들은 인력관리부서, 재무 및 회계, 구매부서, 총무부서, 전산부서 등 업무지원부문의 도움을 받아 의사결정을 하게 되며, 언제나 상호협력을 전제로 각각 부서의 고유 업무를 진행하게 되어 있다. 라인과 스텝 조직에서의 의사결정권은 총지배인을 위주로 라인조직의 상하 부서장에게 있으며, 참모부서의 장이 일방적으로 의사결정을 내리거나 영업부서장에게 의사결정을 강요할 수 없다.

3. 호텔의 수익부문과 비용부문의 역할

대규모 또는 초대규모호텔은 부서별 기능을 라인과 스텝으로 분류하여 각 부서별 고유 업무영역을 갖게 된다. 또한 수익부문과 비용부문으로 구분하여 각자의 업무영역을 정하고, 상호 협조하여 호텔기업의 목적과 목표를 달성하게 된다. 호텔의 수익부문(revenue centers)에 속하는 객실영업부서 고객에게 객실을 판매하므로 매출을 올리게 되고, 식음영업부서는 조리부서에서 생산한 음식과 외부에서 구입된 음료를 각종 식당, 라운지, 룸서비스, 연회장, 부대시설영업장 등에서 판매하므로 매출을 올리게 된다. 호텔은 그 외에 고객에게 전화 서비스나 세탁 서비스를 제공하고, 매점, 사무실, 주차장, 골프 코스 등에서 임대수입을 올리기도 한다. 최근 몇몇 호텔은 외식사업을 통해 매출을 올리므로 다양한 수익부문을 가지고 있다. 이와 반대로 호텔은 직접적으로 매출을 올리지는 않지만 수익부문을 도와 호텔의 이익을 창출할 수 있도록 지원하는 비용부문(cost center)이 있다. 이러한 부서로는 마케팅과 판촉, 시설관리, 재무 및 회계, 총무, 인력관리, 구매관리, 안전관리 등이 여기에 속하게 된다. 각종 수익부서는 고객에게 양질의 서비스를 제공하기 위해 다양한 서비스 기법과 프로그램을 활용하여 고객을 만족시키므로 조직의 가치를 높이는 데 최선을 다 하게 된다. 이와 함께 비용부서는 영업부서의 업무가 원활히 진행될 수 있도록 적극적인 업무지원이 필요하며, 비용을 절감하여 효율을 높이는 데 최선을 다해야 한다. 이러한 업무를 무리 없이 조정하고, 이끌어 가는 것은 경영관리를 맡은 총지배인의 몫임에 틀림이 없다.

제 3 절 부문별 업무감독의 범위와 내용

호텔의 조직은 고객접점분야에 종사하는 종업원이 대부분인 마케팅부서, 객실부서와 식음료부서를 영업부문(front of the house), 총지배인의 참모역할을 하며, 각 부서의 업무를 지원하는 인력관리부서와 관리부서를 업무지원부문(back of the house)으로 구분한다. 호텔조직을 구분할 때 직위에 의한 조직구성, 기능에 의한 조직구성, 대고객접촉에 의한 조직구성, 수입과 지출에 의한 조직구성, 업무책임에 의한 조직으로 구성을 할 수 있다. 이 장에서는 기능에 의한 조직구성을 집중적으로 설명하기로 한다. 더불어 호텔경영관리에 직접 참여하고, 의사결정 선상에 있는 임원의 업무감독 범위를 개괄적으로 설명하고, 각 부서의 업무는 제2부와 제3부에서 설명하기로 하겠다.

1. 총지배인(General Manager)

총지배인은 호텔기업 대표이사의 지시를 받고, 각급 임원들을 지휘하여 호텔경영관리를 총괄한다. 호텔의 중 · 장기 발전 및 마케팅계획을 세우고, 계획에 맞는 조직을 편성하며, 조직에 필요한 인원을 충원하고 교육시킨다. 나아가 고객지향적인 조직으로 지휘 · 통제하여 호텔기업의 목적을 달성하는 중요한 임무를 맡고 있다. 최근 우리나라 대기업들의 계열회사로 국제적 체인호텔과 경영계약에 의해 운영되는 대부분의 호텔들은 관리담당이 맡고 있는 총무, 경리, 관리, 세무, 자금, 회계, 구매 등의 업무는 관리담당이 대표이사에게 직접 보고하는 체제를 갖기도 하여, 총지배인의 기능은 영업을 총괄하고 각급 임원의 기능을 조율하여 업무효율을 높이는 기능을 수행한다. 그러나 현실적으로 초대규모호텔이나 체인호텔들은 주로 외국인을 총지배인으로 고용하고 있으며, 내국인 총지배인은 몇몇 호텔에서만 채용하고 있는 실정이라 국제적 감각과 능력을 갖춘 인재를 보다 많이 양성해야 할 필요성이 절실하다.

2. 부총지배인(Resident Manager/Operations Manager/ Executive Assistant Manager)

대규모, 초대규모호텔조직에는 부총지배인이 있게 마련이다. 부총지배인의 역할은 매우 유동적이며, 호텔조직이 지향하는 방향에 따라 다양한 업무를 담당하게 된다. 총지배인을 도와 총지배인의 업무전반을 보조하는 경우도 있으나 주로 영업을 총괄하는 경우가 대부분이다. 마케팅담당임원이 대외적 영업창구라면 부총지배인은 대내적 영업창구로 마케팅부서에서 이뤄진 고객과의 약속을 인수받아 고객이 입숙하여 퇴숙 할 때까지 모든 서비스 역량을 총동원하여 고객의 편의에 힘쓰게 된다. 부총지배인이 영업과 시설전반을 관장하는 경우와 식음료담당 임원이 있는 경우는 객실과 시설부문을 관장하는 경우가 있다. 그리고 마케팅, 식음, 관리담당 임원들과 협의체에 의해 총지배인을 보좌하게 된다. 그러나 총지배인이 외국인이거나 마케팅업무에 많은 시간을 할애하게 되면 부총지배인은 지역사회와의 관계유지 등 대외적인 업무에도 관여하게 된다.

3. 마케팅담당임원(Director of Marketing & Sales)

대부분의 호텔들은 급변하는 시장환경에 능동적으로 대처하기 위해 마케팅부서를 두고 있다. 마케팅책임자는 총지배인을 보좌하여 마케팅계획의 수립(market planning), 시장조사(market research), 시장개척(market development), 고객회사 지원(corporate account assistance), 관광객 유치(induce tourists) 등의 업무를 수행한다. 또한 여행사와 공동으로 해외 판촉, 해외 홍보활동도 수행하고, 타 지역 및 해외 판촉사무소 관리 등 주로 외부적인 영업활동에 역량을 발휘하며 대외적 영업 창구 기능을 수행하게 된다. 뿐만 아니라 체인본부와 협력하여 체인의 브랜드 이미지를 높이는 다양한 홍보활동에도 적극적으로 참여하게 된다.

그림 4-4 마케팅부서의 조직

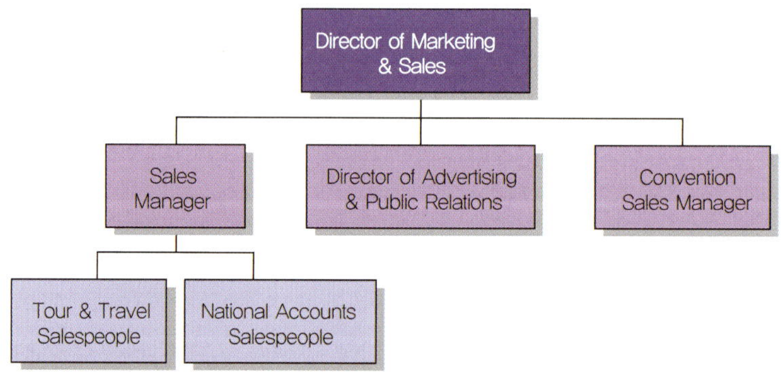

4. 객실담당임원(Director of Rooms)

초대규모호텔에서 부총지배인이 총지배인의 업무를 보좌하여 호텔경영관리를 책임지는 조직에서는 객실부문의 책임자를 객실담당임원으로 보직하는 경우가 있다. 그러나 일반적으로 객실책임자는 부총지배인(resident manager/executive assistant manager)이 객실 영업부(front office), 고객서비스(uniform service), 객실관리부(housekeeping)의 업무를 총괄하게 된다.

그림 4-5 객실부문의 조직

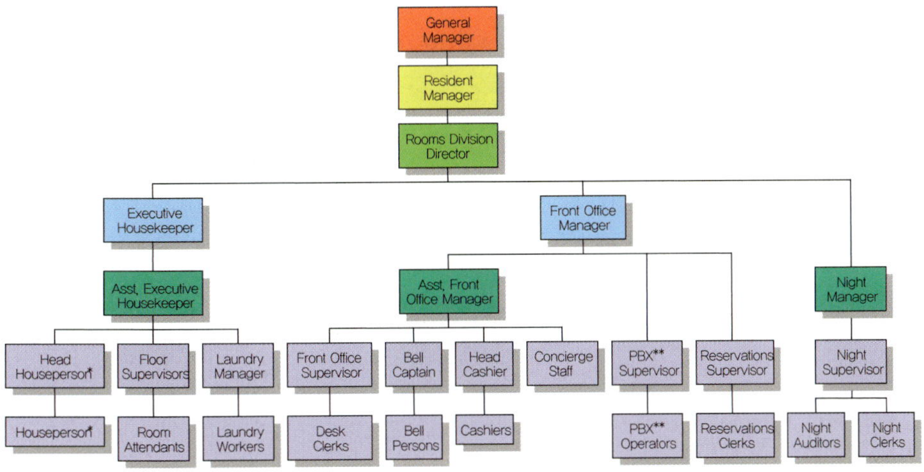

5. 식음료담당임원(Director of Food and Beverage)

호텔의 식음료는 그 문화가 유럽이나 북미에 뿌리를 두고 있으므로 대부분의 초대규모 호텔들은 식음료담당 임원은 서양인으로 보직하고 있다. 식음료의 기능은 주방에서 생산된 제품을 각 식당 및 연회장에서 판매하므로 식당, 연회, 주장, 조리부서를 포함하여 식음료부서를 이루고 있다. 식음료담당임원은 문화권별 식당의 주방장이나 지배인의 보좌를 받아 연중식음행사 및 매출, 이익계획을 편성하여 임원회의 및 체인본부의 승인을 받아 집행하게 된다.

그림 4-6 식음부문의 조직

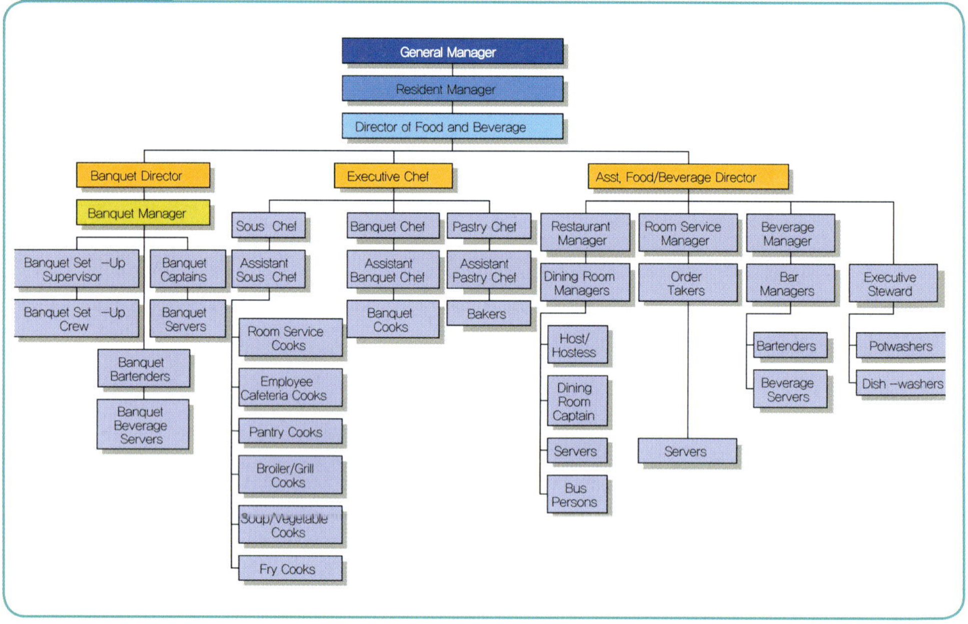

6. 관리담당(Controller)

호텔의 업무지원부서(administration and general division)는 최초 투자에서부터 자금, 경리, 회계, 총무, 관리, 세무, 구매 등 호텔의 살림살이를 맡아 건전한 기업의 발전을 위해 업무지원의 중추적 역할을 수행하게 된다. 또한 주주와 체인본부에 보고되는 각종 서류, 재정에 관련된 업무를 관장하게 되므로 대부분이 소유주사(owning company)에서 임용하게 되며, 체인본부에서 파견된 총지배인의 업무지원을 담당하게 된다. 보고 라인은 대표이사에게 직접 보고하는 형태를 취하게 되는 것이 일반적이다. 특히 최근 우리나라에서 이뤄진 경영위탁계약은 소유주사의 권한이 강화되어 영업부문과 업무지원부문을 분리하여 소유주사가 관리담당임원을 통해 업무에 관여하는 추세이다. 이는 과거 완전위탁경영계약(hard management contract)과는 시대적 차이를 보이고 있다. 즉 영업은 총지배인이 관장하고, 재정 및 대관업무 등 재산권에 관련된 업무는 관리담당임원이 맡아 협조와 견제를 전제로 협의체형의 수정위탁경영계약(soft management contract) 형태를 취하고 있다. 그러나 업무지원부문의 권한이 강화되었다고 하지만 호텔을 발전시키기 위한 노력은 영업부문과 차이가 없기 때문에 영업지원기능을 강화하고 있다.

그림 4-7 관리부문의 조직

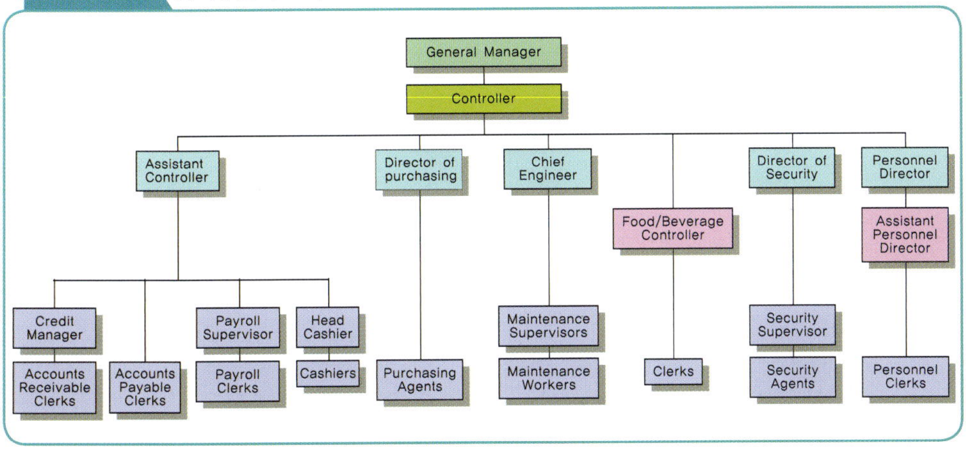

7. 외식담당(Director of Out-side Foods Service)

1980년대에 들어 86아시안게임, 88서울올림픽을 전후하여 국민소득의 증가, 핵가족화, 소비의식의 변화, 근로시간의 단축, 여성의 사회참여 증가, 레저산업의 발전, 해외여행 자유화 등에 힘입어 외식산업이 크게 발달하였다. 따라서 각급 호텔들이 외식사업부를 설치하고, 호텔식당과 연계된 외식 체인화 또는 위탁경영에 참여하므로 호텔의 새로운 조직으로 등장하게 되었다. 호텔마다 외식사업의 규모에 따라 총지배인 직속기구를 설치하거나 식음료담당임원이 업무를 관장하도록 하고 있다. 외식담당지배인은 사업부장으로 임원을 두는 곳도 있고, 부장 또는 차장 · 과장급으로 보직하기도 한다. 외식담당은 호텔 외부에서 다점포로 운영되는 외식사업의 기획, 운영, 마케팅 등을 총괄하며, 주로 식음료영업에 경험이 많은 능력 있는 지배인을 우선적으로 고려한다.

그림 4-8 외식사업부의 조직

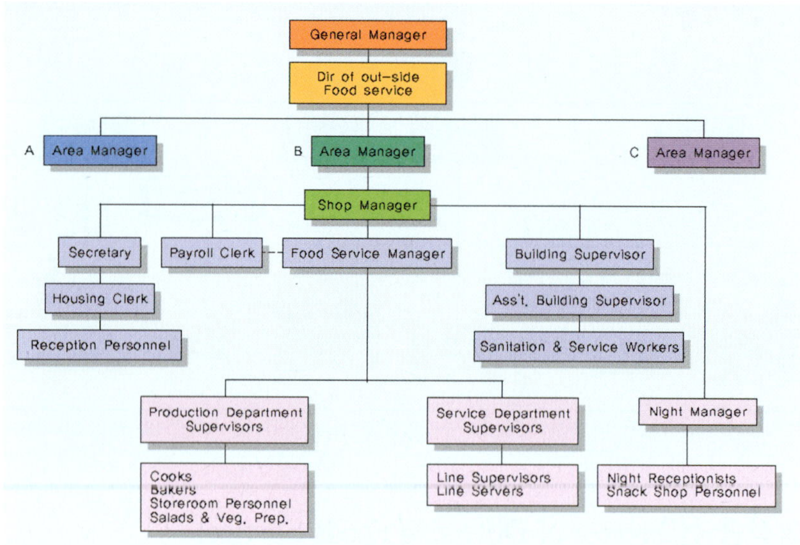

8. 인력관리담당임원(Director of Human Resources)

호텔의 구성요소인 하드웨어, 시스템, 소프트웨어 중 가장 중요한 요소가 소프트웨어인 인적 자원이라고 할 수 있다. 호텔이 필요로 하는 인력자원을 고용 · 배치 및 활용하며, 평가 · 보상 · 개발 · 유지하는 임원이나 부서장을 인력관리담당이라고 한다. 초대규모호텔은 관리담당과 인력관리담당을 분리하여 운영하는 것이 보편적이지만, 대규모, 중규모호텔은 관리담당이 인력관리업무도 총괄하고 있다. 체인호텔과 같이 총지배인에게 인사권이 주어지는 호텔은 인력관리담당이 총지배인의 직접지시를 받는다. 그러나 대부분 호텔들은 주로 관리담당임원이 인력관리업무를 관장하고 있으며, 영업부문과 업무지원부문은 협력과 보완형태로 운영되고 있다. 인력관리업무는 채용으로부터 직원교육, 후생복리, 사기 진작 등 많은 프로그램을 통해 내부고객관리에 총력을 기울이게 된다.

그림 4-9 인력자원부의 조직

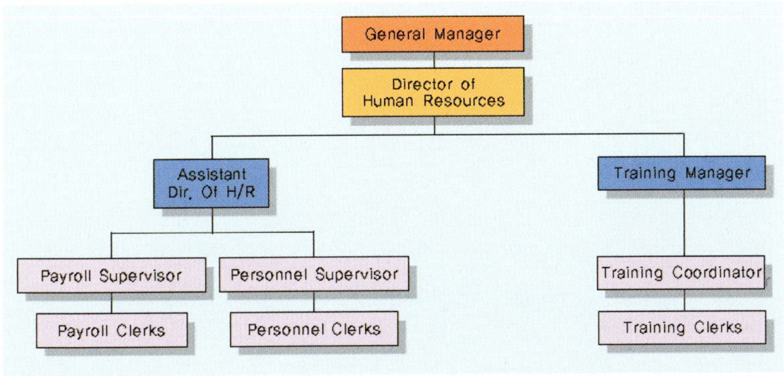

Chapter 05

호텔지배인 역할과 기능

제1절 호텔지배인의 역할

제2절 호텔지배인이 되기 위한 준비

제3절 호텔지배인의 기능

제4절 호텔지배인의 업무 수행

Chapter 05

호텔지배인 역할과 기능

제 1 절 호텔지배인의 역할

호텔이라는 경영조직에는 그 규모가 크거나 작거나, 개별호텔이거나 체인호텔이거나, 프랜차이즈경영형태이거나 위탁경영형태이거나 차이 없이 호텔의 평판과 이미지, 지역사회와 교류, 고객서비스 관리, 호텔의 손익 등에 대해 매일매일 필요로 하는 의사결정을 내려야 한다. 이러한 결정의 중심에 있는 사람이 호텔의 지배인이다. 작게는 업장을 책임지는 사람에서부터 크게는 호텔 전체를 책임지는 총지배인까지 모든 사람을 우리는 지배인이라고 부른다. 호텔의 지배인은 고객서비스에 대한 질 관리, 호텔사업주의 수익관리, 종업원의 고용안정 및 교육, 호텔의 시설 및 시스템의 질적 관리도 책임을 져야 한다. 따라서 지배인의 소양과 업무능력을 기르기 위해서는 현장경험과 이론적 배경을 견고히 해 나가는 데 게을리하지 않아야 한다.

1. 호텔사업주의 수익관리

호텔은 사업주의 자본투자에 의해 이뤄진 경영조직이기 때문에 어떠한 경영체제이던 간에 사업주의 이익을 내번해야 하는 것은 지배인 책무의 으뜸이 된다. 호텔사업주가 영업활성화에 관심이 많다거나 부동산의 가치에 관심이 많다거나 하는 것은 크게 중요하지 않다. 다만 지배인은 이 두 가지 모두를 만족시켜야 한다. 이는 향후 시설이나 인력투자에 관련된 의사결정을 할 때 호텔사업주를 설득할 수 있는 도구로 활용될 수 있기도 하다. 투자는 적절하게 지속적으로 이루어져야 호텔의 주력상품인 하드웨어 관리가 가능하여 제공되는 서비스의 질을 유지하게 된다. 따라서 본인이 가진 자질과 능력을 충분히 발휘하므로 호텔사업주에게 믿음을 주는 것은 경영을 맡은 지배인의 몫이라고 하겠다.

2. 체인본부와의 우호적 협력관계 유지

오늘날 대부분의 국제적인 호텔들은 프랜차이즈에 의해 운영된다고 해도 과언이 아니다. 그러므로 각각의 브랜드가 제공하는 분야별 전문영역에서 경험을 쌓는 것은 매우 중요한 일이며, 이것이 모여서 호텔총지배인을 할 수 있는 전문경력(professional career)이 된다. 이 때 체인본부가 제공하는 각종 직무 매뉴얼에 충실한 업무를 추진하고, 체인 브랜드의 경영철학에 합당한 경영방법을 구사해야 한다. 이는 호텔사업주, 체인본부, 고객, 종업원, 지역사회 모두를 위한 현명한 태도이기도 하다. 그렇게 하려면 브랜드 이미지를 관리하는 체인본부와의 관계가 좋아야 하는데, 신뢰성이 바탕이 된 인간관계, 설득력, 청취력, 서류 기안 능력 등은 지배인으로서의 능력을 인정받을 수 있는 덕목들이며, 체인본부가 정기적으로 확인하는 브랜드품질보증프로그램(Brand Quality Assurance Program)에 적극적으로 참여하여야 한다.

3. 지역사회와의 관계

호텔의 위치에 따라 또한 그 지역의 비즈니스의 성격에 따라 다를 수도 있지만 대부분의 호텔들은 그 지역을 찾는 관광객뿐만 아니라 지역주민들의 문화공간, 생활공간으로 활용되고 있는 추세이다. 따라서 호텔의 역할이 단지 영업장을 개설하여 이익 창출에만 치중할 수 없는 것이 현실이므로 호텔에게 맡겨진 지역사회의 임무를 적극적으로 수용하고, 참여하므로 지역사회와 함께 발전하는 호텔기업이 되어야 한다. 이러한 대외적인 업무를 추진해야 하는 호텔의 지배인은 외향적인 성격, 사교성, 대중연설, 발표력 등을 평소에 훈련하여 갖추어야 하며, 각종 문화행사, 자선바자회, 불우이웃돕기, 대규모 프로젝트 유치, 관광객 유치 캠페인 등에 앞장서서 활동을 하여야 한다.

4. 참모진과의 관계

호텔경영에 참여하는 참모들은 각 분야별 전문가로 이뤄진 전문가집단이다. 그러나 중요한 의사결정을 하는 경영진도 나날이 발전하는 과학의 힘에 의해 현장에서 경험했던 일들이 지속될 수 없음을 알게 될 것이다. 이는 축구감독이 축구공을 선수들만큼 잘 다룰 수 없는 것과 같다. 다만 이러한 경우 새로운 업무에 가장 합당한 사람을 선발하여 적시적소에 배치하고, 교육에 참여시키고, 동기부여 하여, 성과를 내는 것은 경영에 참여하는 지배인의 몫이 된다. 대규모호텔의 총지배인은 마케팅, 객실영업, 객실관리, 식음료, 인사, 관리, 시설, 안전관리 등의 부서장으로 구성된 경영진(EOC: executive operating committee)을 구성하여 총지배인의 업무를 보좌하게 하여 호텔을 운영해 나간다. 호텔의 지배인은 이들과 함께 일 하므로 생산성을 높일 수 있고, 이익을 창출할 수 있음으로 충분한 커뮤니케이션과 협조로 원활한 업무수행을 하여야 한다. 평소 역할분담에 의한 분석 및 평가, 각종 서비스프로그램 및 경영기법 개발, 이들의 경력관리를 위해 솔선수범하는 모습을 보여야 할 것이다.

5. 호텔경영관리

호텔의 지배인은 타 조직의 경영관리인 보다 더 많은 분야를 알아야 하는 탤런트의 자질을 요구받게 된다. 왜냐하면 호텔은 관광서비스산업이고, 건물 그 자체가 관광매력물이 되며, 호텔이 보유한 소프트웨어, 하드웨어, 시스템이 어우러져 호텔의 상품을 구성하고 있기 때문에 이러한 분야들에 정통한 사람이 경영을 맡아야 하는 특수한 기업이다. 일반적으로 생산업체나 유통업체의 경영기법과 큰 차이를 보이는 것은 아니지만 소프트웨어, 하드웨어, 시스템 등 모두를 균형 있게 유지, 개선해 나갈 수 있는 탈런트형 인재를 요구하게 된다.

호텔지배인이 수행하는 업무를 경영관리 측면에서 살펴보면;

❖ 경영계획수립 ➡ 목표와 목적 설정
❖ 필요한 조직 ➡ 자원 활용의 극대화를 위한 조직최적화
❖ 배치 및 지휘 ➡ 적절한 리더십 발휘
❖ 통제와 평가 ➡ 결과에 대한 분석과 평가

1) 경영계획수립

경영계획은 호텔의 단기 · 중기 · 장기에 달성하고자 하는 발전된 모습과 그것을 위한 성과의 목표치를 만들어가는 과정이다. 목표와 목적을 달성하기 위해서는 전략과 전술이 필요하고, 그것을 이행하는 실행프로그램을 디자인해 나가야 한다. 호텔 경영을 책임지는 지배인은 각 부문별 계획을 세우기 전에 경영철학과 비전을 제시하고, 운영의 방향을 먼저 제시해야 한다. 뿐만 아니라 중요한 사항에 대해서도 사전에 각 부문별로 지침을 제시하여야 한다. 예를 들어 고객서비스개선과 경쟁자와 차별화를 위해 전 객실에 무선인터넷을 설치한다면, 첫째, 이러한 고객서비스 증대가 꼭 필요한가? 둘째, 고객에게 주어지는 직접적인 혜택은 무엇인가? 셋째, 유형상의 서비스나 기술이 추가되는 것은 무엇인가? 넷째, 어느 부서가 맡아서 추진할 것인가? 다섯째, 어느 부서가 지속적으로 모니터링 할 것인가? 고객으로부터 이용료를 얼마를 받을 것이며, 만약 무료로 제공하는 서비스라면 비용은 어떻게 부담할 것인가? 마케팅측면에서 경쟁력에 얼마나 영향을 미칠 것인가? 전체 투입되는 비용과 증가하는 호텔의 평판을 비교하여 어느 것을 선택할 것인가? 등을 충분한 검토와 논의를 통해서 결정하여야 한다.

2) 필요한 조직

조직이란 호텔이 추구하는 목표를 달성하기 위해 편제를 만들고, 동원할 수 있는 내 · 외부의 자원을 적절하게 배치 또는 투입하는 과정을 말한다. 여기에는 인력뿐만 아니라 자금, 공간, 물자 및 기구들도 포함하게 된다. 예를 들면 앞서 계획했던 객실무선인터넷 설치 계획이 확정되었다면 여기에 따른 진행책임자와 구성원, 지원되는 자금, 설치해야 하는 공간, 투입되는 기구와 공구, 설치해야 하는 새로운 기구들이 있을 것이다. 이러한 것을 제 때, 완벽하게 이행할 수 있도록 조직적인 형태의 지원이 필요하게 되는데, 이러한

업무는 경영계획의 수립을 책임지고 완성한 지배인의 몫으로 돌아오게 된다.

3) 배치 및 지휘

대부분의 호텔조직은 각 부문별로 적절한 인원과 업무가 배정되어 있어 전문화된 영역들로 이뤄져 있다. 업무를 원활히 추진하기 위해서는 지배인의 관심과 배려가 중요한데 지배인은 각 업무에 대한 코치이자 리더가 되어야 한다. 동기부여와 리더십이 지휘의 기본이지만 호텔에서의 지휘는 행동에 의한 본보기가 더 중요한 요인으로 작용한다. 지배인이 로비에서 고객을 만날 때 보여주는 친절한 태도와 고객을 대하는 접객방법은 바로 서비스표준이 되고, 이는 자연스럽게 리더십으로 연결된다. 예를 들면 앞에서 언급하였던 객실에 무선인터넷을 설치하는 팀이 조직되어 과업에 들어갔다면 구성원이 주어진 시간 내에 단합하여 완벽하게 일을 잘 마쳤을 때, 이를 어떤 형태로 타 직원에게 알리고, 사기를 앙양하며, 향후 업무에 본보기로 삼느냐는 것은 업무를 지휘하는 지배인으로서 매우 중요한 리더십으로 볼 수 있다. 때에 따라서는 호텔의 서비스 질 관리를 위해, 연회장, 객실과 객실복도, 업장과 주방, 정원이나 수영장, 로비 화장실, 고객이 입숙과 퇴숙을 하는 프런트 지역 등을 다니면서 현장에서 이행되는 서비스와 청결유지가 호텔의 서비스표준에 맞게 진행되는지도 확인하여 각 부서로 개선을 요청하는 것도 지휘의 일부분이다.

4) 통제와 평가

호텔에서 통제와 평가라고 하면, 우선 일정기간에 호텔을 운영한 결과를 수치로 나타낸 것을 떠 올리는 것이 사실이지만 그것보다 더 중요한 것은 전체적인 유 · 무형적 가치의 상승과 하락으로 볼 수 있다. 예를 들면 객실에 설치한 무선인터넷에 대해 전체 투입된 비용과 증가된 호텔의 평판을 비교하여 어느 정도 가치의 상승을 가져왔는지를 분석해야 호텔의 전체 유 · 무형적 가치가 올라갔는지? 오히려 내려갔는지를 평가할 수 있다. 평가지표는 여러 가지가 있을 수 있는데, 객실요금과 객실점유율은 목표를 상회했는가? 식음료부문의 매출과 비용은 목표에 접근했는가? 체인본부의 서비스표준프로그램의 점검결과는 어떠했는가? 비영업부문의 비용은 예산대비 높았는가? 또는 낮았는가? 투입된 비용은 단기에 회복이 가능한가? 등 많은 부문에서 평가가 이루어진다. 이러한 지표의 결과와 평소에 보아 왔던 업무추진력과 서비스태도로써 부서의 평가가 가능해진다. 그러나 지배인은 하루 24시간 모두를 현장에서 보내거나 통제와 평가에 투입할 수는 없다. 따라서 동기부여된 종업원과 사명감이 투철한 부문별 관리자에 의해 조직적으로 업무가 진행되도록 환경을 조성하는데 최선을 다해야 한다.

지배인은 위와 같이 경영계획을 마련하고, 필요한 조직을 구성하며, 인력을 적시적소에 배치 및 지휘하고, 통제와 평가하는 호텔경영의 기능을 수행하므로 호텔기업의 이해당사자인 투자자, 체인본부, 종업원, 고객, 지역사회, 관공서 등 주변의 모든 구성원들로부터 인정과 존경을 받는 사람이어야 한다. 따라서 유능한 지배인은 호텔의 가치를 상승시키고, 본인의 경력개발도 잘 해 나가는 사람임을 알 수 있다.

제 2 절 호텔지배인이 되기 위한 준비

지식사회에서는 자신을 아는 것이 더욱 중요하다. 이는 지식근로자의 정의 속에 잘 나타나 있다. 지식은 대학교수나 박사들이 갖고 있는 학문으로서의 지식만 의미하는 것은 아니다. 오히려 우리의 일상생활에 도움을 주고 제품이나 서비스를 창출할 수 있는 것이면 무엇이든지 지식에 속한다고 할 수 있다. 따라서 지식근로자는 피터 드러커 교수가 정의했듯이 "자신의 업무를 끊임없이 개선하고, 개발하고, 혁신하면서 부가가치를 높여가는 사람"을 말한다. 호텔지배인과 같은 지식근로자는 애직심(愛職心)이 있어야 한다. 애직심은 자신의 업무를 사랑하는 마음이다. 자신의 일을 대충하는 사람은 애직심이 없는 사람이다. 아니 자신의 업무를 잘 모르는 사람이다. 한 분야를 정신없이 파다보면 남의 일이 얼마나 어려운지를 알 수 있다.

호텔지배인은 학교에서 전공과정을 거치고, 호텔현장에서 조직적인 업무훈련에 의해 길러지게 된다. 개인적인 능력과 노력의 차이는 있지만 대부분의 지배인들은 근면성, 성실성, 애직심을 바탕으로 성장하게 되며, 외국어 능력, 전공지식, 접객태도, 원만한 인간관계 등을 요구받게 된다.

호텔 현장에서 업무를 수행하면서도 청년회의소, 상공회의소, 자선단체 등 지역사회의 다양한 단체에 가입하여 대인관계와 사회성을 기르는 것도 고려해 볼 만하다. 이는 원활한 업무를 수행하기 위한 기초 작업이며, 호텔기업에서 크게 성장할 수 있는 밑거름의 역할을 하게 된다. 각종 전문교육기관과 연계를 맺고 그들의 프로그램을 활용하여 연구하는 방법이라든지, 자원봉사 형태로 교육에 직접 참여하는 것도 고려할 수 있고, 관련 학회, 세미나, 워크숍, 전시회 및 박람회 등에도 빠짐없이 참여하여 전문가들과 교류를 통해 견문을 넓혀 나가는 것도 권장할만한 일이다.

제 3 절 호텔지배인의 기능

호텔지배인을 호텔경영사(총지배인자격증 소지자의 새로운 명칭), 호텔관리사(Ⅰ · Ⅱ급 지배인자격증 소지자의 새로운 명칭)로 불리어지는 것은 총지배인이나 부문별 지배인이 호텔경영관리업무를 수행할 때 일반기업의 경영관리와 같이 호텔의 장단기 발전을 위한 업무를 계획하고, 그 업무에 필요한 인력, 자금, 물자, 공간 등을 조직하고, 필요한 인력 또는 부서장을 모집, 선발, 교육 하여, 업무가 효과적으로 진행되도록 지휘하고, 계획에 따른 업무를 잘 이행해 가고 있는지 통제하며, 전반적인 업무결과를 평가하여 호텔경영관리에 반영하는 업무를 기본적인 기능으로 수행하게 된다.

호텔지배인은 업무를 수행하면서 각 부서장들과 업무적 교감 및 상호작용으로 그들의 업무와 그들이 지휘하는 조직에 큰 영향을 미치게 된다. 다시 말하자면 호텔지배인은 호텔운영에서 항상 중심에 서 있다. 따라서 일거수일투족을 조심성 있게, 모범적으로 진행해 나가야 한다. 조직 내의 상하좌우의 구성원들과 의사소통을 원활히 하고, 동기부여 하며, 서비스 리더십을 발휘하고, 꾸중을 할 때는 때와 장소를 가려 감정에 치우치지 않게 할 수 있는 인품을 필요로 하게 된다.

호텔을 효율적으로 운영하기 위해서는 가용한 인력, 자금, 장비, 에너지 등을 적절한 시기에 적절히 투입하고, 회수하는 것은 기본적인 업무이기도 하지만 넉넉하지 못한 자원을 최적 배분하는 것은 호텔조직을 합리적이고, 효율적으로 경영하겠다는 신념이 있어야 가능하다. 또한 능력있는 지배인은 팀워크를 중요시 하고, 구성원 모두가 중요하다는 것을 인식하고 업무에 임한다. 어떤 지배인은 업무계획에 보내는 시간보다 현장에서 업무를 지휘하는 데 더 많은 시간을 보낸다. 사무실과 영업현장을 두고 어느 것이 더 중요한 것인가라는 것은 그 호텔이 처해 있는 상황에 따라 다를 것이며, 그것을 가장 잘 아는 사람은 결국 지배인 당사자일 뿐이다. 그러나 지배인은 어떤 업무를 수행하기 전에 먼저 의사결정의 원칙, 조직관리, 권한 위양 등의 계획부터 수립해야 한다. 호텔지배인은 어떻게 직원을 선발하고, 필요한 조직을 구성하며, 적절한 교육과 팀워크를 다질 것인지를 생각해야 하고, 안정된 조직으로 이끌어 가기 위해 검증된 전략과 전술로 상황에 맞춰 최선을 다 해 나가야 한다. 호텔은 인력산업이고, 많은 구성원들이 최상의 서비스를 고객에게 제공하기 위해서는 조직이 한 방향으로 흘러가야 한다. 지배인은 도덕성과 경영철학을 바탕으로 구성원들을 고객서비스마인드로 집결시키고, 서비스 질 관리를 위해 장기근속자가 많은 호텔이 되도록 노력해야 한다.

1. 호텔지배인의 업무적 기능

1) 개념적 기능

필요한 정보를 수집하고, 논리적으로 정리하고, 필요한 곳에 제공한다. 예를 들면 주변에 경쟁호텔이 개업을 하게 되면 그에 따른 정보를 수집하고, 마케팅에 미칠 영향에 대해 분석연구하고, 이를 호텔경영 대응전략으로 활용한다.

2) 인간관계 기능

고객, 호텔종업원, 협력회사, 호텔기업주 등 호텔의 이해당사자들을 이해하고, 상호관계를 원활히 하는데 애쓴다. 호텔지배인은 과거처럼 수직적인 조직에서 힘으로 지휘하던 것과는 달리 지식기반사회에서는 네트워크형 조직에서 인간관계를 토대로 상호의존적 조직 활동을 하며, 과감한 권한 위양을 전제로 부문별 전문화를 강화하며, 상호협력을 바탕으로 회사를 성장 발전시키게 된다.

3) 행정적 기능

호텔이 필요로 하는 조직관리와 서비스리더십을 유감없이 발휘한다. 여기에는 호텔과 고객을 위해 각종 정책을 개발하고, 업무를 수월하게 할 수 있는 절차를 만들어가는 것도 행정적 기능에서 중요한 몫을 차지한다.

4) 기술적 기능

호텔을 이용하는 고객의 요구나 호 · 불호를 전산화하거나 객실가격을 초기조합(configuration) 하거나, 고객의 계정에 접근할 수 있는 전산 능력을 갖추며, 이를 폭넓게 보급하므로 내 · 외부고객서비스에 만전을 기한다.

2. 환경변화에 유연한 호텔지배인

전통적으로 지배인의 기능은 내부적 관리와 지휘에 치중했던 시대가 있었다. 그러나 21세기의 호텔지배인은 다방면에서 능력을 갖춘 사람이 할 수 있는 직업임에 틀림이 없다. 왜냐하면 호텔기업의 규모가 커지고 국제화되면서 외부적 경영관리에 많은 시간과 노력을 투입하는 보다 적극적인 경영자로 탈바꿈 하게 되었기 때문이다. 따라서 보다 다양한 업무를 접하게 되고, 개별적인 업무성과 보다 팀별의 업무성과를 중요시 하게 되고, 급변하는 기술의 변화에 적극적으로 대처해야 하고, 때에 따라서는 리엔지니어링(reengineering)과 다운사이징(downsizing)을 전제로 한 업장부문의 조정을 이행해야 하고, 세계적인 경제의 흐름에 따라 여행객 증감에 민감하게 대처하여야 하며, 말로만 하는 서비스 질 관리에서 경영철학과 경영목적이 담긴 실제적인 서비스 질 관리가 이뤄져야 하며, 호텔의 조직구성원들이 지역사회에서 도덕적으로 존경받고, 능력을 인정받는 우수한 지역민이 되도록 교육과 훈련을 시켜 나가야 한다.

제 4 절 호텔지배인의 업무 수행

1. 업무계획

호텔지배인이 수행하는 가장 첫 번째 업무는 계획이다. 과거에 현장경험만으로 호텔을 경영하던 시대와는 달리 국내외적으로 일어나는 정치, 경제, 사회, 문화, 기술, 정보 등 다방면에서 습득한 지식과 정보를 활용하여 장단기 발전계획과 마케팅전략을 세워 업무를 추진하게 된다.

그림 5-1 경영계획의 흐름

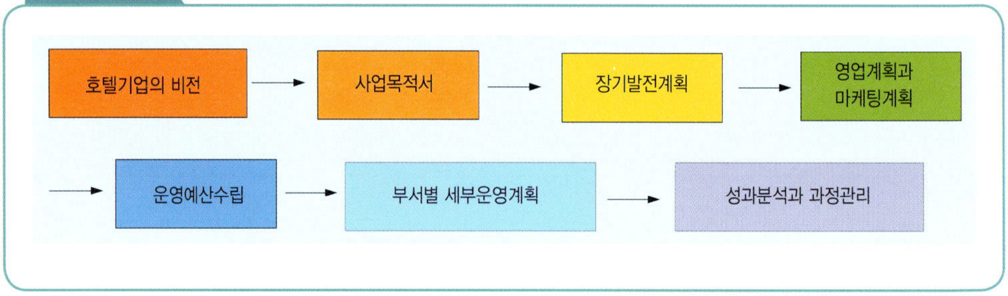

1) 호텔기업의 비전

경영계획의 흐름은 먼저 호텔기업의 경영철학과 비전이 호텔사업주로부터 제시되고, 기대하는 투하자본회수율도 구체적으로 제시된다. 이에 따라 호텔의 구성원들이 함께 지혜와 노력을 모아 제시된 비전을 달성하므로 호텔이 명성과 재무적 성과를 얻으므로 사회에 기여하고자 하는 방향을 명시하게 된다.

2) 사업목적서

그 다음으로는 사업목적서(Mission Statement)를 완성하게 되는데, 이는 제시된 비전을 달성하기 위해 어느 분야를 어떻게 운영하므로 전체가 목표를 달성할 수 있다는 내용을 설명하게 된다.

3) 장기발전계획

장기발전계획은 보다 구체적인 계획을 수립하는 단계로써 호텔이 발전 가능한 분야별로 재원을 선택과 집중으로 투입하여 차별화를 기하고, 이것이 시장 내에서의 지위를 높이는 경쟁력으로 이어지도록 계획을 구체화 해 나가는 작업이다.

4) 영업계획과 마케팅 계획

영업계획은 장기적 발전계획의 틀을 감안하여 1년 단위로 단위 영업장별로 작성하게 하고, 이를 전체 호텔로 통합하는 작업과정이 된다. 여기에는 마케팅활동계획, 정기 · 비정기별, 계절별 행사계획도 포함하고, 구체적인 서비스활동도 포함하게 된다.

5) 운영예산수립

영업계획서가 작성이 완료되면, 매출과 비용에 대한 예산이 따르게 된다. 비용에는 영업비용과 영업지원비용으로 구분하여 작성하며, 영업비용은 매출증진에 따른 직접경비이므로 영업의 상황에 따라 증감이 가능하지만 영업지원부문의 비용은 고정비 성격이 강하므로 각 부서별 배분의 원칙에 의해 합리적으로 배정하여야 한다.

6) 부서별 세부운영계획

위와 같은 과정이 호텔의 총지배인을 중심으로 각 부서장과 영업장 지배인이 참여하여 완성이 되면, 각 부서와 영업장은 주어진 사업목적과 영업계획, 운영예산계획에 따라 연간 일정에 따른 세부운영계획표를 완성하여 집행하여야 한다. 완벽하게 짜여진 계획이라도 환경의 변화에 따라 일부분 수정이 불가피하게 된다. 그러나 처음부터 부실한 계획서라면 연말에 좋은 성과를 기대하기에는 무리가 따를 수 있다.

7) 성과분석과 과정관리

계획을 세워서 성과를 보기 위해서는 제때 적절한 방법을 통해 과정을 관리하면서 예측되는 성과를 향해 조직이 한 방향으로 갈 수 있어야 한다. 이것을 다른 말로 통제시스템이라고 한다.

2. 의사결정

지배인은 호텔기업이 보유한 인력, 재정, 시설, 공간, 시간 등을 적절히 배분하여 연초에 세웠던 계획을 충실히 이행하므로 장 · 단기 발전을 모도하게 된다. 일반적으로 의사결정은 호텔이 설정한 규정과 절차에 따라서 이루어지지만 가끔은 예외의 의사결정을 내려야 할 때도 있다. 의사결정은 전통적으로 경영관리에 책임이 있는 사람의 전유물로 여겨져 왔지만 시대의 흐름에 따라 그룹에 의한 의사결정단계를 기쳐 구성원 중에 가장 적합한 사람으로 하여금 의사결정을 하게 하는 단계로까지 발전되고 있다. 그러나 의사결정을 내릴 때는 아래와 같은 사항을 먼저 검토하므로 잘 못 내린 의사결정으로 고객과 구성원들의 피해를 최소화 할 수 있다.

1) 의사결정을 내리는 사람

의사결정은 사안에 따라서 그 업무를 가장 잘 아는 사람이면서 수행과정에서 책임을 질 수 있는 사람이면 적당하다. 예를 들면 비수기 객실 대청소를 이행한다면 그 시기와 투입되는 인력과 장비에 대한 의사결정은 객실부서장이 적임자일 것이다.

2) 호텔의 기본계획과 관련

타당한 계획을 세워 추진하고 있는 호텔이라면 어떠한 의사결정도 전체의 목표와 목적에 합당한가를 먼저 검토하고, 이를 반영한 의사결정을 내려야 할 것이다.

3) 의사결정이 고객에게 미치는 영향을 파악

호텔이 내리는 의사결정은 항상 고객서비스 증대와 비용 절감이라는 두 마리 토끼에 대해 부딪치게 된다. 예를 들면, 우리나라에서는 자기앞 수표라는 은행추심권이 있다. 이는 결재은행권 밖의 지역에서 발급된 수표에는 추심료라는 수수료가 따르게 되는데, 고객이 내는 정액권에서 일정액을 더 받게 된다. 호텔의 입장에서는 은행에 지불해야 하는 돈이기 때문에 고객이 내지 않으면 호텔이 대신 납부를 하여야 한다. 당연히 업무지원을 맡고 있는 관리담당임원은 수수료를 받으려 할 것이고, 영업을 책임지고 있는 영업담당임원은 객실판매에 지장을 준다고 반대를 할 것이다. 이러한 경우 호텔의 지배인은 고객의 입장을 충분히 감안하고, 경쟁업체의 동향도 살펴서 신중한 의사결정을 내려야 한다.

4) 여러 가지 대안을 검토한 후에 결정

일반적으로 의사결정을 내릴 때는 다양한 대안 중에 최선의 선택을 하게 된다. 선택의 여지없이 단 하나만으로 의사결정을 하게 되는 예는 매우 드물다. 간혹 의사결정권자가 마음에 담아 둔 것을 여과 없이 진행하게 될 때는 전문가의 입장에서 논리적으로 설득할 수 있는 용기도 가져야 한다.

5) 완급을 고려한 의사결정

호텔의 고객이 불편을 겪거나 종업원이 업무를 수행하는 데 꼭 필요한 물자나 환경에 대한 의사결정은 신속히 처리가 되어야 한다. 긴급 상황을 고려하지 않은 의사결정은 호텔에 막대한 손해를 불러 올 수도 있다.

6) 경험에 의한 의사결정

호텔의 지배인은 많은 시간을 호텔이라는 조직 속에서 생활해 왔기 때문에 다양한 상황을 경험해서 알고 있다. 이러한 경험적 지식은 의사결정의 시간, 금액, 수혜자들에 대해 잘 파악할 수 있게 된다.

7) 도덕성과 관련된 의사결정

호텔은 많은 사람이 서로 협력하면서 일하고, 함께 가꿔가는 하나의 직장 공동체이다. 가끔 지배인으로 특정인의 도덕성이나 옳고, 그름에 대해 의사결정을 해야 하는 경우가 있다. 이러할 때도 모두가 기꺼이 받아들일 수 있는 의사결정을 내려야 하며, 재량권이 동원된 독선적인 의사결정이나 원한을 사게 되는 의사결정은 피해야 한다.

3. 조직관리

1) 명령통일의 원칙

호텔의 지배인은 전체 조직이 조화롭게, 유기적으로 업무를 수행할 수 있도록 구성원의 보고체계를 일관성 있게 유지시켜야 한다. 각 구성원은 한 사람의 상사를 통해 보고와 지시가 이루어지도록 조직을 구성하고, 업무를 이행해야 하다.

2) 적절한 지휘범위 설정

사람의 능력은 한계가 있다. 호텔에서 종종 일어날 수 있는 일로 능력이 인정된 간부에게는 기존업무와 연관성이 적은 부서도 관리를 하도록 권장하는 경우를 종종 보게 된다. 그러나 일정 시점이 지난 후에 그 간부는 조직관리에 문제가 있어 자리를 넘겨주는 것을 안타까워한 적도 있었다. 업무를 깊이 있게 연구하고, 보살필 수 있는 적절한 영역과 배속 인원을 정하므로 업무의 효율을 높여나가야 한다.

3) 업무권한 설정

호텔의 지배인은 라인조직과 스텝조직 간에 있을 수 있는 업무충돌과 갈등관계를 제도적으로 차단할 수 있는 구조를 설정하고, 이를 조직적으로 관리할 수 있는 틀을 만들어 가야 한다. 더불어 업무에 따른 권한과 책임을 명확히 하는 것도 조직의 갈등관리의 중요한 부분이다. 즉, 스텝조직은 라인조직에 필요한 정보를 제공하고, 라인조직이 필요로 하는 인력, 자금, 물자 등을 지원하여 호텔의 영업부분이 다양한 성과를 낼 수 있도록 지원하는 것을 원칙으로 한다. 뿐만 아니라 객실관리부서와 같은 기능조직은 타 부서를 위해 특정한 업무를 수행할 수 있도록 권한과 업무영역을 명확히 설정해 놓는 것도 필요하다.

4. 권한의 위양

호텔에서는 지배인만큼 바쁜 사람은 없다. 지배인은 가용한 인력과 자원을 동원하여 효과적으로 호텔을 경영관리 해야 하는 임무를 받고 있기 때문에 제 때 업무를 잘 완성할 수 있는 사람에게 일정한 업무를 권한과 책임을 주어 위양을 하게 된다. 권한위양의 장점으로는 첫째, 가장 중요한 업무를 먼저 이행하게 된다. 둘째, 업무를 통해 부하직원의 능력을 키운다. 셋째, 업무를 조기에 완성할 수 있고 높은 성과를 낼 수 있다. 넷째, 조직에 활기찬 분위기와 책임감을 불어 넣을 수 있다. 뿐만 아니라 권한을 위양 받은 간부는 본인의 고유 업무도 수행하게 되므로 업무의 유기적 조화도 이룰 수 있고, 동료들의 도움을 받아 완성하게 되면 많은 구성원이 업무를 공유하면서 교육의 효과도 얻을 수 있다.

5. 호텔지배인과 의사소통의 흐름

호텔지배인은 경영관리업무를 원활히 수행하기 위해 고객, 호텔사업주, 종업원, 협력업체, 지역사회와 지속적인 커뮤니케이션을 하게 된다. 또한 호텔 내에는 상하관계에서 이뤄지는 수직적 의사소통(vertical communication)과 수평적 의사소통(horizontal communication)이 일상적으로 이뤄지면서 호텔이 발전해 가게 된다. 어떤 호텔에는 이러한 공식적인 의사소통 통로보다 비공식적인 의사통로를 통해 루머(rumors)가 난무하기도 한다. 그러나 호텔지배인은 이러한 모든 커뮤니케이션을 수렴하고, 정제하여, 건전한 조직문화를 만들어 갈 책임을 지고 있다.

현대 호텔경영은 다양한 문화와 교육을 배경으로 성장한 사람, 이문화, 다른 언어권에서 온 사람들이 서로 하모니를 이루면서 업무를 담당하고 있기 때문에 상하좌우, 공식적, 비공식적 다중채널(multichannel)에 의한 의사소통을 진행할 수밖에 없음을 인식하고 업무에 임해야 한다.

그러나 평소에 호텔의 사명이나 경영철학을 대화의 중심에 두는 것은 매우 바람직한 조직문화라고 할 수 있고, 이러한 것은 고객서비스를 향상시키는 도구로 활용이 가능하며, 모든 구성원에게 사기를 진작시키게 되므로 활용할 가치가 충분하다고 하겠다. 이러한 의사소통은 부서장의 리더십에 의해 발전하기도 하므로 건전한 조직문화를 만들기 위해서 호텔지배인부터 솔선수범하는 자세가 필요하다.

6. 구성원의 동기부여

조직구성원을 동기부여 하는 것은 호텔기업의 목표를 효과적으로 달성하기 위한 수단으로 활용되고 있다. 동기부여를 받지 못한 종업원은 서비스표준에 제시된 서비스의 질적, 양적 수준에 도달하지 못하는 경우를 흔히 보게 된다. 결과적으로 말하자면 이러한 종업원은 타 직원에게 영향을 미쳐 전반적인 서비스의 질은 떨어지고, 비용은 높아지며, 생산성은 하락하는 나쁜 결과를 초래하게 된다. 이러한 원인으로 양질의 인력이 타 경쟁업체로 옮겨 가게 되므로 조직관리가 사면초과에 빠질 수 있다. 호텔에서는 지배인의 영향력이 그 누구의 것보다 클 수 있으므로 직원의 사기를 북돋우고, 조직문화를 순방향으로 이끌어 가는 가장 적합한 사람임에 틀림이 없다. 호텔에서 각종 사기 진작과 동기부여에 대한 규정과 절차, 또는 프로그램을 만들어 이를 지속적으로 이행해 나가면서 조직을 활성화하는 것도 지배인의 업무 중에 중요한 부분이다.

❖ 동기부여의 방법들

- 진실한 마음으로 내부고객관리
- 효과적인 오리엔테이션
- 완벽한 직무교육의 실천
- 전문인으로서 호텔경영관리
- 내가 받고자 하는 형태의 업무지휘
- 효과적인 의사소통의 활성화
- 정이 넘치는 호텔조직의 분위기 창출
- 구성원의 성공을 도와주는 호텔 조직문화 조성

7. 서비스 리더십 발휘

호텔지배인은 호텔을 가장 잘 아는 사람임에 틀림이 없다. 아마 내부 구성원, 고객, 호텔의 이해당사자들도 이 부분에 대해서는 별다른 이견이 없을 것이다. 따라서 호텔 종업원의 구심점에 있는 지배인의 회사 사랑하는 마음과 사업목적을 달성하고자 하는 의지는 전 구성원에게 이심전심으로 전달되게 될 것이다. 호텔지배인은 호텔의 장래에 대한 뚜렷한 청사진을 제시하여야 하고, 이를 솔선수범과 서비스리더십을 통해 오리엔테이션, 직무관련 교육훈련 또는 일상 업무에서 반복적으로 의식화한다. 부서장들에게도 권한을 위양하는 것과 같은 차원에서 이를 전파하고, 성공적인 호텔이 될 수 있다는 신념에서 구성원들이 조직에 몰입되도록 하며, 이를 위해 꾸준하게 수준 높은 고객서비스를 실천해야 한다. 이러한 노력은 공정성과 도덕성을 바탕으로 호평을 받는 조직문화를 만들어가는 데 큰 힘이 될 것이다.

8. 팀 빌딩의 리더십

팀은 여러 명의 구성원이 모여서 협동으로 한 병이 과업을 완수하는 것과 같이 일사분란하게 업무를 진행하여 보다 높은 효과를 내는 것을 말한다. 특히 호텔기업은 고객을 위해 일일 24시간, 연중 365일을 조직적으로 서비스하는 기업이므로 더더욱 팀워크가 중요하다. 지배인은 호텔 전체의 팀 리더이다. 유능한 팀 리더는 유능한 팀원을 만들어 낼 수 있지만 무능한 팀 리더는 유능한 팀원을 만들 수도 없거니와 유능한 팀원마저 떠나게 만든다. 유능한 팀장이 되려면 앞서가는 경영마인드를 가지고, 창의성과 서비스 정신을 바탕으로 수준 높은 서비스 표준을 설정하고, 이를 구체적인 일정에 따라 이행해 나가는 실행성이 있어야 한다. 업무를 추진할 때는 솔선수범하여야 하고, 평소 각각의 구성원들에게 신뢰와 존경으로 좋은 관계를 유지하여야 한다. 팀 빌딩은 구성원이 자발적으로 참여할 수 있는 분위기를 만들고, 명확한 목표를 공유하여 이를 달성할 수 있는 방법과 정보의 교환을 생활화 하도록 조직을 이끌어가야 한다. 이를 위해 구성원들의 개인적 목표는 가능하면 제시하지 않는 것이 바람직하다.

9. 고객관계와 직원관계

호텔지배인은 그 호텔을 이용하는 모든 고객, 종업원, 협력회사 임직원들과 수시로 만나고 대화하며 관계를 유지하게 된다. 호텔의 대표자로서 고객을 만날 때는 예절과 품격을 갖추고, 진심으로 고객을 맞이해야 한다. 고객과의 관계유지는 호텔의 매출과 이미지 향상에 도움이 될 것이기 때문에 서비스 리더로서 최선을 다 해야 한다. 평소 직원과의 만남은 조직의 사기와 동기부여에 도움이 될 것이다. 협력업체 임직원과의 만남은 보다 긴밀한 업무협조를 통해 호텔의 경영관리를 원활히 진행할 수 있어 필요한 일이 된다. 따라서 호텔지배인은 사람을 만나는 것이 즐거우며, 생활의 일부분이라는 생각을 가지고 근무에 임하고, 사람을 만날 때는 언제나 그 문화에 걸 맞는 예절을 갖추고, 친절하게 대해야 한다. 고객들은 호텔지배인이 베푸는 호의에 매우 감사할 것이고, 직원들은 지배인의 일거수일투족을 본인의 성장 모델로 여길 것이기 때문이다.

10. 지배인의 일정관리

대부분의 기업 경영관리자들은 일정한 출퇴근 시간을 가지고 있지만 호텔지배인은 호텔기업의 특성상 하루24시간을 운영하여야 할뿐만 아니라 호텔 내의 주요행사 또는 귀빈들이 투숙할 때는 그들의 영접과 환송 등으로 타 업종의 경영관리자보다 더 긴 시간을 호텔 내에서 보내야 한다. 또한 지배인의 책임은 보다 다양하고 폭이 넓다. 아침마다 영업관련 부서장들과 당일 도착할 VIP를 확인하고, 일일 이벤트와 영업 전반에 대해 필요한 의사결정도 하여야 한다. 그보다 더 중요한 것은 1년 단위로 세운 경영계획을 월단위로 이행해 나가는 것도 중요하다. 아래에 제시된 한 달 단위의 일정관리를 살펴보면 호텔지배인은 얼마나 많은 업무와 다양한 일을 접하는지 알게 된다.

❖ 호텔지배인의 한 달 일정 보기

- 1일 호텔 전 직원회의 소집, 호텔경영의 미션에 대해 언급, 지난 달 영업 실적 발표 및 이번 달 영업목표 발표, 모범사원 표창, 이번 달에 있을 다양한 행사 및 프로그램 소개
- 2일 호텔관리담당임원과 지난 달 영업실적에 대해 검토, 지역 기관장과 식사 및 협조 관계에 대해 담소
- 3일 마케팅담당임원이 마련한 잠재고객과의 점심식사에 참석, 오후시간 마케팅 부문의 활동에 대해 논의
- 4일 지난 달 영업결과에 대해 호텔사업주에게 보고할 내용 정리
- 5일 체인본부에 지난 분기 영업실적보고, 다음 분기 마케팅전략 검토 및 광고 협조 건에 대해 논의
- 6일 컨벤션 센터에서 개최되는 시장 주최 발전기금 마련 만찬에 참석
- 7일 휴일, 당직지배인이 단골고객 도착에 대해 알려옴, 고객들과 통화
- 8일 안전관리위원회 개최, 노사위원회 개최
- 9일 객실영업부서장, 객실관리부서장과 함께 객실과 부대시설 점검, 식음료부서장과 식음료 리넨 구입과 예산에 대한 논의
- 10일 시청에서 열리는 시상식에 참석
- 11일 객실영업부서장과 고객전화요금 조정에 대한 논의
- 12일 식음료부서장, 총주방장과 함께 메뉴에 대해 논의

- 13일 주말 당직사령으로 근무
- 14일 휴일, 당직지배인이 단골고객 도착에 대해 알려옴, 고객들과 통화
- 15일 다음 해 자본적 투자에 대해 이사회에 상정할 자료 완성, 다음 해 예산 기초 작업을 위한 프레임 워크 실시
- 16일 거래 보험회사 사장을 만나 호텔이 부보할 보험료율에 대해 논의, 객실관리부서장으로부터 객실 가구 상태에 대해 최종 보고 받음
- 17일 식음료부서장, 코스트 컨트롤러, 총주방장과 새로운 메뉴에 대해 시식 및 품평
- 18일 지역상공회의소 회의에 참석, 돌아오는 길에 거래 여행사 방문
- 19일 인사담당임원과 월별 인력수급에 대해 검토, 다음 해 예산에 반영할 인건비율에 대해 논의
- 20일 지역사회 유지들의 골프 모임에 참석
- 21일 휴일
- 22일 시설관리부서장, 안전관리부서장과 함께 지역 소방서장을 만나 호텔의 안전 및 소방관리에 대해 논의
- 23일 마케팅담당임원과 함께 이웃 나라 판촉 활동(3일간)
- 26일 경영진과 월례 이사회 개최(다음 해 경영계획서 작성과 투자계획서 승인 요청에 대해 검토, 영업 상태, 인력 검토, 이달의 모범사원 선정 등)
- 27일 "고객서비스 질 개선"을 위한 서비스개선위원회 활동 보고회에 참석, 각 팀별 활동 보고 청취 및 우수 팀 격려
- 28일 지역 관광협회 월례회 참석 후 관광객 유치 활성화에 대해 관련자와 토론
- 29일 휴일
- 30일 호텔 스포츠클럽 회원 만찬 모임에 참석
- 31일 마케팅, 객실영업부서 간부들과 함께 다음 달 객실예측회의(Rooms Forecasting Meeting) 개최

Chapter 06

호텔마케팅과 세일즈

Chapter 06

호텔마케팅과 세일즈

제 1 절 호텔마케팅부서의 업무와 역할

1. 호텔마케팅의 의의

마케팅은 상품, 서비스, 기타 재화 등을 공급자로부터 최종 수요자에게 전달되는 과정에서 일어나는 제반 활동을 경영학적 측면에서 체계화한 것을 말한다. 마케팅의 개념은 1900년대 초 경영학에서 처음으로 주목 받는 학문분야로 발전하게 되었으며, 산업사회가 발달하면서 시장 내에서 공급이 수요를 초월하자 판매 증대의 목적으로 소비자에게 가까이 가기 위해 행한 다양한 활동들을 체계화한 것이다.

호텔마케팅도 일정한 발전과정을 거쳐 왔는데, 1800년대 말 초기의 숙박산업이 수적으로 급성장하던 시기를 생산지향시대, 1900년대 초기 스타틀러에 의해 넓은 객실공간과 객실의 다양한 편의시설 확충으로 고객에게 다가간 시대를 제품지향시대, 1930년대 미국이 대공황을 겪으면서 저가격 정책에 의한 판매활동을 강화하게 되는 시기를 판매지향시대, 1960년대부터 불기 시작한 소비자운동에 기인하여 호텔서비스의 차별성을 내세워 경쟁에 돌입한 시기를 마케팅지향시대, 1980년대에 접어들면서 각 호텔들이 추구하는 표적시장을 대상으로 고객의 이익과 사회복리를 함께 추구하면서 호텔기업이 성장하는 고객지향적 마케팅시대, 1990년대 후반부터 다양한 고객에게 개별고객의 취향에 맞춰 서비스를 진행하는 서비스지향적 마케팅시대로 변천해 왔다. 현대호텔마케팅은 관광산업의 중추적인 역할을 하는 호텔기업이 고객에게 편의와 서비스를 제공하기 위한 제반 활동을 수행하는 과정에서 일어나는 다양한 경영관리업무에 대해 기획하고, 촉진하고, 홍보하는 과정을 체계화 한 것이다. 호텔의 판매촉진활동은 호텔기업이 얻고자 하는 고객의 기대치를 넘어서는 가치를 창출하고, 이를 위한 표적시장을 선택하며, 이러한 표적시장에 알맞은 서비스 상품, 가격, 유통경로, 촉진활동 등의 마케팅 믹스를 개발하여 이행하는 것에서 의의를 찾을 수 있다. 호텔마케팅에 영향을 주는 주요 요인으로 호텔의 위치, 호텔의 외관과 시설, 호텔이 제공하는 서비스의 질적 수준, 호텔의 이미지 등이 있으며, 호텔이 제공하는 상품과 서비스, 이미지 등에 따라 가격이 결정되게 된다. 따라서 호텔은 좋은 위치, 좋은 시설, 좋은 서비스, 좋은 이미지, 적절한 가격을 전략화 할 때 경쟁 우위에 있을 수 있게 된다.

2. 호텔마케팅부서 업무 내용과 조직

호텔마케팅의 업무흐름은 호텔의 이미지 향상과 재무적 성과를 위해 호텔경영관리를 책임지고 있는 총지배인과 마케팅을 담당하는 마케팅임원의 업무 스타일에 따라 유연성을 갖게 되지만 대부분의 체인호텔들은 체인본부의 경영방침에 의해 마케팅부서가 함께 보조를 맞춰 업무를 추진하게 된다. 신설호텔은 호텔이 설립되면서부터 마케팅 계획을 수립하고, 일정부분의 홍보와 광고를 집행하게 된다.

일반적으로 마케팅부서는 하반기에 접어들면서 다음 해의 경영관리계획서 작성에 착수하게 되는데, 업무의 주된 내용은 다음과 같다.

1) 호텔마케팅의 업무 내용

- 마케팅 계획서 작성 및 계획에 의한 영업결과 분석 보고
- 관광시장조사
- 가격전략 수립
- 마케팅 비용관리
- 판매촉진전략 수립 및 집행
- 광고전략 수립 및 집행
- 다양한 패키지 디자인 및 판매

• 지역사회와 교류 및 홍보 활동

2) 마케팅부서의 조직

호텔의 마케팅부서는 마케팅 프로그램이 계획되기 전부터 적절한 경영관리자와 사무절차, 구성원의 편제, 판매활동 방법 등이 규명되는 것이 필요하다. 앞서 밝힌 바와 같이 호텔의 경영관리조직은 그 호텔이 처한 여러 가지 요인에 의해 조직되며, 이러한 요인으로는 호텔의 소유형태, 경영형태, 규모, 입지, 경쟁적 상황, 호텔의 목표와 목적, 객실점유율과 객실형태, 시장의 규모와 범위, 회의와 행사, 판촉활동, 그리고 가능한 예산 등에 의해 결정된다. 대부분의 대규모호텔은 마케팅담당임원, 마케팅기획부서, 판촉부서, 홍보 및 광고부서로 구성되어 있으며, 간혹 객실예약부서와 케이터링예약부서가 마케팅에 소속되는 경우가 있다. 최근에는 각 체인호텔들이 효율적인 객실요금정책을 추진하기 위해 일드매니지먼트(yield management)를 제도화하고, 매출관리지배인(revenue manager)를 마케팅부서에 소속시키기도 한다.

① **세일즈와 마케팅 담당임원**(Director of Sales and Marketing): 최고 경영층의 경영관리자이고, 마케팅업무를 총괄한다.

② **판촉부서장**: 판촉부서의 업무를 관장하며, 호텔의 규모에 따라, 담당하는 회사 및 여행사 등에 따라 책임범위가 정해진다. 해외사무소, 지역판매사무소 등에 파견된 판촉지배인의 업무를 총괄한다.

③ **판촉과장 또는 판촉지배인**: 거래처별로 할당된 업무를 이행하며, 주로 회사(corporate or volume corporate), 컨벤션(convention), 여행사(tour agent), 지역별 사무소(regional office) 등으로 할당된 영역에서 활동한다.

④ **케이터링 판촉지배인**: 매출의 규모가 상대적으로 큰 각종 회의, 결혼식, 가족연 등 연회부분의 판촉을 담당하는 판촉지배인이다.

⑤ **매출관리지배인**: 효율적인 객실요금정책을 추진하기 위해 일드매니지먼트(yield management)를 담당하는 매출관리지배인(revenue manager)을 마케팅부서에 두기도 한다.

⑥ **홍보부서장**: 홍보 및 광고부서의 업무를 총괄하며, 호텔의 규모에 따라 담당하는 역할의 범위가 다를 수 있지만 홍보와 광고에 전문성을 가진 중요한 보직이다.

⑦ **홍보담당지배인**: 호텔이 보유한 제반 서비스상품을 대외에 알리고, 지역사회와 연계된 각종 행사를 주관하며, 매스컴과 관련된 커뮤니케이션의 창구 역할을 한다.

⑧ **광고담당지배인**: 호텔의 규모에 따라 지배인 또는 담당원이 배치되는데 어떠한 형태로든 호텔의 광고를 책임지게 된다.

⑨ **그래픽디자이너**: 각종 안내책자(brochure), 전단지(flyer), 매뉴(menu), 행사안내서 등의 그래픽을 담당하는 사원

⑩ **텔레마케팅지배인**: 객실, 식음료, 부대시설의 회원 확보나 각종 프로모션을 홍보하기 위해 텔레마케팅팀을 운영하기도 한다. 이러한 업무를 관장하는 지배인을 두게 되는데, 요즘은 외부 용역계약에 의한 팀이 구성되고, 지배인은 호텔의 마케팅부서 지배인이 담당하기도 한다.

⑪ **판매비서**: 이들은 판촉지배인의 외부활동을 내부에서 지원하며, 각종 서류를 관리하고, 메시지를 전달하는 업무를 수행한다.

⑫ **임원비서**: 마케팅담당임원의 스케줄관리가 주된 업무이며, 각종 행정을 지원한다.

3. 호텔마케팅부서의 역할

호텔시장에서 직 · 간접적으로 경쟁자가 없는 호텔은 있을 수 없다. 고객은 호텔을 선택할 때 동일 시장 내에 있는 몇몇 호텔을 나름대로 비교하여 본인에게 조건이 유리한 호텔을 선택하게 된다. 뿐만 아니라 호텔의 규모나 위치가 비슷하다고 하더라도 고객들에게 모든 호텔이 질적으로 같은 지지를 받지 못하는 것 또한 사실이다. 호텔시장에서는 호텔의 위치, 규모, 지향하는 경영철학, 유치하고자 하는 고객에 따라 선택하는 고객의 성향과 고객의 지불규모가 달라질 수 있다. 리조트 지역의 대규모호텔이 골프장, 테니스장, 승마장, 수영장, 놀이 공원, 카지노 등을 갖추고, 주변에 자연경관이 뛰어난 관광지 또는 해수욕장 등이 있다면 주말, 휴일, 방학 때 찾는 고객이 많을 것이며, 국제 비즈니스 도시의 도심에 위치한 호텔이 컨벤션 시설과 비즈니스 고객에게 적합한 귀빈층(executive floor), 비즈니스 센터, 헬스, 사우나, 쇼핑센터 등을 갖추고 있다면 주중, 봄가을 비즈니스 시즌, 대규모 국제행사와 이벤트가 몰려드는 시즌에 많은 고객을 유치하게 될 것이다. 위의 두 가지 경우를 보게 되면 고객의 수요와 호텔의 공급능력이 일치하거나 비슷할 때 고객유치가 이뤄지게 된다.

최근에는 전사적 마케팅이라는 용어가 말하듯이 전 구성원이 세일즈와 마케팅에 관여하게 되고, 마케팅측면에서 고객관리와 내부고객관리도 함께 추진하고 있는 호텔들이 많아지고 있다. 이는 마케팅 학자 사세르가 "판매 없이는 기업도 없다(without sales, there can be no business)"라고 하는 말이 현실적으로 나타나는 것과 같이 호텔기업에도 마케팅의 중요성을 나타내고 있는 것 같다. 호텔마케팅은 호텔의 형태, 규모, 경영구조, 마케팅부서의 조직구조 등에 따라 부서의 구성원, 담당하는 업무와 범위가 정해지게 된다. 세일즈와 마케팅의 업무를 엄격히 구분할 필요는 없지만 마케팅은 세일즈 부서가 관장하는 지역별, 고객별, 상품별 판매활동을 포함하면서 보다 폭넓은 시장활동으로 시장조사, 고객분석, 마케팅 계획을 입안하고 평가하는 마케팅기획, 각종 대중매체와 홍보기획을 담당하는 홍보부서 등을 포함하게 된다. 이 부서는 마케팅담당임원(DOSM: Director of Sales and Marketing)이 세일즈와 마케팅을 함께 관장하게 되고, 전반적으로 마케팅부서장의 업무는 이러한 수요를 과학적으로 분석하고, 당해 호텔에 적합한 고객을 적극적으로 유치하여 호텔의 객실, 식음료, 연회, 부대시설 등의 공간과 호텔의 서비스 판매를 극대화하는 것을 주된 업무로 하게 되는 것뿐만 아니라 고객과 시장을 개척하고, 호텔을 대표하여 고객들과의 좋은 관계를 유지하며, 호텔의 전반적 수익률관리에 노력하며, 담당부서의 구성원들에게 훌륭한 리더십을 발휘하여 멋진 직장을 가꿔가는 데 있다. 마케팅부서의 주요 구성원들의 역할은 다음과 같다.

1) 마케팅부서 책임자

판매와 마케팅 기능은 호텔경영의 모든 면에 크게 영향을 미치기 때문에 마케팅담당임원의 책임과 의무는 광범위하고 다양하다고 하겠다. 마케팅부서의 책임자는 성실하고, 근면하고, 사교적이며, 창조적이고, 솔선수범하는 업무 자세와 인간적인 면이 돋보이는 사람이어야 한다. 또한, 그는 최고의 판매원이면서 호텔경영관리, 호텔의 잠재시장, 호텔의 서비스상품에 대한 정통한 지식을 가지고 있어야 한다. 마케팅담당임원은 총지배인 아래의 마케팅과 판촉부문의 경영관리자이고, 총지배인에게 보고할 책임이 있다. 그리고 판매와 촉진 프로그램을 계획하고 과거의 판매활동에 대한 통계의 편집을 감독하고, 미래의 판매를 예측한다. 이렇게 마케팅 경영관리자에게 요구되는 다양한 의무를 수행하기 위해 필요한 자격을 갖춘다는 것은 매우 어려워 보이지만 전문가의 소양을 닦아 수행할 수 있다. 특히 마케팅담당임원은 다양한 행사에 자주 참석하게 되며, 이를 즐길 수 있는 마음가짐을 가져야 한다. 호텔이 위치한 지역에서 지역사회의 이벤트, 모임, 축제 등을 주도적으로 이행하는 것은 마케팅활동에 매우 중요한 부분이다. 또한 호텔이 위치한 지역이 관광목적지, 비즈니스목적지가 될 수 있도록 타 도시나 주변 국가를 대상으로 홍보활동을 주도하는 것은 지역발전과 호텔의 발전을 함께 도모하게 되어 매우 바람직한 일이 되기도 한다. 특히 마케팅 책임자가 이러한 활동에 참여하는 것은 호텔의 다양한 활동을 홍보하는 기회가 되고, 지역의 단체, 기관을 대상으로 서비스 리더십을 발휘하는 계기가 된다. 호텔이 지역사회에서 격식을 갖추면서 판촉활동의 영역을 넓혀가는 방법은 마케팅부서의 주요 구성원이 나름대로 지역사회의 다양한 조직과 적극적으로 교류하는 것이다. 평소 업무의 중심에 두어야 할 사항으로 첫째, 호텔 서비스상품의 특징 및 품질 연구 둘째, 호텔 서비스상품을 제공 판매하는 데 이용될 수 있는 도구와 수단 개발 셋째, 인간경영의 경험과 지식보유 넷째, 원만한 성격과 품위 있는 행동 다섯째, 국제 매너와 에티켓에 능숙한 전문인이 되어야 한다.

2) 마케팅 기획자

호텔마케팅은 광고업무, 판매촉진, 대중관계, 홍보업무, 프로모션 등의 다양한 업무가 복합적으로 이뤄지게 된다. 이러한 업무를 사전에 기획하고, 사후에 분석하는 업무를 담당하는 부서가 마케팅 기획부서이다. 호텔산업은 객실, 식음료, 연회, 부대시설과 같은 유형상품과 안락함, 편리함, 분위기, 매력과 같은 무형상품이 결합되어 호텔의 서비스상품을 이루므로 상품화 단계인 마케팅 기획의 중요성은 실무현장에서 느낄 수 있다.

3) 판촉지배인

판매촉진활동은 잠재고객에게 특정한 상품이나 서비스를 구매하도록 하는 활동이다. 즉 호텔 외부에 있는 잠재고객을 유치할 수 있도록 인적 접촉이나 매체 광고를 통한 외적 활동이나, 또는 고객이 호텔 내에서 부가적인 품목이나 서비스를 구입하도록 고무시키기 위한 내적 제 활동을 포괄한다. 호텔의 세일즈 부서(sales department)는 규모에 따라 시장의 환경에 따라 많은 인원을 배치하게 된다. 주로 판매촉진활동에는 지역별, 고객의 방문목적별, 상품별로 담당분야를 할당하기도 한다. 흔히 지역별로는 미주지역, 유럽지역, 아시아 · 태평양지역, 오세아니아지역, 아프리카지역 등으로 구분하며, 작게는 일본의 동경

지역, 큐슈지역, 중국의 상해지역, 북경지역, 한국의 시도별로 구분하여 담당자를 두게 된다. 고객의 방문목적별로는 비즈니스별 또는 레저 · 관광객별, 상품별로는 객실, 식음료, 컨벤션 및 연회, 부대영업별로 판매촉진의 진용을 갖추게 된다. 이들은 고객의 데이터베이스를 활용하여, 고객사(business account)별로 관리를 하게 되고, 이를 DOSM에게 주기적으로 보고하게 된다.

호텔의 형태, 고객, 서비스 형태 등에 의해 판매촉진의 역할과 인력을 배분하게 된다. 이를 구분하게 되는 방법으로 상품 및 서비스, 고객의 성향, 유통채널 등으로 구분하게 된다.

(1) 호텔서비스상품에 따른 인력 구조

판촉지배인의 역할을 살펴보면, 연회부분의 판매가 매우 힘들다는 것을 알 수 있다. 판촉지배인은 눈에 보이지 않는 상품을 잠재고객에게 판매를 하게 되므로 각각의 전문 분야에 뛰어난 사람을 고용하거나 전보 배치하게 된다. 즉, 객실 단체객(group guest rooms), 컨벤션(convention), 회의(conference and meetings), 연회 및 이벤트(catering and events), 결혼식 또는 가족모임(wedding and family gatherings) 등으로 구분하여 전문성 있는 영역에서 보다 강력한 판촉 활동을 구사하는 방법이다.

(2) 고객의 성향에 따른 인력 구조

대부분의 호텔들은 객실을 이용하는 고객의 성향, 즉 누가 우리의 서비스상품을 구입하는가에 따라 고객을 구분하고, 판촉활동을 추진하게 된다. 이것은 호텔의 시장세분화에 기초하여 업무를 분담하는 것이 보편적인 업무분담 방법이라고 할 수 있다. 즉, 비즈니스 고객(corporate account), 레저관광객(leisure travelers), 장기투숙객(long-term stay) 등으로 구분하고, 이용 고객의 세분시장이 큰 부분과 중요도에 따라 인력을 배분하는 방법이다.

(3) 유통채널에 따른 인력 구조

미팅 & 컨벤션 기획자(meeting and convention organizer), 여행사(travel agents), 개별단골고객(consortia), 예약 없는 고객(walk-ins), 인터넷고객(internet) 등으로 세분시장에 의해 분류하게 되지만 회의 기획사, 여행사, 인터넷, 개별단골고객 등은 세일즈 지배인의 활동분야가 매우 다를 수 있고, 예약 없이 찾아오는 고객은 호텔의 명성과 상당한 연관이 지어 진다.

4) 홍보책임자

호텔의 홍보는 호텔기업의 외부고객, 내부고객, 지역사회, 협력업체, 경쟁사, 언론 및 일반대중과의 관련성을 갖게 되며, 호텔기업이 계속적으로 추구하고자 하는 전체적인 이미지를 부각시키는 업무를 추진하게 된다. 보편적으로 대규모호텔에는 홍보를 담당하는 부서가 마케팅부문에 소속되어 있고, 이 분야에 전문성이 있는 사람으로 보직을 하게 된다.

5) 광고책임자

호텔의 광고는 호텔이 보유한 서비스상품의 가치를 현재의 고객과 잠재고객에게 판매메시지(sales message)를 통해 전달할 목적으로 구입하게 되는 시간과 공간의 이용을 말하며, 호텔의 경영관리자는 다양한 채널을 통해 수집한 정보를 바탕으로 상황을 분석하고 고객관리에 깊은 관심을 가지게 되며, 분석된 내용을 토대로 시장 내에서의 현재위치, 시장점유율, 광고효과 등을 파악할 수 있게 된다. 광고책임자 또한 전문영역에서 활동한 경험이 많거나, 그렇지 않으면 외부의 전문업체가 맡아서 진행하는 경우도 있다.

6) 매출관리지배인

최근 국제적인 체인호텔들이 앞다투어 객실매출관리를 보다 과학적으로 관리하기 위해 일드매니지먼트시스템(yield management system)을 가동하고, 이를 담당하는 지배인을 보직하고 있다. 웨스틴 호텔과 리조트(The Westin Hotels & Resorts)는 예약과를 객실부서에서 마케팅부서로 옮기고, 그 기능을 확대하여 매출관리를 전담하는 지배인(revenue manager)를 두고 있다. 매출관리지배인은 호텔의 과거 매출추세를 바탕으로 일별, 월별 적정한 객실평균요금을 예측하고, 예측된 객실평균요금을 유지하기 위해 판촉지배인, 객실부서장, 예약지배인과 함께 공동노력하여 목표를 달성하게 된다. 이러한 일드매니지먼트시스템은 체인호텔들이 제공하는 과학적인 경영관리기법으로 점점 확대되어가는 추세이다.

제 2 절 호텔마케팅의 STP전략

호텔의 마케팅전략은 우선 시장과 관련된 정보를 수집하고, 해석하고, 분석하여 시장전략을 수립하여 호텔기업의 성장과 이익 창출을 위해 활용하게 된다. 호텔이 서비스상품의 판매활동을 위해 일정한 기준에 따라서 시장을 나누는 작업을 시장세분화(Market Segmentation)라고 하며, 세분화된 시장을 가장 잘 공약할 수 있도록 합당한 목표시장을 선택하여 호텔이 보유한 마케팅 역량을 최대한 발휘하여 시장에 침투하는 것을 시장표적화(Market Targeting)라고 한다. 호텔의 서비스상품이 고객에게 어떻게 인식되고, 평가되는가, 고객은 어떻게 인식하고 있는가를 파악하여 호텔이 바라는 위치에 정착시키는 과정을 시장위치화(Market Positioning)라고 한다. 시장은 잘 계획되고, 활동적인 판촉활동을 통해 우호적 지위를 확보할 수 있지만 경제적으로 요구를 만족시킬 수 없는 세분시장은 광고와 홍보에 의해 도달할 수 있다. 호텔기업은 시장조사 활동에서 그 시장의 소득, 성별, 교육수준, 연령, 여행목적, 국적 등을 파악하므로 보다 현실성 있는 광고 및 홍보 캠페인을 고안할 수 있다.

그림 6-1 STP 전략 추진단계

시장세분화	시장표적화	시장위치화
· 시장세분화 기준 확인 · 시장세분화 작업 · 세분시장의 프로파일 개발	· 세분시장의 매력도 측정 · 표적 세분시장의 선정 · 선정된 시장 공략	· 표적시장별 위치 선정 · 표적시장별 마케팅믹스개발

1. 호텔마케팅의 세분화 전략

호텔의 시장세분화는 고객을 일정한 기준에 따라 분류하는 것을 말하며, 목표시장 선정을 위해 세분화된 시장의 고객특성에 따라 그들의 욕구와 요구, 구매행동, 구매방법을 파악하고, 유사한 특성을 지닌 그룹을 모아 군집화하여 마케팅 성과를 극대화하게 된다. 이러한 과정을 시장세분화라고 하며, 호텔의 시장세분화는 보편적으로 여행목적별, 지역별, 상품별로 구분하여 각 세분시장별 전담 판촉지배인이 담당하여 영업활동을 전개하게 된다.

일반적으로 관광마케팅의 시장세분화는 방문객을 지리적 기준, 인구통계적 기준, 사이코그래픽적 기준, 행동적 기준, 여행목적 기준으로 나누며, 지리적 기준으로는 국가, 지역, 도시, 인구밀도 등으로 구분하고, 호텔이 위치한 지역에서 지리적으로 가깝거나 국제비즈니스 거래가 많은 도시를 중심으로 세분시장을 형성한다. 이러한 시장은 고객이 예약을 할 때 주소, 전화번호, 회사 등 고객정보를 호텔시스템에 입력하면서부터 알 수 있고, 이는 당일 투숙객의 지리적 세분화 보고서(Guest segmentation report by geography)에 의해 쉽게 알 수 있다. 인구통계적 기준은 호텔이용고객의 연령, 교육수준, 성별, 직업, 소득, 가족 수, 국적 등으로 구분하는 것으로 연령, 성별, 직업, 국적은 투숙등록카드에 의해서, 나머지 정보는 고객설문을 통해서 파악이 가능하다. 사이코그래픽적 기준은 고객의 개성, 사회계층, 라이프스타일, 태도, 이용동기 등으로 구분하고, 특히 사회계층과 라이프스타일은 호텔선택속성에 매우 큰 영향을 미치게 되며, 호텔이 바라는 고객층을 유치하는 기준이 된다. 사회적으로 존경받고, 경제적 능력이 충분하여 호텔이용을 생활의 일부분으로 여기면서 자주 이용하는 고객이 많으면 호텔의 이미지와 영업은 크게 호전될 것이다. 행동적 기준으로는 구매상황, 품질, 여행객 지위 등이 있고, 이 세분시장은 호텔서비스 상품에 대해 고객의 지식, 태도, 사용방법 등의 반응정도를 바탕으로 고객을 구분하게 되며, 호텔을 이용하는 데 특별한 성향과 욕구를 보이게 됨을 중요시한다. 신혼부부, 골프여행 등은 호텔의 부대시설, 주변 환경, 객실 분위기 등에 더욱 관심이 있음을 알 수 있다. 여행목적 기준에는 비즈니스, 관광, 친지방문, 단체여행, 개별여행 등이 있다.

주요 체인호텔들의 세분시장은 다음과 같이 구분하고 있다.

❖ 주요 체인호텔의 세분시장

① 개별 고객

- 정규요금(full rate and walk-ins)
- 계약회사(volume corporate)
- 개별단골고객(consortia)
- 레저 여행객(leisure)
- 패키지(package)
- 인센티브 여행(incentive tour)
- 신혼여행객(honeymooner)
- 장기투숙객(long-term staying guest)

- 인터넷 예약(internet reservation)
- 기타(others)

② 단체고객

- 여행사 관광객(travel agents)
- 컨벤션 단체(convention and visitors bureau)
- 회의 주최자(meeting planners)
- 기타(others)

2. 호텔마케팅의 표적화 전략

세분화된 각각의 시장은 현재와 미래의 상황을 바탕으로 기회요인과 위협요인을 파악하고, 호텔의 이미지와 재무적 성과를 위해 집중 공략할 시장을 선정하는 과정을 표적화라고 한다. 표적화는 향후 표적시장에 알맞은 마케팅믹스를 개발하여 시장에 침투하는 전 단계의 역할을 하게 된다. 마케팅담당임원은 세분화된 시장을 평가하기 위해서 세분시장의 규모와 매력성을 파악하고, 마케팅관리자가 특정시장에서 고객정보를 자동적으로 환류(feedback)시켜 시장 활동을 원활히 할 수 있도록 가장 좋은 시장 환경을 지속시켜 나가야 한다. 호텔이 세분시장을 표적화하는 것은 특정세분시장이 경쟁시장 내에서 차별성을 가지고, 경쟁에서 이길 수 있다는 판단을 전제로 선정하게 된다.

호텔마케팅은 표적화한 시장을 바탕으로 마케팅력을 집중하여 공격적 침투전략을 펴는 방법으로 첫째, 전체시장을 하나의 세분시장으로 보고 마케팅 믹스를 개발하게 되는 비차별화 마케팅전략이 있고, 둘째, 차별화된 세분시장을 대상으로 각각의 마케팅믹스를 개발하여 시장에 침투를 하게 되는 차별화 마케팅전략이 있으며, 셋째, 각각의 세분시장에서 자사에 가장 적합한 단일 시장을 선택하여 이를 집중적으로 공략할 수 있도록 마케팅믹스를 개발하는 집중화 마케팅전략이 있다.

비차별화 마케팅전략, 차별화 마케팅전략, 그리고 집중화 마케팅전략을 구사하는데는 각각의 장점과 단점이 있으며, 이는 자사의 마케팅 능력의 강점과 약점, 기회와 위협 요인을 충분히 감안하고, 경쟁호텔과 거시적 환경을 분석한 후에 선택하여 마케팅력을 구사해 나가야 실패할 확률을 줄일 수 있다. 즉, 비차별화 마케팅은 전체를 단일시장으로 보고, 한 가지 프로그램에 광고 및 홍보를 집중적으로 진행하게 되므로 비용절감은 가능하지만 호텔이 바라는 사회계층, 라이프스타일, 여행목적에 맞는 고객집단을 유치하는 데는 한계가 있다. 이러한 전략은 300~500실 규모의 대규모호텔에서 사용할 수 있는 전략으로 볼 수 있다. 차별화 마케팅전략은 2개 이상의 세분시장을 택하여 각각의 세분시장의 특성에 적합한 전략을 구사하게 되므로 마케팅 비용이 많이 투입되어야 한다. 그러나 다양한 고객의 욕구와 요구에 부응하고, 보다 많은 세분시장에서 고객을 유치하게 되므로 매출 증대에 도움을 줄 수 있다. 이러한 전략은 800실 이상의 초대규모, 체인호텔들이 구사하는 전략이라고 할 수 있다. 마지막으로 집중화 전략은 100여실 내외의 중소규모호텔이 시장을 선택과 집중이라는 전략적 경영에 의해 마케팅을 공략하는 방법이다. 이는 최적의 마케팅을 개발했을 때 가장 안정된 경영관리를 할 수 있지만, 시장 내에 강력한 신규 경쟁자가 진입하게 될 경우, 또는 시장 상황이 갑자기 변화할 경우, 치명적인 피해를 입을 수 있다. 특히 특정 국가, 특정 비즈니스, 특정 단체고객을 주 고객으로 마케팅을 강화하다가 갑작스런 시장 상황의 변화로 도산에까지 이르는 호텔들도 흔히 있음을 알 수 있다.

그림 6-2 호텔의 시장 표적화 전략 구도

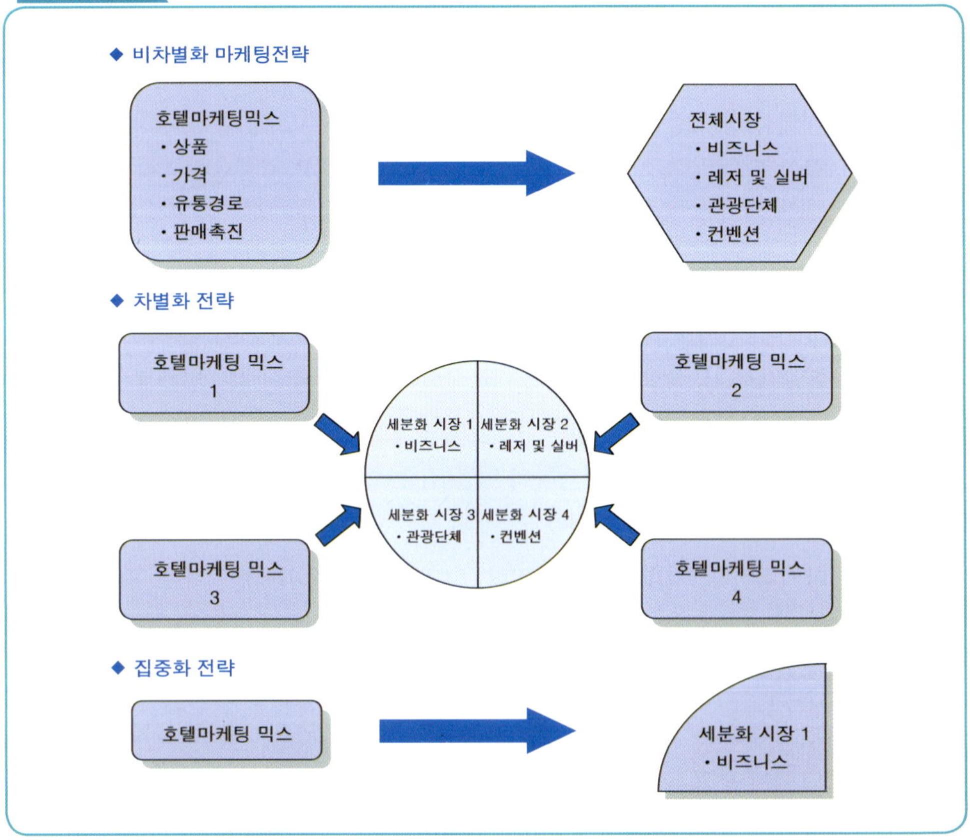

3. 호텔마케팅의 위치화 전략

호텔마케팅에서 위치화 전략은 시장세분화전략, 시장표적화 전략과 더불어 마케팅전략의 3가지 전략의 기본을 이루고 있다. 시장이 세분화되고, 표적화된 시장에 적합한 마케팅믹스를 개발하여 침투하는 과정에서 고객의 마음속에 심어진 호텔의 서비스상품의 다양성과 고급성, 가격의 적절성, 유통 단계의 신뢰성, 촉진 수단의 역동성, 광고 및 홍보의 윤리성, 품격있는 호텔의 이미지 등은 타 호텔과의 비교에서 돋보이게 되는 요인들이다. 최근 대중화되고, 대규모 체인화된 호텔들은 치열한 경쟁 속에 경영관리 되고 있어서 호텔은 고객유치에 보다 더 적극적인 자세와 서비스상품 차별화를 달성하지 않으면 안 되게 되었다. 따라서 호텔은 그 호텔의 서비스상품이 고객에게 어떻게 인식되고, 평가되고 있는가, 고객은 어떻게 인식하고 있는가를 파악하는 데 다양한 과학적인 방법이 동원되어 정교한 분석의 도구를 제공하기도 한다.

평소 고객이 특정 호텔을 평가하고, 지각하고, 마음속에 그 위치를 그리고 있는 것을 시장위치화라고 한다. 즉 경쟁 호텔과 비교해서 고객에게 어떻게 인식되고 있는가 하는 객관적이고, 상대적인 시장위치가 위치화라고 할 수 있다. 호텔의 속성에서 볼 수 있는 상표의 의미, 가격정책, 서비스상품의 내용, 이용고객의 구성, 이미지 등이 포지셔닝 기준이 될 수 있으며, 이를 가장 이해하기 쉬운 수단으로 포지셔닝 맵(positioning map)으로 나타낼 수 있다.

호텔이 시장에서 바람직한 위치화를 하지 못하면 언제든지 다른 경쟁호텔들로부터 공격을 받을 수 있고, 궁극적으로 고객으로부터 외면을 당하게 된다. 호텔이 경쟁시장에서 확실하게 위치를 굳히고 있다면 다른 호텔의 모방이나 진입으로부터 자신을 보호할 수 있고, 확보한 서열이나 위치를 유지 또는 발전시켜 나갈 수 있다. 호텔이 위치화전략을 구사해야 하는 가장 큰 이유는 위치화를 통해 확인된 메시지를 커뮤니케이션 하므로 선택적 지각이라는 고객인지에 쉽게 부합될 수가 있고, 경쟁이 치열한 상황에서 차별적 이미지를 구축하므로 시장 내에서 상표충성도를 확보할 수 있다. 또한 광고홍수로 혼란을 느끼는 소비자들로부터 선택적 주의를 끌 수 있다.

호텔마케팅에서 자사 서비스상품을 성공적으로 위치화시키기 위해서는 먼저 당해 호텔이 경쟁에 있는 브랜드가 상호 어떠한 위치에 있는지를 파악해야 한다. 이를 위해 먼저 호텔이용고객이나 일반 소비자를 대상으로 시장조사를 하며, 이러한 단계를 거쳐 파악된 위치를 호텔경영관리의 목적과 목표에 맞게 현재의 위치에서 이동시켜 나가는 방법을 택하게 된다. 어느 방향으로 이동하는 것이 호텔의 이미지를 높이고, 경쟁력을 강화하는 데 가장 바람직한지 방향을 잡고, 이에 따른 마케팅믹스를 개발하여 시장에 침투하여야 할 것이다. 즉 호텔 서비스상품의 디자인, 가격의 조정, 유통경로의 변화, 촉진활동의 활성화 등으로 재위치화(Repositioning)를 해 나갈 수 있다. 성공적인 재위치화는 당해 호텔이 보유한 시장지위의 강점과 약점, 기회와 위협요인을 면밀히 분석하여 경쟁사에게 앞설 수 있는 전략을 수립하여야 가능하게 된다.

그림 6-3 포지셔닝 맵

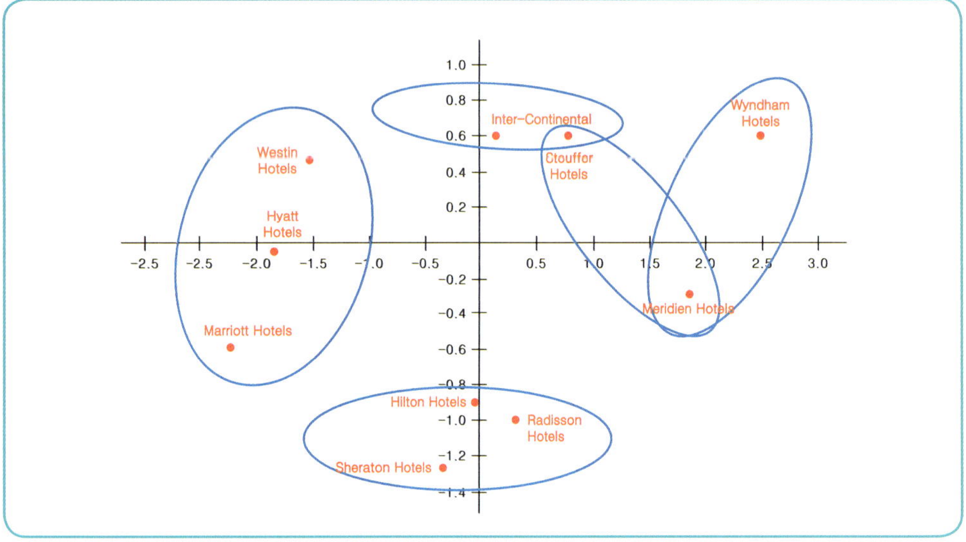

그림 6-4 시장 재위치화

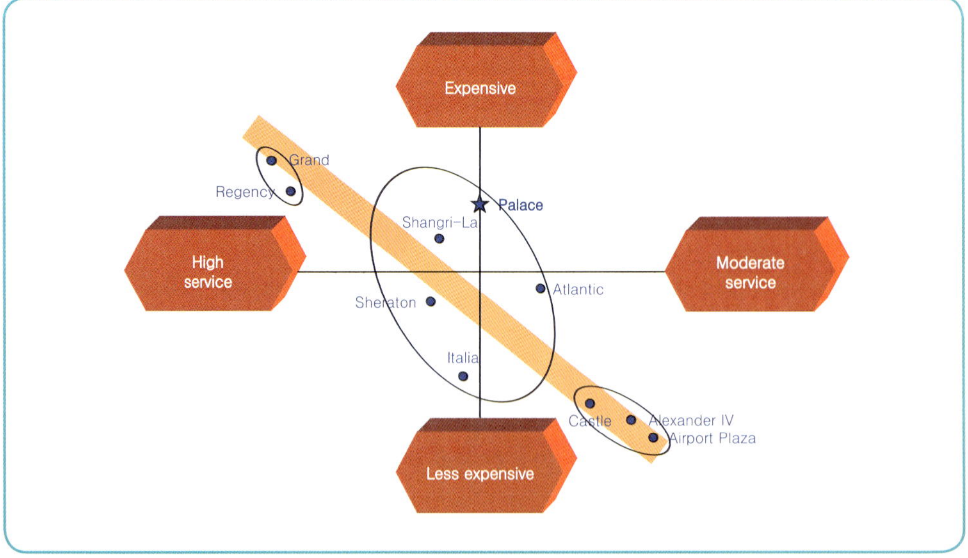

제 3 절 호텔마케팅의 믹스전략

호텔마케팅의 경영관리자는 호텔의 서비스상품분석, 시장분석, 잠재고객분석, 경쟁호텔분석, 고객선호도 조사 등을 통해 고객유치에 만전을 기하게 된다. 더불어 개별고객, 단체고객, 또는 컨벤션 고객 등에게 적합한 수준에서 객실, 식음료, 부대시설영업을 촉진하기 위하여 위와 같은 분석에 입각한 실행계획을 수립하고 이를 수행하게 된다. 이 때 설정된 세분시장별로 구성해야 할 호텔서비스상품, 세분시장별로 적용해야 할 가격, 세분시장별 활용하게 되는 유통경로, 매출증진을 위해 사용하게 되는 광고, 홍보, 인적판매 등의 촉진수단 등을 정하게 된다. 이러한 전략적 계획을 수립하게 되는 단계를 마케팅믹스전략이라고 한다.

마케팅믹스의 개념은 1950년대 초 보던(Borden)에 의해 제안되었으며, 그는 기업의 경영관리자가 기업의 수익성과 효율성을 제고하기 위해서는 건전한 마케팅요소들을 분석하고, 이를 경영관리에 활용해야 한다고 주장하였다. 이러한 주장은 맥카시(McCarthy) 교수에 의해서 4P(product, Price, Place, Promotion)의 개념으로 정리되어 지금까지 널리 활용되고 있다. 그 후 여러 학자들에 의해 4P's의 개념이 더 확대되어 모리슨(Morrison) 교수는 종사원(person), 패키징(packaging), 프로그램(program), 제휴 또는 참여자(participants)를 포함하여 8P's를 주장하였고, 매킨토시(McIntosh) 교수는 상표, 상품, 가격, 유통구조, 광고, 판매, 이미지, 적시성, 패키지, 공중관계 등 10가지요소를 주장하였다. 서비스마케팅 분야에서 마케팅믹스를 체계화한 학자는 붐스와 비트너(Booms & Bitner)로서 4P's 상품(product), 가격(price), 유통(place), 촉진(promotion)에 3P's 참여자(participants), 물리적 증거(physical evidence), 서비스 조립과정(process of service assembly)을 추가하여 7P's를 주장하였다.

1. 호텔마케팅의 서비스상품전략

호텔의 서비스상품은 호텔이 제공하는 유형, 무형의 제공물로 구성되어 있다. 호텔의 주상품은 하드웨어, 시스템, 소프트웨어로 구성되어 있으며, 건물, 인테리어, 객실, 식음료, 부대시설, 주변경관 등과 같은 하드웨어와 호텔의 고객서비스지향적인 경영마인드,

경영방침, 각종 제도, 규칙, 규정, 절차 등은 물론이고, 고객서비스를 위해 설치된 각종 전산시스템, 안전장치, 서비스매뉴얼 등이 시스템웨어로서 가치를 발하며, 고급스런 서비스를 제공할 수 있는 양질의 인적자원은 소프트웨어로 호텔서비스상품의 구성요소가 된다. 보다 중요한 것은 이러한 것들을 제 때, 고객의 기대에 맞게 공급할 수 있는 능력을 호텔의 서비스상품이라고 말할 수 있다. 호텔서비스상품의 핵심가치는 고객에게 제공하는 호텔로서의 안락감, 편안함, 청결성, 안전성, 고급스러움 등이라고 할 수 있다. 고객이 많은 돈을 지불하는 데는 충분한 이유가 있고, 여기에 잘 부응하는 상품화 전략이 돋보이게 된다. 호텔이 시장에서 지위를 확보하고, 지속적인 성장을 이루기 위해서는 주상품을 차별화 하고, 각 세분시장에 적합한 서비스상품의 개발을 시도하여야 한다. 앞서 제시한 시장세분화에서 보듯이 비즈니스고객을 위한 호텔서비스상품과 단체관광객을 위한 호텔서비스상품이 다르게 구성되어야 하고, 단체관광객이라 할지라고, 미주지역 거주인과 동양지역 거주인은 생활습관에 따라 객실 신호도가 다르게 형성되며, 같은 동양인이라도 일본인을 단체관광객을 주력 시장으로 하는 호텔과 중국인을 단체관광객을 주력시장으로 시장을 세분화 하는 호텔은 객실에 비치하는 가구와 비품, 편의품 등에도 차별화된 서비스상품전략을 세워야 할 것이다. 웨스틴호텔체인이 개발한 게스트오피스(guest office)는 호텔의 객실을 업무공간과 휴식공간의 역할을 복합적으로 하게 되어 비즈니스고객의 유치에 수월성을 제고 하였고, 메리엇과 홀리데이인 체인은 호텔식 아파트를 개발하여 장기투숙객에게 편의를 제공하게 되고, 포시즌 호텔은 객실편의품을 매우 고급스럽게 디자인하고 질적 수준을 제고하므로 호텔의 상품 이미지를 높였으며, 하이얏호텔체인이 개발한 컨시에이지 클럽 프로그램과 노년층 프로그램 등은 호텔서비스상품의 개념을 향상 시킨 사례들이다.

2. 호텔마케팅의 가격전략

호텔기업의 가격전략은 마케팅믹스 요인 중 가장 민감한 것이어서 마케팅 환경을 잘 고려하여 의사결정을 하여야 한다. 따라서 가격은 연차별 마케팅계획 수립 시 중요한 의사결정 항목에 포함되어야 한다. 당해 호텔의 가격이 동일시장 내의 타 경쟁호텔보다 상대적으로 높게 되면 고객의 이탈이 심화될 수 있고, 가격이 낮게 책정되면 총매출액에 지장을 줄뿐만 아니라 호텔의 저가격이미지 형성으로 상위 소비층 고객의 외면을 받을 수 있다. 호텔이 생산하는 서비스상품에 대해 최대한 매력을 갖게 하는 적정가격을 제시하는 것은 쉬운 일이 아니며, 1990년대 후반부터 각 체인호텔들은 일드매니지먼트에 의한 가격결정과 고객분석을 철저히 하면서, 이를 전담하는 매출관리지배인(Revenue Manager)을 두어 관리에 만전을 기하고 있다. 호텔의 가격전략 수립의 결과물로 공표요금이 설정되며, 이는 각급 객실의 종류와 크기, 위치별로 요금을 정하여 실행하게 된다. 호텔의 요금정책은 각 세분시장별, 거래회사별, 개인별, 계절별로 요금이 다르게 적용되고 있다. 요금의 종류는 정상요금, 할인요금, 추가요금이 있으며, 이를 바탕으로 변형된 요금으로 프로모션, 패키지, 특별요금 등 다양한 요금제도(rate policy)를 운영하고 있다. 호텔기업이 추진하게 되는 가격전략의 형태는 회계학적 접근방법과 비회계학적 접근방법이 있다. 다양한 방법의 가격결정 방법에 의해 가격전략을 펴지만 함께 검토해야 할 내용은 매출계획, 비용계획, 이익계획이 있고, 시장에서 이길 수 있는 서비스상품전략과 가격전략을 수립하는 것이 무엇보다 중요하다.

1) 회계학적 접근방법

① 평균객실요금법

이 방법은 일명 호워드 방법(the Horwath Method)이라고 하며, 1930년대 Horwath and Horwath 호텔체인에 의해 이용된 객실가격 산출방법으로 총건축비의 1/1,000을 일일 평균객실요금으로 책정한다는 개념의 가격산출 방법이다.

② 휴버트방법

휴버트공식(the Hubbart Formula)이라고 알려진 이 방법은 그 호텔기업이 지출하게 되는 연간 총경비, 객실수, 객실점유율에 의해 연간목표이익을 계산하여 이를 충분히 보전할 수 있는 가격으로 정한다. 휴버트방법에서 거론되는 연간 총경비에는 영업비, 조세공과금, 감가상각비, 투자금액에 대한 적정이익, 객실수입외의 수입 등으로 구분하는 것으로 객실가격결정은 계획연도의 추정 객실부문 총원가를 연평균객실판매수로 나눈 것으로 한다.

③ 수용률에 의한 객실가격계산방법

객실가격을 적정 수용률에 따라 결정하는 방법으로써 1년간 객실비용과 수용률을 예측하여 평균객실요금을 계산하게 된다. 이 때 총비용은 1년간 예산에 의한 수치이며, 실제 객실수익을 위한 일일 객실당 평균요금이 정해지면 이를 달성하기 위한 객실점유율을 역으로 추적하게 된다.

④ 손익분기점에 의한 객실가격결정방법

호텔의 적정가격은 원가, 조업도, 이익분석(CVP: cost-volume-profit)을 중심으로 한 가격결정방법이 적용되게 되며, 경영활동에서 얻어지는 총수입과 투입되는 총비용이 같은 지점에 있어 0(zero)이 될 때 손익분기점이라고 한다. 손익분기점에 의한 객실가격결정방법에는 공식에 의한 손익분기점분석과 도표에 의한 손익분기점 분석이 있다.

2) 비회계학적 접근방법

① **직관적 가격결정방법**: 감각적으로 이만하면 공평하고 적절한 가격이 될 것이라고 하여 가격을 결정하는 방법이다.

② **경쟁가격결정방법**: 서비스와 상품의 품질이 같을 때 고려할 수 있는 가격결정방법으로 동일한 시장의 동일한 상품에 경쟁기업과 동일한 선상에서 가격을 결정하게 된다. 실제로 현업에서는 이 방법이 가장 많이 이용되고 있다.

③ **시험적 가격결정방법**: 일정한 기간 동안 시험적 판매활동을 거쳐 고객반응에 주의를 집중하여 적절한 가격을 결정하는 방법이다.

④ **선두기업 가격결정방법**: 동일 시장 내, 호텔기업의 선두기업을 따라가는 가격전략으로 경쟁가격결정방법과 비슷하지만 다양한 경쟁호텔 중에서 가장 앞선 기업의 가격에 맞추게 된다는 것에 차이가 있다.

⑤ **심리학적 가격결정방법**: 희소가치가 있는 서비스나 시설에 호텔경영자가 의식적으로 가격결정을 주도하여 고가격전략을 구사하는 방법이다.

3. 호텔마케팅의 유통경로전략

호텔기업의 유통경로전략은 당해 호텔의 서비스상품을 고객에게 인식시키고, 예약과 연결하는 직 · 간접적인 경로를 어떻게 설치하고, 활용할 것인가를 전략화 하는 과정이다. 직접유통은 호텔을 이용하는 고객에게 직접 촉진하고, 예약과 연결하고, 서비스를 제공하는 과정을 호텔이 직접 담당하는 것이다. 간접유통은 여행의 토탈서비스를 제공하는 여행사, 국제행사를 기획하는 단체, 항공사, 세계적인 네트워크를 가진 예약 대행사, 엄격한 의미에서 체인호텔의 예약본부 등으로부터 예약을 접수하게 되는 경우를 말할 수 있다. 일반 마케팅에서 말하는 개방적 유통경로, 전속적 유통경로, 선택적 유통경로 등을 모두 포괄할 수 있는 것이 호텔의 유통경로이다. 호텔의 유통경로에 참여하는 모든 관광계열 기업에는 수수료(commission)가 지불되게 된다. 이러한 수수료는 수입에 따른 비용으로 수입이 증가하는 만큼 비용이 증가하게 되어 크게 문제가 되지 않을 수도 있지만 이들에 대한 의존도가 높은 때 최대 매출액의 10% 내외를 지불해야 한다면 무시할 수 없는 수준의 비용이 발생하게 되어 호텔의 재정을 압박할 수 있다. 간접유통경로를 효과적으로 관리하기 위해서는 이들에게 적절한 할인정책을 공유하게 한다. 이 또한 깊이 있게 연구하여 전략적으로 대처해야 할 부분이다.

4. 호텔마케팅의 촉진전략

호텔기업의 서비스상품을 고객에게 이용하도록 요구할 목적으로 서비스상품의 품질과 가치에 대해 정보를 제공하거나 설득하는 마케팅활동을 전개하는 과정을 계획하고, 수행해 나가는 것을 촉진전략이라고 한다. 호텔마케팅담당임원이 본인의 책임 하에 펼쳐 나가는 촉진전략에는 인적판매, 판매촉진, 퍼블리시티, 홍보, 광고 등이 있다. 인적판매는 호텔의 세일즈지배인이 고객을 직접 방문하여 대화를 통해 당해 호텔의 서비스상품을 구입하도록 권유하는 활동을 의미하며, 판촉지배인에 따라서 매출의 규모가 다르게 나타나기 때문에 능력 있는 판촉지배인을 확보하는 업무가 가장 중요한 핵심요소로 작용한다. 판매촉진은 호텔기업이 서비스상품의 판매를 증가시키기 위해 단기간에 관련 회사나 개인적 접촉을 통해 직접 판매활동을 펼치거나 호텔유통단계의 간접판매업체인 여행사, 항공사, 예약대행사, 컨벤션 기획자 등을 통해 판매활동을 추진하는 경우를 말한다. 퍼블리시티는 다양한 인쇄매체를 통해 호텔이 추진하고 있는 다양한 활동과 개발된 서비스상품을 널리 알려 호텔의 이미지를 높이고, 이를 판매와 연계시키려는 시도를 말한다. 홍보는 개발된 퍼블리시티 자료를 최대한 활용하여, 지역사회에 알리거나 각종 행사나 이벤트를 주관하거나 동참하여 호텔의 이미지를 제고하는 방법이라고 할 수 있다. 마지막으로 광고는 호텔이 경쟁우위를 점하기 위해 예산을 확보하여 서비스상품과 각종 홍보거리를 고객에게 알리는 상업적 커뮤니케이션을 말한다. 세계적 체인호텔들은 마케팅활동 중에서도 촉진 활동에 많은 자원과 인력을 투입하고 있고, 브랜드 이미지 제고를 위해 중요한 재원을 각종 미디어에 쓰고 있다.

5. 서비스참여자와 서비스 조립과정

호텔의 서비스는 서비스의 특성인 생산과 소비가 동시에 이뤄지는 상호작용의 과정을 가지고 있다. 서비스는 격식과 기법도 중요하지만 진실된 마음과 배려하는 마음으로 고객에게 가까이 가는 것이 무엇보다 중요하다. 호텔의 서비스는 제공과정에 참여하는 고객과 호텔종업원의 상호작용에서 일어나는 다양한 심리적 결합이 생산성의 결과로 평가 받게 되므로 서비스표준의 설정, 이에 따른 이행, 철저한 고객관리 등이 핵심요소로 작용하게 된다. 최근에는 고객과 호텔의 종업원이 수직적인 관계에서 서로 협조하는 파트너의 관계로 발전하여 왔다. 호텔의 서비스는 이를 이용하는 고객과 현장에서 서비스를 제공하는 전문직업인으로서 서로를 이해하고, 존중하고, 인간애가 바탕이 된 협력적 거래가 이뤄지고 있다. 따라서 호텔의 서비스는 고객의 참여에 의해 수행이 가능하며, 조립해 나가는 과정이 서비스의 품질을 보증하는 경험적 방법이 된다.

6. 물리적 증거

호텔이 제공하는 서비스는 가정에서 물품을 구입하듯이 눈앞에 보이는 시각적, 촉감적 증거가 없다. 그러나 고액의 이용료를 지불하고, 직접 경험하여 그 가치를 평가하게 되므로 호텔의 입장에서 적절한 물리적 증거를 제시한다는 것은 그만큼 신뢰성을 높이는 바람직한 방법이다. 호텔을 이용하려는 고객은 상징적으로 그 호텔의 건물외형과 실내 분위기, 주변 환경, 제공되는 음식과 식당의 분위기, 서비스를 제공하는 종업원의 모습과 태도 등을 상상하게 된다. 이 때 떠오르는 것은 그 호텔의 이미지일 것이다. 이미지를 보다 가시적으로 형태를 갖추어 보여줄 수 있는 증거들은 호텔의 로고(logo), 상호, 건물, 조형물, 각종 인쇄물 및 편의품(amenities) 등이 있을 수 있다. 이러한 가시적인 물품들은 그 호텔이 제공하는 서비스의 물리적 증거가 되며, 고객이 호텔을 선택하는 데 직접적인 영향을 미치게 된다. 각급 체인호텔의 서비스수준을 평가할 수 있는 물리적 증거는 바로 호텔의 상호와 로고이다. 포시즌은 규모는 타 호텔체인점에 비해 작지만 호텔마다 객실의 고급스러움은 가장 앞선다는 것을 고객들은 알고 있는 사실이다. 따라서 객실가격이 높게 책정되어 있어도 이를 이용하려는 고객은 많다.

제 4 절 호텔마케팅과 세일즈 활동

1. 마케팅 활동

대규모호텔의 마케팅 활동은 마케팅 기획업무, 광고업무, 홍보업무, 프로모션, 판매촉진 등의 업무가 다양하게 펼쳐지게 된다. 특히 마케팅부서의 기본업무는 당해 호텔을 외부에 잘 알리므로 보다 많은 고객을 유치하여 호텔의 목표인 이미지 향상과 객실점유율 및 일일평균요금을 높여 재무적 성과를 달성하는 것이다. 호텔마케팅의 기획업무는 시장개척을 위한 연구조사, 잠재고객에 대한 성향 평가, 경쟁호텔의 분석, 판매목표를 달성하기 위한 계획 등을 세우고, 이러한 업무를 추진하고 난 후 이룩한 성과에 대해 평가를 하게 된다.

1) 마케팅 계획 수립

호텔의 마케팅 계획은 호텔이 세운 목표를 달성하기 위해 다양한 활동을 펼치게 되므로 이러한 활동을 잘 디자인하여 효과를 높이는 기능을 하게 된다. 일반적으로 마케팅 계획은 일년 단위로 세우며, 총지배인과 마케팅담당임원의 책임 하에 업무를 진행하게 된다. 이러한 계획은 호텔 내외부의 환경적 요인을 분석하고, 경쟁호텔을 분석하며, 호텔이 고객서비스에 동원할 수 있는 내부자원, 가격정책, 촉진전략, 광고 및 홍보 전략을 포함하게 된다.

마케팅 계획 시 고려되는 사항

① 지난 5년간 영업 실적
- 객실점유율 경향
- 객실 일일평균요금의 경향
- 시장 내에서 활동 상태

② 경쟁호텔과의 비교
- 강점과 약점
- 기회요인과 위협요인
- 가격 구조

③ 향후 시장상황의 예측
- 예상되는 시장의 성장과 축소
- 호텔의 경영목적과 달성 목표
- 제시된 경영목적과 달성 목표에 대한 일정계획

④ 경영 목적과 목표에 합당한 마케팅 전략과 활동계획 수립
- 광고전략
- 홍보전략
- 촉진전략

⑤ 마케팅 예산 수립

⑥ 평가를 위한 기준과 방법 마련

호텔의 마케팅계획이 수립되면, 총지배인에게 보내져서 체인본부와 지주회사의 이사회 승인을 받아야 한다. 마케팅 계획은 호텔의 마케팅 세일즈부서가 나아가고자 하는 방향이며, 활동을 위한 청사진이 된다. 따라서 마케팅담당임원은 목표 달성을 위한 스케줄관리에 만전을 기해야 하며, 총지배인은 주기적으로 확인하여 경영관리에 반영하여야 한다.

그림 6-5 호텔기업의 사명(Mission Statement)

호텔기업의 사명(mission statement) – 사업의 목적과 목표에 대해 기술	
1단계 – 종합적분석(master analysis)	
1. 상황분석(situation analysis) – SWOT분석을 수행 ☞ 이 때 거시적 차원의 2차 자료 조사	① 호텔기업자원의 분석(인력, 재무, 서비스, R&D) * 과거실적평가, 현재의 전략평가, 원가분석, 조직 및 인력 평가 ② 과업환경분석(고객, 광고서비스, 노동조합, 주주, 경쟁호텔, 협력회사, 유통경로 참가자) * 고객분석, 경쟁분석, 산업분석 ③ 거시환경분석(정치, 경제, 사회, 문화, 인구, 기술, 생태, 국제환경) * 일반환경분석
2. 호텔기업의 목표 설정(영업 단위 + 본부 단위) ☞ 이 때 1차 자료를 얻기 위한 소비자 조사를 시행	
2단계 – 기본전략(foundational strategy)	
1. 시장세분화전략(market segmentation) * 측정가능성, 세분시장 내의 동질성, 세분시장간의 이질성, 규모, 접근가능성 * 지리적, 인구통계적, 심리분석적, 행동분석적 변수	
2. 표적시장전략(target market) * 호텔기업의 자원, 서비스상품의 동질성, 시장의 동질성, 경쟁호텔의 전략 * 비차별화 마케팅, 차별화 마케팅, 집중 마케팅	
3. 포지셔닝전략(positioning) * 서비스상품이나 브랜드를 고객에게 인식, 고객의 마음속에 유리한 위치 선점 ☞ 이 때 소비자 조사의 결과 및 2차 자료(기업 내부 자료 및 경쟁자 자료) 분석	
3단계 – 영업 및 기능적 전략(operational/functional strategy)	
1. 서비스상품: 서비스상품의 한정된 수명, 상품차별화 전략, 신상품의 상징적 중요성 등 * 신상품 아이디어(창출, 선발), 사업성 분석, 서비스상품개발, 시험 마케팅, 서비스상품화	
2. 가격 전략: 원가중심의 가격결정, 수요중심의 가격결정, 경쟁중심의 가격결정	
3. 유통 경로: 개방적 유통경로, 전속적 유통경로, 선택적 유통경로	
4. 촉진 및 커뮤니케이션: 인적판매, 판매촉진, 퍼블리시티, 홍보, 기업광고	
4단계 – 사후전략(post strategy)	
1. 절차 및 행동 프로그램	
2. 예산확보 및 집행	
3. 통제 및 피드백 시스템	

2) 광고업무

호텔의 광고업무는 대부분이 마케팅담당임원의 전략적 마인드에 의해 계획되고, 집행된다. 마케팅담당임원은 가장 효과적인 광고방법에 대해 전문가로서 의사결정을 하게 되고, 그 방법과 시기는 전적으로 호텔의 이미지 향상과 매출에 긍정적 영향을 미치는 방향에서 추진하게 된다. 호텔의 광고는 마케팅전략을 수립하는 과정에서 연중 집행 시기와 예산을 확보하여야 한다. 광고가 집행되면 고객의 반응을 수시로 파악하여 효과를 극대화하여야 한다. 다음은 호텔이 진행하는 광고의 종류와 평가 방향을 제안하였다.

【호텔광고의 종류】

- 옥외 간판
- 호텔 내부와 객실에 설치되거나 비치된 각종 소품 및 인쇄물
- 호텔 브로셔
- 라디오와 TV광고
- 고객안내서 송부(direct mailings)
- 인터넷 배너광고
- 이메일 메시지(E-mail messages)
- 전화번호부(yellow pages)
- 호텔체인본부의 각종 광고
- 지역 게시판
- 일간지 및 잡지
- 개인 접촉

【호텔광고의 평가 방향】

- 광고는 눈과 귀에 친숙하게 느껴지는가?
- 기억에 남는가?
- 호텔이 성장하는 모습을 고객에게 보여 주었는가?
- 비용은 적절한가?
- 광고는 시대의 흐름에 앞서가는가?
- 호텔의 이미지에 긍정적인 반응을 주고 있는가?
- 호텔의 단골고객들에게 쉽게 다가가고 있는가?

3) 홍보업무

호텔의 홍보업무(Public Relations)는 호텔이 지역사회의 구성원으로서 책임과 의무를 다 하고 있으며, 꼭 필요한 존재로서 역할을 충분히 하고 있다는 메시지를 보내는 것이다. 21세기에 들면서 윤리경영이 강조되는 시기에 지역사회의 정치, 경제, 사회, 문화, 교육, 교류의 중심적 역할을 수행하는 호텔기업으로서는 지역주민의 신뢰를 바탕으로 성장하는 기업의 이미지를 갖는 것은 매우 중요하다. 홍보업무는 다양한 행사로 구성이 가능하며, 각종 체육대회, 이벤트, 문화행사, 자선바자회, 불우이웃돕기운동은 물론이며, 국제 기아 단체에 가입하여 정기적으로 금품을 기여하는 프로그램을 운영한다든지, 문화공간을 가꿔 무료로 개방한다든지, 재난을 당한 지역에 앞서 도움을 보내는 것은 호텔홍보 부문에서 많이 활용되는 내용들이다. 뿐만 아니라 호텔은 각종 유인물을 만들어 각종 매체를 통해 배포하는 방법을 활용하기도 한다. 특별한 이벤트나 호텔의 소식을 경향의 뉴스매체를 통해 일반 소비자에게 전달하는 경우도 있지만 이와 반대로 호텔에서 일어난 사건을 보도하여 국민들에게 부정적인 이미지를 받는 경우도 가끔 있다. 호텔의 총지배인이나 호텔의 활동에 따라 기획기사가 신문, TV, 라디오, 또는 전문잡지에 등장하므로 비용이 들지 않고 호텔을 홍보하는 기회도 있을 수 있다. 이러한 예는 세계적 큰 행사를 자주 주관하는 호텔이 부수적으로 누릴 수 있는 큰 혜택이 될 수 있다.

4) 프로모션

호텔영업은 연중계획에 의해 목표를 정하고, 목표에 따라 마케팅 전략을 구사해 나아간다. 마케팅활동은 호텔이 처한 환경에 따라 성수기, 비수기, 주중, 주말, 국제행사의 유무 등에 따라 하루하루 매우 다른 수치가 결과로 나타나게 된다. 연중 높은 객실점유율과 높은 일일평균요금이 지속된다고 하더라도 가끔은 객실이 비어 영업이 저조한 시기가 있게 마련이다. 이러한 시기나 영업의 패턴에 따라 특별한 프로그램을 만들고, 이것을 패키지화하여 광고, 홍보, 판촉을 통해 고객에게 판매하게 된다. 프로모션(promotions)에는 여러 가지 종류가 있을 수 있는데, 체인본부가 추진하는 각 항공사, 여행사, 렌트카, 관광 회사와의 공동 프로모션이 있고, 체인본부가 각 지역의 사정에 맞게 패키지를 만들어 배부하는 체인 프로모션, 각 지역별 비슷한 등급의 호텔들이 공동으로 펼치는 공동 프로모션, 지역 내 특별한 행사를 대비하여 규모가 비슷한 호텔들이 공동으로 펼치는 합동 프로모션,

그리고 비수기를 대비하여 만든 프로모션 프로그램이 있을 수 있다. 호텔들은 마케팅활동의 일환으로 신혼부부를 위한 허니문 패키지와 같은 특정한 세분시장을 대상으로 프로모션을 연중 내내 추진하는 경우도 있다.

2. 세일즈 활동

호텔의 세일즈는 총지배인, 세일즈와 마케팅 담당임원을 비롯하여 모든 구성원의 책임이라고 말할 수 있다. 왜냐하면 고객접점에서 일어나는 하나하나의 서비스가 호텔의 이미지를 높이고, 고객이 다시 찾도록 하는 가장 핵심적인 세일즈 활동이기 때문이다. 그러나 잠재고객을 호텔에 유치하여 호텔이 제공하는 다양한 서비스를 경험하게 하는 것은 세일즈 지배인의 역할임에는 틀림이 없다.

1) 마케팅판촉위원회

대규모호텔들은 대부분이 마케팅판촉위원회(Marketing and Sales committee)라는 조직을 두고, 총지배인이 직접 위원회를 주관하면서 마케팅담당임원, 부총지배인, 관리담당임원, 객실부서장, 식음부서장, 객실관리부서장과 마케팅부서 간부들이 위원으로 활동을 하게 되다. 이는 보다 신속하고, 정확한 의사소통을 위한 기구로서 마케팅판촉활동에 필요한 의사결정을 내리고, 이를 집행하게 된다. 이 위원회에 상정된 마케팅 기획안이 통과되면 각 관련부서는 세부계획에 의한 진행절차를 마련하고, 업무를 이행하게 된다. 예를 들면, 마케팅기획에서 비수기 패키지 상품(off season package)을 마련하고, 이를 마케팅판촉위원회에서 검토를 거쳐 통과시켰다고 가정한다면 객실부서는 객실요금의 할인, 고객의 선물과 부대시설 무료이용권(free pass for authorized facilities), 객실관리부서는 늦은 퇴숙(late check-out)에 대한 조치, 식음부서는 식사쿠폰(meal coupon)과 무료 음료(happy drink) 등에 대한 준비가 이뤄져야 하며, 업무지원부문에서는 패키지에 대한 비용배분 및 부문별 비용 보전에 대한 지침을 마련하여 각 부서에 시달하고, 이를 분석, 평가하여야 한다. 또한 위원회는 중장기 계획을 수립하고, 관련 분야에 전문성이 있는 사람으로 하여금 업무의 자문이나 지원을 하도록 권유하게 된다.

【1단계 – 사전준비단계】

① 고객을 만남 – 잠재고객과의 접촉을 위해 대규모 행사나 이벤트에 참석
② 고객과 접촉 – 알게 된 고객과 동석의 기회
③ 식사 약속 – 편안한 시기에 호텔에 식사 초대
④ 식사 후 호텔 투어 – 식사 시 호텔에 대한 충분한 정보를 제공하고, 식사 후에는 호텔투어 기회를 가지므로 고객의 호감을 싼다.

【2단계 – 판촉이행단계】

① 제안서 제시 – 당해 고객이 소속된 단체의 정례 모임에서 호텔 소개
② 구체적 혜택 제시 – 마케팅담당임원이 직접 참석하여 호텔의 혜택 제시
③ 정례 모임 초청 – 총지배인이 정례모임을 호텔에 초청하고, 구성원들에게 식사 접대
④ 단체 계약 – 단체를 방문하여 협의된 내용에 합의하고 계약서 작성 교환
⑤ 업무지원부문의 협조 – 관리담당임원에게 계약서 제출. 신용상태, 결재 방법 등에 대해 검토
⑥ 각 부서에 통보 – 계약된 내용을 영업 관련부서에 통보하여 고객서비스에 만전을 기하도록 함
⑦ 모니터링 – 계약된 단체가 객실, 식음료, 연회 등의 예약을 제대로 이행하는지, 각 부서에서는 이에 따른 서비스가 잘 이뤄지는가를 주기적으로 확인
⑧ 행사 사전회의 – 관련 단체가 연회부서에 큰 행사를 예약 했다면 판촉지배인은 관련부서 실무회의에 참석하여 계약 내용과 준비사항이 일치하는가를 확인
⑨ 행사 고객 맞이 – 관련 단체의 회의 진행자와 업무협의를 진행하고, 단체의 간부 및 회원이 도착할 때 로비에서 고객 맞이 이행
⑩ 행사 진행 보조 – 행사가 진행될 때 주최 측과 호텔 측의 대화창구로서 충분한 역할 수행

【3단계 – 사후조치단계】

① 감사 방문 – 행사 후 가능하면 빠른 시일 내에 총지배인이나 마케팅담당임원의 감사 편지를 가지고 관련 단체를 방문. 이때는 호텔의 케이크 또는 와인 등의 선물을 전달하는 것도 관계 마케팅의 일환
② 청구서 확인 – 후불담당부서와 관련 단체의 계산서 지불 조건을 명확하게 정리
③ 고객이력카드 정리 – 관련 단체의 대표자, 담당자(contact point)의 고객이력카드를 작성하고, 이를 데이터에 입력 관리(Database Marketing)
④ 판촉활동 카렌더에 기록 – 다음 해 재계약을 위해 부서 및 담당 지배인의 판촉활동 카렌더에 기입 및 유지
⑤ 관련 단체의 행사에 맞춰 판촉활동 진행 – 그 단체의 대내외적 행사를 인지하고, 필요한 조치 이행(Relationship Marketing)

2) 판촉 사이클

판촉부서에서 판매촉진 활동을 할 때는 보다 세밀한 계획에 의해 진행을 하고, 평가하는 것이 바람직하다. 가능하면 모든 활동을 사전준비–업무이행–사후조치(before–during–after, plan–do–see)에 의해 실시하고, 다양한 시나리오에 의해 활동을 전개해 나가므로 실패율을 줄일 수 있고, 자원의 낭비를 막을 수 있다. 이러한 과정에서 서비스의 질적 관리는 호텔의 사명과 일치하여야 하고, 만약 고객과의 관계에서 오해를 쌓게 된다면 즉시 검토하여 보다 나은 방법을 통해 고객을 만족시키므로 고객관리에 최선을 다 해야 한다. 판촉의 사이클 중심에는 항상 고객이 있으며, 고객지향적인 판촉활동만이 호텔의 이미지를 높이고, 장기적으로 호텔의 가치를 극대화하게 된다.

3) 판촉지배인의 기록시스템

업무의 효율을 높이고, 철저한 고객관리를 위해 호텔의 판촉지배인은 본인이 담당한 고객에 대한 기록을 데이터베이스로 관리하게 된다. 이는 호텔의 가장 큰 자산인 고객관리에 만전을 기하고, 업무의 연속성을 유지하기 위한 수단으로 활용하게 된다. 유능한 마케팅담당임원은 각각의 판촉지배인이 활동한 내용을 주단위로 기록에 의해 보고를 하도록 하고, 다음 주 중에 할 일에 대해 기록하여 함께 논의하는 시스템을 구축하여 활용하고 있다. 판촉지배인이 기록하게 되는 "The Sales Manager's Trace System"에는 최소한 다음과 같은 내용은 포함되어야 한다.

❖ 판촉지배인 기록시스템의 내용

① 담당하는 거래처(sales accounts)의 기초적인 기록
② 거래처에 보낸 감사편지
③ 거래처와 거래관계에 대한 계약서 및 재계약에 관한 스케줄
④ 거래처 방문 일정
⑤ 거래처의 주요 행사 및 예약담당자에 대한 간략한 정보

4) 판촉정보와 약속 없는 방문

호텔은 한번 방문한 고객과 지속적으로 관계를 유지하므로 안정된 사업을 보장받고, 많은 비용을 절감하게 된다. 그러나 수시로 고객은 호텔을 이탈하고, 호텔은 새로운 고객을 찾아 끊임없이 고객 유치에 나서고 있다. 호텔의 판촉지배인이 판촉활동을 할 때, 기초자료로 활용할 수 있는 정보는 많은 곳에서 찾을 수 있다. 네트워킹을 잘 구축하는 것은 좋은 정보를 받는 데 크게 도움이 되며, 이들은 호텔의 고객, 호텔의 구성원, 지역사회, 새롭게 설립된 회사 및 단체, 매스컴 등이 있다. 세일즈와 마케팅부서의 구성원과 고객접점에서 서비스를 제공하는 종업원은 새로운 판촉정보(sales leads)를 수집하는 것이 몸에 배어 있어야 경쟁력 있는 유능한 종업원이라고 할 수 있다. 흔히 예약부서의 구성원은 다른 종업원에 비해 고객탐색 능력이 뛰어나다고 하는데, 이러한 예는 평소 전화대화에서 고객을 탐색하는 업무스타일과도 연관이 있다고 볼 수 있다. 자그마한 정보를 바탕으로 특정 회사를 방문하여 기대치 않았던 큰 성과를 올릴 때의 기분은 바로 판촉지배인만이 느낄 수 있는 성취감이 될 것이다.

세계적 체인호텔들은 세일즈브릿지(sales bridge)라는 판촉활동을 지역별로 펼치고 있다. 특정 지역에 있는 판촉지배인과 영업 관련 부서장들이 지역별로 나눠 새로운 고객을 찾아 나서는 이 행사는 약속 없는 방문(cold calling)의 대표적인 형태이다. 호텔의 간부는 누구나 새로운 사람과 대화를 쉽고 편하게 시작하고, 호텔의 서비스상품을 판매할 수 있는 능력을 갖추어야 한다. 그리고 이러한 것을 즐길 수 있는 여유는 호텔리어의 자질과 관련이 있다고 하겠다. 호텔의 판촉지배인은 수시로 다양한 정보를 접하고, 필요한 곳에 전화로 방문예약을 한 후, 즉시 달려가서 객실, 식음료, 연회, 부대시설 등의 호텔서비스 상품을 팔 수 있는 마음 자세로 근무에 임해야 할 것으로 본다.

5) 고객에게 감사 표시 활동

호텔의 판촉지배인이 판촉활동을 펴서 고객과 만남을 통해 호텔은 고객과 관계를 시작하고, 유지하며, 발전시켜 나가게 된다. 호텔이 고객을 잃게 되는 것은 매우 단순한 것에서부터 그 원인을 찾을 수 있다. 그것은 평소 감사의 표시를 하지 않고, 고객에게 무관심하여 고객은 빠르게 경쟁호텔로 이동하게 된다. 빔 호텔 차원에서 고객사은잔치를 펴는 경우도 있고, 주요 고객을 총지배인이나 마케팅담당임원이 식사에 초대하는 경우도 있으며, 담당지배인이 고객을 초청하여 각종 이벤트에 참여시키기도 한다. 골프, 스포츠 행사, 특정한 날에 초청장을 보내는 방법도 매우 좋은 감사의 표시가 될 것이다. 상황에 따라 대처하는 것이 바람직하지만 호텔은 비용을 감안하지 않을 수 없으므로 잘 기획된 행사와 마음으로부터의 감사 표시가 중요한 요인이 될 것으로 본다. 항상 행사를 기획할 때는 현재의 고객관리가 뛰어날 때 잠재고객에게 구전되는 효과가 크다는 것을 유념해야 한다.

제 5 절 호텔마케팅과 세일즈 활동평가

호텔의 경영관리를 책임지고 있는 총지배인과 마케팅부문을 책임지고 있는 마케팅담당 임원은 마케팅부서원의 활동에 대한 결과를 분석하고, 평가하여야 한다. 마케팅 기획담당부서에서 세일즈와 마케팅에 대한 활동을 면밀히 분석을 하게 되지만 경영관리자의 안목에서 전반적인 활동을 평가하고, 그 결과를 호텔의 경영관리전략과 마케팅전략에 반영하는 것이 무엇보다 중요하다. 뿐만 아니라 마케팅과 판촉부서는 영업실적에 따라 연봉이 달라질 수 있기 때문에 각 개별 지배인의 평가를 객관적이고, 공정하게 이행하는 것도 구성원의 사기에 영향을 미치게 된다. 마케팅 활동은 단기간에 효과를 측정하기에 무리가 따르는 면이 없지는 않다. 가끔 매출과 이용고객이 줄어도 효율이 떨어지지 않는 경우가 있는가 하면, 매출이 늘고 이용고객의 수가 늘어나도 효율이 떨어지는 경우도 있다. 또한 호텔에 투숙한 고객에게 서비스를 제공하는 부분의 책임은 객실부문과 식음료부문이지만 호텔의 전반적인 이용고객의 수가 줄거나 늘어나는 것은 마케팅부문의 책임이기 때문에 단적으로 매출과 이용객의 수에 의해서 평가하기에는 애매모호한 부분도 있게 마련이다. 게다가 호텔의 시설은 상품구성의 중요한 부분을 차지하는데, 낡은 시설과 깨끗하지 못한 상태의 서비스상품을 제공하여 고객으로부터 불만을 싸게 되는 경우도 있으며, 이러한 것은 마케팅부서의 업무영역을 벗어나서 이뤄지는 것이기 때문에 전반적인 요인을 고려한 평가가 이뤄져야 한다. 그러나 마케팅부서의 업무를 평가하는 방법은 다양하게 개발되어 있으므로 객관성과 정확성을 가지고 평가에 임하면 될 것이다.

개인에 대한 평가는 전문성, 성실성, 근면성, 창의성 등으로 구분하여 평가를 할 수 있고, 부서에 대한 평가는 객실점유율, 일일평균객실요금, 식음료 이용고객 수, 고객 단가, 호텔 서비스의 질적 성장 등의 지표를 활용할 수 있다. 또 다른 평가방법은 동일 시장 내의 경쟁사간에 비교하는 경쟁사 영업활동결과 보고서에 의하여 평가가 가능하게 된다. 이 보고서는 객실점유율과 일일 객실평균요금 뿐만 아니라 각 경쟁호텔의 보유 객실 당 평균요금(Revpar: revenue per available rooms), 시장점유율(market share) 등이 보고서에 나타나므로 영업활동을 가장 정확하게 파악할 수 있는 보고서이다. 영업실적이 정확하게 보고서로 나타나는 판촉부분은 오히려 평가가 용이하지만 마케팅기획업무, 광고업무, 홍보업무, 프로모션 등은 정량적 평가가 곤란하므로 계획과 결과를 비교하여 성과를 측정할 수 있다. 특히 기획기사는 적은 비용으로 큰 효과를 낼 수 있으므로 이러한 부분을 평가항목에 포함하는 것이 바람직하다. 기획기사, 광고, 홍보 등은 노출빈도에 따른 광고효과를 고객설문조사를 통해 과학적으로 측정할 수 있도록 설계된 프로그램이 많이 있으며, 실제적으로 현업에서 활용되고 있다.

1. 경쟁사 영업활동 결과 보고서

이 보고서는 특정기간, 즉 월별, 연별로 동일 시장 내에 있는 경쟁호텔들은 대상으로 영업결과를 비교하여 분석하고, 보고서로 나타내는 방법이다. 일일 영업에 대한 내용, 월별 내용, 연별 영업 내용을 한 눈에 볼 수 있어 호텔의 경영관리자들에게 매우 유용한 영업평가수단으로 이용된다. 보고서는 월별 객실점유율(MTD Occ. %: month to date occupancy percentage), 월별 객실평균요금(MTD ADR: month to date average daily rate), 보유 객실 당 평균요금(Revpar: revenue per available rooms), 실제 시장점유율(AMS: actual market share), 시장 내 해당 호텔의 몫(FMS: fair market share), 매출액 달성률(RGI: revenue generation index), 일일판매가능객실 수(RPD: rooms per day) 등을 비교하며, 호텔의 규모에 관계없이 시장 내에서 할당된 몫을 얼마나 충실히 달성했는가 하는 것으로 평가를 하고 있다.

표 6-1 경쟁사 영업활동 보고서

Month : April

Date	Day	WESTIN(290)										NOVOTEL(326)			
		Occ.%			Rms	ADR			Rev.			Occ.%	Rms	ADR	Rev.
		Actual	Frcst	Goal	Actual	Actual	Frcst	Goal	Actual	Frcst	Goal				
1st	Tue	58.6%	58.6%	50.0%	170	182,365	182,365	179,310	31,002,129	31,002,129	26,000,000	45.4%	148	103,602	15,333,164
2nd	Wed	65.9%	65.9%	65.2%	191	177,449	177,449	179,894	33,892,727	33,892,727	34,000,000	50.0%	163	115,651	18,851,144
3rd	Thu	59.0%	59.0%	65.2%	171	180,418	180,418	179,894	30,851,490	30,851,490	34,000,000	56.1%	183	107,509	19,674,200
4th	Fri	74.8%	74.8%	80.0%	217	186,624	186,624	187,500	40,497,456	40,497,456	43,500,000	46.0%	150	118,953	17,842,893
5th	Sat	91.4%	91.4%	92.1%	265	216,373	216,373	204,120	57,338,829	57,338,829	54,500,000	71.2%	232	139,195	32,293,156
6th	Sun	41.7%	41.7%	45.2%	121	173,002	173,002	198,473	20,933,230	20,933,230	26,000,000	50.6%	165	107,554	17,746,470
7th	Mon	50.7%	50.7%	45.2%	147	172,074	172,074	198,473	25,294,899	25,294,899	26,000,000	56.1%	183	112,292	20,549,403
8th	Tue	49.3%	49.3%	45.2%	143	179,824	179,824	198,473	25,714,872	25,714,872	26,000,000	74.2%	242	106,387	25,745,572
9th	Wed	45.9%	45.9%	60.0%	133	186,407	186,407	195,402	24,792,069	24,792,069	34,000,000	87.4%	285	91,411	26,052,040
10th	Thu	67.9%	67.9%	70.0%	197	177,414	177,414	192,118	34,950,521	34,950,521	39,000,000	57.1%	186	116,697	21,705,728
11th	Fri	82.1%	82.1%	85.2%	238	191,641	191,641	202,429	45,610,666	45,610,666	50,000,000	64.1%	209	133,773	27,958,458
12th	Sat	97.2%	97.2%	95.2%	282	211,037	211,037	202,899	59,512,339	59,512,339	56,000,000	80.4%	262	154,062	40,364,190
13th	Sun	64.1%	64.1%	55.2%	186	199,751	199,751	193,750	37,153,659	37,153,659	31,000,000	40.8%	133	114,212	15,190,212
14th	Mon	#DIV/0!	63.4%	70.0%		#DIV/0!	161,949	192,118		29,798,640	39,000,000	#DIV/0!		#DIV/0!	
15th	Tue	#DIV/0!	74.1%	70.0%		#DIV/0!	169,664	211,823		36,477,861	43,000,000	#DIV/0!		#DIV/0!	
16th	Wed	#DIV/0!	87.6%	80.0%		#DIV/0!	158,583	189,655		40,280,003	44,000,000	#DIV/0!		#DIV/0!	
17th	Thu	#DIV/0!	78.6%	70.0%		#DIV/0!	172,922	197,044		39,426,251	40,000,000	#DIV/0!		#DIV/0!	
18th	Fri	#DIV/0!	100.0%	95.2%		#DIV/0!	178,120	188,406		51,654,852	52,000,000	#DIV/0!		#DIV/0!	
19th	Sat	#DIV/0!	68.3%	95.2%		#DIV/0!	192,069	206,522		38,029,732	57,000,000	#DIV/0!		#DIV/0!	
20th	Sun	#DIV/0!	21.0%	45.2%		#DIV/0!	165,806	183,206		10,114,136	24,000,000	#DIV/0!		#DIV/0!	
21st	Mon	#DIV/0!	26.2%	62.1%		#DIV/0!	182,763	183,333		13,890,000	33,000,000	#DIV/0!		#DIV/0!	
22nd	Tue	#DIV/0!	32.4%	63.1%		#DIV/0!	192,225	185,792		18,069,148	34,000,000	#DIV/0!		#DIV/0!	
23rd	Wed	#DIV/0!	47.9%	70.0%		#DIV/0!	159,049	187,192		22,107,748	38,000,000	#DIV/0!		#DIV/0!	
24th	Thu	#DIV/0!	57.9%	70.0%		#DIV/0!	154,221	187,192		25,909,086	38,000,000	#DIV/0!		#DIV/0!	
25th	Fri	#DIV/0!	28.3%	75.2%		#DIV/0!	194,464	215,596		15,946,058	47,000,000	#DIV/0!		#DIV/0!	
26th	Sat	#DIV/0!	41.0%	92.1%		#DIV/0!	186,463	209,738		22,189,101	56,000,000	#DIV/0!		#DIV/0!	
27th	Sun	#DIV/0!	33.1%	50.0%		#DIV/0!	148,186	179,310		14,225,833	26,000,000	#DIV/0!		#DIV/0!	
28th	Mon	#DIV/0!	26.2%	70.0%		#DIV/0!	176,362	182,266		13,403,500	37,000,000	#DIV/0!		#DIV/0!	
29th	Tue	#DIV/0!	33.8%	70.0%		#DIV/0!	178,306	182,266		17,474,000	37,000,000	#DIV/0!		#DIV/0!	
30th	Wed	#DIV/0!	20.3%	70.0%		#DIV/0!	167,502	172,414		9,882,640	35,000,000	#DIV/0!		#DIV/0!	
Grand Total					2,461				467,544,886	886,423,475	1,160,000,000		2,541		299,306,630
						Actual	Frst	Goal							
MTD Occ.%						65.3%	56.3%	66.3%						60.0%	
MTD ADR						189,982	180,977	193,108						117,791	
MTD REVPAR						124,017	101,890	111,487						70,675	

2. 담당 회사별 판매실적 보고서

판촉지배인의 개인적 영업활동에 대한 결과를 평가할 수 있는 방법으로 널리 이용되는 보고서는 담당 회사별 판매실적 보고서(Pace Report by Account)이다. 이 보고서는 판촉지배인이 담당한 회사 및 여행사별 객실 이용결과를 이용 객실 수, 평균요금, 전체 매출액 등으로 출력이 되며, 일일 보고서, 또는 월말 보고서에 명시되어 관련자는 누구나 쉽게 알 수 있는 보고서이다. 앞서 언급했듯이 판촉지배인 본인의 큰 노력 없이도 외부환경과 호텔의 영업방향에 따라 결과가 좋게 나타나는 세분시장도 종종 있지만 대부분은 본인의 노력에 의해 영업실적이 나타나게 되므로 평소에 고객관리와 영업확대에 심혈을 기울이게 된다.

표 6-2 판매실적 보고서

The World Best Smile Hotel, Group Rooms Volume Report by Account

January 2013(revenue in thousand won)

Month	Sold This Month	Average Rate	Total Revenue	Sold Same Month Last Year	Average Rate Last Year	Total Revenue Last YTD
Jan	285	123,408	35,171	350	117,305	41,057
Feb	1,125	132,205	148,731	906	125,224	113,452
Mar	2,547	132,950	338,624	2,044	126,890	259,363
Apr	3,178	134,259	426,675	2,695	133,502	359,788
May	4,134	132,110	546,143	3,525	126,221	444,929
Jun	3,241	133,770	433,549	3,116	127,428	397,066
Jul	2,260	131,248	296,620	2,879	125,889	362,434
Aug	540	172,260	93,020	770	165,550	127,473
Sep	3,489	133,421	465,506	3,378	126,296	426,628
Oct	4,056	135,286	548,720	3,912	127,345	498,174
Nov	3,671	124,550	457,223	3,437	120,227	413,220
Dec	2,250	117,215	263,733	2,746	110,654	303,856
Total	30,776	131,717	4,053,715	29,758	125,931	3,747,440

담당 회사별 판매실적 보고서(Pace Report by Account)에 나타난 결과에 대해 지난 해 실적과 올 해의 실적을 비교하므로 정량적인 평가를 할 수 있게 된다. 이 실적은 호텔 전체의 매출실적과 일정한 비율을 정해 평가항목으로 활용하게 되고 비교방법은 다음과 같다.

① 객실판매수 증감비율:

$$\frac{\text{올 해 10월 객실판매 수} - \text{지난 해 10월의 객실판매 수}}{\text{지난 해 10월의 객실판매 수}} = (+/-)\%$$

② 세분시장별 객실판매수 증감비율:

$$\frac{\text{올 해 세분시장별 객실판매 수} - \text{지난 해 세분시장별 객실판매 수}}{\text{지난 해 세분시장별 객실판매 수}} = (+/-)\%$$

③ 세분시장별 매출액 증감비율:

$$\frac{\text{올 해 세분시장별 매출액} - \text{지난 해 세분시장별 매출액}}{\text{지난 해 세분시장별 매출액}} = (+/-)\%$$

Chapter 07

호텔객실영업

Chapter 07

호텔객실영업

제 1 절 객실영업의 개요

1. 객실영업의 의의와 중요성

호텔영업의 대표적인 판매대상은 객실상품으로 객실판매는 호텔의 전반적인 영업에 영향을 미치게 되고 식음료 영업장과 부대시설 수익의 원천을 제공하는 호텔경영의 핵심 서비스상품이다. 또한 객실상품은 보관할 수 없는 특성이 있기 때문에 호텔의 이윤 극대화를 위해 매일매일 객실점유율을 높일 수 있는 강력한 판매활동이 요구된다. 한편 시대의 변천에 따라 호텔의 상품도 객실 위주에서 식음료, 연회, 컨벤션 및 세미나, 문화행사, 예술공연, 레저 · 스포츠, 쇼핑, 사교 · 오락, 휴식 공간 등 여러 가지 서비스상품으로 다변화되어 가고 있지만 호텔의 규모나 등급은 대체적으로 객실의 시설내용이나 객실 수에 따라 정해지게 되며, 객실은 최초의 투자가 높다고 하더라도 수입의 75~80%가 영업이익이 되기 때문에 호텔의 이익을 대표하는 상품임에는 틀림이 없다. 따라서 호텔경영관리는 객실점유율(room occupancy rate)과 일일평균객실요금(daily average room rate)의 극대화를 위해 다양한 영업활동을 펼치게 된다.

프런트 오피스는 고객서비스의 중심부분으로 고객의 호감을 창조하는 전략적 요지일 뿐만 아니라 재방문고객(repeat guest) 창출의 선도적 역할을 담당하는 곳이기도 하다. 프런트 오피스의 주요업무는 객실예약, 고객등록 및 객실배정, 투숙객의 편의서비스, 각종 안내 및 정보제공업무, 메시지관리업무, 고객영접서비스, 고객환송서비스, 비즈니스센터 업무, 귀빈층에 관련된 제반 업무 등이 있다. 또한 최근 들어 호텔경영의 고비용 · 저효율 기저를 타개하고 고객서비스 혁신을 위해 기존의 교환업무, 룸서비스 및 현관안내 업무를 통합한 새로운 고객서비스 조직은 객실영업부문에 포함시켜 프런트 오피스는 고객지향적 · 서비스지향적인 호텔서비스기능의 주역으로 변화된 패러다임을 맞이하고 있다.

2. 객실영업부서의 조직과 역할

1) 객실영업부서의 조직

객실영업지배인은 총지배인과 부총지배인의 적극적인 지원 하에 고객에게는 감동적인 서비스를 제공하여 고객만족의 목적을 달성하고, 부서원에게는 호텔서비스의 전문가로서 성장과 발전을 보장하며, 호텔에는 매출증진으로 우량기업이 되도록 헌신적인 노력과 역량을 발휘해야 한다. 객실영업부문의 주요 직책으로는 객실영업부서장(Front Office Manager), 예약과장(Reservations Manager), 객실영업과장(Front Desk Manager), 고객서비스과장(Guest Service Manager), 당직지배인(Duty Assistant manager), 비즈니스센터장(Business Center Manager), 서비스익스프레스센터장(Service Express Center Manager), 고객관리담당(Guest Relations officer), 컨시지(Concierge), 벨캡틴(Bell Captain), 프런트 데스크 에이전트(Front Desk Agent)와 나이트 오디터(Senior Front Desk Agent & Night Auditor), 벨어텐던트(Bell Attendant), 도어어텐던트(Door Attendant), 귀빈층 서비스원(Executive Club Concierge), 서비스익스프레스 에이전트(Service Express Agent) 등으로 구성되어 있다.

2) 객실영업부서의 역할

호텔의 조직은 크게 마케팅, 객실, 식음료, 관리 등으로 구분할 수 있고 객실부서는 다시 객실영업, 객실관리 등으로 나눠서 조직관리를 하게 된다. 호텔의 객실영업부서는 대외적으로는 호텔을 이용하는 모든 고객을 최초로 영접하며 최후에 환송하는 핵심 고객접점부서로서 조직구성원의 행동에 따라 호텔의 이미지를 좌우할 수 있다. 최근 호텔마다 고품격 고객서비스의 실현으로 단골고객(repeat guest) 창출은 물론 호텔영업을 성공적으로 주도하기 위해 노력하고 있다. 대내적으로는 판촉정보나 각종 자료를 생산하여 마케팅 활동을 돕고, 일일영업을 마감하여 여신과 회계부서에 넘겨 각종 보고서의 기초 자료를 마련해 준다. 그 외 객실관리부서, 식음료영업, 조리부서, 시설관리부서와 수시로 업무협조를 통해 고객정보, 영업상황, 각종현황, 행사안내, 비상사태 등의 정보를 공유함으로써 고객서비스에 만전을 기하며, 최고경영층에게도 필요한 업무자료와 고객동향을 보고하므로 호텔의 전반적인 영업활동을 중추적인 위치에서 지속적으로 추진해 나가게 된다.

객실영업부서장과 객실영업과장이 수행하는 역할과 기능은 다음과 같으며 각급 구성원의 역할을 담당기능과 함께 설명한다.

(1) 객실영업부서장의 역할

객실영업부서장은 총지배인, 부총지배인 또는 객실담당임원의 지원을 받으며 객실영업 업무를 총괄하고 인원배치, 예산수립, 정보교환, 각종 서비스 프로그램 등을 개발하여 고객만족과 호텔 발전에 일익을 담당하게 된다.

(2) 객실영업과장의 역할

객실영업부서장의 업무가 객실영업, 고객서비스, 코맨드센터, 비즈니스센터, 귀빈층 등 많은 부서를 함께 맡고 있을 경우에는 실제적인 객실영업의 실무책임자로서 역할을 수행하게 된다. 호텔마다 규모와 담당역할의 차이는 있지만 객실영업과장은 프런트 데스크에서 객실영업을 지휘하며, 당일 도착 및 출발고객의 편의를 도모하고, 매출신장에 노력하게 된다. 물론 객실영업부서장이 자리를 비울 때 이를 대행하기도 한다.

(3) 당직지배인의 역할

객실영업과장이 보직되어 있지 않은 몇몇 체인호텔에는 당직지배인이 객실부지배인(Assistant Manager or Duty assistant Manager)의 역할을 수행한다. 이 때 당직지배인은 객실영업부서원의 대고객서비스업무를 지원할 뿐만 아니라 고객과 직원의 안전과 회사의 재산을 보호하기 위해 오전조, 오후조, 야간조로 구분하여 근무에 임하게 된다.

안내 데스크(bell captain)가 있지만 프런트 데스크를 찾은 고객에게는 무엇이든 즉시 안내가 되도록 준비해야 한다. 프런트 데스크를 통해 안내를 받고자 하는 고객은 내부 투숙객과 외부고객이 있는데 내부 투숙객은 호텔객실의 모든 전화가 코맨드 센터를 거치게 되어 있으므로 종전보다 직접 받게 되는 질문 횟수는 많이 줄어져 가는 추세이지만 습관적으로 프런트 데스크를 연결해 달라는 고객도 있다. 이때에는 정중하고 예의바르게 전화 받는 사람의 부서와 성명을 먼저 알리고 대답에 응해야 한다. 또한 신속 · 정확한 안내를 위해 호텔의 부대시설, 시내관광, 지역권내관광, 엔터테인먼트, 쇼핑 및 토산품, 다른 호텔의 특별 이벤트, 각종 전시회, 세계 각국의 시차표, 항공사 · 여행사 · 대사관 · 학교 등의 전화번호와 위치, 교통편 등 많은 부분에 대해 조사하여 이용하기 편리하도록 데이터베이스화하여 업무에 도움이 되도록 한다.

(2) 메시지 전달업무

투숙객 개개인에게 오는 팩스나 전보, 전화메시지도 고객에게 제때 정확히 전달되게 하여 고객이 호텔을 신뢰할 수 있게 하고, 고객의 투숙 전에 도착된 메시지는 당해 고객의 도착 시 즉시 전달한다. 또한 고객이 외출 시는 돌아오는 즉시 그동안 도착된 메시지를 전달되도록 하고, 고객이 잠들기 전에 그 날 있었던 메시지는 모두 전달되어야 하므로 각 조별 교대가 이루어질 때는 고객의 우편물과 메시지도 함께 인계함은 물론 고객의 동향을 잘 파악하고 있어야 한다.

5) 고객원장 관리

고객원장(folio)은 예약 또는 숙박 등록시점에서 만들어지는데, 이는 고객과의 거래가 이루어지는 시점부터 거래가 끝나는 시점까지 연속성을 갖고 발생한 금액을 기입(posting), 옮김(transfer), 마감(close)할 때마다 일시, 업장명, 이유, 담당자 등과 금액이 차변(debit)과 대변(credit)에 찍혀 퇴숙 시에는 잔액(balance)이 0(zero)이 되므로 고객과의 거래가 끝나게 된다.

6) 환전업무

호텔은 외국인을 유치하여 외화를 획득하는 업체이므로 외국환관리법에 의해 외환을 취급하게 된다. 호텔의 프런트 데스크에 근무하는 프런트 캐셔(front desk cashier)나 에이전트(agent)는 외환을 취급하게 되며, 법에 의해 환전절차를 이행하여야 한다. 외국인이 많이 투숙하는 비즈니스 호텔이나 리조트 호텔에서 투숙객의 국적과 인원수에 따라 예상 환전자금, 환전업무 수행인원 및 시간, 적용될 환율 산출 등의 준비는 물론 은행에 매각함으로써 발생되는 환차익과 환차손에 대한 계획도 철저히 세워 영업외 수입도 올리도록 한다. 환율은 매일 오전 거래은행으로부터 당일 고시통화환율조회표를 통보 받아 매입금액을 산출하고, 이를 게시하여 고객으로부터 외화를 매입하게 되는데, 우리나라에서 사용되는 외화환전은 약 30여종이며, 현금과 여행자수표로 구분하여 매입하고 여행자수표가 현금보다 높은 값에 거래되고 있다. 환전은 호텔마다 국적별 투숙객에 따라 주요 외환매입환율을 게시하고, 그 산출방법은 거래은행의 현찰매입률에서 한국은행의 전신환매입률과 특정호텔이 정한 수수료(commission)를 곱한 금액을 뺀 액수로 정한다.

7) 퇴숙업무

고객은 예약, 도착, 등록, 체재, 출발의 과정을 거치면서 호텔을 이용하게 된다. 퇴숙업무는 체재를 마치고 떠나가는 고객에게 호텔을 다시 찾아 주도록 좋은 이미지를 심는 짧은 시간이다. 따라서 프런트 데스크 에이전트의 따뜻하고 상냥한 환송인사와 체재기간 불편했던 점을 꼭 시정하겠다는 약속으로 단골고객 확충에 힘쓰게 된다. 퇴숙절차는 특급퇴숙(express check out), 객실 TV 퇴숙, 일반 퇴숙, 단체 퇴숙, 늦은 퇴숙(late check out) 등이 있다.

8) 조별 업무마감

프런트 오피스 에이전트는 일일 3교대 근무를 하게 되며, 각 조(shift)별 근무가 끝나기 전에 전달사항 기록장(log book)에 근무 중에 있었던 사항을 상세히 적어 다음 근무조에서 업무가 연계되도록 세심한 주의가 필요하다. 주로 업무 마감은 회계원업무를 말하므로 마감 전에 현금시재를 파악하고 현금시재보고서를 작성하여 다음 조에게 인계하고, 본인이 취급했던 모든 계정을 컴퓨터상에서 마감하여 현금입금과 전표 및 각종 보고서를 인계한 후 일과를 끝낸다.

9) 야간회계감사업무

야간회계감사(night auditor)는 그날그날 영업을 체계적이고, 정확하게 마감하여 경리부서나 타 영업 부서에서 필요로 하는 정보자료를 생산하여 제공한다. 타부서가 이를 바탕으로 호텔의 각종 보고서 작성을 원활히 할 수 있도록 준비작업을 하는 초급 간부이다. 최근에는 호텔영업을 위한 컴퓨터 시스템과 소프트웨어가 잘 개발되어 있어서 그 업무가 단순, 신속, 정확해져 가고 있으며, 이에 따라 관리부문의 업무량이 많이 줄어가고 있다.

제 5 절 고객서비스업무

1. 고객서비스 업무개요와 조직구성

호텔은 다양한 사회계층의 고객이 현관을 통해 출입하므로 근무하는 직원의 태도, 실내 분위기 및 청결 등이 고객에게 주는 호텔의 이미지가 크다고 볼 수 있다. 고객의 편의와 고품위 서비스 제공을 위해 현관지역(lobby area)에서 고객접점직원들의 업무를 관장하고, 고객의 필요와 욕구에 적극적으로 대응하는 사람을 고객서비스지배인(guest service manager), 현관지배인(front uniformed service manager), 콘시어지 지배인(concierge manager) 등으로 부르며, 규모가 적은 호텔은 현관안내계장/주임(bell captain)이 이 업무를 수행하기도 한다. 고객서비스 부서의 조직은 도어맨(doorman), 벨맨(bellman), 현관주차요원(valet parking man), 호텔기사(hotel driver) 등이 있지만 일부 호텔들은 비즈니스 센터(business center), 교환실(telecommunication), 룸서비스와 미니바(room service & mini-bar), 이그제큐티브 클럽(executive club), 고객관리담당(guest relations officer) 등을 포함하는 곳도 있다. 이와 같은 조직들은 고객지향적, 서비스지향적인 조직을 표방하여 모든 업무를 고객을 중심으로 추진하고, 고객으로부터 피드백(feedback)받아 호텔경영에 반영하고 있다.

그림 7-4 호텔 로비

그림 7-5 브로셔 선반

그림 7-6 로비 안내 데스크

2. 고객서비스 부서의 업무내용

고객서비스 부서에 근무하는 사람은 항상 정중하고, 예의바르며, 친절하고, 미소를 잃지 않아야 한다. 근무수칙을 준수하며 근무에 임하기 전엔 머리끝에서 발끝까지 깨끗하게 정리하여 호텔 내에서 마주치는 모든 고객이나 동료에게 행복감을 전할 수 있어야 한다.

① 고객서비스 지배인의 업무
② 로비 컨시지 업무
③ 벨 켑틴의 업무

④ 벨맨의 업무
⑤ 도어맨의 업무
⑥ 대리주차요원의 업무

3. 비즈니스 센터 운영

호텔고객은 그 투숙 목적상 관광, 레저 · 스포츠, 비즈니스 등 다양하지만, 도심의 대규모호텔을 중심으로 상용고객을 위해 사무실에서 못다한 업무를 호텔에서 할 수 있도록 일정한 장소에 각종 사무기기를 갖추고 고객의 요구에 응하고 있다. 비즈니스 센터에 설치된 사무기기로는 팩시밀리(facsimile), 컴퓨터와 모뎀, 복사기, 프로젝터(projector), AP-DJ(Associated Press-Dow Jones)의 뉴스서비스, OHP(over head project)와 스크린, 스크린 화이트보드(screen automation white board) 및 회의실(meeting room)이 있다.

그림 7-7 호텔 비즈니스 센터

4. 귀빈층 운영

귀빈층(executive floor)은 잦은 사업여행객(frequent business traveller)을 표적시장으로 안락감을 느낄 수 있도록 고객접점직원의 인간미 넘치는 고급스럽고, 차별화된 서비스를 바탕으로 호텔내의 작은 호텔(a small hotel within a hotel)의 개념으로 2~3개 층을 지정하여 운영하고 있다. 이는 항공사의 비즈니스 클래스와 비슷한 등급의 객실로 이해될 수도 있으며, 이들 층을 출입하기 위해서는 허용되는 열쇠를 소지해야 한다. 우리나라는 대부분의 특1등급 호텔과 일부 특2등급 호텔이 이를 운영하고 있는데, 호텔의 매출 증진보다는 이미지 제고에 도움이 되고 있다. 주된 서비스는 클럽 라운지를 운영하며 아침에는 대륙식 조식(continental breakfast), 저녁에는 간단한 칵테일파티, 하루 종일 커피, 홍차, 주스, 과일, 쿠키 등이 제공되고, 미팅룸은 무료로 사용하고, 급행 입·퇴숙절차, 항공예약·확인 등 개인비서급서비스가 제공된다. 이 부서를 중심으로 고객서비스를 하는 직원은 이그제규티브 클럽 콘시어지(executive club concierge), 버틀러(butler)가 있으며, GRO(guest relations office)를 함께 묶어 운영하는 호텔도 있다.

그림 7-8 귀빈층 라운지

그림 7-9 귀빈층 콘시어지 데스크

5. 서비스 익스프레스 부서의 운영

날로 심화되어 가는 호텔기업의 서비스경쟁에서 살아남기 위하여, 또한 앞서가는 호텔기업들은 계속 발전하기 위하여, 새로운 서비스제도와 그 기법들을 개발하여 추진할 뿐만 아니라 고객접점부문의 조직을 통합운영 하므로 고객편의위주의 호텔경영에 박차를 가하고 있다. 최근 들어 컴퓨터와 통신이 발달로 호텔의 교환서비스가 크게 줄어들면서 이를 개편하여 종합안내센터 또는 예약센터의 역할을 하도록 하는 호텔들이 늘어나고 있는 추세다. 서비스 익스프레스 제도(service express system)도 결국은 효율적인 고객서비스와 조직의 슬림화에 의한 비용절감을 목적으로 기존의 교환실, 벨맨, 룸서비스, 예약, 비즈니스 센터, 하우스 키핑, 고객세탁업무 등 투숙객을 중심으로 이뤄질 수 있는 모든 업무를 통합 운영하므로 상승효과를 얻고자 발족되는 새로운 형태의 고객서비스 조직이다.

Chapter 08

호텔객실관리

- 제1절 객실관리의 개요
- 제2절 객실관리부서의 장비와 세제
- 제3절 객실정비업무
- 제4절 공공장소 및 영업장 관리
- 제5절 객실관리의 행정
- 제6절 세탁실 관리

Chapter 08

호텔객실관리

제 1 절 객실관리의 개요

1. 객실관리의 중요성과 기본업무

사업여행이나 관광여행을 떠나는 사람이 여행 중 가장 중요하게 생각하는 것은 가정과 같은 안락감과 청결한 휴식공간이다. 유로 머니(Euro-Money)가 잦은 사업 여행객을 대상으로 일류호텔의 조건에 대한 설문조사를 실시한 결과 시설, 서비스를 제치고 청결이 가장 중요함을 알게 되었다. 현대적 객실관리의 중요성은 호텔건물의 주된 시설인 객실정비는 물론이고, 식음료 영업장, 연회장, 대소회의실, 유흥장, 사우나 및 헬스, 공공장소, 서비스지원 공간, 정원, 주변진입로, 건물의 외벽 등 호텔 내 · 외부의 모든 시설과 설치물, 조경을 최상의 상태로 유지관리 하여 고객만족을 이루며, 고급스런 호텔서비스상품의 이미지를 제고하는 역할이 매우 중요하다. 객실관리부서는 이러한 정비 업무를 담당하여 호텔의 서비스상품을 최상의 상태로 유지하는 임무를 띠고 있다. 또한 많은 인원과 장비를 운영하므로 비용관리에도 세심한 계획이 필요하며, 모든 고객을 중심으로 타 부서와 업무상 밀접한 연계를 맺고 있으므로 내부 커뮤니케이션을 활성화하여 업무효율을 높이는 것도 중요하다.

객실관리부서가 수행하는 기본업무는 첫째, 객실정비이며, 객실내부에 있는 객실설비, 욕실설비, 가구, 비품, 장식의 정비 및 관리를 꼼꼼히 수행해야 하고, 둘째, 호텔의 리넨을 관리한다. 리넨관리는 객실용 리넨, 식음료 및 부대시설에 사용되는 리넨류를 관리하며, 객실에 필요한 소모품류의 구입과 배치를 책임진다. 셋째, 공공장소의 정비이다. 주야를 가리지 않고 공공구역 정비 및 유지에 힘쓰며, 넷째, 대고객서비스업무도 담당하고 있다. 고객이 두고 간 휴대품의 분실과 습득물 관리(lost & found service)와 어린이를 대동하고 여행하는 고객의 어린이 돌봄 서비스(baby sitting service)를 제공하며, 다섯째, 세탁실도 운영하여 고객에게 서비스를 제공함과 동시에 호텔의 매출에도 기여하고 있다. 그 외 정원관리와 꽃가게 운영 등 실로 다양한 업무를 일일 24시간 이행하게 된다. 이렇게 복잡하고, 다양한 업무를 책임지는 객실관리부서의 장은 부지런하고, 세심한 관찰력이 있고, 너그러운 성격을 가진 간부가 적합하며, 그는 깨끗한 정비업무를 위해 다양한 인력관리에 많은 시간을 할애하게 된다.

2. 객실관리부서의 경영관리 방향

객실관리부서는 시설관리부서와 함께 호텔의 영업이 원활히 진행되도록 건물 및 시설물을 쾌적하고, 안전하게, 유지관리 하는 데 만전을 기한다. 업무 성격상 많은 인력과 장비를 동원하므로 이에 따르는 예산의 씀씀이도 크다. 객실관리부서는 호텔의 이익관리에도 중요한 역할을 담당하므로 목표관리가 명확해야 한다. 객실관리부서 운영에는 첫째, 고객만족을 업무의 중심에 두어야 하고, 둘째, 내부고객인 종업원 만족에 힘써야 하고, 셋째, 비용절감으로 호텔기업에 기여하여야 한다. 이와 같은 목표관리를 위해서는 인력, 시간, 자재 등을 효율적으로 관리하고, 각종 설비를 기능적이고 위생적으로 최상의 상태를 유지하며, 건축, 위생, 방재 등에 세심한 배려와 안전에 유의하여 방문하는 고객에게 “가정을 떠난 가정(a home away from home)”의 편안함을 실제로 제공할 수 있는 역할을 충분히 발휘할 수 있도록 경영관리에 만전을 기해야 한다. 객실관리부서장은 객실청결상태 유지, 욕실청소, 침대꾸미기(bed making) 등의 기본업무도 중요하지만 더욱 중요한 것은 고객들이 많은 경쟁호텔 중에 우리호텔을 선택해 준데 대한 감사의 표시로 고객에게 정성스런 서비스를 제공하여 오래도록 기억에 남을 호텔로 만들어 가는 것이 중요하다. 그러나 현실적으로 객실관리부문에 종사하는 사람들은 고등교육의 혜택, 고도의 기술, 자아실현의 의지 등이 강할 수 없는 약자의 위치에 있음을 부인할 수 없다. 따라서 회사의 목표를 달성하기 위해서는 이들의 생활문화, 기본욕구, 경제상태, 대인관계 등을 이해하고, 후생복리를 개선하므로 투철한 서비스 정신이 행동으로 나타날 수 있도록 근무분위기를 조성하여야 할 것이다. 동기부여된 직원이 생산성을 높인다는 이론은 많은 경영학자들의 연구에 의해 검증된 바 있으며, 호텔현업에서 경영관리활동을 경험한 사람이라면 누구나 공감하는 원칙적인 일일 것이다. 동기부여된 장기 근속자가 많고, 직원의 사기가 충천한 직장 또는 조직에는 긍정적인 사고를 가진 사람이 많게 마련이다. 이를 위해서 회사는 객실관리부서원의 선발과정에서부터 능력위주의 객관성 있는 인사를 이행하고, 양질의 교육과정을 이수하게 하며, 많은 부분의 권한위양이 이루어져야 한다. 이러한 것들이 객실관리부서 경영관리의 기저를 이루어야 성공적인 호텔서비스상품의 생산이 이루어질 것이다.

3. 객실관리부서의 조직과 역할

1) 객실관리부서의 조직

객실관리부문은 호텔의 주 상품인 객실상품의 생산, 건물관리, 부대업장의 유지와 관리를 업무로 하기 때문에 조직은 실무형 또는 기능형으로 구성하고 있다. 객실관리부서의 책임자는 호텔의 규모나 그 호텔기업이 추구하는 서비스 방향에 따라서 객실관리부장 또는 차장(director of housekeeping, housekeeping manager, executive housekeeper)으로 보직하며, 업무지시와 보고는 부총지배인(executive assistant manager)에게 하게 된다. 객실관리부서장은 객실부서의 예산편성, 비용관리, 인력관리, 건물관리, 정원관리, 아웃소싱 협력업체관리 등 다양한 업무의 책임자이다. 아래 객실관리부서 조직은 우리나라의 500실 규모의 체인호텔이 택하고 있는 실례를 바탕으로 설계된 것이다. 객실관리부서장이 관장하는 조직내부에는 객실정비, 공공장소와 영업장 정비, 세탁업무, 외주업체관리, 바느질, 꽃꽂이, 정원사, 목공, 카펫수선공 등 수많은 기능직이 집결되어 있으며, 업무지원 및 리넨을 담당하는 행정직도 보직되어 있다.

그림 8-1 대규모호텔 객실관리부서의 조직도

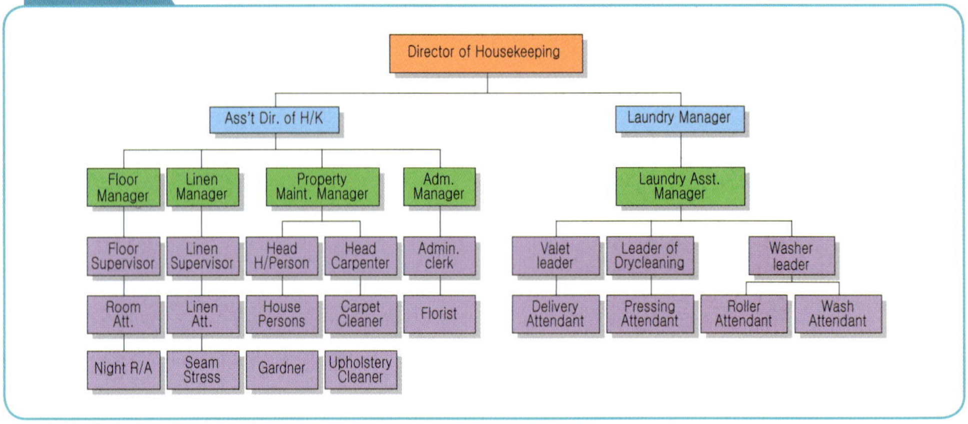

2) 객실관리부서의 역할

(1) 객실관리부서장의 역할

객실관리부서장은 호텔이 수립한 정책, 기준, 지침에 따라 객실관리부서를 유지 발전시키며, 호텔전체에 걸쳐 청소와 청결 유지를 위한 계획, 조직, 감독에 주력한다. 청결을 유지해야 하는 구역의 구체적인 책임은 객실, 공공장소, 식음료 영업장, 부대시설, 사무실 및 서비스지역 등과 세탁, 리넨, 유니폼 및 분실물 취급업무 등이다. 객실관리부서는 많은 인원으로 구성되므로 부서원 한명 한명이 호텔기업의 철학과 정책 및 방침을 알 수 있도록 교육하고, 주기적으로 간부회의, 전체 직원회의 등을 소집하여 부서원이 질 높은 서비스를 제공할 수 있도록 동기부여하고 독려하게 된다.

(2) 객실관리부서장의 감독업무

❖ 예산관리

① 예산목적: 동 회기 내 운영비 예상, 실제 결과 측정

② 예산편성: 각 계정(single line account)을 바탕으로 자본적 투자예산(capital investment budget)은 단 · 중 · 장기별 계획 수립

③ 예산집행: 비용증감을 정확히 분석, 통제

④ 기록: 비용, 생산, 품질을 함께 기록(작업시간, 초과시간, 구매품, 공급품 등)

❖ 생산관리

① 생산량 확인을 위한 일일 객실정비업무 보고
② 카펫, 샴푸 작업량
③ 마블관리 내용
④ 페인트 및 도장작업
⑤ 전등, 햇볕 가리개(blinder), 커튼 정비 및 세척
⑥ 일일 장비 사용 내용
⑦ 세탁실 생산내역 및 매출액
⑧ 고장난 방(out of order room) 확인 및 작업지시

❖ 품질관리

① 표준화 작업, 체크 리스트에 의한 작업내용 확인
② 작업방법 및 관리방법 연구
③ 현장 확인 점검
④ 검사원의 업무교육 및 인성교육

3) 객실관리부서 주요 간부직원의 역할

(1) 객실관리과장의 역할

객실관리과장은 객실관리부서장의 업무를 보좌하며, 주로 객실과 공공장소의 청결유지 및 정비업무를 관장하고, 현장에서 감독업무를 수행한다. 대규모 이하의 호텔은 객실관리과장이 행정지배인의 업무도 관장하기도 한다.

(2) 객실정비지배인의 역할

객실정비지배인(Floor Manager)은 객실현장에서 객실정비주임(Floor Supervisor), 객실정비원(Room Attendant)이 생산 및 점검한 객실서비스상품이 고객에게 최상의 상태에서 제공될 수 있도록 관리하는 역할을 한다. 본인에게 주어진 업무를 추진하기 위해서는 업무는 엄격히 챙기면서 동료나 부하직원에게는 따뜻한 인간적인 배려가 있어야 한다.

(3) 공공장소관리지배인의 역할

공공장소는 호텔에서 가장 번잡한 공간으로 모든 방문객이 왕래하므로 수시로 쓸고, 닦고, 광택을 내어 호텔을 찾는 고객에게 좋은 이미지와 청결감을 주어야 한다. 공공장소 정비담당자는 타일, 카펫, 대리석, 아스팔트 등을 전문적으로 관리하며, 각 영업장, 연회장, 서비스공간 등 넓은 부분의 청소를 담당한다. 또한 객실정비원이 요청하는 목공, 가벼운 페인트칠, 카펫, 침대이동 등 힘겨운 일들을 지원하는 업무도 수행한다. 이 부문의 책임자는 대규모호텔에서는 대리급, 계장급을 두고, 대부분 경력이 많은 기능 보유자를 보직한다.

(4) 행정지배인의 역할

객실관리부서의 행정업무는 객실관리부서장의 행정보조업무, 고객서비스업무, 부서원의 행정서비스업무로 이뤄진다. 객실관리부서의 행정지배인(Administration Manager)은 객실관리부서장과 객실관리과장의 업무지시를 받으며, 객실관리부서의 행정업무를 관장한다. 행정지배인은 부서 커뮤니케이션의 통로에 있으므로 부서의 살림살이를 가장 잘 아는 사람이다.

(5) 리넨지배인의 역할

초대규모 이상 호텔에서는 리넨관리업무를 행정업무에서 분리하여 수행하게 된다. 규모가 500실 이하인 대규모호텔에서는 객실관리부서 내의 행정업무와 리넨업무를 통합관리하기도 하지만 국제적인 체인호텔에서는 리넨업무의 중요성으로 인해 이를 분리하는 경우가 흔히 있다. 리넨관리업무는 객실부서는 물론 식음료부서, 부대시설부서의 리넨도 함께 관리하게 된다.

(6) 세탁지배인의 역할

세탁지배인(Laundry Manager)은 세탁실을 대표하고, 호텔의 경영관리방침과 시책에 적극 동참하여 세탁실의 청결 유지, 안전관리, 정비감독, 조직편성 계획, 연간 매출목표 설정, 연간 소요경비 설정, 객실관리부서와 긴밀한 보고체제 유지, 직원들의 지속적인 업무교육, 직원과의 원활한 대화유지 및 매출액 증대 등에 총력을 기울이며, 타부서와도 원활한 대화 유지와 연계업무에 힘쓴다. 세탁부문은 고객의 세탁물을 드라이크리닝, 물세탁, 다림질 하는 등의 업무가 기본이며, 호텔의 리넨 및 유니폼을 세탁하여 제 때 각 부서에 공급해 주는 업무를 관장하므로 수익부문과 비용부문을 함께 운영하게 된다. 이에 따른 세탁지배인은 적절한 인력과 세제의 배분과 투입으로 효율을 극대화 하는데 노력한다.

제 2 절 객실관리부서의 장비와 세제

1. 호텔객실관리의 장비들

객실관리부서가 호텔의 청결과 시설물의 유지관리를 책임지고 업무를 추진하는 데는 유능한 관리자, 부지런하고 알뜰한 정비요원, 그리고 시설물의 유지관리에 알맞은 적절한 장비가 있어야 한다. 호텔이나 대형건물을 관리하는 데는 인력도 중요하지만, 생산성과 정비관리의 능률을 올리기 위해서는 청소 장소나 대상물에 대해 적절한 장비, 세제, 청소방법이 필요하다. 카펫, 대리석, 나무, 타일, 장판 등에 따라 사용되는 장비와 세제도 다르며, 장비는 크리닝 카(cleaning car)에서부터 빗자루, 걸레 등까지 여러 종류가 다양하게 있으며, 이들의 용도도 매우 다양하다. 청소장비는 세계적으로 유명한 Clarke, 3M, Rubbermaid 제품 등이 있으며, 각 호텔마다 값싸고, 질 좋은 장비를 보유하여 작업안전, 업무효율, 비용절감에 노력하고 있다. 호텔이나 대형 건물을 관리하는 데 이용되는 장비들은 아래 그림과 같으며, 사용 용도를 구분하면 카펫, 대리석, 타일, 목재, 시멘트 바닥 등에 쓰이는 장비들이 주류를 이루고 있다. 최근 수년간 많은 장비들이 발명되고 개발되어 규모, 면적, 건물형태에 따라 사용하는 장비를 다르게 선택할 수 있게 되었다. 호텔객실관리에 사용되는 장비는 광택기(polishers), 수중광택기(burnisher), 고속광택기(ultra speed burnisher), 진공청소기(dry vacuum cleaner), 물기 제거용 진공청소기(wet/dry vacuum cleaner), 문지르기 기계(scrubbing machine), 후진 문지르기 기계(behind scrubber), 콤비형 진공청소기(combination vacuum cleaner), 카펫 세척기(carpet cleaner), 카펫 탈수기(carpet extractor), 대형 진공청소기(suction sweeper), 어깨걸이 진공청소기(CoachVac: coach vacuum cleaner), 바닥 고르기(floor sander), 청소차(cleaning engine), 매트(mat) 등이 있다. 호텔의 로비바닥은 고급스런 마블이나 나무, 타일, 카펫 등으로 장식되어 있어 깨끗하고 우아하게 관리되어야 한다. 그러나 가끔 비, 눈, 먼지, 모래 등으로 인해 유지관리가 어렵게 된다. 이 때 굵고, 가는 올레핀 섬유로 만든 인핸스 매트(Enhance mat)나 고무로 만든 노매드(Nomad) 등을 깔아 현관입구나 로비지역을 안전하고 품위 있게 유지, 관리하게 된다.

그림 8-2 호텔 건물을 관리하는 각종 장비들

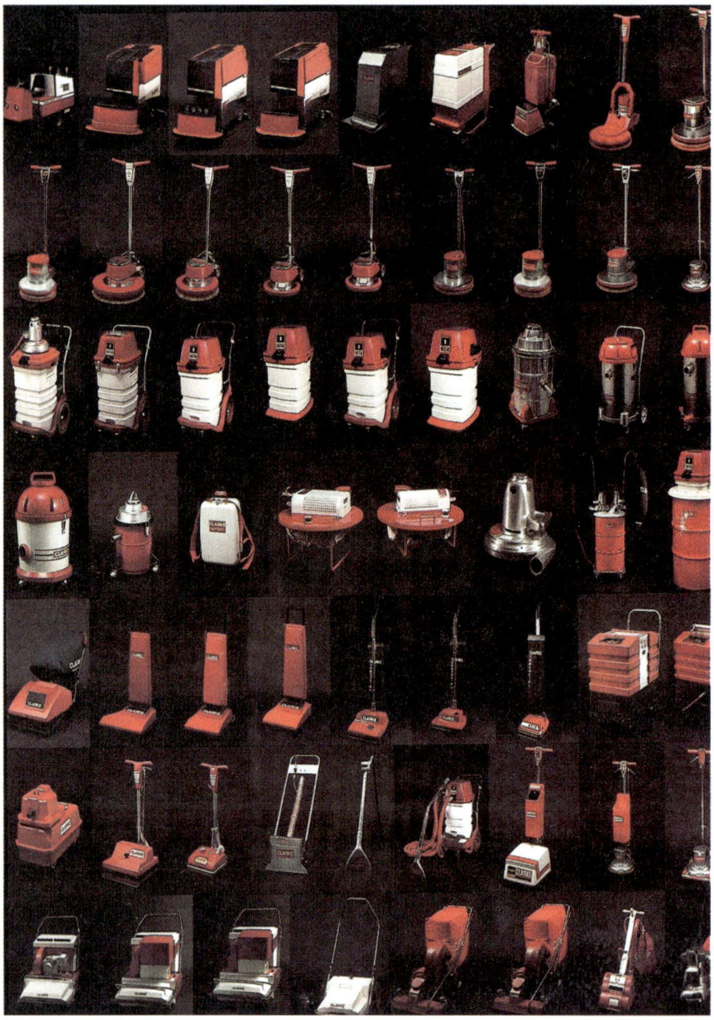

그림 8-3 인핸스 매트(Enhance mat)와 노매드(Nomad)

인핸스™ 500(Enhance™ 500)

색상	규격	특징/용도
적색 회색 갈색	0.6m×0.9m 0.9m×1.5m 1.2m×1.8m 1.2m× 3m 1.2m×1.8m 1.8m× 18m	장마철인 여름, 눈오는 겨울에 특히 효과적이며, 호텔 등의 빌딩 내부용 매트로 사용

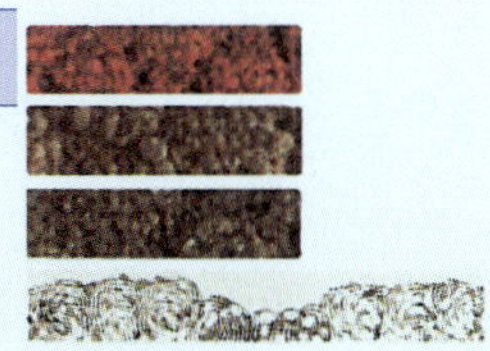

인핸스™ 750(Enhance™ 750)

색상	규격	특징/용도
스프러스 그린 체커 그레이 모카 버건디 블루베리	0.6m×0.9m 0.9m×1.5m 1.2m×1.8m 1.2m× 3m 1.8m× 3m 1.8m× 18m	인텔리젠트 빌딩, 호텔 등의 내부용 매트로서 인핸스 500보다 다양한 색감을 제공

내 부 용

노매드 쿠션 플러스(Cushion Plus)

색 상	규 격	특 징	용 도
적색 청색 황색 녹색 회색	1.2M×12M/9㎜	특수한 코일에 backing이 있는 매트로서 통행량이 많은 출입구 내부의 로비, 쇼룸 등의 인도어에 적합 우천시 사용하면 실내에 유입되는 수분을 제거하고 오염물을 없애 미끄럼 사고를 방지하고, UV 코딩이 되어 있어 딜색이 되지 않으며 강한 내구성을 발휘	로비, 쇼룸 등의 출입구 지역. 건물 내부 엘리베이터까지의 통행로 지역

2. 호텔객실관리부서의 세제들

호텔에는 가정에서 보다 더 많은 세제와 화공약품이 청소에 이용된다. 1980년대 이후 환경보존운동으로 인해 더 강화된 법규를 적용받게 되면서 환경친화적인 세제가 많이 개발, 보급되어 왔다. 특정 세제를 선택하는 데는 안전성, 경제성, 편리성, 농축성이 요구되며 청소의 성격, 대상품의 재질에 따라 다양한 품종이 이용된다.

표 8-1 호텔에서 사용하는 세제들

세 제 명	단 위	용 도
유리용 세제	208리터(12말)	유리창/거울/전시용 케이스/책상/스테인레스 스틸/세라믹 타일/크롬제품
강력 다용도 세제	24리터(1.3말)	오염된 벽/바닥/장비/세척 가능한 표면/천으로 된 커버/카펫의 얼룩 제거
중성 세제	760리터(42말)	모든 세척 가능한 단단한 표면/바닥 청소/스크러빙 작업 시
욕실용 세제	100리터(6말)	세라믹 타일/플라스틱/석회석/유리 섬유/스테인레스 스틸/대변기 보올/소변기
살균, 소독제	410리터(23말)	살균/소독/항균/바이러스 박멸/악취제거/살균소독을 요하는 집기류 및 표면 세척 시
초고속 박리제	30리터(2말)	실러 및 다층 왁스 제거용/ 빠른 박리 효과
다용도 세제	128리터(7말)	모든 세척 가능한 바닥/벽/각종 집기류/시험관/피/기름기 제거
카펫 세정제	512리터(28말)	오염된 각종 카펫 세정
카펫 전 처리제	300리터(17말)	심하게 오염된 카펫 세정작업 시 카펫 세정제 전에 사용
본네트용 세제	100리터(6말)	카펫의 가벼운 오염 제거 및 보호에 적합/스카치 브라이트 카펫 크리닝 패드와 함께 사용
방향제	114리터(6.5말)	향기롭지 못한 향의 제어를 필요로 하는 모든 곳 화장실/회의실/락카룸/지하실 등
비산성 욕실용 세제	80리터(6말)	세라믹 타일/플라스틱/석회석/유리섬유/스테인레스 스틸/대 · 소변기/대리석 살균소독기능 함유
소독제	318리터(18말)	벽/바닥/영업장/조리부서/집기/식판/테이블 등의 항균소독
강력 내부용 세제	15리터(1말)	벽/유리창/거울/테이블/플라스틱류/스테인 레스 스틸/카펫/오븐기/실내외 벽 세척

표 8-2 존슨제품의 객실관리 세제와 용도

사용구역	상품명	용도	희석비율
욕실	브레이크 업	일상 청소	1 : 170
유리, 플라스틱	제이-필 글랜스	일상 청소	1 : 40
나무, 가구	플레지	가구 관리제	–
공기청향제	굳 센스	공기 청향제	1 : 170
변기	브레이크 업	변기 세척제	1 : 170
변기	제이 필 크루	변기 세척제	–
바닥	브레이크 업	일상 청소	1 : 170
공기청향제	누수멜	화장실 청향제	–
공기청정기	글래이드	객실 청향제	–

제 3 절 객실정비업무

1. 객실정비원의 업무개요

객실관리부서의 중요한 업무 중 하나가 깨끗하고 안락한 객실상품의 생산이다. 객실상품은 아래의 절차에 의해 이뤄지며 객실정비원은 고객접점에 있는 종업원이므로 호텔의 예절과 숙련된 실무를 몸에 익혀 항상 명랑하고 즐거운 마음으로 업무에 임하도록 교육이 잘 되어 있어야 한다. 객실청소는 객실정비원에 의해 이루어지는데, 주간에 근무하는 객실정비원을 룸 어텐던트(room attendant) 또는 룸 메이드(room maid)라고 하며, 오후에 출근하여 야간 객실정비 및 잠자리 준비업무를 수행하는 객실정비원을 야간 담당(night duty), 또는 턴다운 어텐던트(turn down attendant)라고 한다. 객실정비업무는 간단치가 않아서 객실에 들어가는 편의품(amenities)의 종류와 명칭, 침대 꾸미기(bed making), 타올 비치(towel set-up), 세제 사용법 등 많은 부분을 이해하고 익혀야 한다. 객실정비시 객실정비원과 객실점검원(room inspector)은 먼저 객실상태를 점검하여 퇴실과 재실로 구분하고, 그 중에도 미리 청소해야 하는 방의 순서에 의해서 정비를 하게 된다. 객실 청소의 우선순위는 호텔마다 조금씩 다를 수도 있지만, 대부분 호텔은 고객이 요구하는 객실,

VIP 객실, 퇴숙된 객실, 고객이 사용 중인 객실, 퇴숙이 예상되는 객실, 그 외 고객이나 객실영업부서 또는 객실관리부서에서 필요로 할 때 청소를 하게 된다. 또한 그들은 정비업무가 끝나면 일일 점검표에 의해 청소상태를 확인하여 객실상품의 품위를 유지하는데 최선의 노력을 다하게 된다. 우리나라 호텔들은 객실정비원에게 하루 작업량을 15실(30㎡) 정도로 배정하며, 객실 평수가 넓거나 특실 또는 온돌방 등은 작업량을 조금씩 감해주고 있다.

2. 객실정비원의 일일업무 준비사항

객실정비원은 객실정비를 하기 위해 출근과 동시에 객실관리지배인(floor manager) 또는 객실정비주임(floor supervisor or room inspector supervisor)으로부터 전일, 당일 객실 상황과 특이사항 및 전달사항을 듣고 업무에 임하게 된다. 이 때 객실의 담당구역에 대한 마스터 키(master key)를 수령하고 관리대장에 서명하게 된다. 객실 마스터 키는 고객의 생명과 재산을 보호하기 위해 매우 소중히 관리해야 하며, 이로 인한 사고는 즉시 보고되어야 더 큰 일을 방지할 수 있다. 마스터키를 인수하고 객실정비원 청소차(room attendant's cart)에 객실소모품과 침대보(bed sheets), 편의품, 청소용구 및 세제를 싣고 담당구역으로 가게 된다. 일부 체인호텔에서는 프로호스타시스템(ProHost System)을 이용하여 리넨을 중앙공급식으로 보급하는 호텔도 있다.

3. 객실출입

객실을 출입할 때는 꼭 노크를 하고, 인기척을 기다렸다가 문을 열고 들어간다. 노크 시에는 항상 손가락 뒷면의 뼈 부분을 사용하여 노크한다. 그러나 현대식시설을 갖춘 호텔은 벨을 사용하여 고객과 의사소통을 하며 '방해하지 마시오(DND: do not disturb)' 표시가 있으면, 이 사인이 해제될 때까지 고객을 방해하지 않는다.

그림 8-4 객실출입절차

4. 객실청소 준비작업 및 청소

객실 출입절차에 의해 빈 객실에 들어가면 고객의 귀중품이 떨어져 있는지를 먼저 확인하고, 주어진 절차에 따라 청소에 들어간다. 이 때 새로운 고객을 위해 청결하고 안락한 공간을 창조한다는 마음으로 정성들여 객실을 정비하여야 한다.

그림 8-5 프로호스타시스템

그림 8-6 객실상품의 구성(1)

그림 8-6 객실상품의 구성(2)

그림 8-6 객실상품의 구성(3)

5. 턴다운 서비스

턴다운 서비스(turn down service)는 호텔이 가정과 같은 친근감을 고객에게 제공하기 위해 특급호텔을 위주로 개발한 서비스의 일종이다. 고객의 잠자리를 돌봐 주는 방법으로 침대 깃을 벗기고, 고객이 침대에 쉽게 들어 갈 수 있도록 할 뿐만 아니라 조식주문, 그린카드 활용, 호텔이나 호텔주변의 각종 행사 등에 대한 정보를 제공한다. 세계 제일의 호텔 서비스를 자랑하는 방콕 오리엔탈 호텔에는 턴다운 서비스와 함께 매일 색다른 과일과 총지배인의 감사편지를 함께 제공하고 있어 매우 인상적이다. 또한 발 깔개를 침대 옆에 펴 놓으므로 최상의 공손함을 표현하기도 한다.

그림 8-7 침대 옆의 발 깔개

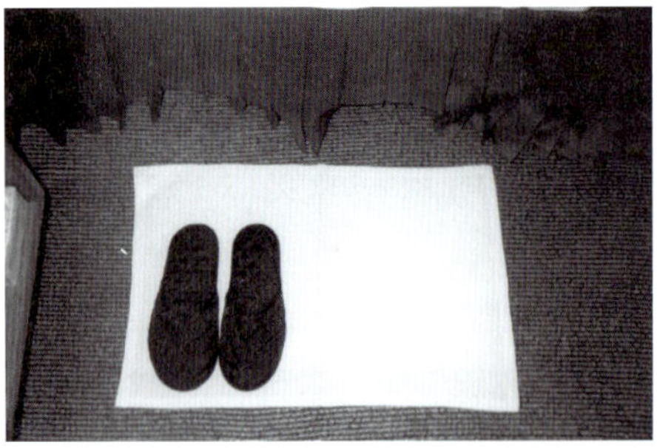

그림 8-8 단꿈 메시지와 조식 메뉴

그림 8-9 객실층에 비치된 고객용 얼음기계

제 4 절 공공장소 및 영업장 관리

1. 공공장소 및 영업장 정비

공공지역은 크게 고객지역과 종업원지역으로 나눈다. 고객지역은 객실, 식음료 영업장, 대 · 소 연회장, 로비지역, 복도, 계단, 부대영업시설, 승강기 등 고객이 주로 이용하는 지역을 말하며, 호텔의 주요 상품으로 중요한 지역이다. 여기 못지않게 고객을 위해 서비스하는 종업원이 이용하는 시설로 기능이 중요시되는 종업원 지역이 있는데, 사무실, 락카룸(locker room), 각층 서비스지역, 비상계단, 직원숙소, 휴게실 등이 있다. 호텔은 복합건물이므로 관리하기에 어려운 점이 많다. 특히 건물의 외벽, 내벽, 천장 등은 그 높이가 높아서 관리하는 데 전문적인 기술이 필요하게 된다. 따라서 이런 위험지역의 관리는 호텔의 아웃소싱(outsourcing) 전문용역회사에 맡기게 되며 공공지역의 청소와 유지보수는 공공장소 정비원(house person)이 맡아서 하게 된다.

공공지역의 관리는 로비와 복도를 24시간 지속적으로 관리하고, 계단과 엘리베이터는 필요한 부분은 광택을 내고, 장식 · 거울 · 벽면은 먼지와 손자국을 없앤다. 공공지역에는 많은 화분과 꽃꽂이 장식을 비치하게 되는데 언제나 생동감 있도록 유지관리 한다.

그 외에 공중화장실, 직원구역을 깨끗이 청소하고, 고객이 없는 시간을 이용하여 식음료 영업장, 연회장 등의 바닥 · 벽 · 천정 · 유리 등을 청소하게 된다.

2. 고급 설치물 관리

1) 샹들리에와 벽등

호텔서비스의 기본은 청결이다. 흔히 평상시에 눈에 잘 띄지 않는 곳도 고객의 눈에는 잘 보인다. 특히 로비의 분위기를 돋보이게 하는 장식용품 샹들리에와 벽등은 보이지 않는 부분까지 청소가 철저히 되어 있어야 한다. 이들의 관리는 주기적으로 스케줄에 의해 필요한 인력, 장비, 약품, 세제를 이용할 수 있는 전문가에 의해 관리되어진다.

그림 8-10 객실 전등

그림 8-11 호텔로비의 샹들리에와 벽등

2) 마블관리

마블(marble)이라고 하면 대리석, 화강암이라고 하여 고급 호텔의 천장, 로비, 벽면의 마감재로 사용한다. 마블은 고액의 설치비를 요구할 뿐만 아니라 강도도 타 건축재료에 비해 약하므로 특별히 관리하지 않으면 금이 가거나 깨어져 품위를 유지하기가 매우 어렵다. 마블은 세제나 약품에 민감하게 반응하며, 대리석은 약품에 약하다. 화강암은 오물에 약하여 연마제를 사용하지 않으면 오점의 제거가 어렵다. 따라서 이들을 잘 관리하기 위해서는 청소장비가 동원되고, 이 분야의 기능에 뛰어난 숙련공을 보유하거나 아웃소싱에 의존하여 관리하지 않으면 안 된다.

그림 8-12 마블의 모양

표 8-3 마블의 강도 비교

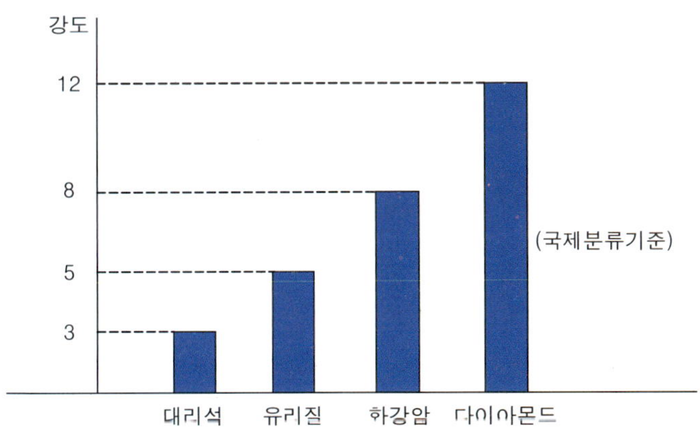

3) 카펫의 관리

카펫의 종류로는 양모, 화학섬유, 혼방으로 직조된 것이 있으며, 이들을 관리하는 방법도 각각 다르다. 카펫의 청소방법에는 진공청소(vacuum cleaning)와 샴푸(shampoo)가 있는 데, 고급스런 카펫일수록 취급에 신중을 기하여야 한다. 호텔에서는 많은 카펫이 설치되어 있고, 샴푸작업 그 자체가 기술이며, 기계를 사용하여야 하므로 카펫 샴푸담당자(carpet shampoo attendant)는 기술직으로 분류하여 관리하게 된다. 카펫의 수명은 제품 자체가 중요하지만, 관리를 어떻게 하느냐 하는 것도 수명을 연장하는데 큰 영향을 미친다.

카펫은 장소에 따라 색상, 재질, 모양(pattern)이 각각 다르게 선택되며, 관리방법에 대한 것도 사전에 검토되어야 한다. 설치방법은 마블과 같이 전문가에 의해 디자인되고 설치되어야 하는데, 주로 시멘트 바닥에 나무로 된 졸대를 일정한 간격으로 바닥에 고정시켜 설치하고, 펠트(felt)를 깐 후 카펫을 깔아 가장자리부분을 고정시키게 된다. 카펫은 신축성이 강하여 내 · 외부 온도와 습도에 민감하게 반응하므로 재질에 세심한 신경을 써서 선택하여야 한다.

그림 8-13 호텔의 카펫

4) 매트(mats)와 러너(runner)관리

호텔의 현관, 로비, 영업장에 모래, 흙, 불순물이나 먼지, 물기가 유입되는 것을 방지하는 방법은 매트나 러너를 깔아 두는 것이다. 매트나 러너는 사용목적과 주위의 분위기에 맞는 고급스러운 것을 선택하여 호텔의 이미지관리에 세심한 배려가 필요하다.

❖ 매트와 러너의 필요성

① 미끄러움을 방지하여 안전에 대비한다.

② 모래나 흙, 신발의 먼지로부터 카펫이나 마블을 보호한다.

③ 호텔입구의 분위기를 살려준다.

제 5 절 객실관리의 행정

객실관리부서에서 수행하게 되는 행정업무는 고객관련업무, 객실관리부서장의 행정보조, 소속부서원의 행정업무 지원, 리넨 및 소모품 재고관리와 구입요청, 분실물 관리, 리넨 관리, 유니폼관리 등 많은 업무가 진행된다. 객실관리부서원이 현장에서 차질 없이 일할 수 있도록 지원을 아끼지 않는 것은 가족 같은 분위기에서 생산성과 효율성을 높이는 팀워크(team work)가 이뤄질 때 가능하다.

대체로 객실관리부서의 구성원은 저학력과 풍요롭지 못한 가정사정으로 인해 택한 일자리임을 감안할 때 타 부서에 비해 인간적인 배려와 헌신적인 행정지원을 필요로 하는 곳이다. 따라서 구성원들의 휴가신청, 의료보험, 급여 등 많은 부분의 행정업무를 사무직원들이 감당하고 있는 것도 현실이며, 이런 것들이 부서의 결집력을 더 돈독히 하고 있다. 이 분야의 조직은 초대형 호텔을 제외하면 대부분의 호텔들이 행정요원과 리넨 관리요원의 업무를 통합 운영하게 되며, 행정지배인, 대리, 계장 밑에 행정요원과 리넨 요원을 두어 상호 업무를 보완 협조하도록 하고 있다.

1. 객실관리부서의 고객요청사항 접수

서비스익스프레스를 추진하는 호텔은 코맨드센터(command center)에서 객실고객의 요청사항을 접수하여 무선 또는 유선으로 객실관리부서에 통보해 오지만, 일반적인 호텔의 기능은 고객이 직접 객실관리부서에 필요한 물품을 요청하게 된다. 치솔, 치약, 면도기, 면봉, 타올, 어린이용 침대, 보조침대, 다리미 세트, 커피 메이커, 청소요청, 어린아이 돌보기 등 수많은 요구사항이 접수되게 된다. 그뿐만 아니라 객실영업부서, 식음료 영업부서, 시설관리부서, 인사부서 등 호텔 내부에서도 청소요청, 긴급상황 발생 등의 업무가 접수되게 된다. 업무가 접수될 때마다 기록장(log book)에 빠짐없이 기록하여 담당자에게 서면 · 구두로 업무요청을 하고 그 결과에 대해 고객, 타 부서 등에 연락하여 한건 한건의 문제를 풀어 간다. 일반 행정업무가 바빠서 고객 요청사항을 뒤로 미루게 되면 내 · 외부 고객의 불만을 살 수 있으므로 업무 중 가장 먼저 해결해야 하는 사항은 바로 고객요청사항임을 명심해야 한다. 호텔은 어느 부서를 막론하고 서비스 기본예절을 익히고 실천하게 되어 있으므로 객실관리부서에 걸려오는 전화는 행정요원이든 리넨 담당이든 전화로 업무를 접수하거나 회신을 해 줄 때에는 꼭 이런 원칙에 따라 업무가 진행되도록 하여야 한다.

표 8-4 업무기록장(log book)

GUEST REQUEST ITEM LOG BOOK

Room	Item	Date/Time out of Linen Room	Initial	Date/Time into Linen Room	Initial

2. 객실관리부서의 소모품 관리

객실관리부서는 리넨 관리와 함께 객실소모품과 고객편의품도 취급한다. 객실에 비치하거나 공공장소에 비치하는 품목의 수는 매우 많아 정확한 재고 파악이 어렵지만, 만약 재고가 부족하다면 필요시에 낭패를 당하므로 신중하게 취급해야 한다. 간혹 고객편의품을 직원들이 사용하는 경우도 있으며 목적 외에 낭비되는 경우도 있어 교육과 주의를 환기시켜 재고파악이 잘 되도록 해야 한다. 고객편의품과 객실소모품(guestroom supplies and guestroom amenities)은 계속 쓰는 것들이어서 객실관리부서의 예산으로 정기적인 납품을 받게 되는데, 이들은 매월마다 재고조사를 통해 월말에 소비된 양을 당월의 비용으로 장부 정리한다. 이러한 고객편의품과 객실소모품은 리넨 어텐던트(linen attendant)에 의해 객실정비원(room attendant)과 공공장소 정비원(public area attendant)에게 불출되며, 프로호스타 시스템을 운영하는 호텔에서는 리넨 어텐던트가 토트(tote)에 담아 객실정비원의 모빌에 적재해 준다. 한편, 호텔마다 고객이 쓰다 남긴 비누나 샴푸 등은 고아원이나 양로원에 공급하여 어려운 사람들을 돕는 데 요긴하게 쓰여지고 있다. 객실소모품 외에 객실관리부서에서는 고객이 필요로 하는 컴퓨터 잭, 어댑터, 소형 변압기, 다림질 세트, 커피 메이커, 가습기 등도 준비해 두고 고객의 요청에 응하고 있다.

3. 리넨관리

객실관리부서 사무실에는 사무행정과 함께 호텔 전체의 리넨을 관리해야 하는 업무도 주어져 있다. 객실에서 사용되는 리넨은 침대 시트(bed sheet), 이불(duvet or bed quilt), 베개와 베갯잇(pillow & pillowcase), 대 · 중 · 소 타올류(towels), 잠옷(bath robe), 방석(cushion), 커튼(curtain) 등이 있고, 식음료 부서는 식음료 영업장에서 사용되는 테이블보(table cloth), 테이블 보 깔게(under cloth), 냅킨(napkin), 의자 덮게(chairtop), 연회 테이블용 드래퍼리(drapery) 등이 있다. 헬스와 사우나에서 사용되는 헬스 가운(health gown), 체육복(training shirts & pants), 운동용 신발(sports shoes), 대 · 중 · 소 타올류(towels) 등이 있다. 이런 것들은 구입에서 마모로 못쓰게 되어 폐기처분할 때까지 모든 과정이 객실관리부서를 통하여 이루어지게 되어 있으며, 여기에 따른 보고서 관리 또한 만만치 않다. 대부분의 체인호텔들은 리넨류를 5벌(5par) 보유하게 되며 세탁실의 업무와 객실점유율을 감안하여 4벌(4par) 정도로 운영하는 호텔도 있다. 이를 세분화하면 현장에 1 내지 1.5벌, 세탁실에 2벌, 리넨룸 1 내지 1.5벌로 배치하고 적은 양으로 운영할 때에는 현장과 리넨룸에 있는 것을 각각 1벌씩으로 투입한다.

4. 유니폼 관리

호텔의 유니폼은 일반적인 복장과는 다르게 무형화된 서비스를 유형화하는 이미지를 중요하게 고려해야 하므로 그 선택에서 매우 신중해야 한다. 또한 호텔의 유니폼은 각 호텔그룹의 표상을 나타내며, 단독호텔의 상징성을 나타내는가 하면 업장별로 전달하고자 하는 이미지를 담고 있어야 한다. 그러하면서도 전체가 조화롭고 통일된 형상을 표출하며, 직위에 대한 구별을 할 수 있어야 하고, 소속원의 책임감과 자신의 위치에 대한 올바른 인식을 갖게 하기도 하여야 한다. 유니폼은 기능성, 상징성, 심미성이 두드러져야 하며, 호텔서비스에 있어서 유니폼은 또 하나의 호텔이미지이다. 유니폼을 외부에서 맞출 때에는 디자인, 색상, 패턴이 그 영업장과 잘 맞아야 하므로 객실관리부서장이 가지고 있는 체인의 표준을 근거로 최적의 제품을 납품받도록 한다. 가능하면 많은 시간을 가지고 샘플을 만들어 사전에 세탁도 해 본다. 샘플은 담당 부서장과 경영진, 종업원이 함께 참석하여 품평을 하며, 그 옷을 입고 서브(serve)하는 사람과 고객의 입장, 경영진의 입장에서

표 8-5 유니폼 교환전표(uniform exchange slip)

The World Best Smile Hotel, Busan

Uniform Slip

	No.
Date	
Item	Q'ty
Features	
Required by :	
Received by :	

꼼꼼히 따져 결정해야 한다. 이렇게 사입된 유니폼의 관리업무는 객실관리부서에서 하게 된다. 유니폼은 각 부서의 인원이 갈아 입어야 하는 주기 등을 고려하여 제공하지만, 보통 영업장의 유니폼은 2벌, 이에 따른 드레스셔츠는 4벌, 스카프와 보우타이는 3벌, 조리부 서복은 4벌씩 준비하면 큰 무리가 없다.

5. 습득물 처리

객실정비를 맡고 있는 룸 어텐던트(room attendant)와 공공지역 청소를 맡고 있는 공공지역정비원(public area attendant)은 업무 중 발견된 고객의 소지품을 발견 즉시 객실관리부 행정담당에게 신고하고, 습득한 물건(lost and found)은 빠른 방법으로 객실관리 사무실로 보낸다. 접수받은 행정담당은 물품을 고객에게 찾아 돌려 줄 수 있는 방법을 모색하게 된다. 고객이 밝혀진 물품은 모니터에 고객의 위치를 조회하거나 객실영업부서에 연락하여 고객이 호텔 내에 있다면 찾아서 이를 전달하도록 한다. 만약 고객이 출발한 후라면 절차에 의해 보관하고 고객과 연락이 닿도록 노력한다.

제 6 절 세탁실 관리

1. 세탁실의 조직

호텔의 세탁실은 객실관리부(housekeeping)에 소속되어 객실관리부서장(director of housekeeping)의 지휘와 지원을 받게 된다. 그 조직은 세탁부문을 총괄 지휘하는 세탁지배인(laundry manager), 세탁부지배인(assistant laundry manager), 고객세탁물의 출입(pick-up and delivery)을 담당하는 바렛주임(valet leader), 기름세탁을 관장하는 드라이크리닝 주임(leader of dry cleaning), 물세탁을 담당하는 세탁주임(leader of laundry) 등이 있으며, 각 파트의 주임은 전문요원으로 보직되고, 실무자는 주로 기술을 가진 숙련공과 단순노동을 제공하는 일반직으로 구성되어 있다.

2. 세탁장비와 세제류

1) 세탁실의 레이아웃

호텔의 세탁실은 계속되는 인건비 부담, 장비에 대한 투자, 공간 확보, 유지관리비를 필요로 하므로 호텔의 규모에 알맞은 세탁실을 만드는 것이 관건이다. 물론 세탁실을 건설하기 위해서는 총 생산량을 모두 카버 할 것인지, 고객세탁만 생산할 것인지, 외부 고객세탁도 고려하여 하나의 매출공간(revenue center)으로 활용할 것인지도 고려하여야 한다. 미국호텔숙박협회(AHLA)에 의하면 월간 외부용역에 의한 세탁비용이 미화900달러 이상이면 호텔 내부세탁을 고려할 수 있다고 분석하였다. 120실 규모의 호텔에서 주당 필요한 리넨을 생산할 때 자체시설 및 장비에 의하면 미화1,015달러, 외부 용역에 의하면 미화 1,782달러가 소요된다는 연구보고가 있다. 세탁실을 설계하고자 할 때는 첫째, 호텔세탁과 고객세탁의 필요한 범위를 결정, 둘째, 설치될 장비에 필요한 공간과 도입될 시스템의 구성에 대해 검토, 셋째, 인건비를 최소화할 수 있는 동선의 구성, 넷째, 최적의 장비 선택, 다섯째, 도면의 작성 등을 고려하여야 한다. 장비로는 물세탁기, 기름세탁기, 비누믹

그림 8-14 세탁실의 레이아웃

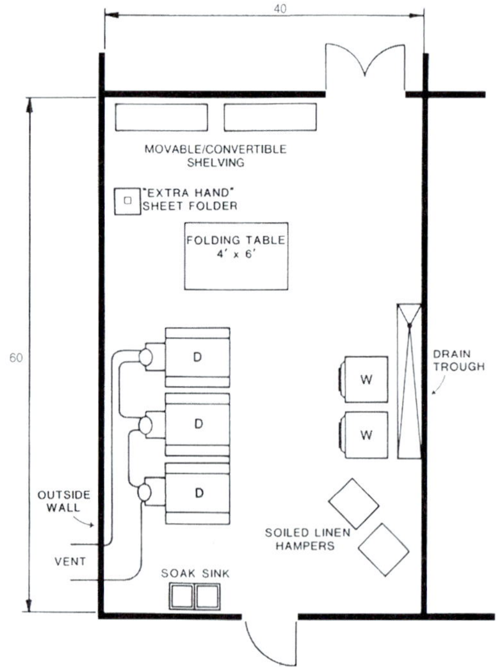

서기, 시트다리미, 셔츠다리미, 양복 상의 다리미, 바지 다리미, 시트홀더(sheet holder), 시트 홀딩 테이블(sheet holding table), 타올 홀딩 테이블(towel holding table), 이동 카트(moblie cart or hampers), 대기 공간 등을 고려하여야 한다.

2) 세탁장비

호텔은 매일매일 영업의 규모에 따라 생산해야 하는 세탁작업량이 있으므로 세탁장비도 이런 영업의 규모에 따라 설비해야 한다. 일반적으로 객실점유율 80% 정도의 생산 가능한 설비를 갖추고, 계속해서 객실점유율이 높거나 식음료, 부대시설의 영업이 호조를 띤다면 2개조로 편성하여 생산을 늘려 나간다. 세탁장비에는 물세탁, 기름세탁, 건조, 다림질, 시트용 롤러 등을 호텔의 규모에 맞게 설치하게 된다.

3) 세탁 세제류

호텔마다 사용하는 세제가 조금씩 다를 수도 있지만, 이는 거래하는 생산자의 상표의 차이로 보면 대부분 비슷한 것을 알 수 있을 것이다. 세탁물의 재질과 세탁방법에 따라 세제를 선정하게 된다.

표 8-6 호텔 세탁부서에서 사용하는 세제류

순위	품 명	단위	용 도	생산국/생산처	비 고
1	Build-S	Pail	의류 세탁용 주세제	한국/이콜랩(주)	
2	Detergent plus	Pail	의류 세탁용 주세제	〃	
3	Soft	Pail	섬유 유연제(탈취제)	〃	
4	Oxy-Brite	Pail	산소계 표백제	〃	
5	StainBlaster A,B,C	Box	찌든 때(전 처리 세제)	〃	
6	Clean Hof Super	Pkg	일반세탁용	한국/존슨	
7	Clean Hof Strong 1000	Pkg	염소계 표백제	한국/존슨	
8	Clean Hof White	Pkg	산소계 표백제	한국/존슨	
9	Bounce	Box	정전기 방지	미국	

순위	품 명	단위	용 도	생산국/생산처	비 고
10	Polysol/SL	Pail	찌든 때 전 처리	미국	
11	Perchloethylene	Drm	드라이 크리닝 기름	미국/일본	
12	과망간산가리	Kg	곰팡이 제거	한국	
13	V−1(Spot detergent)	Pail	페인트, 잉크, 왁스 등	미국	
14	V−2	"	음식물, 우유등	미국	
15	V−3	"	와인, 콜라, 주스 등	미국	
16	Rustgo	"	녹물제거용	미국	

3. 세탁실과 관련 부서의 협력체계

세탁실은 객실관리부서장의 지원을 받아 업무를 추진하며, 최고경영층의 관심 아래 중 · 장기계획을 세워 승인을 받아 업무를 추진한다. 또한 기계의 원활한 운전을 위해 시설관리부서의 지원을 받으며, 각종 재료의 구입을 위해 구매부서의 도움을 받는다. 고객세탁의 수령과 배달(pick−up and delivery)을 위해 객실영업부서와 당직지배인의 도움을 받기도 한다. 따라서 세탁부서는 독자적인 운영을 하면서도 여러 부서의 도움을 받아 운영하므로 쌍방향 커뮤니케이션을 원활히 하여 생동감 넘치는 직장이 되도록 구성원 모두가 노력해야 한다.

4. 세탁물 변상과 변제

세탁물의 분실 또는 파손 기타 발생되는 사고에 대하여는 고객의 편의를 최우선으로 하여 고객이 원하는 바에 따라 적절한 선에서 우선 변제 또는 변상한다. 비용조달은 우선 회계담당(general cashier)으로부터 차용하는 형식으로 하고 변상 및 변제 처리한 내용과 영수증 또는 고객이 변상 또는 변제받았다는 고객의 서명 날인이 된 확인서 등을 첨부하여 경영진에 보고하여 처리비용을 지급받는다. 신속한 업무처리의 효율을 기하기 위하여 보고체계와 양식은 간편한 것이 바람직하며 사고처리보고 및 비용결재도 객실관리부장 결재로 끝나는 것이 바람직하나, 금액의 정도에 따라 총지배인 또는 사장의 결재를 득해야 할 때도 있다. 세탁물 변상에 이용되는 기준연수는 모, 혼방, 추동복 상하는 4년, 포리에스텔 기타는 3년을 기준으로 양복상의는 한벌 가격의 65%, 양복하의는 한벌 가격의 35%를 변상한다.

표 8-7 한국 소비자보호원 총연맹 보상기준

구입기간	배상률(%)	구입기간	배상률(%)
0~1.5개월 미만	85%	1.5~3개월	70%
3~4.5개월	60%	4.5~6개월	50%
6~7.5개월	45%	7.5~9개월	40%
9~10.5개월	35%	10.5~12개월	30%
12개월 이상	20%		

Chapter 09

호텔식음료영업

제1절 호텔 식음료영업의 의의

제2절 레스토랑의 분류

제3절 서비스의 형태와 방법

제4절 기물관리와 테이블 세팅

제5절 식음료 고객서비스

Chapter 09

호텔식음료영업

제 1 절 호텔 식음료영업의 의의

1. 식음료부서의 중요성

호텔의 식음료영업부서는 객실영업부서와 함께 호텔에 큰 규모의 매출과 이익을 가져다주는 양대 부서이다. 호텔의 레스토랑이 외부의 전문식당과 다른 점은 특별한 고객서비스와 전문성이 갖춰진 메뉴를 고객에게 제공한다는 것이다. 호텔의 레스토랑은 다양성과 전문성을 갖추고 있어서 고객이 이용하기에 편리하면서 격식에 맞게 고객을 접대할 수 있어 많은 돈을 지불하고 호텔의 레스토랑을 찾게 된다. 외부의 전통식당은 하루에 한 번 또는 두 번에 걸쳐 제한된 메뉴를 서비스하지만 호텔의 레스토랑은 조식, 중식, 석식과 연회장 또는 룸서비스를 통해 다양한 메뉴로 1년 365일을 고객의 요구와 욕구를 충족시켜 주게 된다. 호텔은 건물 내에 커피숍에서부터 가장 고급스런 식사를 제공하는 프렌치 레스토랑까지 운영하고 있다. 흔히 말하기를 호텔의 식당은 넓은 공간, 많은 노동력, 비싼 식자재 구입비에 비해 적은 이익을 내는 부서로 인식되어 있다. 그러나 사회적 양극화 현상이 두드러지게 나타나는 현실로 볼 때 호텔의 고급식당은 보다 많은 매출과 이익을 내고 있으며, 컨벤션과 이벤트를 겸한 식음영업의 매출은 객실의 매출을 앞서고 있다. 뿐만 아니라 객실영업과 식음영업은 상호 보완적이라서 어느 한쪽이 고객으로부터 선택을 받게 되면 나머지 부분도 매출의 증가를 기할 수 있으며, 이는 호텔의 이익을 견인하고 호텔의 이미지를 상승시킨다.

2. 식음료영업부서의 조직

호텔의 경영관리조직에는 최고경영자인 총지배인과 부총지배인 아래 식음료담당임원이 있으며, 식음료임원(Director of Food & Beverage)을 중심으로 식음료 영업을 관장하는 식음료부장(Assistant Director of Food and Beverage), 조리부서를 관장하는 총주방장(Executive Chef)이 경영관리를 맡게 된다. 식음료부장은 다양한 식당(restaurants section)과 바와 라운지 및 메인 바(beverage section)를 관장하게 되며, 연회장의 영업을 책임지게 된다. 식음료부서장 아래는 레스토랑과장(Restaurant Manager), 음료과장(Beverage Manager), 연회서비스부서장(Catering Manager) 또는 연회과장(Banquet Manager)이 업무를 보좌하게 된다. 각 영업장에는 지배인(Outlet Manager)이 있고, 그 아래는 규모가 큰 호텔은 부지배인(Assistant Outlet Manager)이 있으며, 그렇지 않은 호텔에는 캡틴(Captain)이 있어서 각 영업시간대별로 영업장의 서비스업무를 관장하게 된다. 캡틴은 각 조별 또는 구역별 업무를 관장하고, 레스토랑별 서비스 특성에 따라 쉐프 디 랑(Chef De Rang), 그 아래 데미 쉐프 디 랑(Demi Chef De Rang), 꼬미 디 랑(Commis De Rang), 꼬미 드 바라쉬르(Commis De Barraseur)가 한 팀이 되어 서비스를 담당하게 된다. 일반 식음료영업장에는 헤드 웨이터 (Head Waiter)가 웨이터(Waiter)와 웨이트리스(Waiteress), 보조웨이터(Assistant Waiter)와 보조웨이트리스(Assistant Waiteress)와 함께 서비스를 담당하게 된다. 고급식당이나 고객이 많은 식당에는 좌석을 지정하고 안내를 담당하는 영접원(Greetress)이 있으며, 영업회계를 담당하는 영업회계원(F/B Cashier)이 있다.

3. 식음료 영업부서의 역할

1) 식음료영업부장의 역할

식음료영업부서장은 식음료담당임원을 보좌하여 식음료영업업무를 총괄하고 인원배치, 예산수립, 정보교환, 각종 서비스 프로그램 등을 개발하여 고객만족과 호텔 발전에 일익을 담당하게 된다. 주요업무는 다음과 같다.

① 일일 영업업무에 적절한 인원확보
② 식음료영업업무에 필요한 장비확보
③ 고객서비스 프로그램 개발 및 실천
④ 식음료 판매전략 수립 및 집행
⑤ 각종 이벤트 개발 및 이행
⑥ 이익목표 설정 및 결과 분석
⑦ 정확한 고객정보 확보로 마케팅 및 판촉부서 지원
⑧ 타 부서와 협조하여 고객에게 최고의 서비스 제공
⑨ 소속원의 직무와 서비스에 대한 교육 및 모니터링
⑩ 내 · 외부 고객만족을 위한 프로그램 개발 및 추진
⑪ 총주방장과 함께 메뉴의 개발과 메뉴판 디자인
⑫ 식음료 코스트에 대한 자료 검토 및 관리
⑬ 기물파손(breakage)을 줄이기 위한 교육 및 대책수립

식음료영업부서장은 위에 제시된 주요업무들을 보다 발전적인 서비스부서로 이끌어 가기 위해 신명을 다하지만 업무 중에 가장 중요한 업무를 든다면 첫째, 고객관리, 둘째, 인력관리, 셋째, 이익계획과 원가관리, 넷째, 메뉴관리일 것이다.

(1) 고객관리

호텔의 핵심영업부서인 식음료부서에는 대단히 많은 고객이 끼니별로 찾아든다. 호텔을 이용하는 고객은 다양한 욕구와 요구를 가지고 있으며 극진한 대접을 받기를 원한다. 따라서 서비스접점에서 이뤄지는 서비스상품의 제공과정에서 조그마한 실수도 허용되지 않게 되므로 현장 확인이 무엇보다 중요하다. 각 영업장을 순회하면서 고객의 동태를 파악하고, 고객의 소리를 경청하며, 이를 데이터베이스하여 영업에 활용함과 동시에 DM의 자료로 삼게 되면 점점 단골고객의 증가로 영업이 활성화 될 수 있다.

(2) 인력관리

호텔의 식음료부서는 호텔 내에서 가장 규모가 큰 부서이고 이 부서에 소속된 종업원은 전체 종업원의 20~30%를 차지하게 된다. 이렇게 많은 인원이 무리 없이 고객에게 최상의 서비스를 제공하기 위해서는 표준화된 매뉴얼에 의해 철저히 교육되고, 이의 이행을 모니

터링하여야 한다. 뿐만 아니라 각 영업장은 일별, 요일별, 계절별로 각각 다른 성수기와 비수기를 가지고 있어 인력을 효율적으로 배치하지 않으면 서비스의 차질과 경비의 상승을 유발하게 된다. 따라서 식음료부서장은 각 과별, 영업장별 인력 수요에 적극적으로 대처하여 필요인력의 수급에 만전을 기하여야 한다.

(3) 이익계획과 원가관리

식음료부장은 연간 영업계획에 의해 월별, 주별, 일별로 목표달성을 위해 세부계획을 짜고, 이를 관리해 나가게 된다. 특히 식음료 원가관리는 지속적으로 관리해야 할 주요한 지표이며, 이를 위해 조리부서, 원가관리부서와 함께 업무협조를 하게 된다. 작성하는 손익계산서(P&L: profit and loss statement)는 간단한 공식과 도표에 의해 산출이 가능하며, 위에 예시된 표에 따른 공식은 다음과 같다.

① $$\text{식음료 총비용(\%)} = \frac{\text{식음료 총비용}}{\text{총매출}} = \frac{2,679,800,000}{3,645,000,000} \times 100 = 73.5\%$$

② $$\text{인력관리비(\%)} = \frac{\text{인력관리비}}{\text{총매출}} = \frac{1,379,200,000}{3,645,000,000} \times 100 = 37.8\%$$

③ $$\text{기타경비(\%)} = \frac{\text{기타경비}}{\text{총매출}} = \frac{38,180,000}{3,645,000,000} \times 100 = 10.5\%$$

④ $$\text{식자재비(\%)} = \frac{\text{식자재비}}{\text{식음매출}} = \frac{918,800,000}{3,470,000,000} \times 100 = 26.5\%$$

⑤ $$\text{이익율(\%)} = \frac{\text{총이익}}{\text{총매출}} = \frac{965,200,000}{3,645,000,000} \times 100 = 26.5\%$$

표 9-1 2013년 3월 식음료영업부서 이익계획과 원가분석

	프렌치	양식	한식	일식	중식	연회장	라운지	합계	비율
식음매출	280	540	265	360	320	1,350	355	3,470	100.0%
기타수입									
공간대여						120			3.5%
기자재대여						55			1.6%
총매출	280	540	265	360	320	1,525	355	3,645	100.0%
자재원가	90.4	151.2	78.2	113.8	87.7	338.9	58.6	918.8	26.5%
%	32.3	28.0	29.5	31.6	27.4	25.1	17.5		
매출이익	189.6	388.8	186.8	246.2	232.3	1186.1	296.4	2726.2	78.6%
부서비용									
급여	104.2	167.4	77.9	107.6	91.2	355.1	107.2	1,010.6	27.7%
%	37.2	31.0	29.4	29.9	28.5	26.3	30.2		
인사비	33.9	61.0	29.1	40.0	33.9	132.3	38.4	368.6	10.1%
%	12.1	11.3	11.0	11.1	10.6	9.8	10.8		
간접비	30.8	59.4	29.2	39.6	35.2	148.5	39.1	381.8	10.5%
%	11.0	11.0	11.0	11.0	11.0	11.0	11.0		
비용계	168.9	287.8	136.2	187.2	160.3	635.9	184.7	1,761.0	50.7%
%	60.3	53.3	51.4	52.0	50.1	47.1	52.0		
총비용	259.3	439.0	214.4	301.0	248.0	974.8	243.3	2,679.8	73.5%
%	92.6	81.3	80.9	83.6	77.5	63.9	68.5		
부서이익	20.7	101.0	50.6	59.0	72.0	550.2	111.7	965.2	26.5%
%	7.4	18.7	19.1	16.4	22.5	36.1	31.5		

(4) 메뉴 디자인

식음료영업부서장은 호텔에서 판매되는 각 영업장의 기본 메뉴를 비롯하여 각종 이벤트나 특별 행사에 필요로 하는 메뉴를 총주방장에게 요청하고, 총주방장은 코스트 컨트롤러와 협의하여 메뉴를 개발하여 영업부서에 넘기게 된다. 이 때 식음료영업부장은 양목표에 걸맞는 메뉴의 디자인을 시도하므로 상품화 계획을 이행하게 된다. 메뉴디자인은 호텔 전체 식당의 품격을 바탕으로 각 영업장의 특색을 살려 기본메뉴, 계절별 메뉴, 특별메뉴의 형태로 디자인되어진다. 대규모 체인호텔들은 식음료부서에 메뉴디자인을 위한 전문가를 고용하고 있으며, 대부분의 의사결정은 식음료영업부서장이 내리고 있다.

2) 레스토랑과장의 역할

레스토랑과장은 식음료영업부서장을 도와 각 영업장의 일일 영업활동에 대해 실무책임자로서 책임성을 가지고 업무를 진행하게 된다. 또한 식음료영업부서장이 수행하는 업무

중에서도 각 영업장의 인력관리, 매출관리, 비용관리, 메뉴관리 등 보다 구체적인 업무를 맡아 진행하기도 한다.

3) 음료과장의 역할

호텔에서 판매하는 음료는 청량음료는 물론 와인, 쉐리, 샴페인, 맥주 등 양조주를 비롯하여 위스키, 브랜드, 보드카, 럼, 데킬라, 진 등 증류주와 각종 혼성주, 그리고 칵테일이 있다. 이렇게 복잡한 음료를 각 영업장에 공급하고, 직접 라운지와 바의 영업에 참여하는 간부를 음료과장 또는 음료담당지배인이라고 부른다. 음료과장은 식음료영업부장을 보좌하여 음료의 사입, 판매, 이동, 생산부서에 지원 등의 업무를 관장한다. 음료과장은 연회장에 설치되는 바를 관장하며, 조리부서에서 요리를 위해 투입되는 각종 음료도 공급하게 된다.

4) 식음료영업장지배인의 역할

식음료영업장지배인은 영업장에 소속된 인적자원과 기자재를 최대한 활용하여 최고의 서비스를 고객에게 제공할 책무를 지니고 있다. 지배인 담당 영업장을 찾는 고객을 단골고객으로 만들어 안정적인 매출을 획득하고, 적정한 이익을 유지할 수 있도록 고객서비스에 만전을 기하며, 생산부문인 조리부서와도 긴밀한 업무협조와 인간적인 우애를 바탕으로 영업장을 이끌어가야 한다.

5) 캡틴의 역할

캡틴은 부지배인이 없는 영업장에서는 부지배인의 역할도 수행하며, 헤드웨이터를 지휘하여 각 영업장의 식사시간대(meal period)에 책임 있게 영업장을 운영한다. 또한 주요한 고객은 직접 서비스하여 단골고객을 늘리는데 노력하게 된다.

6) 영접원의 역할

영접원(Greeter, Receptionist)은 영업장의 입구에서 근무하며, 고객의 예약, 자리안내,

환송 등의 업무를 수행한다. 주요업무는 예약대장의 관리, 각 구역별 배정된 헤드웨이터와 긴밀한 협무협조, 고객을 지정좌석까지 안내하면서 베푸는 친절한 서비스, 웨이터와 웨이트리스를 도와 필요한 서비스 제공, 고객관리에 대한 제반 사항 기록관리 및 고객관리 프로그램 운영 등이 있다.

7) 영업회계원(F/B Cashier)의 역할

호텔정보시스템의 발달로 영업장에 배속되어 영업회계를 담당하던 업장회계원의 업무는 웨이터와 웨이트리스가 서비스와 계산을 함께 수행하도록 되었다. 그러나 고객이 몰려 혼잡한 식당이라든지 격식을 갖추는 고급식당에는 아직까지 영업회계원이 그 업무를 수행하고 있다.

제 2 절 레스토랑의 분류

1. 서비스 조직에 따른 분류

식음료 서비스 조직은 고객만족과 식음료 점포의 수익이라는 목표달성을 위해서 존재하며 이러한 서비스 조직은 업종 · 업태 · 메뉴 · 가격 · 서비스 방법 및 고객 수용능력에 따라 상이하지만 기본적인 식음료 서비스 조직의 형태는 쉐프 디 랑 시스템, 헤드 웨이터 시스템, 스테이션 웨이터 시스템으로 나누어 설명할 수 있다.

(1) 쉐프 디 랑 시스템

쉐프 디 랑 시스템(Chef De Rang System)은 가장 정중하고 최고급의 서비스를 제공하는 고급식당에 적합한 서비스 조직으로 총책임자인 메트로 도텔(maitre d'hotel : Head waiter)의 지휘아래 일정 테이블 또는 스테이션을 담당하는 서비스 조장인 쉐프 디 랑(chef de rang)이 있고, 그 밑에 데미 쉐프 디 랑(demi-chef de rang), 꼬미 디 랑(commis de rang), 드바라쉬르(commis de barraseur)가 한 팀이 되어 서비스를 제공하게 된다. 쉐프 디 뱅(chef de vin : sommelier)은 와인을 전문적으로 서비스하는 임무를 담당하며 음식을 서비스하는 쉐프 디 랑의 업무를 도와준다. 쉐프 디 랑 시스템은 게리동(gueridon) 또는 플램비 웨곤(flambee wagon)을 사용하여 음식을 서비스하게 되므로 전문적인 조리기술을 가지고 있어야 하고, 대고객서비스를 제공하기 때문에 서비스 능력 또한 갖추고 있어야 한다. 또 팀원들이 한 조가 되어 서비스와 메뉴를 제공하기 때문에 팀워크 역시 매우 중요하다.

그림 9-1 Chef De Rang System

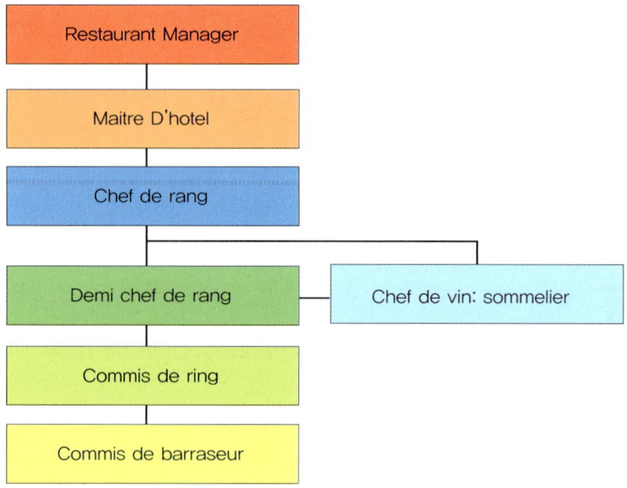

(2) 헤드 웨이터 시스템

헤드 웨이터 시스템(Head Waiter System)은 영업에 가장 적합한 유형의 조직으로 쉐프 디 랑의 복잡하고 번거로운 운영조직을 능률적이고 간편하게 변형시킨 것으로 헤드 웨이터 밑에 음식을 서비스하는 웨이터와 음료를 서비스하는 웨이터가 있고 지정된 테이블이나 스테이션 없이 웨이터 또는 웨이트리스가 모든 곳을 서비스할 수 있는 것이 특징이다. 이는 쉐프 디 랑을 보완한 시스템으로서 인건비의 과대지출과 영리상의 문제를 보완하여 적은 인원으로 큰 효과를 얻고자 하는 시스템이라 할 수 있다.

그림 9-2 Head Waiter System

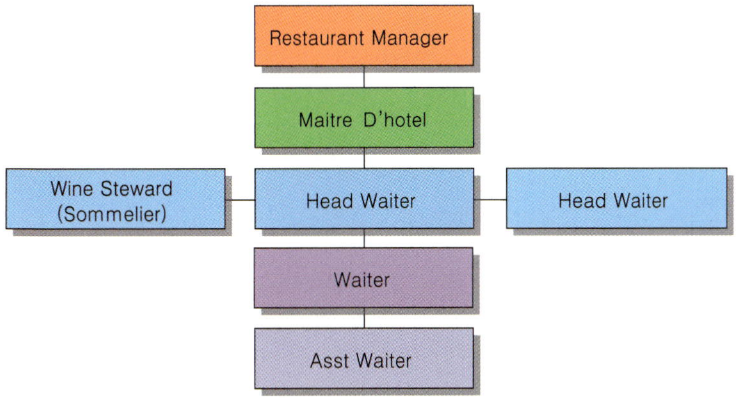

(3) 스테이션 웨이터 시스템

스테이션 웨이터 시스템(Station Waiter System)은 헤드 웨이터 밑에 여러 명의 웨이터들이 각각의 테이블 또는 스테이션을 맡아서 식음료의 주문은 물론, 서비스를 제공하는 조직이며, 규모가 있는 패밀리 레스토랑, 나이트 클럽, 극장식 식당 등에서 많이 사용하는 서비스 운영조직이다.

그림 9-3 Station Waiter System

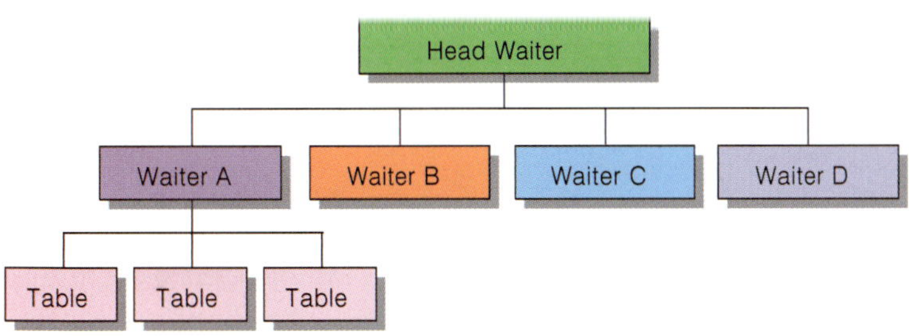

2. 식당 업무형태에 따른 분류

(1) 다이닝 레스토랑

다이닝 레스토랑은 고급식당으로서 식탁과 의자를 마련해 놓고, 고객의 주문에 의하여 웨이터나 웨이트리스가 고급 서비스를 제공하는 식당이다.

그림 9-4 고급식당(Dining Restaurant)

(2) 그릴

일품요리(A La Carte)를 제공하는 식당으로 아침, 점심, 저녁 등을 계속해서 제공하며, 수익을 증진시키고 고객의 기호와 편의를 도모하기 위해 그날의 특별요리(Daily Special Menu)를 제공하기도 한다.

그림 9-5 그릴(일품요리식당)

(3) 카페테리아

음식물이 진열되어 있는 카운터 테이블에서 음식을 고른 다음, 요금을 지급하고 손님 자신이 직접 가져다 먹는 셀프서비스식의 식당이다.

(4) 다이닝 룸

주로 정식(Tabel d'hote)을 제공하는 호텔의 주식당으로, 이용하는 시간을 정하여 조식을 제외한 점심과 저녁식사를 제공한다. 아침식사는 일반적으로 커피숍이나 별도의 Breakfast Room에서 제공되는 것이 보통이다.

그림 9-6 다이닝룸

(5) 커피숍

고객이 많이 왕래하는 장소에서 커피와 음료수 또는 간단한 식사를 판매하는 식당이다. 호텔의 부대시설로 대부분의 호텔이 커피숍을 운영하고 있다.

(6) 뷔페 식당

준비해 놓은 요리를 일정한 요금을 지급하고 자기 양껏 뜻대로 선택해서 먹을 수 있는 셀프서비스 식당이다.

(7) 드라이브 인

도로변에 위치하여 자동차를 이용하는 여행객을 상대로 음식을 판매하는 식당으로 넓은 주차장을 갖추어야 한다.

그림 9-7 뷔페식당(Buffet Restaurant)

(8) 런치 카운터

식탁 대신 조리과정을 볼 수 있는 카운터 테이블에 앉아, 조리사에게 직접 주문하여 식사를 제공받는 식당이다. 고객은 직접 조리과정을 볼 수 있기 때문에 기다리는 지루함을 덜 수 있고 식욕을 촉진시킬 수 있다.

(9) 리후레시먼트 스탠드

간편한 간이음식을 만들어 진열장에 미리 진열해 놓고, 바쁜 고객들로 하여금 즉석에서 구매해 먹을 수 있도록 한 식당이다.

(10) 스낵 바

일종의 간이식당으로 가벼운 식사를 제공하는 식당이다.

(11) 다이닝 카

기차를 이용하는 여행객을 위하여 식당차를 여객차와 연결해서 그 곳에서 음식을 판매하는 식당이다.

(12) 백화점 식당

백화점을 이용하는 고객들이 쇼핑 도중 간이식사를 할 수 있도록 백화점 구내에 위치한 식당이다. 보통 셀프서비스의 형식으로 회전이 빠른 식사가 제공된다.

(13) 인더스트리얼 식당

회사나 산업체의 구내식당으로 비영리 목적의 식당이다. 학교, 병원, 군대의 급식식당이 이에 속한다.

(14) 패밀리 레스토랑

패밀리 레스토랑은 세계적으로 넓은 의미의 레스토랑으로 사용되고 있는 대표적 명칭이다. 보통 고객의 주문에 의하여 웨이터나 웨이트리스가 음식을 제공하여 주는 테이블 서비스를 하며, 대중적인 음식과 중간 정도의 식사가격, 정중한 서비스, 훌륭한 시설을 갖춘 레스토랑을 말한다.

그림 9-8 패밀리 레스토랑

(15) 패스트푸드 레스토랑

패스트푸드 레스토랑은 유통에서 생산에 이르기까지 표준화되어 있는 시스템을 이용하여 한정된 메뉴 품목을 주로 셀프서비스 방식으로 제공하는 레스토랑을 말한다.

(16) 라운지

대부분의 호텔에는 주식당, 커피숍, 라운지, 연회장이 있게 마련인데, 라운지는 칵테일 바를 함께 운영하고 있다.

그림 9-9 라운지

3. 서비스 방법에 따른 분류

(1) 테이블 서비스 레스토랑

테이블 서비스 레스토랑은 전체요리, 주요리, 디저트 등의 순서로 고객이 메뉴를 보고 주문에 따라 종사원이 요리를 제공하는 방법으로, 호화로운 분위기와 높은 객단가 그리고 최상의 서비스를 제공함으로써 만족도를 높이는 레스토랑을 말한다. 또 서비스 방법에 따라 아메리칸 서비스, 프렌치 서비스, 러시안 서비스 등으로 구분된다.

(2) 카운터 서비스 레스토랑

조리부서를 직접 고객이 볼 수 있게 공개형(open kitchen)으로 디자인하고, 그 앞에 카운터를 식탁으로 하여 음식을 제공하는 레스토랑을 말한다. 이러한 카운터 서비스 레스토랑의 장점은 서빙하는 종사원 없이 직접 조리사에게 주문하기 때문에 경제적이고, 조리과정을 고객이 직접 볼 수 있기 때문에 위생적이며, 주문한 요리가 완성될 때까지 지켜볼 수 있어 기다리는 지루함을 덜어줄 수 있다.

(3) 셀프서비스 레스토랑

셀프서비스 레스토랑은 시간대에 따라 다르게 책정된 일정한 식사가격을 지급하고 고객 자신이 직접 기호에 맞는 음식을 선택, 운반하여 식사하는 방법으로 운영되는 레스토랑이다. 이와 같은 셀프서비스 레스토랑은 카페테리아 서비스, 뷔페 서비스로 나눌 수 있다.

(4) 비영리단체 급식

특정단체에 급식을 제공하는 레스토랑을 말한다. 일시에 많은 인원을 수용하여 식사를 제공할 수는 있으나, 일정한 메뉴에 의한 식사이기 때문에 고객의 기호에 맞는 음식을 선택할 수 없다는 단점이 있다.

(5) 자동판매기 레스토랑

자동판매기 레스토랑은 일정한 공간에 자동판매기를 설치하여 자동판매기 안에 비치된 음식들을 동전을 투입하여 제공받는 레스토랑을 말한다.

4. 음식종류에 따른 레스토랑

음식종류에 의한 분류는 크게 서양식 레스토랑과 동양식 레스토랑으로 나눌 수 있으며 그 특징을 살펴보면 다음과 같다.

1) 서양식 레스토랑

(1) 프랑스식 레스토랑

프랑스 요리는 가장 품위있고 세계적으로 명성있는 요리로 다양한 조리법들이 발달하였다. 프랑스 요리의 특징은 지중해와 대서양에 면하고 있어 기후가 온화하고 농산물, 수산물이 모두 풍부하여 요리의 재료가 다양한 편이어서 조리 시 그러한 재료를 충분히 살리는 한편, 합리적인 고도의 기술을 구사하여 섬세한 맛의 요리를 만들어 내는 것이 프랑스 요리의 특징이다.

또 격조높은 요리의 내용만큼 그릇의 선택이나 식탁의 조화를 찾는 테이블 문화가 큰 비중을 지닌 것도 특징이다. 프랑스 테이블 문화의 전통은 금은세공, 도자기, 섬유예술을 크게 발전시킨 요체이기도 하다. 프랑스 요리가 유명하다는 조건에는 좋은 요리의 맛 때문이기도 하지만, 순서를 갖춘 격식있는 식사 매너도 한 몫을 차지하고 있다. 저녁식사는 나오는 메뉴가 8~10코스가 되고, 시간은 보통 3~4시간이 소요된다.

그림 9-10 프랑스식 레스토랑

(2) 이탈리아식 레스토랑

이탈리아는 비옥한 토양에서 과일, 야채, 향료 식물과 양념이 풍부하게 생산되고, 바다에서는 질 좋은 어류들이 공급되어 자연의 풍요로움이 이탈리아의 요리를 유명하게 만들었다.

프랑스 요리의 맛이 소스에 있다면, 이탈리아 요리의 맛은 신선한 육류와 해물 그 자체에 담겨 있다. 또 하나의 특징은 샐러드유를 쓴다는 것이다. 대표적인 것은 면류(pasta)이며, 그 밖의 요리들은 프랑스 요리와 별로 다를 바 없다.

이탈리아에서 면류는 수프 대신에 먹는 것이 특징이며, 스파게티 나폴리탄을 가장 많이 먹는다. 지역별로 향토음식이 잘 발달되어 있으며 스파게티, 라비올리, 리조토, 치즈 등의 요리가 유명하다.

그림 9-11 이탈리아식 레스토랑

(3) 미국식 레스토랑

미국인들의 식생활은 빵과 곡물, 육류와 달걀, 낙농식품, 과일 및 야채 등을 이용하고 식사는 간소한 메뉴와 경제적인 재료 및 영양본위의 실질적인 식생활이 특징이다. 비프스테이크, 햄버거, 바비큐 등이 대표적이다.

그림 9-12 미국식 레스토랑

(4) 스페인식 레스토랑

주위가 바다로 둘러싸인 스페인은 해산물이 풍부하여 생선요리가 유명하다. 스페인요리는 올리브유, 포도주, 마늘, 파프리카, 사프란 등의 향신료를 많이 쓰는 것이 특색이다.

그림 9-13 스페인식 레스토랑

2) 동양식 레스토랑

(1) 한국식 레스토랑

한국식 레스토랑은 우리나라 고유의 음식을 제공하는 레스토랑으로 외국인들에게 한국의 음식을 맛볼 수 있는 좋은 기회를 제공한다. 한국음식은 주식과 부식이 분리되어 있고 음식의 간을 중시하는 특색이 있다. 이와 같은 한식의 메뉴는 밥, 죽, 면 등의 주식류와 국, 찌개, 구이, 찜, 조림, 산적, 나물, 전, 김치 등의 부식류로 구성되어 있다.

그림 9-14 한국식 레스토랑

(2) 중국식 레스토랑

중국요리는 중국대륙에서 발달한 요리의 총칭으로 청요리(淸料理)라고도 불린다. 중국은 광대한 영토와 영해에서 풍부한 해산물을 통해 넓은 재료의 이용, 맛의 다양성, 풍부한 영양, 합리적인 조리법 등으로 오늘날 세계적인 요리로 발전하게 되었다. 음식색채의 배합이 일본요리나 서양요리에 비해 화려하지는 않지만 미각을 중시한다. 이와 같이 독특한 개성을 지니고 발전해 온 각 지방의 요리는 북경요리, 난징요리, 광동요리, 사천요리 등으로 구분할 수 있다.

그림 9-15 중국식 레스토랑

(3) 일본식 레스토랑

일본요리는 지리적 특성에 따라 관서요리와 관동요리로 뚜렷하게 대별된다. 관서요리는 식재료의 색, 형태 그리고 연한 맛이 특징이며, 관동요리는 관서요리에 비해 맛이 농후하며, 국물이 적다. 일본요리는 맛과 함께 모양과 색깔, 그릇과 장식에 이르기까지 전체적인 조화에 신경을 쓰는 특징이 있다. 일본요리는 형식에 따라 본선요리, 회석요리, 차회석요리, 정진요리, 보채요리 등이 있다.

그림 9-16 일본식 레스토랑

(4) 태국식 레스토랑

태국요리는 일반적으로 밥과 세 가지의 반찬으로 구성되며, 각각의 요리가 순서대로 나오지 않고 한 식탁에 동시에 제공된다. 태국음식은 조미료, 향신료로 독특한 맛을 내는 특징이 있다. 카레, 장류에 찍어 먹는 음식이 주요리이고, 국과 샐러드 종류가 곁들여진다.

그림 9-17 태국식 레스토랑

제 3 절 서비스의 형태와 방법

레스토랑에서의 서비스 형태는 레스토랑의 컨셉에 따라서 다양한 형태를 가지고 있으며, 이는 결국 고객들의 요구와 욕구를 가장 잘 채워줄 수 있는 형태를 레스토랑에서 선택하여 사용해야 한다.

서비스의 형태는 크게 테이블 서비스, 뷔페 서비스, 카운터 서비스로 나누어 볼 수 있으며 다음과 같다.

1) 테이블 서비스

테이블 서비스(Tabel service)는 가장 전형적인 서비스 방법으로서 고객이 앉은 테이블에서 직접 주문을 받고 테이블로 주문한 음식을 가져다 주는 방식이다. 테이블 서비스를 맡은 직원은 테이블에서 고객을 서비스하는 업무뿐만 아니라 테이블의 크리닝과 세팅까지의 업무를 담당하게 된다. 테이블 서비스의 방식으로는 아메리칸 서비스, 프렌치 서비스, 러시안 서비스, 영국식 서비스의 4가지 방식이 보편적으로 사용된다.

(1) 아메리칸 서비스

아메리칸 서비스(American service)는 일명 플래이트 서비스(Plate service)라고도 부르며, 고객이 주문한 음식이 모두 조리부서에서 접시에 담아져 서브되는 형식으로 대부분 빠른 서비스를 추구하는 레스토랑에 적합한 서비스 방식이다. 특징을 살펴보면 다음과 같다.

① 조리부서에서 모든 음식은 접시에 담아져 제공된다.
② 접시에 담아서 제공됨으로 신속한 서비스가 가능하다.
③ 적은 인원으로 많은 고객을 서브할 수 있으므로 효율적이다.
④ 음식이 비교적 빨리 식기 때문에 고객의 미각을 사로잡기 힘들다.
⑤ 고급 식당보다 중급 정도의 식당에 가장 적합한 서비스 방식이다.

(2) 프렌치 서비스

프렌치 서비스(French service)는 비교적 서비스 시간이 길고 우아한 서비스를 제공하는 레스토랑에 적합한 서비스 방식이다. 고객이 보는 앞에서 전 조리과정이 보여지며, 고객의 식탁 앞에서 게리동(gueridon)을 이용하여 쉐프 디 랑(chef de rang)이 조장이 되고 코미 디 랑(commis de rang) 등이 한 조가 되어 요리가 완성되고 제공되어진다.

고급 서비스를 제공할 수 있는 장점이 있는 반면 여러 명이 한 조가 되어 한 테이블을 서비스해야 하기 때문에 인건비의 부담이 높다고 할 수 있다. 특징을 살펴보면 다음과 같다.

① 게리동을 이용하기 때문에 테이블 사이의 간격 등 넓은 공간이 필요하다.
② 팀을 이루어 서비스를 제공해야 하기 때문에 인건비의 비율이 높다.
③ 비교적 서비스 시간이 많이 걸리는 편이다.
④ 고급 식당에 적합한 서비스 방식이다.

(3) 러시안 서비스

러시안 서비스(Russian service)는 주로 은기류를 사용하므로 실버 서비스(Silver service) 혹은 프레터 서비스(Platter service)라고도 한다. 러시안 서비스는 생선이나 가금류를 통째로 요리하여 아름답게 장식을 한 후 고객에게 서브되기 전에 고객들이 잘 볼 수 있도록 사이드 테이블에 전시함으로써 식욕을 돋구게 한다.

러시안 서비스 방식은 프렌치 서비스와 마찬가지로 우아하며, 프랑스식보다 더 신속하고 더 실용적인 서비스로 연회장에서 주로 이 서비스 방식을 사용한다.

(4) 영국식 서비스

영국식 서비스(English service)는 가족형 서비스라고도 불리우며 많은 고객을 대상으로 한다. 가정에서 이루어지는 식사형태와 매우 흡사한 서비스 방식으로 많은 양의 음식이 사발이나 큰 접시에 담겨져 테이블을 돌며 전달된다. 웨이터는 큰 접시를 테이블로 가져가 조금씩 고객의 접시에 덜어주며 이후 고객들이 테이블을 돌리며 음식을 덜어 먹는 방식이다.

2) 뷔페 서비스

뷔페 서비스(Buffet service)는 음식을 보기 좋게 플래터에 담아 두면 고객이 직접 테이블로 가서 자신이 원하는 음식을 접시에 담아서 먹는 셀프서비스 방식이다. 웨이터들은 고객이 사용한 빈 접시 등을 치워주고 음료와 주류 등을 서비스하며, 테이블 세팅 업무를 한다.

뷔페 서비스는 셀프서비스 스타일이므로 종업원의 수가 상대적으로 적어 세심한 서비스를 제공하지 못하는 단점이 있기는 하나 인건비가 다른 레스토랑에 비해 작은 장점을 가지고 있다. 또 뷔페의 경우 음식이 과도하게 남는 경우가 있어 식재료비 상승의 원인이 되기도 한다.

3) 카운터 서비스

카운터 서비스(Counter service)는 조리부서와 붙은 카운터를 식탁으로 해서 고객이 직접 조리과정을 보며 식사를 할 수 있는 형태이다. 수로 바, 라운지, 스낵숍, 일식식당 등에서 볼 수 있다.

이 서비스의 특징은 식사를 빠르게 제공할 수 있으며, 서비스 인원이 많이 필요 없어 인건비가 적게 든다는 장점이 있다.

제 4 절 기물관리와 테이블 세팅

레스토랑에 있어서 서비스 기물들은 레스토랑의 자산이며 고객들이 사용하는 물품임으로 세심한 관리가 필요하다. 레스토랑에서 사용하는 기물들은 레스토랑의 격과 이미지를 나타내주는 것으로 레스토랑의 수준에 맞는 것을 선택하여 사용할 필요가 있다. 비품은 크게 기물류, 장비류, 리넨류 등으로 나눌 수 있으며 본 장에서는 주로 기물류와 리넨류를 다루고자 한다.

1. 기물관리

1) 은기물류

은기물류(Silver ware)는 순은제와 은도금이 있다. 순은제의 경우는 고가여서 잘 사용하지 않고 있으며 일반적으로 은도금제나 스테인레스 제품 등을 많이 사용하는 편이다. 은기제품으로 나이프와 포크, 서비스 팰래터, 트레이 등이 있다.

그림 9-18 은기물류(Silver ware)

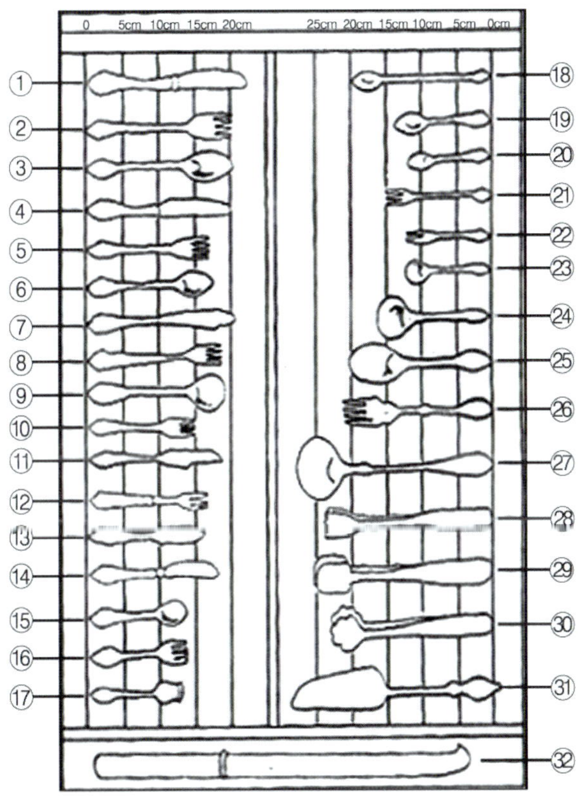

① Table Knlfe　② Table Fork　③ Table Spoon　④ Dessert Knifo
⑤ Dessert Fork　⑥ Dessert Spoon　⑦ Fish Knife　⑧ Fish Fork
⑨ Fish Spoon　⑩ Salad Fork　⑪ Fruit Knife　⑫ Fruit Fork
⑬ Butter Knifo　⑭ Bread Knife　⑮ Bouillon spoon　⑯ Oyster Fork
⑰ Ice Cream Spoon　⑱ Long Spoon　⑲ Tea Spoon　⑳ Coffee Spoon
㉑ Cocktail Knifo　㉒ Snail Fork　㉓ Sugar Ladle　㉑ Sauce Ladle
㉕ Serving Spoon　㉖ Serving Fork　㉗ Soup Ladle　㉘ Ice Tongs
㉙ Bread Tongs　㉚ Food Tongs　㉛ Cake Server　㉜ Wedding cake

(1) 포크

포크(Fork)는 용도에 따라서 다음과 같이 나눌 수 있다.

① 에스카르고 포크(Escargot fork, Snail fork)

② 칵테일 포크(Cocktail fork)

③ 샐러드 포크(Salad fork)

④ 휘시 포크(Fish fork)

⑤ 미트 포크(Meat fork)

⑥ 디저트 포크(Dessert fork)

⑦ 과일 포크(Fruit fork)

⑧ 카빙 포크(Carving fork)

⑨ 서빙 포크(Serving fork)

⑩ 에피타이저 포크(Appetizer fork)

(2) 나이프

나이프(Knife)는 그 용도에 따라 다음과 같이 나눌 수 있다.

① 에피타이저 나이프(Appetizer knife)

② 샐러드 나이프(Salad knife)

③ 휘시 나이프(Fish knife)

④ 미트 나이프(Meat knife) 혹은 앙트레 나이프(Entree knife)

⑤ 디저트 나이프(Dessert knife)

⑥ 과일 나이프(Fruit knife)

⑦ 카빙 나이프(Carving knife)

⑧ 버터 나이프(Butter knife)

⑨ 테이블 나이프(Table knife)

(3) 스푼

스푼(Spoon)은 용도에 따라 다음과 같이 나눌 수 있다.

① 뷔용 스푼(Bouillon spoon)

② 수프 스푼(Soup spoon)

③ 디저트 스푼(Dessert spoon)

④ 티 스푼(Tea spoon)
⑤ 멜론 스푼(Melon spoon)
⑥ 아이스크림 스푼(Ice cream spoon)
⑦ 서빙 스푼(Serving spoon)
⑧ 소스 래들(Sauce ladle)
⑨ 슈거 래들(Sugar ladle)

이 밖에 은기물의 종류로는 수프 튜린(Soup tureen), 냅킨 홀더(Napkin holder), 소스 보트(Sauce boat), 워터 피쳐(Water pitcher), 와인 쿨러(Wine cooler), 커피 포트(Coffee pot), 아이스 패일(Ice pail) 등이 있다.

2) 도자기류

도자기류(China ware)는 레스토랑에서 음식을 담아서 제공하는 용도로 사용되기 때문에 음식과의 조화에 많은 신경을 써야 한다. 대부분의 레스토랑에서 손쉽게 파손되는 경우가 많으므로 주의깊게 다루어야 한다. 기물파손이 많다는 것은 결국 식당의 수익과 연관되므로 운반시나 취급시 주의를 요한다.

(1) 플래이트

플래이트(Plate)의 종류는 크기나 사용 용도에 따라 종류는 다음과 같다
① 서비스 플래이트(Service plate)
② 비앤비 플래이트(Bread & Butter plate)
③ 에피타이저 플래이트(Appertizer plate)
④ 샐러드 플래이트(Salad plate)
⑤ 앙트레 플래이트(Entree plate)
⑥ 디저트 플래이트(Dessert plate)
⑦ 쇼 플래이트(Show plate)

그림 9-19 도자기류(China ware)

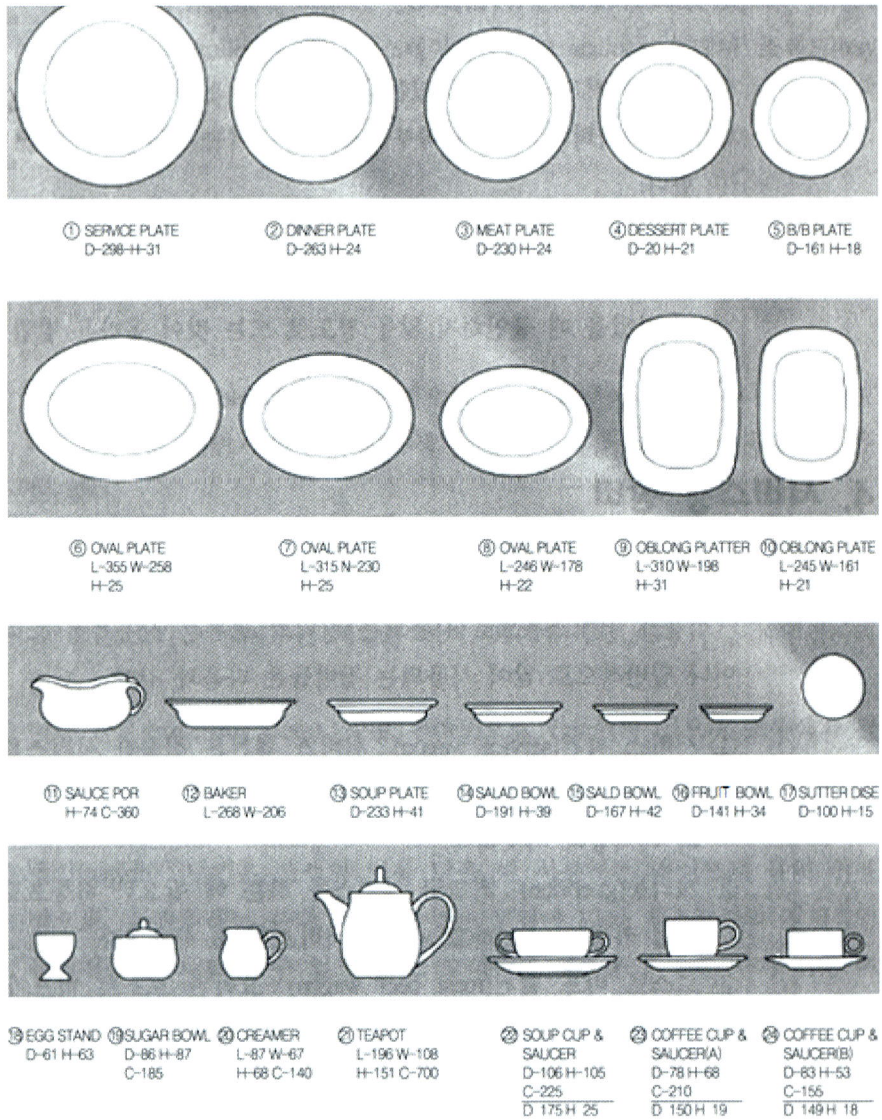

(2) 보올

접시 형식과 컵의 형식으로 가미된 것을 보올(bowl)이라고 한다.

① 샐러드 보올(Salad bowl)

② 수프 보올(Soup bowl)

③ 시리얼 보울(Cereal bowl)

④ 슈가 보울(Sugar bowl)

(3) 컵과 밑받침

컵을 제공할 때에는 반드시 밑받침(saucer)을 받쳐 제공하여야 한다. 그 종류로는 커피 컵과 밑받침, 수프와 밑받침, 크림피처와 밑받침, 버터와 밑받침 등이 있다.

3) 글라스류

레스토랑에서 사용하는 글라스(Glass)는 디자인과 모양, 용량에 따라 다르게 구분된다.

유리컵은 크게 두 가지의 종류로 구분되며, 원형으로 되어 있는 실린드리컬 글라스(Cylindrical glass)와 목이 있는 스템드 글라스(Stemmed glass)가 있다.

유리컵 역시 깨지기 쉬우므로 주의깊게 다루어야 한다. 글라스의 종류를 살펴보면 다음과 같다.

(1) 글라스 종류

① 워터 글라스(Water glass)

일반적으로 폭이 넓고 깊으며, 위가 밑보다 약간 넓다. 물은 글라스의 80% 정도 채운다. 용량은 10온스 정도가 일반적이다.

② 샴페인 글라스(Champagne glass)

원래 소우서(saucer)형이었으나, 거품이 흘러내리지 않도록 튤립형(tulip-shaped)을 많이 사용한다. 용량은 5온스가 일반적이다.

③ 와인 글라스(Wine glass)

폭보다 길이가 길고 위와 밑의 넓이가 비슷하다. 일반적으로 적포도주 잔(red wine glass)이 백포도주 잔(white wine glass)보다 큰 것이 보통이다.

④ 칵테일 글라스(Cocktail glass)

대개 삼각형(V-shaped)으로 되어 있으나, 크기나 모양은 여러 가지로 변하고 있다. 일반적인 용량은 3~4온스이다.

그림 9-20 글라스류(Glass Ware)

① Delmonico	② Collins Glass	③ Shot Glass
④ Highball Glass	⑤ Old Fashioned Glass	⑥ Irish Coffee Glass
⑦ Pilsner Glass	⑧ Beer Mug Glass	⑨ Pousse Cafe Glass
⑩ Parfait Glass	⑪ Flip Glass	⑫ Red Wine Glass
⑬ White Wine Glass	⑭ Sherry Wine Glass	⑮ Flute Champagne Glass
⑯ Brandy Glass	⑰ Cocktail Glass	⑱ Sour Glass
⑲ Liqueur Glass		

⑤ 위스키 사워 글라스(Whisky sour glass)

목(stem)이 길고, 위는 좁고깊다. 일반적인 용량은 3~5온스이다.

⑥ 쉐리 글라스(Sherry glass)

위가 넓고 밑으로 갈수록 폭이 좁아지면서 깊다. 일반적인 용량은 2~3온스 정도이다.

⑦ 브랜디 스니후터(Brandy snifter)

브랜디 글라스 혹은 브랜디 인헤일러(brandy inhaler)라고도 부르며, 튤립이나 전구와 같은 모양을 하고 있다. 1~2온스 정도 채우며, 용량은 6~8온스 정도이다.

⑧ 리큐르 글라스(Liqueur glass)

여성용의 혼성주를 마실 때 사용하며, 목(stem)이 짧고, 작은 튤립형이다. 용량은 3온스이나 일자로 쭉 빠진 1온스들이가 있다.

⑨ 탐 칼린스 글라스(Tom Collins glass)

실린드리컬 글라스형으로 워터글라스와 비슷하며, 용량은 12온스이다.

⑩ 올드 패션 글라스(Old fashioned glass)

높이가 낮고 목줄기가 없으며, 둘레가 약간 넓으며, 두터운 글라스로 되어 있다. 용량은 4~6온스 정도이다.

⑪ 하이볼 글라스(High glass)

탐 칼린스 글라스보다 작으나 모양은 같으며, 용량은 5~10온스 정도이다.

4) 리넨류

(1) 리넨의 종류

① 테이블 클로스(Table cloth)

테이블 클로스는 레스토랑에서는 주로 청결함을 나타내기 위해서 흰색을 많이 사용한다. 테이블 클로스 윗부분에 탑 클로스(top cloth)를 깔아서 고급스러움을 추구하기도 하고, 유리를 올려 편의를 추구하는 경우도 있다. 유리를 깔 경우 고급스러움이 없기 때문에 고급 레스토랑에서는 바람직한 방법이 아니다.

② 언더 클로스(Under cloth)

테이블에 식기나 기물을 놓을 때 소음을 줄이고자 테이블 밑에 깔아서 촉감을 부드럽게 하는 것으로 면종류의 천으로 만들어지며 테이블에 움직이지 않도록 고정시켜 사용한다. 사이런스 클로스(Silence colth)라고도 한다.

③ 냅킨(Napkin)

냅킨은 고객이 식사 도중에 입을 닦거나 음식물을 흘려 옷이 더러워지지 않도록 하기 위해서 사용하는 것으로 규격은 일반적으로 50cm×50cm가 이상적이다. 고급스럽고 화려하게 보이기 위해 접는 방법에도 여러 가지가 있다.

④ 서비스 타월(Service towel)

서비스 종사원이 사용하는타월로 암 타월(arm towel) 혹은 핸드 타월(hand towel)이라고도 한다.

서비스 종사원은 항상 몸에 지니고 있어야 한다.

⑤ 워셔 타월(Wash towel)

기물이나 집기류를 닦을 때 사용하는 타월로 별도의 칼라 및 디자인하여 냅킨과 구분되게 하는 것이 좋다.

2. 테이블 세팅

테이블 세팅(Table Setting)은 고객이 식탁에서 주문한 음식을 편하게 먹을 수 있도록 분위기를 연출하여 테이블을 꾸미는 것으로 식사제공에 필요한 기물들을 갖추어서 효율적인 테이블 서비스가 이루어지도록 해야 한다.

테이블 세팅은 식당의 종류와 식사에 따라서 다양한 형태가 있으나, 기본적으로 테이블 세팅 시 아래의 사항을 기준으로 한다.

① 테이블과 의자가 흔들림이 없으며, 깨끗한지를 확인한다.
② 테이블 매트를 깐다.
③ 센터피스를 세팅한다.
④ 테이블 세팅에 사용할 기물류들이 깨끗한지 확인한다.
⑤ 은기물류를 세팅할 때는 지문 등이 묻지 않도록 손잡이나 바깥쪽을 잡는다.
⑥ 포크와 나이프는 냅킨을 기준으로 양옆으로 1cm 정도 간격으로 놓는다.
⑦ 브레드 플래이트는 포크 바깥쪽 1cm 정도 띄어서 놓고, 그 위에 버터 나이프를 우측 3분의 1 지점에 놓는다.
⑧ 물잔은 meat knife 위 1cm 정도 위에 놓는다.
⑨ 와인잔은 물잔의 좌상 방향으로 1cm 정도 띄어서 놓는다.
⑩ 기물류의 배열은 전체적인 균형을 이룰 수 있도록 한다.

그림 9-21 기본 세팅

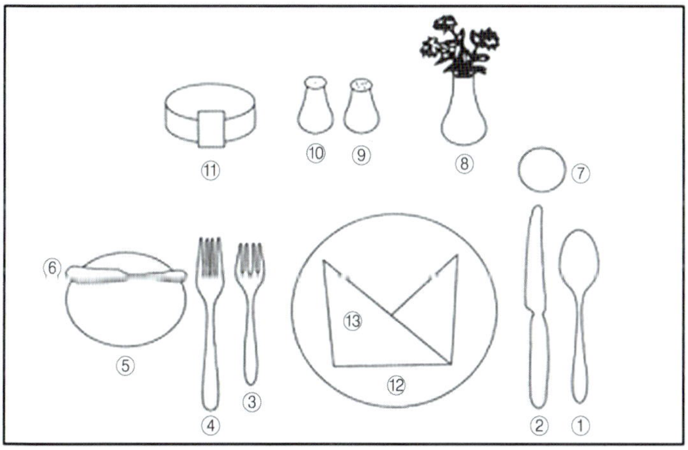

① Soup Spoon
② Meat Knife(Table Knife)
③ Salad Fork
④ Meat Fork(Table Fork)
⑤ Bread & Butter Plate(B.B Plate)
⑥ Butter Knife(Butter Spread)
⑦ Water Goblet
⑧ Flower Vase
⑨ Pepper Mill
⑩ Salf Shaker
⑪ Ash Tray Match
⑫ Service Plate
⑬ Napkin

그림 9-22 특별식 세팅

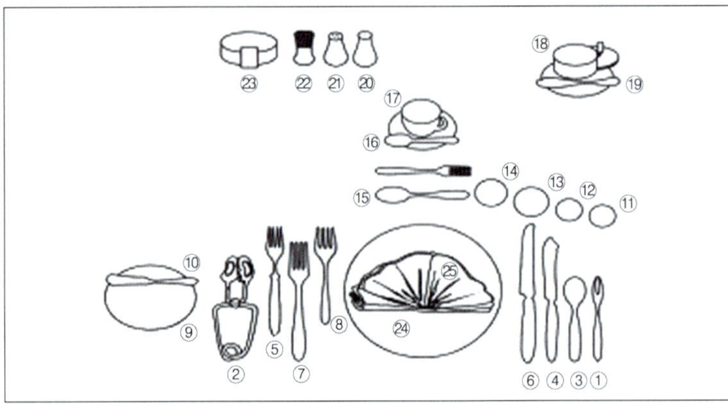

① Escargot Fork　② Escargot Tong　③ Bouillon Spoon　④ Fish Knife
⑤ Fish Fork　⑥ Meat Knife(Entree Knife)　⑦ Meat Fork(Entree Fork)　⑧ Salad Fork
⑨ Bread & Butter Plate(B.B Plate)　⑩ Butter Knife(Butter Spread)　⑪ White Wine Glass　⑫ Red Wine Glass
⑬ Water Goblet　⑭ Champagne Glass　⑮ Dessert Spoon & Fork　⑯ Coffee Spoon
⑰ Coffee Cup & Saucr　⑱ Butter Bowl　⑲ Butter Spread　⑳ Salt Shaker
㉑ Pepper Mill　㉒ Toothpick Case　㉓ Ash Tray & Match　㉔ Service Plate
㉕ Napkin

그림 9-23 정식 세팅

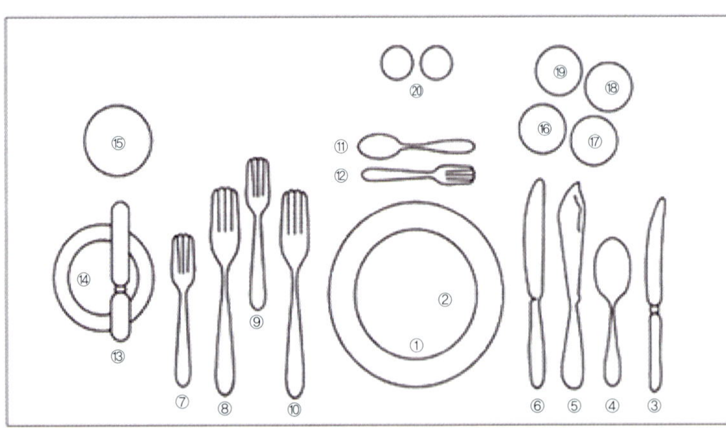

① Service Plate　② Napkin　③ Appetizer Knife(Hors D'oeuvre Knife)
④ Soup Spoon　Fish Knife　⑥ Meat Knife(Entree Knife)
⑦ Appetizer Fork(Hors D'oeuvre Fork)　⑧ Fish Fork　⑩ Salad Fork
⑪ Meat Fork(Entree Fork)　⑫ Dessert Fork　⑬ Butter Knife(Butter Spread)
⑭ Bread&Butter Plate(B.B Plate)　⑮ Butter Bowl ⑯ Water Goblet　⑰ White Wine
⑱ Red Wine Glass　⑲ Champagne Glass　⑳ Salt & Pepper(Chopper Set)

그림 9-24 조식 세팅

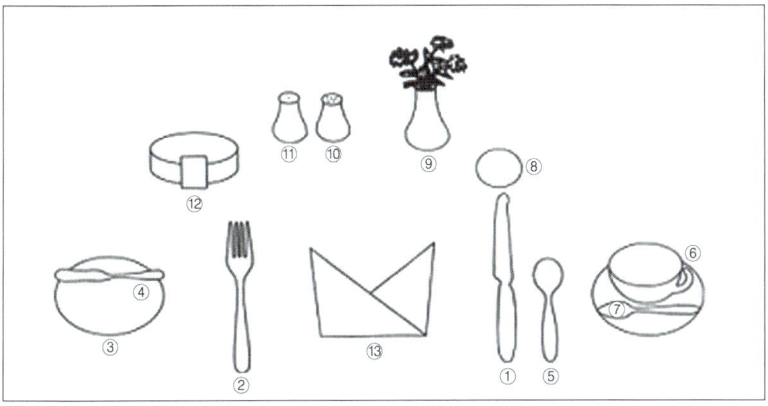

① Table Knife
② Table Fork
③ Bread & Butter Plate(B.B Plate)
④ Butter Knife(Butter Spread)
⑤ Soup Spoon(Bouillon Spoon)
⑥ Coffee Cup & Saucer
⑦ Coffee Spoon
⑧ Water Goblet
⑨ Flower Vase
⑩ Pepper Mill
⑪ Salf Shaker
⑫ Ash Tray & Match
⑬ Napkin

제 5 절 식음료 고객서비스

1. 예약 서비스

예약은 고객과 레스토랑 간의 약속이며 고객의 인적사항, 예약날짜, 시간, 인원, 메뉴, 기타 필요 사항들을 고객과 약속하여 제공하고 제공받는 것을 말한다. 따라서 예약담당자는 예약에 관한 모든 고객의 요구사항을 파악하여 예약을 받아야 하며, 최소 1일 전에 고객과 다시 통화 후 예약에 대해서 확인 절차를 거쳐야 한다. 예약의 경우 예약장부를 별도로 관리할 필요가 있으며, 예약사항에 관해서는 조리부서와 홀, 담당 매니저와의 사전 업무 커뮤니케이션을 해야 한다. 식음료부서는 각 영업장별로 예약을 접수하게 되며 다음과 같은 방법이 이용된다.

① 직접 예약(방문 예약)

② 전화 예약

③ Telex, Telgram, Fax, 편지 예약

④ Internet 예약

⑤ 대리 예약

2. 고객영접 및 안내

고객의 영접과 안내는 주로 영업장지배인과 고객영접원(greetress)이 담당한다. 담당자는 식당입구에서 단정한 자세로 대기하고, 고객의 입장 시 미소 띤 얼굴과 예의바른 자세로 고객을 맞이하여 고객의 테이블까지 안내하도록 한다. 테이블까지의 안내 시 손으로 방향을 가리키며 고객의 우측 2~3걸음 정도 앞장서면서 고객과 보조를 맞추어 이동한다.

(1) 고객영접

① 미소 띤 얼굴로 정중한 인사와 아울러 레스토랑의 격과 시간대에 맞는 인사말로 고객을 맞이한다.

② 고객이 예약을 한 성함, 시간, 특별 준비사항 등을 확인하도록 한다.

③ 예약을 하지 않았을 경우 고객이 원하는 테이블에 가능한 착석할 수 있도록 한다.

④ 테이블이 없을 경우 웨이팅리스트에 고객의 인적사항을 기재한 후 기입순서에 따라 테이블을 배정한다.

⑤ 고객의 특별한 요구가 없을 경우 가능한 한 고객의 특성에 맞게끔 테이블을 배정한다.
어린이 동반가족은 다른 고객에게 방해가 되지 않도록 가능한 레스토랑의 구석진 테이블에 안내하도록 한다.
젊은 남녀 고객은 타인의 방해를 받지 않는 조용한 쪽으로 안내한다.
노인이나 신체가 부자유스러운 고객은 입구 가까운 쪽으로 안내한다.
혼자 오신 고객은 벽쪽 조용한 곳으로 안내한다.
정복차림의 군인이나 경찰은 다른 고객의 눈에 잘 띄지 않는 곳으로 안내한다.
화려하게 차려입은 고객들은 가능한 레스토랑의 가운데 쪽으로 안내한다.
서로 모르는 고객끼리의 합석은 하지 않도록 한다.
술에 취한 사람이나 정신이상자 등은 지배인에게 연락해서 조치를 취하도록 한다.

⑥ 안내시 고객에게 레스토랑의 정보(행사 내용, 이용 시 유의사항, 편의시설 안내)를 상세하게 제공해야 한다.

(2) 착석

① 고객이 자리에 앉기 편하게 의자를 빼주며, 앉을 때 두 손과 무릎을 사용하여 의자를 살며시 밀어준다.

② 착석 순서는 노약자, 어린이, 지체부자유자 또는 여성순으로 앉도록 도와야 하며, host가 마지막으로 착석하도록 한다.

③ 착석이 끝나면 테이블 웨이터에게 인계하고 "식사 맛있게 하세요", "즐거운 시간되십시오"라는 인사말을 건네고 위치로 돌아가도록 한다.

(3) 물품의 보관

① 보관요청이 없을 경우, 고객의 빈 좌석에 올려놓도록 한다.

② 보관을 원하면 보관표(번호표, 열쇠 등)를 본인에게 주고 보관품을 보관장소에 보관하도록 한다.

③ 체크아웃 시 보관표를 확인한 후 다른 고객의 물품과 바뀌지 않도록 돌려준다.

④ 고객의 외투, 우산, 가방 등을 놓는 일은 도와주어도 되나, 고객의 허락 없이 핸드백을 만지지 않도록 주의한다.

3. 메뉴의 주문

(1) 메뉴를 주문받는 방법

아래의 사항은 정식코스(full course)를 주문하는 방법이며, 레스토랑의 상황, 메뉴의 종류에 따라서 약간 상이할 수 있다.

① 고객이 착석하고 나면 담당 웨이터는 고객에게 인사를 하고 메뉴판을 준 후 고객에게 메뉴를 선정할 시간적 여유를 주도록 한다.

② 항상 메뉴 빌지와 볼펜 등을 지침하여 즉시 주문 내용을 받아 적을 수 있도록 한다.

③ 주문기록은 약어(abbreviation)를 이용하여 간결하게 작성하도록 한다.

④ 메뉴 설명시 손가락으로 가리켜서는 안 되며, 손바닥이 위로 오도록 해서 메뉴를 가리키도록 한다.

⑤ 성급하게 주문을 받지 않도록 하며 고객에게 시간적 여유를 배려하고, 궁금한 사항

을 물어볼 시간을 주고 질문에 대한 대답을 정확히 해주어야 한다.

⑥ 주문을 받을 때에는 주빈 또는 주최자의 왼쪽부터 시계방향으로 여자, 남자, hostess, host 순으로 돌면서 주문하는 것이 원칙이다.

⑦ 조리부서와 항상 긴밀한 협조하에 품절 품목 등을 확인하여 고객의 불편사항이 없도록 해야 한다.

⑧ 고객의 특별 주문 요청이 있을 경우 조리부서와 신속히 연락하여 가능 여부를 확인 후 주문을 받도록 한다.

⑨ 시간이 많이 소요되는 메뉴는 소요시간을 반드시 알려주도록 한다.

⑩ 육류를 주문할 경우 굽기 정도, 달걀요리는 익힘의 정도, 샐러드는 드레싱의 종류 등 고객의 기호에 맞게 선택할 수 있도록 물어본 후 기재하도록 한다.

⑪ 요리 주문이 끝나면 음료나 wine list를 주도록 한다.

⑫ 음료나 wine의 경우 주문한 요리와 잘 어울릴만한 것을 권유한다.

⑬ 주요리의 식사가 끝난 경우 후식 주문과 디저트 음료의 주문을 받는다.

⑭ 주문이 끝나면 감사의 표시로 정중하게 인사를 한다.

(2) 메뉴를 추천하는 방법

① 메뉴를 추천하기 전에 가능한 빨리 고객의 유형을 파악하여 고객의 구매의욕을 최대한 유발시킬 수 있도록 한다.

② 단골고객인 경우 고객의 기호를 기억하여 두었다가 고객의 기호에 맞는 품목의 메뉴를 추천하도록 한다.

③ 고객의 주문에 따라서 당일 레스토랑의 영업성과에 영향을 줌으로 행사 메뉴, 추천 메뉴 등을 집중적으로 판매할 수 있도록 한다(Up-selling, Cross-selling).

④ 고객에게 고가의 메뉴를 강매하는 인상을 주는 것은 바람직하지 않으므로 항상 고객의 입장과 레스토랑의 매출입장을 생각하여 합리적인 주문을 할 수 있도록 추천해야 한다.

⑤ 행사 메뉴, 오늘의 특별 요리(Daily special menu), 신 메뉴, 수익성이 높은 메뉴, 재고가 많은 메뉴 등을 상황에 따라 추천하여 판매하도록 한다.

⑥ 음료주문과 추가주문은 매출 증대와 이윤 증대에 많은 비중을 차지하므로 적극적으로 추천하여 판매하도록 한다.

4. 메뉴에 의한 서비스

(1) 수프 서브

① 수프는 고객의 우측에서 제공하도록 한다.

② 래들을 사용할 때는 고객의 좌측에서 담도록 한다.

③ 수프가 테이블에 흐르지 않도록 한다.

④ 수프볼은 항상 뜨겁게 준비되어져야 한다.

(2) 샐러드 서브

① 샐러드는 고객의 우측에서 제공하도록 한다.

② 드레싱은 고객의 좌측에서 제공하며 어떤 드레싱을 선택할 것인지 물어본 후 샐러드 위에 얹도록 한다.

③ 드레싱이 테이블에 흐르지 않도록 한다.

(3) 주요리의 서브

① 뜨거운 요리는 뜨거운 식기에, 차가운 요리는 차가운 식기에 제공되어야 한다.

② 주요리는 고객의 우측에서 제공하도록 한다.

③ 소스는 고객의 왼편에서 제공하도록 한다.

④ 접시가 뜨거울 경우 고객에게 뜨겁다는 환기를 시키도록 한다.

⑤ 주요리를 조금 드셨을 경우 고객의 만족도를 체크하도록 한다

⑥ 소스나 다른 요구사항이 있을 경우 신속한 서비스를 제공하도록 한다.

그림 9-25 양식 메뉴

(4) 디저트의 서브

① 디저트 나이프와 스푼은 고객의 오른쪽, 포크는 왼쪽에 세팅하고, 포크만 세팅할 때는 고객의 오른쪽에 놓는다.

② 케이크나 파이 등을 제공할 때는 뾰족한 부분이 고객 앞으로 향하도록 한다.

③ 아이스크림은 녹지 않은 상태에서 제공하도록 한다.

④ 과일류는 신선한지를 체크한 후 제공하도록 한다.

(5) 브레드와 버터의 서브

① 빵은 고객이 착석하면 빵 바구니에 담아서 테이블에 제공한다.

② 버터보올은 BB plate 위측 2cm 정도 위에 고객이 쉽게 먹을 수 있도록 놓는다.

③ 브레드 카트(bread cart)나 트레이에 담아서 제공할 때에는 고객의 좌측에서 보여주고, 원하는 빵을 BB plate 위에 올려놓는다.

④ 빵을 집을 때는 손을 사용하여서는 안 되며, 반드시 빵 집게나 서빙 스푼, 포크를 사용한다.

(6) 음료 서브

① 음료를 제공할 경우 반드시 트레이를 사용하여야 한다.

② 병뚜껑이 있는 음료는 미리 따서 테이블로 가져와 제공하도록 한다.

③ 모든 음료의 경우 고객의 오른쪽에서 오른손으로 제공한다.

④ 테이블에 글라스를 놓을 경우 소리가 나지 않도록 한다.

⑤ 음료를 제공할 경우 다른 고객의 얼굴을 막으면서 제공해서는 안 된다.

⑥ 와인 시음을 제외한 모든 음료의 서비스는 여성을 우선으로 한다.

⑦ 글라스를 잡을 경우 1/3 하단 쪽을 손끝으로 가볍게 쥐도록 한다.

⑧ 맥주를 제공할 경우 잔에 닿지 않도록 1cm~2cm 정도 띄어서 따르고, 따르고 남았을 경우 잔 위쪽에 두도록 하며, 맥주의 거품이 3cm 정도 나도록 제공하여야 한다.

(7) 와인 서브

① 와인을 주문한 고객에게 라벨을 보여 주고, 주문한 와인이 맞는지를 확인한다.

② 고객의 와인 확인 후 코르크를 싼 호일의 윗부분을 제거하고 코르크를 빼고 깨끗한 냅킨으로 병 입구를 닦아준 다음 와인을 제공한다.

③ 와인 코르크는 코르크 홀더에 안쪽이 위로 향하게 꽂은 다음 손님이 후각으로 테스트할 수 있도록 테이블에 올려놓는다.

④ 찌꺼기가 많은 좋은 와인은 병을 세워 찌꺼기가 병바닥에 완전히 가라앉게 되면 흔들리지 않게 조심히 코르크를 제거한 후 디켄터(decanter)에 옮겨 붓는다.

⑤ 와인을 주문한 고객이 먼저 1온스 정도의 양을 시음한 후 그 결과가 만족스럽다면 다른 고객에게 와인을 제공한다.

⑥ 와인잔에 1/2 정도(화이트 와인), 2/3 정도(레드 와인)를 채우고 와인 서브가 끝날 때까지 같은 양을 유지하도록 한다.

⑦ 테이블클로스에 와인 방울이 떨어지지 않도록 조심해서 서브한다.

⑧ 레드 와인의 경우 고객에게 물어보고 미리 오픈해 두는 것이 좋다.

그림 9-26 와인 테스트

⑨ 제공하고 남은 와인은 화이트 와인의 경우 와인 쿨러(wine cooler)에, 레드 와인의 경우 basket에 두도록 한다.

⑩ 와인을 따를 때 잔에 와인 병이 닿지 않도록 조심해서 서브하고 잔을 잡을 때는 하단을 잡도록 한다.

(8) 커피의 서브

① 커피나 차의 제공은 개인별 글라스에 제공하도록 하며, 컵은 항상 뜨겁게 준비되어야 한다.

② 설탕, 크림 등은 양이 충분한지 확인하고 손잡이는 고객 쪽으로 향하도록 한다.

③ 커피와 차의 컵은 손잡이가 오른쪽으로 향하도록 하고, 티스푼은 컵의 앞부분에 손잡이와 평행하도록 놓는다.

④ 커피를 거의 마셨을 경우 다시 제공해야 하는지의 여부를 여쭤본다.

⑤ 커피의 온도는 크림과 설탕을 넣었을 때 60° 정도가 적당하다.

⑥ 차는 아주 뜨거운 상태에서 제공되도록 한다.

⑦ 밀크 또는 레몬을 넣을 것인지 문의해 보고 티와 함께 제공한다.

(9) 핑거볼의 서브

① 물을 담을 때는 뜨겁거나 차갑지 않도록 미지근한 물을 제공한다. 레몬을 띄우기도 하고, 꽃잎을 띄워주기도 한다.

② 손을 사용해야 하는 뼈나 껍질 있는 요리, 과일 등은 핑거볼을 먼저 제공한 후 서브한다.

5. 기타 서비스

(1) 재떨이 서비스

① 재떨이에는 담배꽁초가 2개 이상 있지 않도록 한다.

② 재떨이의 교체는 캐핑(Capping) 방법을 사용해서 교체하도록 한다. 교체시에 재가 날리지 않도록 주의해야 한다.

③ 재떨이는 물기나 더러운 자국이 남아있지 않도록 한다.

(2) 알코올 및 와인 보관 서비스

① 고객이 마시다 남은 술의 보관을 원하면 술 보관 캐비닛에 보관한다.
② 맡긴 술은 술의 양과 성함을 기록카드에 작성 후 보관하도록 한다.
③ 맡긴 술의 기록카드에 고객의 사인을 받도록 한다.
④ 전용 술보관 꼬리표(tag)를 병에 걸어 보관하도록 한다.

(3) 분실물과 습득물 처리 서비스

레스토랑에서 발생한 분실물 및 습득물에 대해서는 고객에게 찾아줄 수 있도록 최선의 방법을 강구해야 하며, 주인이 나타나지 않을 경우 사내의 내규에 따라서 정확한 서비스를 이행해야 한다.

① 고객의 분실물 발견 시 연락처가 있을 경우 연락하고, 연락처가 없을 경우 분실물 택(Lost & Found tag)을 작성하여 보관하도록 한다.
② 습득된 물건은 레스토랑에서 지정한 장소에 보관하도록 하며, 보관장부를 마련하여 습득한 당사자, 물건명, 시간, 장소 등을 정확히 기입하여야 한다.
③ 고가품, 부패 가능성이 있는 물품 등은 지배인에게 보고하여 처리하도록 한다.
④ 습득물의 보관기간은 사내 내규를 마련하여 규정에 따르도록 한다.
⑤ 모든 습득물에 대해서 분실물 대장(Lost & Found Slip)을 만들어 작성하도록 한다.
⑥ 고객이 물건을 찾아갈 경우 고객의 사인을 받아서 보관하도록 한다.
⑦ 우편 이송을 원할 경우 우송청구서가 있기 전에는 우송하여서는 안 되며, 우송한 경우 반드시 등기우편으로 보내는 것을 원칙으로 한다.

6. 환송 서비스

① 담당 웨이터는 고객이 일어나면 즉시 의자를 빼드리고 테이블에 고객의 물건이 남아있는지의 여부를 확인한다.
② 나갈 때에는 고객에게 "레스토랑을 이용해주셔서 감사하다"는 인사를 하도록 한다.
③ 지배인이나 리셉션을 담당하는 직원은 보관품이 있을 경우 찾아준다.
④ 불편한 점이 없었는지의 여부를 꼭 확인하도록 한다.

Chapter 10

호텔 컨벤션과 연회

Chapter **10**

호텔 컨벤션과 연회

제 1 절 컨벤션과 연회업무의 의의

1. 호텔의 컨벤션과 연회의 개념

유사 이래로 오늘날과 같이 국제화, 세계화를 앞세워 국제간에 많은 교류와 협력이 이뤄진 적은 없었을 것이다. 국제교역, 교육, 정치, 문화, 예술, 경제, 외교, 과학, 사회적인 측면에서 다국간의 교류가 해마다 그 횟수를 더해 가고 있다. 이러한 교류는 컨벤션이라는 회합을 통해 서로 만나서 얼굴을 맞대고 전문분야에서 각자의 입장을 밝히고, 토론하고, 상호 이해하고, 협조하여 공동의 발전을 모색하는 장이 된다. 컨벤션이 개최되면 함께 따르는 것이 연회, 워크샵, 현지문화와 관광에 대한 답사 프로그램 등이 있다.

많은 사람들이 컨벤션은 부담 없이 놀러가는 행사로 오해하는 것도 이러한 것을 표면적으로만 보는 경향에서 비롯된 것이며, 기본적으로 회합은 각자의 관점을 밝히고, 공동 관심사항을 논의하는 시간으로 짜여지며, 각종 놀이와 관광은 하나의 부수적인 행사가 되며, 상호 이해의 폭을 넓히기 위한 참여의 장이 되는 것이다. 가끔 컨벤션은 전시와 함께 이뤄지며, 참가자들은 새로운 장비와 부품들을 전문가의 입장에서 살펴보고, 주최자와 얼굴을 마주보며 대화할 수 있는 기회를 가지므로 각자의 업무영역에 적용할 수 있는 아이디어를 얻어 보다 생산적이고, 효율적인 업무를 이행하게 된다. 이러한 컨벤션은 호텔의 영업활동에 중요한 대상이 되며, 대부분 초대형 호텔들은 컨벤션 시설을 갖추고, 이를 성공적으로 진행할 수 있는 인적, 물적 자원을 확보하고 있다.

연회는 흔히 잔치라는 말로 좋은 일에 따르는 흥을 표출하는 자리라고 할 수 있으며, 사전적 의미로는 "축하, 위로, 환영, 환송 등을 위하여 여러 사람이 모여 베푸는 잔치"로 이해할 수 있다. 호텔에서 연회의 의미는 잔치라는 의미 외에 각종 회의, 전시회, 세미나, 패션쇼, 디너쇼 등 다목적의 의미도 포함된다. 호텔의 연회장은 작게는 5~6명에서부터 많게는 수천명의 인원을 수용할 수 있으며, 각종 행사 시 공간을 대여하거나 식음료를 판매하는 식음료영업부문의 대규모 영업장이다. 호텔의 영업부서는 객실부문과 식음료부문으로 크게 대별되지만 최근에는 식음료영업부문 중에서도 연회부문의 비중이 높아 객실, 식음료, 연회, 부대시설부문으로 구분할 만큼 중요성이 높아지고 있다. 연회부문은 단 한번의 행사로 인하여 많은 매출을 올릴 수 있으며, 객실매출이나 커피숍 등의 타 업장에 영향을 미치고 홍보 및 판촉효과도 좋아 호텔 전반에 공헌도가 높다고 할 수 있다. 따라서 각 호텔에서는 연회고객을 위하여 별도의 연회판촉 요원 및 부서를 누어 전문적으로 판촉활동을 하고 컨벤션을 위한 연회장의 시설보완에 많은 투자를 하고 있다.

2. 호텔 컨벤션 유치의 효과

세계 각 도시에서 개최되는 컨벤션은 해마다 9,000여건이 넘으며, 경제적인 규모는 1,000억 달러가 넘고 있다. 우리나라에서 개최되는 컨벤션 전시회, 회의 등도 해마다 그 회수와 규모가 커져가고 있으며, 호텔은 이러한 행사에 중추적인 역할을 해 오고 있다. 컨벤션에 참가하는 인사들은 행사에 따라 각 분야별 국제적 명성이 높은 인사들로 구성이 되어 있으며, 그들이 묵는 호텔은 대외적 이미지와 신뢰성에 큰 도움을 주기도 한다. 2005년 11월에 있었던 APEC총회에 참석한 아시아태평양지역 26개국 정상들은 부산의 특급호텔에서 투숙하면서 다자간 회의를 숙소호텔에서 개최하여 호텔의 컨벤션 시설을 충분히 활용하였다. 세계적인 정상들이 묵은 호텔들은 나름대로 호텔홍보에 성공적인 컨벤션을 충분히 활용하였고, 어떤 호텔은 객실평균요금이 상승하는 계기가 되기도 하였다.

호텔에 컨벤션을 유치하게 되면 그 효과로 첫째, 이 행사에 참가하는 대표자들은 객실을 비롯하여 식음료, 부대시설, 세탁, 쇼핑, 각종 입장료 수입 등에 기여한다. 둘째, 대형행사의 유치는 높은 객실점유율과 채류기간을 늘릴 수 있고, 이로 인해 고정경비인 인건비 절약이 가능하다. 셋째, 비수기의 대형행사 유치는 완만한 영업상황을 상승세로 치켜 올려서 경영관리자와 종업원의 마음을 편안하게 해 준다. 넷째, 행사관련 비즈니스는 단골고객 창출에 큰 도움을 주며, 이러한 행사가 자주 반복되면 호텔의 영업이 크게 활성화된다. 뿐만 아니라 대단위 고객이 구전을 통해 호텔의 홍보요원이 된다. 다섯째, 컨벤션 참가자는 일반적으로 동반자가 있으므로 이들에 의한 부대시설영업과 쇼핑 판매가 높아진다. 여섯째, 전시회가 수반되는 컨벤션은 규모가 크고, 외부인의 호텔이용을 유도한다.

3. 컨벤션과 연회부서의 조직과 역할

1) 컨벤션과 연회부서의 조직

호텔의 규모와 영업성향에 따라 컨벤션과 연회부문은 마케팅을 주요업무로 하는 세일즈와 마케팅부서에 소속되어 있거나 식음료부서에 속해져 있거나 하게 된다. 주로 국제적인 체인호텔은 마케팅부서에 소속되어 판매촉진에 중심을 두고 있지만 연회장의 운영은 식음료부서장의 지휘를 받는 연회서비스부서(Catering Department)에서 이행하게 된다. 이는 세일즈와 마케팅은 참모조직으로서 총지배인을 보좌하고, 식음료부서는 계선조직으로서 연회 현장에서 고객에게 서비스하는 영업부서이기 때문이다. 따라서 컨벤션과 연회부문은 연회판촉부서와 연회서비스부서로 구별하며, 연회판촉과 연회예약부서는 다양한 경로를 통해 예약을 접수하고, 이를 연회행사지시서(Banquet Event Order, Function Order)에 의해 연회서비스부서로 넘겨주는 역할을 하며, 연회서비스부서는 연회예약을 통하여 받은 행사를 차질 없이 준비하여 집행하는 역할을 한다. 일부 대규모호텔에서는 식음료부서에 연회판촉지배인을 소속시키고, 판매촉진과 연회장영업을 연회부서장이 직접 책임을 지기도 한다. 규모에 따라 호텔 판촉지배인은 각 세분시장별로 적절한 인원을 배정하게 된다. 컨벤션과 연회부서의 조직도는 아래와 같다.

그림 10-1 컨벤션/연회부서의 조직도

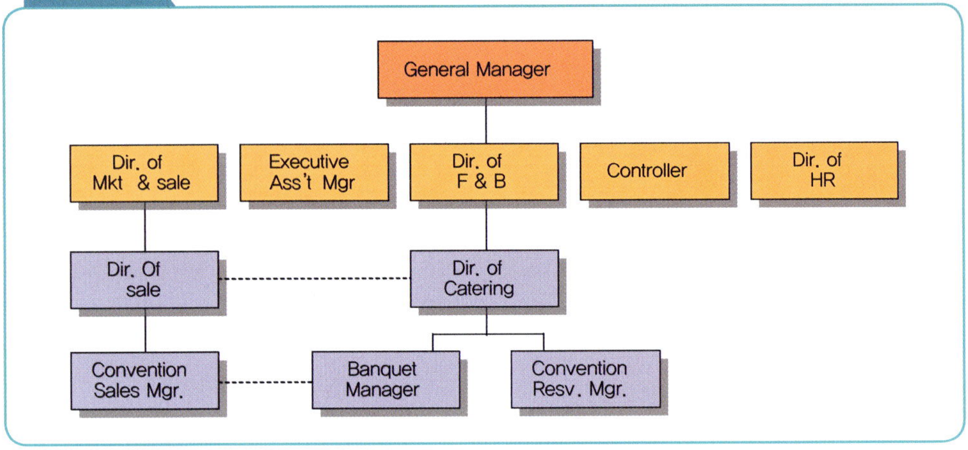

2) 컨벤션과 연회부서의 역할

(1) 컨벤션 판촉지배인

컨벤션과 연회부문의 판촉지배인은 세일즈와 마케팅부서에 소속되어 마케팅임원의 지휘에 의해 업무를 진행한다. 각 세분시장별 맡은 영역을 커버하게 되며, 주로 전시 · 컨벤션, 기업회의, 협회회의, 결혼식 및 가족모임 등으로 구분하거나 지역별로 업무를 분장하고 판촉활동을 전개한다. 중소규모호텔에서는 판촉지배인 1~2명이 시장을 세분화하지 않고 연회부문 전반에 대해 판촉활동을 한다. 전시 · 컨벤션 행사기획자를 방문하고, 여행사와 단체관광객에 대해 논의하며, 기업체의 행사담당자와 관계를 유지하기도 한다. 판촉지배인은 호텔을 대표하여 외부고객과 마주치는 최초의 종업원이다. 판촉지배인의 행동, 태도, 언어의 품격에 따라 호텔의 이미지가 달라질 수 있다. 따라서 호텔의 판촉지배인은 전문영역에 정통한 전문가이어야 하고, 지식이 풍부하여야 하며, 서비스마인드가 뛰어나야 한다. 뿐만 아니라 판촉으로 얻어진 성공을 오래 간직하기 위해 행사기획자와 지속적인 관계를 유지하고, 호텔 내의 행사를 처음부터 끝까지 책임성 있게 진행과정에 참여하여 고객에게 신뢰성 있는 서비스를 제공하므로 거래처 관리에 세심한 배려를 하여야 한다.

(2) 컨벤션 예약지배인

컨벤션이나 연회예약을 담당하는 예약지배인은 판촉지배인을 통해 협의된 내용을 문서화하여 관련 부서에 협조를 구하고, 이를 연회장서비스부서에 넘겨 행사를 진행하게 한다. 판촉지배인을 통하지 않고 호텔을 방문한 연회행사고객을 위해 충분한 자료와 전문지식을 활용하여 신뢰성 있는 협상을 하여야 한다. 그리고 컨벤션이나 연회 행사기간 동안 고객이 필요로 하는 행정업무를 주관적으로 보필하여 성공적으로 행사를 마칠 수 있도록 고객서비스에 만전을 기한다. 연회예약사무실은 컨벤션과 연회행사를 치루는 공간에 접한 곳이 거래를 성사시키고, 행사를 진행하고, 마무리하는 데 가장 적합한 장소임을 유념하여 공간을 확보하여야 한다. 연회예약사무실에는 고객이 이용하기에 안락한 시설과 가구를 비치하고, 음료 서비스가 가능한 공간을 확보하는 것도 필요하다. 시설에 대한 안내서(Fact sheet), 각종 행사에 필요한 장비와 기구, 행사진행을 모니터를 통해 시뮬레이션으로 볼 수 있는 프로그램을 준비하고, 진행했던 주요 행사들을 앨범을 통해 볼 수 있도록 준비한다.

그림 10-2 시설안내서(Fact sheet) 표지

그림 10-2 시설안내서(Fact sheet) 내용

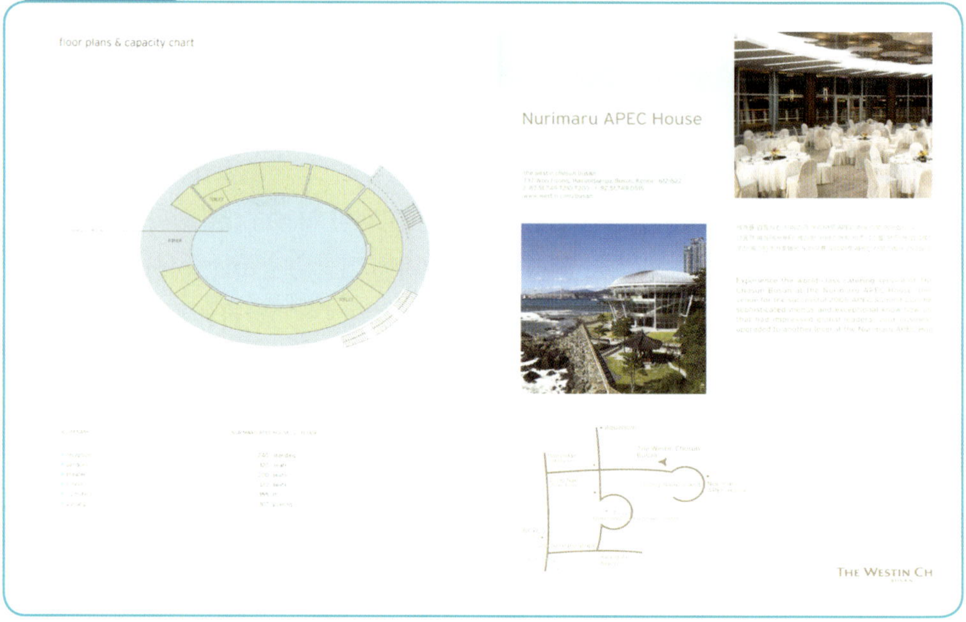

그림 10-3 고객파일

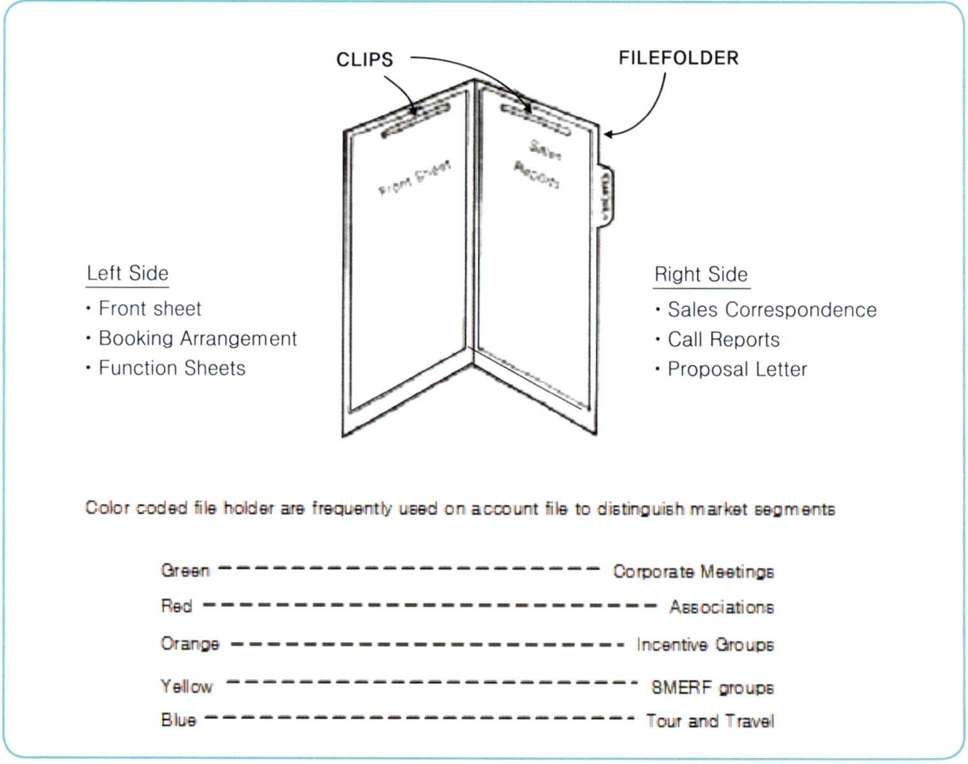

(3) 연회부서장

연회부서를 관장하는 식음료담당임원을 비롯하여 식음료영업을 담당하는 식음료부서장의 조직 아래 연회부서가 있고, 이를 담당하는 부서장을 연회부장 또는 연회차장(Director of Catering)이 있다. 연회부서는 객실영업부서, 식음료영업부서와 같이 고객의 서비스를 담당하며, 재방문 고객을 창출하는 것이 가장 큰 목적이 된다. 연회부서장은 연회부문의 예산을 짜고, 인력계획을 세워 다양한 컨벤션과 연회행사를 품위 있게 치르는 역할을 담당하게 된다. 마케팅과 판촉부서와 연회장을 운영하는 연회지배인의 업무를 지원하며, 호텔의 고객인 회의기획자와 함께 전반적인 회의와 연회행사를 위한 장소확인, 장비와 기구 확인, 서비스의 질적 제고를 위한 종업원 서비스 교육, 다양한 행사를 전문적인 시각에서 평가하는 업무도 연회부서장의 역할이 된다. 일부 체인호텔에서는 식음료영업부장은 식음료담당임원을 보좌하는 직위에서 각종 식당과 음료부문을 책임지고, 연회부서장이 연회업무를 총괄하고 있다. 이는 그 중요성, 전문성, 영업의 성향이 일일 식음료영업과는 다르기 때문에 조직관리 측면에서 고안된 역할분장이기도 하다.

(4) 연회서비스지배인

컨벤션이나 각종 대형 행사를 연회부서장을 통해 넘겨받은 연회서비스지배인은 그 행사에 맞는 현장의 레이아웃(lay-out)을 하고, 필요한 인력을 확보하게 된다. 뿐만 아니라 행사장에서 서비스를 책임지고 진행시키게 된다. 연회서비스지배인은 타 식음료영업장의 지배인과는 조금 다른 업무를 진행하게 되므로 전문성과 오랜 경험이 있는 유능한 지배인으로 보직하게 된다. 연회서비스의 특성은 첫째, 한꺼번에 대량의 식음료를 서비스한다. 둘째, 동일한 메뉴와 동일한 서비스가 동시에 이뤄진다. 셋째, 예약을 통하여 영업이 가능하다. 넷째, 영업시간은 고객의 요청에 의한다. 다섯째, 행사의 성격에 따라 연회장의 준비도 달라진다. 여섯째, 각종 회의를 수반할 때는 다양한 장비를 목적에 맞게 비치하여야 한다. 일곱째, 외부행사도 내부 행사에 못지않게 철저히 준비하여야 한다.

(5) 연회장 캡틴

다양한 연회장이 곳곳에 펼쳐져 있고, 같은 시간에 여러 행사를 치르게 되면 실제적으로 연회장 하나하나를 책임지고 운영하는 사람은 연회장의 캡틴이 된다. 이들의 업무는 연회지배인을 보좌하고, 현장 서비스를 수행하는 웨이터와 웨이트리스를 리드하고 지원한다. 연회행사지시서(banquet event order, function sheet)에 의해 행사준비 작업을 하고 체크 하고, 행사에 따라 필요한 장비, 기구, 기물들을 준비한다. 행사장의 테이블을 레이아웃된 대로 정리하고 정돈하는 것을 리드하며, 필요 시 메뉴를 준비하여 테이블에 비치한다. 서비스에 필요한 인원을 확보하고, 헤드 테이블의 서비스를 직접 수행한다. 행사 후 마무리를 위해 계산서를 검토하고, 고객과 정산작업을 이행하며, 필요한 고객관계 업무와 보고사항을 준비를 한다.

(6) 연회장 웨이터와 웨이트리스

연회장에 배속된 종업원은 불규칙한 근무스케줄과 테이블의 이동, 설치, 기물의 배치 등 단시간에 매우 많은 업무를 소화해야 하므로 체력, 서비스정신, 서비스 숙련도가 크게 요구되는 직책이다. 주로 수행되는 업무는 행사장을 정돈하고, 테이블을 셋업한다. 각종 기물(Silver Ware, Glass Ware, China Ware, Utensil) 등을 닦아 제자리에 정돈하고, 행사 시 이를 테이블에 비치한다. 행사를 위해 주어진 행사 지시서에 의해 연회장을 정리하고 테이블을 배열한다. 연회장 시설이나 기구, 가구 등이 파손되지 않도록 관리하고 만약 보수가 필요하면 캡틴에게 보고하여 제 때 관련 부서에 넘겨 활용이 가능하도록 한다. 실내의 온도와 습도의 조정이 필요할 때 캡틴에게 보고하고, 관련 부서에 연락하여 지원을 받는다. 연회행사에 제공될 메뉴를 준비하고, 와인리스트/베브리지리스트가 필요하면 이를 제시하고 주문을 받는다. 순서에 따라 정중하고, 예의 바르게 서비스하여 고객의 식사를 돕는다. 코스에 따라 필요한 접시와 집기를 셋업 하거나 치운다. 필요한 리넨의 청구, 수령, 반납 등의 업무를 담당한다. 사용 후 기물과 기기들을 관련 부서에 반납한다. 연회지배인이나 캡틴의 지시에 따라 연회장의 기타 업무를 수행한다.

제 2 절 컨벤션과 연회의 종류

컨벤션의 종류는 정부회의, 기업회의, 협회회의 등이 있으며, 정부간 회의는 외교통상부가 주관부서가 되어 정부를 대표하는 각급 인사를 국제기구, 정부간의 회의에 참여하게 하고 이들이 모여 관련 사항을 논의하는 회의이다. 기업회의는 관련기업들이 상호이익과 공동의 발전을 모색하고, 관련정보를 교환하기 위해 한 자리에 모여 협의하고 토론하는 자리이다. 협회회의는 주로 비영리단체가 상호 공동관심사를 논의하기 위해 정기적, 비정기적으로 회합을 갖는 것을 말한다. 우리나라 국제회의산업육성에 관한 법률 제2조 1항에 나타난 국제회의의 종류와 규모를 보면 첫째, 국제기구 또는 국제기구에 가입한 기관 또는 법인 · 단체가 개최하는 회의로서 당해 회의에 5개국 이상의 외국인이 참가할 것, 회의참가자가 300인 이상이고 그 중 외국인이 100인 이상일 것, 3일 이상 진행되는 회의일 것. 둘째, 국제기구에 가입하지 아니한 기관 또는 법인 · 단체가 개최하는 회의로서 회의참가자중 외국인이 150인 이상일 것, 2일 이상 진행되는 회의일 것을 요건으로 정하고 있다.

호텔에서 치러지는 연회는 컨벤션과 관련된 각종 연회와 국내 단체의 월례회, 정기총회, 회장단 이 · 취임식, 송년모임, 신년하례식 등 각종 단체의 회의가 있으며, 각 학술단체에서 주관하는 컨퍼런스, 세미나, 워크샵 등의 학술회의, 각종 기업이나 협회에서 주관하는 임원 회의, 지역장회의, 대리점장회의, 협력업체회의, 상품설명회, 협회모임, 각종 교육 등과 각종 지방자치단체의 모임 등이 있다.

1. 회의의 종류

(1) 컨벤션(convention)

컨벤션에서 가장 일반적으로 쓰이는 용어로서 정부, 각종 단체, 기업 등이 주제하는 대형 국제회의 행사이다. 주로 컨벤션을 개최하는 주체자는 국제단체와 다국적 기업이 많다. 기업의 신상품 소개, 전략회의 등을 주목적으로 하는 정기집회에 많이 사용되며 전시회를 수반하는 경우도 흔히 있다. 과거에는 각 기구나 단체에서 개최하는 연차총회의 의미로 쓰였으나, 요즈음에는 총회, 휴회기간 중 개최되는 각종 소규모 회의, 위원회 회의 등을 포괄적으로 의미하며, 연회를 수반한다. 컨벤션을 전문적으로 주관하는 조직은 컨벤션기획가(Convention planner)이다.

나가고 완성되면 연회지시서를 만들어 관련부서에 보내고 행사의 진행을 확인한다.

컨벤션기획사와 기업체를 위한 견적서 작성

대규모 컨벤션을 유치하기 위해 컨벤션 판촉지배인이 외부 활동을 하는 동안 연회예약지배인은 필요한 사항을 빠짐없이 챙겨 행정적 뒤받침을 하게 된다. 견적서는 각 판촉지배인이 작성할 수도 있지만 전체적인 조율과 조정을 위해서는 예약지배인이 작성하는 것이 일반적이다. 컨벤션 기획사 측으로부터 그들이 국제입찰에 참여하거나 그들의 행사를 진행하기 위해 견적서를 요청받게 되면 연회의 성격, 규모, 인원수, 스케줄을 파악한 후 이에 적합한 견적서를 작성한다. 컨벤션기획사나 기업체가 당 호텔에 견적을 요구할 때는 항상 경쟁호텔에도 같은 내용으로 견적을 요청했을 것이라는 전제 하에서 견적서를 제출하는 것이 합당하며, 정성과 내용이 알찬 견적서가 선택될 가능성이 높다는 것을 유념하여 업무를 이행하여야 한다.

연회일시

고객이 원하는 날짜를 제시하면 예약장부를 열람하여 연회장의 사용여부를 체크하고 만약 그 날짜에 앞선 예약이 있다면 그 예약이 확정적인지 잠정적인지를 확인한다. 잠정적 예약이라면 그 예약자에게 연락을 취해 빠른 결정을 요구하여 계약금을 받아 예약을 확약한다. 연회예약에 있어서 시간은 연회장의 효율적인 운영을 위해 대단히 중요한 요소이며, 연회장의 사용시간대는 크게 조 · 중 · 석식의 시간대로 나누어서 관리하여 매출의 극대화를 기해야 한다. 예약을 받을 때 중식은 12:00~15:30까지로 한정하고, 석식은 18:00 이후로 정하여 중식 후 석식을 준비할 수 있는 시간적 여유를 가져야 한다. 만약 고객이 원하는 시간이 맞지 않으면 앞선 예약을 확약하고, 그 후 발생하는 예약은 시간적 여유를 고려하여 예약을 받아야 한다.

연회장소

호텔은 대 · 중 · 소규모의 연회장을 여러 개 보유하고 있으므로 연회의 종류와 인원에 맞게 적절한 장소를 배정하는 것은 연회장 매출의 극대화와 효율적인 운영을 위해 매우 바람직한 일이다. 연회장 수용범위의 기준은 면적과 연회장의 스타일과 레이아웃이다.

제공될 식음료 협의

연회에 서비스되는 메뉴는 사전에 준비된 시식품을 바탕으로 고객과 협의 한다. 경우에 따라서는 특별메뉴를 주문하는 경우도 있고, 예산에 맞는 메뉴를 요구하는 경우도 있다. 메뉴를 추천할 때는 연회의 성격에 맞는 것을 제안하고, 음료도 함께 판매하므로 엎셀링(up-selling)에도 힘써야 한다. 주문을 받을 때는 첫째, 확정인원(guarantee person)과 예상인원(expect person)을 설명하고, 이를 확정한다. 둘째, 메뉴별 최저인원(minimum attendee)과 최저매출(minimum revenue)을 이해시킨다. 셋째, 외부반입 음료에 대한 서비스요금부가(corkage charge)에 대해 논의 하고, 이를 주문서에 포함한다.

안내판 내용 협의

행사를 주관하는 주최측은 행사장 안내판을 잘 보이는 곳에 부착하거나 게시해 줄 것을 요청하게 된다. 외부에는 현수막(banner), 내부에는 안내판(sign board)을 품위 있게 제작하여 부착한다. 행사의 규모에 따라서 또는 호텔의 홍보계획에 따라 현수막은 무료로 제공하는 경우도 있지만, 청구를 하게 되는 경우 장비, 기구, 현수막, 부가서비스요금 등을 빠짐없이 계상하게 된다. 이 때 중요한 것은 주최측이 제공하는 내용을 충분히 이해하고, 오자와 탈자가 없도록 제작을 의뢰하여야 한다.

컨벤션에 사용되는 각종 안내판은 외국어 표기를 정확하게 하여야 하고, 요청이 있을 때 각종 인쇄물, 편지지와 편지봉투도 준비하여야 한다.

선수금의 수령

연회고객과 행사에 대한 모든 협의가 끝나면 예약금을 받는다. 연회예약은 일반적으로 예상금액의 30% 이상을 예치하여 행사진행에 대한 위험부담(risk)을 덜게 된다. 예치금을 입금시키면서 영수증과 함께 연회계약서를 작성하여 고객과 예약지배인이 각각 서명하여 부본을 고객에게 교부한다.

연회행사지시서(Function Order)의 작성과 배부

연회계약서가 완성되면 늦어도 행사일 7~10일 전에 연회행사지시서를 작성하여 필요한 결재를 득한 후 각 부서에 업무를 할당하고, 협조를 요청하게 된다. 작성요령은 연회행사지시서에 있는 각종 내용을 채워 나가면서 특이 사항은 상세히 기록하면 된다.

예약의 취소와 변경

연회를 예약한 고객이 사유에 의해 취소나 변경을 요구할 경우 계약의 조건에 의해 인정하게 된다. 예약의 내용이 변경되거나 취소되면 "Revise Slip"을 작성하여 즉시 관련부서에 통보하여야 한다. 그리고 연회예약장부(banquet control book)에도 그 결과를 정리한다. 취소의 경우 계약금 환불문제가 파생되는데, 특별한 경우를 제외하고 행사일 하루 전의 취소는 불가능하며 요금 징수에 협상이 이루어져야 한다. 2일전의 취소는 계약금의 50%를 공제하고, 그 이상은 전액을 환불하는 것이 일반적이다.

표 10-1 연회행사지시서(Function Order)

The World Best Smile Hotel Busan

<table>
<tr><th colspan="4">FUNCTION ORDER</th></tr>
<tr><td>DATE : Sept 14, 2013</td><td colspan="2">DAY : Thursday</td><td>TIME: 19:00~22:00 C-3</td></tr>
<tr><td colspan="2">VENUE:
Gaya (Dinner), Silla A+B+C(Cocktail)</td><td colspan="2">TYPE OF FUNCTION:
Post-Naming Cocktail & Dinner</td></tr>
<tr><td>GUARANTEED : 56 PAX</td><td colspan="2">EXPECTED : 60 PAX</td><td>SEATS : 60PAX</td></tr>
<tr><td colspan="2">ENGAGER : Mrs. Elisabeth Schuler</td><td colspan="2">COMPANY :Rickmers Reederei GmbH & Cie.KG</td></tr>
<tr><td>TEL # :
+001+49+40+389+177+312</td><td colspan="2">E-mail :
e.schuler@rickmers.com</td><td>FAX # :
+001+49+40+389+177+500</td></tr>
<tr><td colspan="4">ADDRESS : Neumuehlen 19,22763 Hamburg, German</td></tr>
<tr><td colspan="4">NAME OF PARTY : Post Naming Ceremony</td></tr>
<tr><td colspan="2">BILLING INSTRUCTION : Master Foli</td><td colspan="2">DEPOSIT : Non</td></tr>
<tr><td colspan="2">FOOD & PRICE :

Menu Price :W 150,000++ = W181,500(INCL)
(See Attached Menu)

Wine & Champagnes :
- Champagnes
Moet Chandon Imperial /Brut.
W150,000++ = W181,500(INCL)
-White Wine
Mouton Cadet,Medoc,Baron & Philippe.
W70,000++ = W84,700(INCL)
-Red Wine
Villa Antinori Chianti Classico.
W80,000++ = W96,800(INCL)</td><td colspan="2">SET-UP REQUIREMENTS
Room Set-Up
1.Standing Cocktails(Silla A+B+C, 19:00~19:30)
- Glass High Table & Lighting & Flower
- Bistro Tables with flowers
- Complimentary dry snacks and cold canapes
2.Dining Area(GBR A,19:30~22:00)
- Cherry Blossoms Theme Decoration:W1,500,000+
* Same as Hamburg Deco will be set up East Aisle
* to stage Cherry Blossoms Deco
- Gaya Room Stage must be extended.
- Podium 2 Ea with mike
- 7 Round Table * 8 People each (To be revised)
- Red Color Table Top Flower on the table
- White Table Cloth (no need runner)
- White Chair Cover with Red Ribbon
- Registration Desk will be set up across Kuromatsu
- Korean Traditional Dance Troupe: : W 1,700,000+
- Menu design shall be Teekay type</td></tr>
<tr><td colspan="4">BEVERAGE & CORKAGE FEE : Post-Dinner Cocktail : Open Bar Set-Up</td></tr>
<tr><td colspan="2">P/R & G. DESIGNER : None</td><td colspan="2">TYPE OF ICE-CARVING : Type of seagull (Comp.)</td></tr>
<tr><td colspan="2">ENGINEERING : Need</td><td colspan="2">SOUND & LIGHTING : M/C 2, Podium 2.</td></tr>
<tr><td colspan="2">BANNER : Comp.</td><td colspan="2">CANDLE & DRY ICE & SOAP DROP : None</td></tr>
<tr><td colspan="2">PHOTO : NONE</td><td colspan="2">STEWARDING : None</td></tr>
<tr><td colspan="4">FLOWER : See the BQ Manager</td></tr>
<tr><td colspan="2">HOUSEKEEPING : None</td><td colspan="2">PARKING & VEHICLE DISPATCH : None</td></tr>
<tr><td colspan="4">SIGN BOARD : To be advised</td></tr>
<tr><td colspan="2">DATE : Aug. 28. 2013
INCHARGED BY : D. H. Park</td><td colspan="2">APPLICANT BY : G. H. Lee</td></tr>
</table>

제 4 절 연회장의 서비스상품

1. 식음료 서비스

연회장에서는 호텔 내의 식음료 영업장에서 취급하는 모든 메뉴를 서비스할 수 있으나 조리부서 시스템 및 서비스 인력, 매출과 이익을 고려하여 고객에게 제안한다. 연회메뉴는 종류별로 등급화되어 고객의 선택이 용이하도록 구성되어 있으므로 대량인원으로 인한 동일한 메뉴를 제공하는 데 별다른 문제가 없다. 그러나 연회메뉴는 신축성이 높아 고객과의 협상을 통하여 특별한 메뉴를 구성할 수도 있다.

1) 식사서비스상품

(1) 조찬메뉴

한식, 일식, 양식, 조식뷔페 등의 메뉴를 구성할 수 있다.

(2) 정찬과 만찬메뉴

중식, 석식에 제공되는 것으로 한 · 일 · 중 · 양식의 정식이 등급별로 세트화되어 있고, 뷔페 메뉴와 또는 일품요리(a la carte) 메뉴도 준비할 수 있다.

(3) 뷔페메뉴

뷔페메뉴도 등급별로 구성할 수 있으며, 착석뷔페(seating buffet)와 입석뷔페(standing buffet)로 나눌 수 있다. 입석뷔페는 서 있는 자세에서 자유롭게 이동하면서 환담을 곁들여 식사를 하므로 스프를 강화하지는 않으며, 나이프를 사용하지 않으므로 대부분의 요리가 포크로 찍어 먹을 수 있도록 커트되어서 제공하게 된다.

(4) 칵테일 리셉션의 식사 메뉴

칵테일 리셉션은 공식 만찬에 들어가기 전에 이뤄지는 입석형식의 가벼운 파티이므로 담소하면서 간단하게 먹을 수 있는 요리로서 오드블(hors d'oeuvre), 과일 카나페(vagetable canape), 야채 렐리시(vegetable relish), 스낵류 등이 주로 제공된다.

(5) 티파티(tea party) 메뉴

식사 전후에 간단하게 쿠키, 과일, 카나페, 커피, 홍차, 녹차, 음료수 등이 제공된다. 칵테일 리셉션이 없는 연회행사에 이를 제안한다.

(6) 커피 휴식(coffee break) 메뉴

각종 회의를 진행하는 동안 잠시 쉬는 시간을 이용하여 커피, 홍차, 녹차, 음료수 등과 다과류가 제공되는 메뉴이다. 컨벤션이 이뤄지면 각급 중 · 소규모 회의가 수없이 이뤄지게 되고, 이러한 세션에는 꼭 "Coffee Break"이 따른다.

(7) 출장연회메뉴

출장연회는 호텔 외부에서 요리가 제공되는 특수성으로 인하여 대부분의 메뉴는 뷔페나 칵테일 리셉션으로 구성되며, 이동 시 보온과 보냉에 강한 장비와 단시간에 상하지 않는 메뉴로 구성한다.

2) 음료서비스상품

연회석상에서의 음료는 테이블 위에 원하는 품목과 수량을 진열하는 'Table Service Bar'와 고객이 직접 품목을 주문하는 'Bar Service'가 있다. 전자는 주로 정찬과 Seating Buffet에서 후자는 Standing Buffet와 Cocktail Reception에서 이루어진다. 각종 연회에 설치되어 서비스되는 바에는 호텔 브랜드(house band)와 국내산 브랜드(domestic brand)의 음료로 구성되는 'Standard Bar'와 수입음료로 구성되는 'Deluxe Bar'로 구분된다. 부가되는 요금을 설치 시간으로 계산하는 방법과 소모된 음료의 양으로 계산하는 방법이 있다. 스탠다드 바에는 Whisky, Gin, Vodka, Rum, Campari, Vermouth, Wine, Beer, Juice, Mixer류 등으로 구성하며, 디럭스 바에는 스탠다드 바 품목에 Aperitif류, Liquor류, Brandy가 추가되고, 와인, 맥주, 쥬스, 믹서류가 수입품 브랜드로 구성된다.

2. 각종 회의실과 기자재의 대여

1) 연회장 대여

호텔은 대규모, 중규모, 소규모 회의나 전시회, 이벤트 등을 위해 연회장을 대여하게 되는데 대여요금은 연회장의 규모, 사용시간에 따라 청구하게 된다. 회의와 식사를 함께 예약하는 경우와 회의를 위한 공간만 예약하는 경우에는 협상에 따라 각각 다른 요금을 부과할 수밖에 없다. 회의 중 식사를 중식과 석식을 제공하게 되면 연회장은 무료로 대여할 수 있을 것이고, 만약 식사를 1회 제공하게 되면 회의실 이용료는 반값에 제공할 수도 있을 것이다.

2) 기자재 대여

각종 회의를 위한 연회장의 기자재는 회의실 기자재(meeting equipments)와 시청각 시스템(audio-visual system), 조명 시스템(lighting system) 등이 있다. 행사의 규모와 매출의 규모에 따라 기자재의 요금을 부과하는 경우와 무료로 제공하는 경우가 있으며, 대부분이 협상에 의해 요금을 청구하게 된다.

(1) 일반 기자재

회의실 기자재에는 행사의 명칭, 시간, 장소 등을 안내하는 안내판을 비롯하여 조립식 무대, 무대위에 까는 붉은 색 카펫, 연설을 위한 포디엄(podium)과 렉턴(lectern), 브리핑에 사용하는 플립 차트(flip chart), 소형 화이트 보드(white board), 흑판(black board), 댄스 플로어(dance floor), 번호봉(numbering stand), 피아노, 각국의 국기 등이 있다.

(2) 시청각 시스템(audio-visual system)

시청각 기자재에는 각종 마이크(Microphone), 18㎜ Motion Picture, Overhead Projector, Reel to Reel Recording System, Video Beam Projector, Video Carmera & VHS Recorder, Slide Projector, Laser Pointer & Electric Pointer, Portable Screen & Automatic Screen, Multivision, Simultaneous Translation System, Walki-Talki, Turntable & Cassette Deck 등이 있다.

(3) 조명 시스템(lighting System)

호텔연회장에는 연회장의 규모와 목적에 따라 많은 조명시설이 되어 있으며, 특별한 행사에는 여기에 맞는 조명을 추가로 설치하게 된다. 조명등의 종류로는 대상물에 고정하는 Pin Spot Light, 등장인물에 집중적으로 비춰주는 Long Pin Spot Light, 무대 위쪽 테두리를 비춰주는 Border Light, 무대 위쪽을 수평으로 비춰주는 Horizontal Light, 무대 중앙에 설치된 공모양의 회전용 조명으로 Mirror Ball, 무대를 중심으로 번쩍거리는 Strobe Light, 무대 위에 안개를 뿜어내는 Fog Machine 등이 있다.

3. 그 밖의 서비스상품

호텔이 제공하는 연회에는 행사의 멋과 품위를 극대화하기 위해 매우 다양한 전문가들이 필요한 서비스를 제공하게 된다. 호텔의 연회장에서 제공하는 그 밖의 서비스상품으로는 꽃꽂이, 사진, 비디오, 엔터테인먼트, 각종 목적에 적합한 케이크, 아이스카빙, 현수막, 비즈니스센터 서비스, 리무진 서비스 등이 있다. 이러한 서비스상품도 협상의 대상이 되며, 고객의 요청에 따라 제공되고, 합당한 요금을 부과하게 된다.

제 5 절 연회서비스와 사후관리

1. 연회장의 테이블 배열

연회는 컨벤션을 축하하는 공식적인 행사이므로 격식을 갖추고, 에티켓과 매너에 의해 진행되어지기 때문에 행사의 종류와 인원에 따라 철저히 준비하므로 성공적인 컨벤션에 기여하게 된다. 연회장이 타 식음료영업장과 다른 점은 고객의 요청에 의해 공간과 서비스가 이뤄진다는 것이다. 따라서 호텔은 테이블의 배치를 다양하게 할 수 있도록 시뮬레이션을 통한 자료를 확보하고, 주최측과 협의에 의해 테이블의 배열을 완성하여야 한다. 연회장에 테이블을 배치하는 방법은 원형테이블, 타원형, T형 배열, E형 배열, I형 배열, U형 배열, 사각형 배열, 교실형 배열 등이 있다.

그림 10-5 호텔의 연회장

1) 원형 테이블(round table shape)

많은 인원을 수용하여 식사와 함께 제공하는 연주회, 디너쇼, 패션쇼 등에 이용되는 형태이다. 테이블과 테이블 간격은 3.3m 정도, 의자와 의자 사이의 간격은 90cm 정도로 하고, 양쪽 통로는 60cm 공간을 유지하도록 한다. 테이블은 무대를 중심으로 중앙 부분을 고정한 뒤 앞줄부터 맞추면서 배열하면 되지만 뒷줄은 앞줄의 중앙부분이 보일 수 있도록 지그재그식으로 맞춘다.

2) 타원형 배열(oval shape)

타원형은 양쪽에 반달형 테이블(half round table)을 붙여서 사용한다. 이는 I형 테이블의 모형과 비슷하게 배열되어 진다.

3) T형 배열(T-shape)

이 형은 많은 손님이 상석에 앉을 때 유용하다. 상석을 중심으로 T형으로 길게 배열할 수 있으며, 상황에 따라서 테이블의 폭을 2배로 늘릴 수 있다.

4) E형 배열(E-shape)

E형은 많은 인원이 식사를 할 때 활용되며 테이블 안쪽의 의자와 뒷면 의자의 사이는 출입이 편리하게 120cm 정도의 간격을 유지하여야 한다.

5) I형 배열(I-shape)

예상되는 참석자 수에 따라 테이블을 배열하고, 의자와 의자의 간격은 60cm의 공간을 유지하도록 한다.

6) U형 배열(U-shape)

U형에서는 일반적으로 직사각형 테이블을 사용하는데, 테이블 전체 길이는 연회행사 인원수에 따라 다르게 배치한다. 일반적으로 의자와 의자 사이에는 50~60cm의 공간을 유지한다. 테이블클로스는 양쪽이 균형 있게 내려와야 하며, 헤드 테이블 앞쪽에는 드랩스(drapes)를 붙여 고객의 다리가 보이지 않게 한다.

7) 사각형 배열(square-shape, hollow-shape)

U형 테이블 모형과 비슷하게 배열하나 테이블 사각이 밀폐되기 때문에 좌석은 외부 쪽에만 배열한다.

8) 극장식 배열(theater-style)

의자만을 배치하는 것으로 의자와 의자 사이를 공간과 의자의 앞줄과 뒷줄의 간격을 적절히 맞춰 고객이 이용하는 데 불편하지 않게 배열한다.

연설자의 테이블과 첫 번째 줄은 앞에서 2m 정도의 간격을 유지하고, 400명 이상의 홀 좌석 배치는 통로가 1.5m 이상의 넓이를 유지하도록 한다. 소연회일 경우는 복도 폭이 1.5m 정도가 되도록 한다. 의자의 배치를 똑바로 하기 위해서는 긴 줄을 이용하여 가로, 세로를 조화롭게 맞춘다.

9) 교실형 배열(class-style)

세미나 테이블을 이용하여 교실의 책상과 의자처럼 배열하는 것으로 무대와 앞 테이블의 간격은 1m 정도 떨어지게 설치하고, 중앙 복도의 간격은 1.5m 이상 띄우며, 테이블과 테이블의 간격은 150cm, 의자와 의자 사이의 간격은 40cm 정도로 배열한다. 일반적으로 1개의 테이블에 3개의 의자를 배치한다.

2. 연회고객의 좌석 배치

연회장에 고객을 모시고 연회를 베푸는 것은 컨벤션에서 빠질 수 없는 공식적인 행사이므로 음식, 분위기, 의전, 무대행사 등 모두가 매우 중요한 요소들이다. 테이블에 명패를 비치하고, 격식에 맞게 안내하고, 식전행사를 진행하고, 식사를 즐겁게 할 수 있도록 준비하는 것은 호텔의 품격과 서비스품질에 크게 영향을 미치고 나아가서 호텔의 이미지를 드높이는 계기가 된다. 연회는 주빈이 있는 경우와 주빈이 없는 경우 주빈이 부부가 참석하는 경우, 주빈이 혼자 참석하는 경우를 구분하여 좌석을 배치하게 된다. 주빈의 자리는 테이블의 중앙이 되며 출입문의 반대편에서 출입문을 향해 배열한다. 부부가 참석할 때는 부인은 남편의 왼쪽에 앉는 것이 예의이며, 주빈이 없는 연회의 I형 테이블에는 부부가 각각 마주보면서 반대편 테이블에 앉게 된다. 또한 공동주최의 만찬에는 각각의 부부가 마주 앉고 부인은 남편의 왼쪽에 앉으며 초청고객은 그 옆으로 앉게 된다. 모든 식음료서비스는 주빈을 중심으로 먼저 서비스하게 된다.

3. 연회서비스 방법

연회서비스는 많은 참석자에게 같은 서비스를 동시에 진행해야 하므로 서비스에 필요한 인원을 충분히 확보하고, 리허설을 거쳐 진행에 차질이 없도록 한다. 연회의 성격에 따라 준비와 서비스 방법을 다르게 하기도 한다.

1) 식음료 제공 시 서비스 방법

(1) 칵테일 리셉션

칵테일 리셉션은 정식 전에 실시하거나 정식과 겸해서 이행하게 된다.

정식 전의 칵테일 리셉션은 대개 본 연회장 앞의 복도(foyer)나 별실을 이용하여 개최하는데 음식은 간단한 오드볼 정도이고, 바는 인원의 규모에 따라 적당한 위치에 2~4곳에 설치한다. 음식은 참석 고객들이 제자리에서 고객접점서비스요원들에 의해 코스별로 서비스 되지만 칵테일 바를 중심으로 이뤄지는 칵테일파티는 고객이 찾아오면 서비스해 주는 경우도 있고 대개 서비스요원이 트레이에 칵테일과 주스류를 담아 현장을 돌면서 서비스하기도 한다. 잔에 든 음료를 서브할 때는 종이 냅킨에 싸서 서브하여 물기가 고객의 손에 묻거나 흘러내리지 않게 한다.

그림 10-6 연회장 좌석배치도

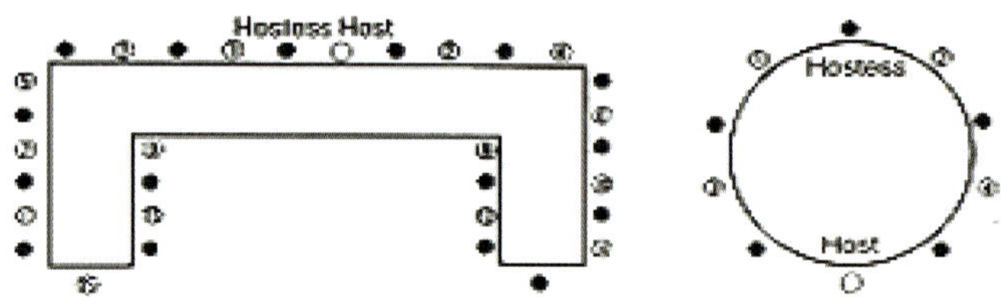

주빈없는 연회(부부동반) 원탁연회(부부동반)

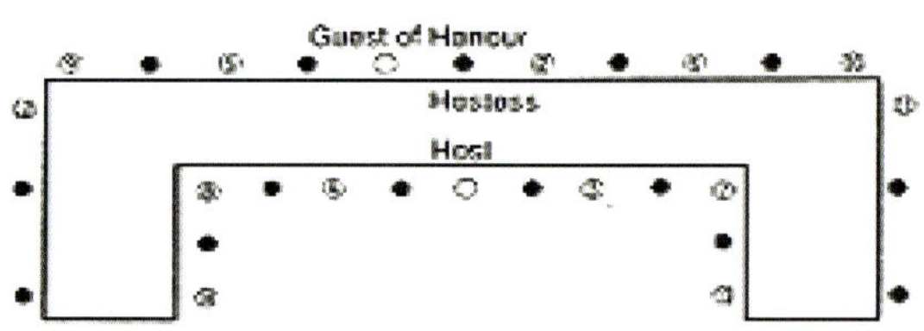

주빈없는 연회(부부동반)

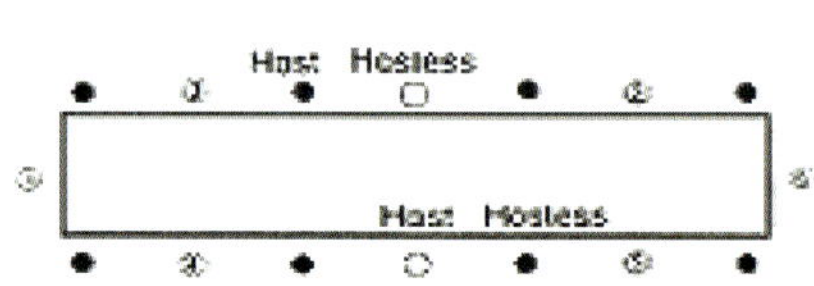

공동주최 연회(부부동반)

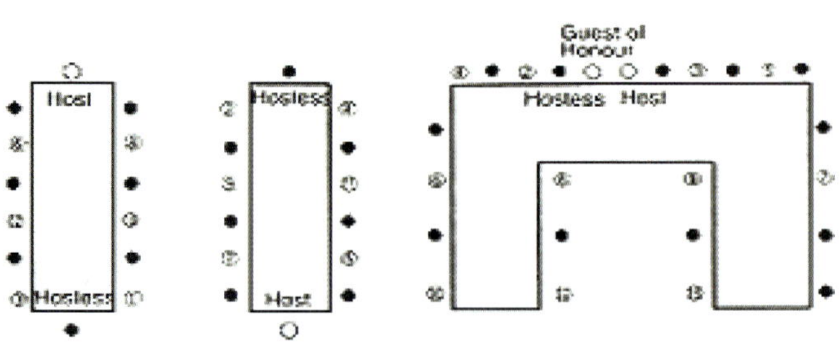

주빈없는 연회(부부동반) 주빈있는 연회(부부동반)

그림 10-7 칵테일 리셉션

(2) 정식코스 서비스

연회지배인은 사전에 서비스 요원들에게 담당구역을 정하고, 첫 번째 코스의 음식은 전체인원에게 동시에 서브되어야 하므로 캡틴이나 지배인이 주빈부터 서브하는 것을 신호로 동시에 맡은 구역을 서브한다. 지배인은 코스가 진행되는 상황을 면밀히 관찰하고, 전체의 흐름에 맞춰 캡틴에게 신호를 보내고 웨이터와 웨이트리스는 그 동작에 맞춰 서브를 진행한다.

(3) 가족연회

가족연회는 결혼피로연, 약혼식, 회갑연, 수연, 돌잔치, 축하연 등이 주종을 이루게 된다. 일반적으로 가족연은 의식, 식사, 여흥이 따르게 되므로 각 장르별로 필요한 준비를 사전에 해 두어야 한다. 연회행사를 맡은 지배인이나 캡틴은 행사 순서를 잘 파악하여 주도적으로 식순에 의해 행사를 진행하여 나가며 이는 매우 부드럽고, 매끄럽게 장르를 잘 연속시켜 나가야 한다.

가족연에는 사후 방문객에게 별도의 인사를 위한 방명록 기록이 매우 중요하므로 접수대의 설치와 필요한 기자재 및 필기구를 준비하여야 하고, 식순에 따라 케이크, 안개, 아이스카빙, 피아노, 엔터테인먼트 등도 사전에 점검하여야 한다. 연회장의 분위기를 고취시키기 위해 배달되는 화환, 꽃바구니 등은 입구와 행사장에 적절히 안배하여 진열하고, 코사지(corsage)는 주빈의 취향에 맞게 색의 조화를 이뤄야 한다. 가족연은 대부분이 뷔페를 중심으로 메뉴가 구성되므로 음식의 재공급과 테이블의 청결 및 위생에 각별히 신경을 써야 한다.

그림 10-8 격식 있는 가족연회장

2) 회의실의 서비스 방법

회의는 사전에 Banner, Sign Board, 명찰, 방명록 등을 준비하고, 기자재의 작동을 점검하여 두면 회의시간 동안에는 별다른 업무가 없다. 또한 행사장의 규모에 따라 1~2명의 서비스접점요원을 배치하여 주최측의 담당자로부터의 돌발적인 주문사항에 대처하면 된다. Coffee Break 시간에 맞춰 커피, 주스, 물, 다과를 준비하고, 고객이 회의장 밖으로 나왔을 때 행사장 정리와 음용수를 보충하면 충분한 서비스가 된다.

3) 출장연회 서비스 방법

출장연회는 고객이 원하는 장소나 시간에 따라 행하여지는 행사이므로 요리, 음료, 식기, 테이블 등 행사에 필요한 식음료와 기물을 고객이 원하는 장소에 제 때 운반하여 서비스에 임하여야 한다. 출장 연회 담당자는 사전에 현장을 답사하여 테이블의 레이아웃을 설계하고, 음식과 장비의 이동에 필요한 동선을 잘 체크하여야 한다. 아래와 같은 사항을 숙지하여 차질이 없이 훌륭한 행사를 진행하여야 한다. 행사장 내 전기, 수도 및 조리부서 시설 유무에 따라 준비할 품목도 달라짐을 유념하여야 한다. 장소가 야외일 경우에는 우천 시를 대비한 텐트나 이동공간을 확보하여 행사계획을 수립한다. 음식의 이동으로 일어날 수 있는 문제점을 파악하여 보온, 보냉, 위생에 보다 세심한 배려가 있어야 호텔의 이미지를 손상시키지 않는다. 현장서비스요원을 선정할 때는 경험이 풍부한 사람들로 팀을 구성하므로 비상대처 능력을 확보하여야 한다. 위와 같이 행사에 필요한 제반 기구, 장비, 음식, 음료 등이 정해지면 호텔의 외부로 나가는 물품은 반출증을 작성하여 부서장의 결제를 득하여 안전관리부서에 제출한 후 호텔을 출발하고, 귀사 후에도 이러한 방법에 의해 제자리에 두도록 한다.

4) 연회 종료 후의 정리업무

(1) 계산서 발급과 후불관리

상설 연회장을 운영하는 호텔을 제외하면 대부분 호텔들의 연회장에는 영업회계원이 배치되지 않는다. 따라서 행사를 진행한 지배인이나 캡틴이 계산서를 발급하고, 대금을 고객으로부터 수령하여 프런트 데스크 에이전트, 또는 식음료부서의 영업장 회계원에게 입금을 시키게 된다. 계산서를 작성할 때는 행사지시서를 바탕으로 진행하며, 추가로 제공된 품목과 수량을 검토하여 청구하게 된다. 할인혜택을 받게 되는 회원에게는 합당한 할인혜택이 주어졌는지를 검토하고, 예치금에 대한 공제도 빠짐없이 확인한다. 호텔의 협력회사로부터 사입된 품목은 사전에 영수증을 확보하여 함께 청구하도록 한다. 호텔의 절차에 따라 사전에 승인된 후불은 고객으로부터 후불 약정서를 받아 경리관련 부서로 넘기며, 후불회수에 필요한 제반 서류와 증빙자료를 잘 정리해 두어야 한다.

(2) 기물과 테이블의 정리

연회행사가 끝나서 고객의 환송을 마친 연회부서는 기물의 정리와 테이블의 원위치가 큰 업무로 남는다. 다음 행사의 준비와 타 부서의 원활한 업무를 위해 가능하면 빠른 시간 내에 이를 이행하여야 한다. 수거용 트롤리를 사용하여 여러 개의 용기(inset)를 용도별로 배열해 놓고 분리수거를 실시한다. 용기별로 은 기물과 집기, 남겨진 음식물, 일반 쓰레기 등으로 구분하면 처리가 용이하다. 사용한 접시는 크기별로 겹쳐놓고 컵은 글라스랙(racks)에 쌓아 스트워드로 보내며, 사용된 리넨은 종류별로 일정한 양을 묶어 세탁실로 보낸다. 사용되지 않은 음식, 버터, 크림, 밀크 등은 조리부서로 되돌려 보내고, 소금, 후추, 설탕 등은 잘 수거하여 저장고에 깨끗하게 보관한다.

테이블 위의 각종 기물이 제거되고 난 후 테이블을 접어서 보관 장소로 옮긴 다음 의자들을 쌓아서 치워놓고 다음 행사를 치를 수 있도록 홀 바닥을 깨끗이 청소하여야 한다. 의자는 다음에 있을 행사의 종류에 따라 용도별로 쌍아 놓는다. 의자는 8개씩 쌓아 놓는 것이 이동이 용이하고, 배치하기에도 좋다. 의자를 쌓아 올릴 때 고장난 의자나 더러워진 것들은 골라내어 세탁을 의뢰하거나 수리를 의뢰하여야 한다.

Chapter 11

호텔부대시설영업

Chapter **11**

호텔부대시설영업

제 1 절 부대시설영업의 의의

호텔은 객실, 식음료, 연회, 부대시설영업을 중심으로 수입부문이 구성되어 있다. 전통적으로 호텔은 객실과 식음료를 중심으로 영업을 영위해 왔으며, 20세기에 들어 경제가 발달하고, 국제교류가 활발해 지면서 호텔의 연회 및 컨벤션이 매출의 큰 몫을 차지하게 되었다. 이어서 호텔의 지역사회 커뮤니케이션센터 기능이 강화되고, 국민의 생활수준이 향상되면서 호텔부대시설영업이 또 다른 소득원으로 부각되게 되었다. 호텔기업은 부대시설영업에 많은 재원을 투자하여 시설을 고급화 하고, 서비스를 표준화 하여 영업의 활로를 찾아 가고 있으며, 이 부분의 학문적 뒷받침과 연구를 필요로 하게 되었다. 우리나라 특1등급 호텔들도 부대시설영업의 매출이 전체 매출의 10%를 넘어서고 있으며, 이 부분의 영업이 점점 확대되어 가는 추세이다. 부대시설영업은 호텔의 영업다각화는 물론이고, 경제적 여력이 충분한 부유층을 호텔의 멤버십에 의해 단골고객화 하므로 객실, 식음료, 연회영업 등에 긍정적 영향을 미치게 되어 영업의 안정화에 없어서는 안 되는 세분시장으로 자리매김을 하고 있다. 각급 호텔들은 마케팅전략측면에서 부대시설영업을 활성화 하고, 수익부문의 동반 상승을 꾀해 가고 있다. 호텔의 위치, 규모, 영업의 형태, 경영방침, 이용하는 주고객층에 따라 부대시설의 종류와 규모의 차이는 있으나 초대규모, 대규모호텔들이 보유한 시설은 헬스, 사우나, 수영장, 멤버십클럽 등이며, 어떤 호텔은 컨트리클럽, 카지노, 승마장 등도 갖추고 있고, 그 외에도 영업환경에 따라 다양한 부대시설영업을 추진하고 있거나 구상하고 있다.

1) 부대시설 운영의 필요성

① **사회적 측면:** 라이프스타일 변화, 경제적 여력과 시간적 여유, 정보의 발달
② **호텔경영관리측면:** 호텔수익부문의 확대, 호텔 사업의 다각화
③ **호텔이미지측면:** 헬스시설의 유무가 특급호텔의 이미지 및 등급에 영향을 줌
④ **운영 측면:** 호텔의 규모, 위치, 종류, 경영형태 등에 따라 그 호텔에 어울리는 부대사업 운영에 박차를 가하는 추세

2) 부대시설의 종류

호텔의 부대시설로는 헬스사우나, 카지노, 컨트리클럽, 나이트클럽, 각종 오락시설, 실내외 수영장, 연초신문소매점, 기념품상점, 문구류점, 양복점, 크리닉, 이 · 미용실, 사진현상점, 승마장, 실내골프장, 스키장, 수상스키장, 보트장, 테니스장, 영화관 등 다양하게 구성할 수 있다. 그러나 호텔의 위치, 규모, 호텔경영관리의 방향, 경영형태, 이용고객의 수요에 따라 부대시설도 가감을 하게 된다.

3) 호텔위치에 따른 부대시설의 종류

① **바닷가의 휴양지호텔:** 보트장, 수상스키장, 요트장, 해수욕장 등
② **겨울철 휴양지호텔:** 온천장, 스키장, 눈썰매장, 사냥터 등
③ **도심호텔:** 사우나, 헬스클럽, 실내골프장, 볼링장, 수영장 등
④ **리조트 관광지호텔:** 카지노, 컨트리클럽, 승마장, 유기장, 볼링장 등

제 2 절 멤버십클럽

1. 멤버십클럽의 개요와 조직

1) 멤버십클럽의 개요

호텔의 멤버십클럽은 객실, 식음료, 연회에 이어 또 다른 수익원으로 자리매김하고 있으며, 호텔영업의 다각화에 일조를 하고, 단골고객 확보에 기여하고 있다. 호텔이 보유한 멤버십 클럽은 규모, 형태, 시설, 멤버십의 종류에 따라 다양하다. 어떤 클럽이든 고객이 이용하기에 편안하고, 사용 목적에 합당한 기구와 장비를 갖추며, 식음료 서비스가 이뤄지게 된다. 호텔 내의 멤버십으로 영업을 활성화하고 있는 시설들은 헬스클럽, 사우나, 수영장, 멤버십 다이닝과 바 등이 있다.

2) 멤버십클럽의 조직

멤버십클럽은 호텔 내 · 외부 고객을 위한 다양한 시설, 기구와 휴게공간을 마련하고, 이를 고객이 이용목적에 맞게 편안하게 이용할 수 있도록 편의를 제공하고, 기구를 안전하게 활용할 수 있도록 프로그램에 의해 전문적인 지도를 제공하게 된다. 따라서 멤버십관리, 일반고객관리 등의 서비스요원과 행정요원, 헬스클럽의 전문지도요원, 수영장의 전문안전요원 등으로 조직을 구성하게 된다. 클럽의 행정, 고객관리, 시설관리, 종업원관리 등의 업무를 총괄하는 클럽지배인, 클럽지배인을 보좌하면서 각 부문별업무를 책임지는 부지배인이 있다. 또한 각 조별로 현장에서 업무를 지휘하는 조장(captain, head attendant)이 있고, 직접 고객에게 서브하는 고객접점종사원이 있다. 조직의 규모는 각 분야별 수용인원에 따라 다르게 구성한다.

2. 헬스클럽의 운영

최근 우리나라에도 특급호텔들에 의해 별도의 건물을 신축하여 헬스센터로 개장을 하고, 호텔고객뿐만 아니라 많은 외부 회원을 모집하여 영업을 활성화시키는 곳도 있다. 뉴욕 맨하탄에 있는 다운타운클럽(The Downtown Athletic Club)은 대형 오피스건물 35층 전체와 옥상에 선덱(sun deck)을 갖추고, 1,000여명을 수용할 수 있는 식당과 연회장을 함께 갖춰 영업에 임하고 있어 세계 최대의 규모를 자랑하고 있다. 여기에는 다양한 헬스가구, 스쿼시 룸, 핸드볼 코트, 테니스 코트, 실내 수영장 등을 갖추고 있다. 이 영업장은 사회체육에 대한 다양한 프로그램을 개발하여 지역사회에 공급하는 것으로도 유명하다. 뿐만 아니라 오하이오에 있는 데이톤 라켓 클럽(The Dayton Racquet Club)은 29층 현대식 오피스텔을 스쿼시 클럽, 조깅 클럽, 휘트니스 클럽으로 구분하여 공간을 배치하고, 체육행사를 유치하는 클럽으로 유명하다.

우리나라에 서양식 헬스클럽이 처음 등장한 것은 1972년 서울시청 광장 건너편 백남빌딩 9층에 개업했던 클라크해치 휘트니스센터(The Clerk Hatche Fitness Center)이다. 이러한 시설은 국제적 체인호텔들이 호텔의 부대영업 활성화와 고객편의를 위해 적극적으로 도입해 왔다. 소득의 증가와 여성의 사회적 참여가 늘어나면서 이용객이 크게 증가하게 되었다. 이는 호텔의 멤버십 가입비와 연간 이용료 수입이 늘어나는 결정적 역할을 하였고, 명성이 높은 호텔의 클럽에는 멤버십을 구입하려는 수요자가 몇 개월씩 기다리거나 높은 프리미엄에 의한 거래가 이루어지기도 한다. 호텔이 보유한 헬스클럽은 호텔의 경영관리방침에 따라 수준 높은 고객관리가 이뤄지지만 멤버십 보유자는 상호간에 또 다른 사회를 구성해 가게 된다. 호텔의 헬스클럽이 고객들에게 제공 하는 기능은 첫째, 건강관리 기능이 있다. 멤버십 보유자는 체력을 키우고, 건강을 다지며, 몸매를 가꾸므로 정신적, 육체적 건강을 정진시키는 효과가 있다. 둘째, 레크리에이션 기능이 있다. 각종 스트레스 해소와 취미생활을 함께 할 수 있는 공간과 프로그램이 마련되므로 레크리에이션과 교양을 넓히는 데 활용될 수 있다. 셋째, 레저관광생활의 기능을 제공한다. 호텔이 위치한 자연환경을 최대한 활용하여 각종 야외활동에 참여하므로 생활체육과 레저 및 관광활동의 매개역할을 한다. 넷째, 동호인활동을 통한 대화의 창구기능을 한다. 헬스클럽은 다양한 시간대에 다양한 사람들이 모여서 프로그램에 의해 활동하게 되므로 자생적인 동아리가 구성되고, 이를 계기로 동호인 활동에 참여하므로 친밀한 유대관계를 구축해 가게 된다. 다섯째, 멤버십에 가입한 고객은 호텔의 구전홍보 기능을 담당한다. 호텔의 정보를 가장 많이 알고 있는 고객층으로서 마케팅활동에 민감하게 반응 할 수 있는 노출된 고객그룹이다. 호텔이 제공하는 고객지향적 서비스와 각종 이벤트에 대한 메신저역할을 잘 수행하게 되므로 항상 가족적인 분위기를 조성하는 것이 무엇보다 중요하다. 호텔이 운영하는 헬스클럽은 체력 조성을 목적으로 구성하게 된다. 대부분 공간은 바닥 면적이 200～500㎡ 정도이며, 최근에는 의료 시설이 병설되어 있어 의학적 검사와 운동 부하검사 등을 하며, 의학적 검진에서부터 운동 지도까지 이루어지는 시스템을 갖춘 호텔들이 늘어나는 추세이다. 공간 배치는 워밍업과 쿨 다운 공간으로 사용하는 오픈 공간, 심폐지구력 공간, 근력 트레이닝 및 머신트레이닝 공간, 프리웨이트 공간, 휴식 공간, 유연성 향상을 위한 조정력 공간으로 이루어져 있다.

헬스클럽의 공간 구성

① **스쿼시 존**(Squash Zone): 2~4면의 공간과 라켓 및 용품을 무료로 대여
② **카디오 존**(Cardio Zone): 러닝머신, 바이크, 스텝퍼, 엘립터 컬 등 설치
③ **레지스턴스 존**(Resistance Zone): Cybex, Nautilus 등 설치
④ **프리웨이트존**(Free Weight Zone): 파워렉, 벤치, 덤벨 1kg에서 50kg까지 구비
⑤ **그룹 체련구역**(Group Exercise Zone): 각종 프로그램을 비치하고, 고객에게 제공
⑥ **골프연습장**(Golf Zone): 골프채 무료 대여 및 고객서비스
⑦ **퍼팅장**(Putting Green): 경사를 이용한 실전/퍼팅 연습장
⑧ **요가 스튜디오**(Yoga Studio): 요가 전문 강사에 의한 프로그램 운영
⑨ **운동처방실**(Fitness Testing Office): 체질관리 프로그램을 실시하고, 전담제 트레이닝 서비스
⑩ **놀이방**(Kids Club): 어린이를 위한 공간과 다양한 놀이 프로그램 운영

그림 11-1 헬스기구와 스쿼시룸

3. 사우나의 운영

도심호텔이든 리조트호텔이든 호텔의 사우나는 부대시설의 핵심시설이며, 주로 멤버십에 의해서 클럽이 운영되면서 객실고객에게 무료 또는 할인가격으로 시설을 제공하고 있다. 시설의 구성은 사우나에 냉탕, 온탕, 열탕, 습식도크, 건식도크, 개인샤워부스 등을 설치하며, 특수한 목적으로 황토방, 보석방, 안마실 등을 설치한다. 수용인원에 따라 탈의실, 사물함, 화장대, 휴게실 등을 구비한다. 멤버십클럽의 회원, 객실고객, 또는 외부고객이 부대시설을 방문할 때 주된 출입구의 역할을 담당하게 되는 부분이 사우나시설의 입구이다. 따라서 클럽의 경영관리를 위해 고객관리 프로그램을 개발하고, 서비스표준을 세우며, 멤버십 판매, 양도고객을 위한 수수료 규정도 설정하여 원활하게 운영하여야 하며, 이 모든 업무는 고객지향적인 서비스를 바탕으로 진행되어야 한다.

그림 11-2 호텔 사우나의 파우더룸과 온천탕

1) 멤버십의 가입 및 양도

멤버십은 호텔의 명성과 이미지, 서비스의 질적 수준, 시설의 규모와 다양성, 위치, 주변 환경, 고객구성원에 따라 다양하게 판매된다. 멤버십의 종류에는 평생회원, 연회원, 단기회원이 있으며, 멤버십가격(membership fee)은 일반적으로 가입비, 가입보증금, 연회비, 기타회비 등으로 구성되어 진다. 가입비는 가입을 위한 제반 행정서비스에 투입되는 비용으로 일회성 경비이며, 가입보증금은 고객이 탈퇴를 원할 때 고객에게 되돌려 주는 금액으로 국내 특급호텔들은 1천만원에서 5천만원 정도의 금액을 책정하고 있다. 연회비는 회원이 1년간 사용하므로 투입되는 비용으로 1백만원에서 3백만원 내외로 부담을 하게 된다. 여기에 부부회원과 가족회원제도가 있어 단독회원을 기준으로 인원수를 환산하여 가격을 책정하게 된다. 기타회비는 멤버십클럽 내의 각 서클별 합의에 의해 징수하는 특별회비로 호텔의 회계와는 관련이 없는 동아리회비의 성격을 띠고 있다.

멤버십을 양도하거나 인수를 하려는 고객은 멤버십 행정담당(membership secretary)를 통해 클럽지배인에게 요청을 하게 된다. 호텔은 양도에 대한 규정을 설정하여 멤버십 구입자의 자격을 심사하게 되며, 심사에 통과된 멤버십에 대해 양도를 허가하게 된다. 이 때 호텔이 설정한 일정액의 수수료를 징수하게 된다. 멤버십의 양도는 컨트리클럽의 멤버십이 거래될 때 커미션이 따르듯이 호텔의 명성과 멤버십의 희소가치에 따라 거래액이 정해진다.

2) 멤버십의 프런트 데스크 업무

멤버십업무는 행정실에서 담당하는 회원관리업무를 제외하면 대부분이 프런트 데스크에서 이뤄지는 일일고객관리업무이다. 멤버십클럽의 업무는 주로 오전 6시부터 오후 10시 사이에 이뤄지며 2개조로 나눠서 업무에 임하게 된다. 보편적으로 멤버십클럽은 가족적인 분위기에서 멤버들의 일일생활을 지원하게 되므로 이 부서에서 근무하는 종업원은 세련되고, 친절과 예의를 잘 갖춘 구성원으로 보면 무리가 없다.

그림 11-3 멤버십 프런트 데스크

(1) 오전조의 주요업무 내용

① 근무에 필요한 자금(house fund)을 호텔금고에서 인수

② 각종 전달사항(Comment, Flag & Message)을 확인

③ 멤버의 신속한 체크인을 위해 데스크를 정리하고, 락카 키(locker key)를 확인

④ POS(point of sale) 계산기의 작동상태를 점검

⑤ 금일 호텔에 도착예정인 고객 "VIP" 및 주요 "GROUP"별 현황 파악

⑥ 외국환으로 계산하는 쿠폰소지고객을 위한 환율표 준비

⑦ 멤버가 체크인할 때 가족처럼 따뜻하게 맞이하며, 선호하는 락커를 배정

⑧ 금일 객실부문에서 필요로 하는 부대시설이용고객 파악 및 필요사항 준비

⑨ 멤버 및 객실고객 메시지 확인 및 전달

⑩ 원활한 운영을 위해 남 · 여 사우나 종업원(attendant)과 수시로 고객정보 공유

⑪ 멤버에게 전달할 정기 간행물 및 각종 베시시 전달

⑫ POS 마감 시 "Audit Balance Shift Work" 및 "Check Out with Balance" 확인

⑬ "Shortage & Overage" 상태 확인 및 서면보고

⑭ 조별업무 마감 및 멤버와 고객에 대한 특기사항 인수인계

⑮ 각종 회의 및 교육 참석

(2) 오후조의 주요업무 내용

① 근무에 필요한 자금(house fund)을 오전조로부터 인수

② 오전조로부터 각종 전달사항(Comment, Flag & Message)을 확인

③ 멤버의 신속한 체크인을 위해 데스크를 정리하고, 락카 키(locker key)를 확인

④ POS(point of sale) 계산기의 작동상태를 점검

⑤ 금일 호텔에 도착한 고객 "VIP" 및 주요 "GROUP"별 현황 파악

⑥ 외국환으로 계산하는 쿠폰소지고객을 위한 환율표 인수

⑦ 멤버가 체크인할 때 가족처럼 따뜻하게 맞이하며, 선호하는 락카를 배정

⑧ 금일 호텔 내에서 이뤄지는 특별한 이벤트 파악

⑨ 멤버 및 객실고객 메시지 확인 및 전달

⑩ 원활한 운영을 위해 남 · 여 사우나 종업원(attendant)과 수시로 고객정보 공유

⑪ 멤버에게 전달할 정기 간행물 및 각종 메시지 전달

⑫ POS 마감 시 "Audit Balance Shift Work" 및 "Check Out with Balance" 확인

⑬ "Shortage & Overage" 상태 확인 및 서면보고

⑭ 조별업무 마감 및 멤버와 고객에 대한 특기사항 인수인계

⑮ 각종 회의 및 교육 참석

4. 수영장의 운영

대부분의 특급호텔은 부대시설로서 수영장을 운영하고 있다. 호텔의 위치와 수영장의 규모에 따라 수익의 규모는 다르지만 호텔의 수익과 이미지에 큰 영향을 주는 것에는 틀림이 없다. 호텔의 수영장은 멤버십클럽의 일환으로 객실고객도 함께 이용하게 되며, 운영과 행정은 헬스와 사우나 부문에서 함께 진행하고 있다. 대부분의 호텔수영장은 무료로 운영되지만 수영장의 규모가 큰 몇몇 호텔은 수영장을 유료화하고, 독자적으로 운영하며, 대대적으로 수강생을 모집하여 큰 수입을 올리기도 한다.

그림 11-4 리조트호텔의 수영장과 백사장

호텔이 운영하는 수영장은 청결과 위생 및 안전관리가 가장 중요한 요소이다. 시설은 환경위생법에 적합하도록 설계하고, 수영장물 관리는 여과기와 화학적 처리로 양질의 물을 충분히 공급하여 일정수준을 유지여야 한다. 수영장에서는 탈의실 등에서 분실물이 흔히 발생되며, 수영장에서의 부주의는 고객의 생명과도 관계되므로 호텔은 안전관리요원을 배치하여 수영장 안전관리에 만전을 기하게 된다.

1) 수질과 환경위생

수영장의 물을 깨끗이 관리하기 위해서는 여과기계(filtering machine)와 화학적 처리로서 물을 주기적으로 갈아 주어야 한다. 수영장의 물은 항상 깨끗하고 청결을 유지하도록 배수해야 하고, 일정한 수준의 물을 항상 유지하여야 한다. 수영장의 설계 · 건축 · 운영 · 유지에는 환경위생법에 의해 행정기관으로부터 감독을 받게 된다. 환경위생기관은 수영장의 시설, 수용인원의 통제, 수질검사 등의 행정감독을 하게 된다. 호텔이 운영하는 수영장은 법적인 제재보다 고객편의를 먼저 생각하는 방향으로 운영하여야 한다.

2) 수영장의 유지

① 물은 여과시켜 깨끗하고, 순수하도록 유지하여야 한다.

② 옥외 수영장은 물 표면의 나뭇잎, 벌레, 이물질을 자주 걷어 내어야 하고, 날씨의 변화에 따라 적극적으로 대응해야 한다.

③ 수영장 밑바닥과 옆 벽에 붙은 물 떼와 침전물을 자주 제거해야 한다.

④ 물에 있는 유해물을 없애고 살균을 위하여 적절한 약품을 써야 한다.

⑤ 물은 알칼리 혹은 산성을 조절할 뿐만 아니라 화학적 처리로써 고객의 눈병과 피부병 등의 예방에 힘써야 한다.

5. 멤버십 다이닝과 바 운영

호텔이 운영하는 멤버십은 각종 체육시설, 레저시설, 휴게시설을 비롯하여 다이닝(dining)과 바(bar)가 있다. 멤버십 다이닝과 바를 보다 세분하면 멤버십 다이닝, 전문가 다이닝 및 바, 비슷한 사회적 배경을 바탕으로 모여드는 소셜클럽(social club), 대학의 동창생, 교수, 학생들의 전용공간인 유니버시티클럽 등이 있다. 설립목적에 따라 운영체계가 다를 수도 있지만 이곳에서 제공되는 식음료 서비스는 비슷하다고 볼 수 있다. 이들을 잘 수용할 수 있는 호텔은 특히 도심에 있는 비즈니스호텔로서 대도시에 집중되어 있음을 알 수 있다. 멤버십클럽의 운영의 유래를 살펴보면 도심 중심가의 금융기관, 무역회사, 유통기관 등이 고객관리를 위해 점심식사를 별도식당(private dining room)에서 상담과 함께 진행하는 것에 초점을 두고 멤버십클럽으로 운영하게 되었다. 대표적인 멤버십클럽은 뉴욕의 와돌프 아스토리아 호텔(The Waldorf-Astoria Hotel)이 운영하는 "The Marco Polo Club"이 있으며, 이 클럽은 1960년대 뉴욕의 금융회사 대표들이 별도의 상담공간과 접대공간의 필요성을 느끼고 아스토리아호텔의 공간을 임대하여 설치한 클럽으로 조리는 호텔에서 공급받고, 식당의 운영은 선임된 지배인에 의해 독자적으로 운영할 수 있도록 설계하였다. 또한 워싱턴 D.C.에서 운영되고 있는 기자들을 위한 "The Press Club", 뉴욕의 저널리스트와 법률가를 위한 "The Journalists and the Lawyer's Club", 배우와 영화산업 관련자를 위한 뉴욕의 "The Friars Club" 등도 매우 유명하다. 이들을 전문가 멤버십 다이닝과 바라고 할 수 있다. 소셜클럽은 영국에서 발달하였으며, 사회적 지위와 생활배경이 비슷한 사람들끼리 모여서 그들의 생활을 함께 논의하고, 즐기는 클럽으로 "Boodle's", "St. James", "White's" 등이 있다. 이들은 하루의 일과를 마치고, 이 클럽에 모여 칵테일과 담소로 하루를 정리하는 과정으로 삼고 있으며, 비즈니스를 떠나 순수한 엔터테인먼트로 운영되고 있다. 유니버스티클럽이 가장 활성화 되어 있는 대학은 미국의 "Harvard", "Yale", "Princeton", "Cornell", 그리고 스위스의 "The Ecor Hotel School in Lauzan"으로 유명하다.

호텔에서 운영하는 멤버십클럽은 호텔의 주고객으로서 사회적 명성과 부를 축적한 고객이 별도의 공간에서 그들이 초청한 인사들과 함께 식사를 즐기고, 칵테일을 즐기며, 사업을 논하고, 인생을 논하는 특별한 공간으로 활용되고 있다. 호텔은 이러한 멤버십에 가입할 수 있는 고객을 매우 제한적으로 고려하고 있어 매출보다는 호텔의 품격유지에 더 많은 기여를 기대하게 된다. 따라서 이러한 멤버십클럽의 운영을 맡은 지배인은 당해 호텔 고객서비스의 대표주자로서 자긍심이 충만하게 되고, 호텔리어로서의 꿈을 실현하는 기회가 될 것이다.

제 3 절 컨트리클럽

호텔이 운영하는 부대시설 중에서 가장 규모와 면적이 큰 것은 컨트리클럽이다. 몇몇 리조트호텔이 운영하고 있는 컨트리클럽은 호텔의 부대사업이라기보다 호텔과 함께 운영되는 컨트리클럽 호텔로 분류되고 있다. 그러나 컨트리클럽은 호텔의 경영관리자가 운영할 수 있는 다양한 시설 중에 하나로서 컨트리클럽의 하우스에는 호텔의 식음료서비스가 이뤄지며, 운영자체는 서비스산업의 주체들이 운영하기에 매우 합당한 부대시설이라고 할 수 있다. 미국의 경우 18홀 컨트리클럽을 하나 건설하는 데 필요한 대지는 110에이커로 보며, 소요자금은 5천만달러 정도로 보고 있다. 이는 멤버십을 구입하고자 하는 사람이 각각 15만달러를 부담해야 하며, 최소한 월 1,000달러의 사용료를 내어야 조달할 수 있는 큰 돈이 된다. 그러나 대부분의 컨트리클럽은 입장료로 50달러 내외를 받고 있어 수익성보다는 부동산의 가치 또는 지방정부의 도심확장 정책으로 활용되고 있다. 우리나라의 경우 국토의 균형발전과 지방자치단체의 세원확보, 국민건강증진을 위해 건설허가를 완화하고 있는 실정이다. 컨트리클럽의 운영은 컨트리클럽 운영의 기본지식인 역사와 게임운영에 대한 이해, 시설관리와 클럽하우스 영업으로 구분하여 설명할 수 있다.

1. 컨트리클럽의 이해

1) 골프의 역사

골프는 잔디위에서 자연을 즐기며 클럽으로 볼을 쳐서 홀에 넣는 스포츠이다. 그 유래는 기원전 네덜란드 지방에서 어린이들이 실내에서 즐겨하던 코르프(KORF)라는 경기에서 비롯되었다는 설과 스코트랜드 지방의 양치는 목동들의 민속놀이에서 비롯되었다는 설이 있다. 골프는 처음에는 평민들의 놀이로 성행하다가 골프 금지령이 내려진 후로는 특권층인 왕족들만이 할 수 있게 되어 왕족들의 경기로 바뀌게 되었다.

초창기의 코스들은 모두 바닷가와 접해 있는 링크스코스이며, 오늘날의 모래벙커는 바로 링크스코스와 관련이 있다. 원래의 벙커는 '토끼굴'이었다. 바닷가의 거센 비바람을 피하기 위해 토끼들은 해안 여기저기에 굴을 파놓았고 어부들이 조약돌을 칠 때 그 돌이 토끼굴로 들어가는 경우를 쉽게 상정할 수 있다. 그래서 토끼굴을 탈출하는 기술이 연구되었을 것이며, 또한 벙커가 골프코스의 한 요소로 자리 잡았을 것으로 추정한다. 오늘날 1라운드 18홀은 1764년 무렵부터 확정되었으며, 그 이전에는 '정해진 홀수'가 없었다고 한다. 1754년 결성된 세계최초의 골프클럽인 영국 "Royal & Agent"는 올드코스의 22홀을 18홀로 줄였으며, 그때 비로소 골프규칙이 만들어져서 18홀이 골프의 정규코스로 정해졌다.

세계 최초의 공식적인 골프경기는 1860년 스코트랜드의 "Prest Wick Club" 주최로 프레스트윅 코스에서 열린 제1회 영국 골프 선수권대회로 상금 5파운드를 놓고 8명의 영국프로선수가 출전하여 열전을 벌인 가운데 윌리 파크(Willie Park) 선수가 36홀에서 174타의

스코어로 5파운드의 상금과 은제 챔피언 벨트를 차지하였다. 1861년부터는 참가자격을 전 세계에 개방함으로써 오픈대회로 성장하였다. 미국에서는 1888년 골프장이 탄생하고, 1894년에 미국 골프 협회가 창립되었고, 1895년 제 1회 아마추어 선수권대회가 열렸으며, 같은 해에 전미 오픈 선수권대회가 시작되었다.

그림 11-5 컨트리클럽

2) 골프경기

일정한 막대기를 사용하여 공을 쳐서 홀 안에 집어넣는 경기이며, 여기서 가장 적게 쳐서 홀 컵 안에 공을 집어넣는 사람이 이긴다.

2. 시설관리와 클럽하우스의 운영

1) 시설관리

컨트리클럽의 시설은 경기장인 잔디, 자연녹지, 진입로 등을 자연환경에 가장 근접하도록 관리하게 되며, 이 분야에 전문적인 지식과 경험을 가진 사람을 필요로 한다. 뿐만 아니라 클럽하우스의 관리는 호텔의 하우스키핑부서가 호텔의 건물을 관리하는 방법으로 관리가 가능하다. 특히 넓은 로비지역과 식음료 영업장의 관리는 호텔의 업무매뉴얼에 의해 관리하는 것이 바람직하다.

- 현재 미국 26개주가 카지노 합법화
- 리조트화를 통한 대중화
- 지역발전 위해 인디언 보호구역에 카지노 붐
- 갬블 4대국 : 미국, 프랑스, 영국, 독일
- 세계적 카지노 도시 : 라스베이거스, 애틀랜틱 시티, 몬테카를로, 칸느, 바덴바덴, 디본누, 모라코, 마카오, 겐팅 하이랜드 등

2) 우리나라

- 1961년 1월 제정된 '복표발행현상 기타사행행위단속법'에 의거 국내 카지노산업 도입 근거 마련
- 1962년 워커힐 카지노 개설
- 1967년 인천 오림포스호텔 카지노 개설
- 1969년 내국인 출입금지법 제정
- 1970년대 속리산, 제주 칼, 해운대, 코오롱 등 6개 업체로 확대
- 1980년 설악 파크, 제주 하얏트 개장
- 1990년대초 제주지역 카지노업 규제완화 조치
- 1994년 내무부에서 현 문화관광부로 주무관청 이관 및 법적 근거 이관 (사행행위 단속법 → 관광진흥법)
- 1995년 5월 외국인 카지노 투자 합법화
- 2000년 10월 강원랜드 스몰 카지노 개장
- 2003년 강원도 폐광카지노 메인 빌딩 개장
- 2005년 서울의 코엑스와 부산의 롯데호텔에 한국관광공사가 운영하는 세븐럭 카지노 개장
- 2006년 경주 코모도에 있던 카지노 대구 인터불고호텔로 이전
- 현재 제주 8개 업소를 포함하여 전국에 16개 업소가 운영되고 있음

3. 카지노의 조직과 역할

1) 카지노의 조직

카지노는 호텔의 부대사업으로 분류를 하지만 영업의 특성상 별도의 조직을 구성하여 영업에 임하게 되며, 대표이사를 호텔의 대표이사가 겸하거나 완전 분리하여 영업에 임하기도 한다. 카지노의 총지배인은 영업을 총괄하며, 쾌적한 시설과 고객지향적인 서비스를 이행하는 데 총력을 기울이게 된다.

2) 각 부서의 역할

① **대표이사**: 이사회를 대표하며, 카지노의 영업활동과 내부 통제에 관한 최종적 권한과 책임을 가진다.

② **총지배인**: 영업장 내의 게임운영 총괄, 시설 및 기구의 현대화, 서비스표준의 설정, 서비스요원의 업무 지도 및 감독, 세일즈 및 마케팅 활동업무를 총괄한다.

③ **영업담당임원**: 영업담당임원은 총지배인을 보좌하여 영업에 관련된 업무를 총괄하고, 영업장 내의 인력관리, 고객관리에 최선을 다한다.

④ **마케팅담당임원**: 마케팅담당임원은 각 지역별 해외사무소를 통해 카지노를 홍보하며, 예약고객의 이동, 숙박, 식사, 레저와 휴식 등에 관련된 제반 업무를 관장한다.

⑤ **관리담당임원**: 기획, 시설, 경리, 관리부서를 총괄하며, 보고체계는 대표이사에게 하게 된다.

⑥ **영업부문의 역할**: “Dealer”, “Floor Person”, “Pit Boss”, “Shift Manager” 등으로 구성되어 있으며, 카지노를 방문한 고객접점에서 필요로 하는 사항을 서비스하고, 매출을 올리게 된다.

⑦ **마케팅부문의 역할**: 카지노 고객유치에 따른 다양한 업무를 기획하고, 이행한다.

⑧ **관리부문의 역할**: 인사, 교육, 노무, 총무, 비상기획 등의 분야를 관장하며, 영업부문의 업무를 지원한다.

⑨ **안전관리부서의 역할**: 내국인 출입통제, 영업장 질서유지, 고객과 직원의 안전, 폐쇄회로 시설의 운영 등으로 카지노의 안전을 유지한다.

⑩ **회계부서의 역할**: 출납부서와 환전부서로 나눠지며, 출납부서는 칩의 공급과 회수, 카운트 관리, 영업 관련 현금/수표/유가증권의 거래와 보관 등을 업무를 관장한다.

그림 11-6 카지노의 경영조직도

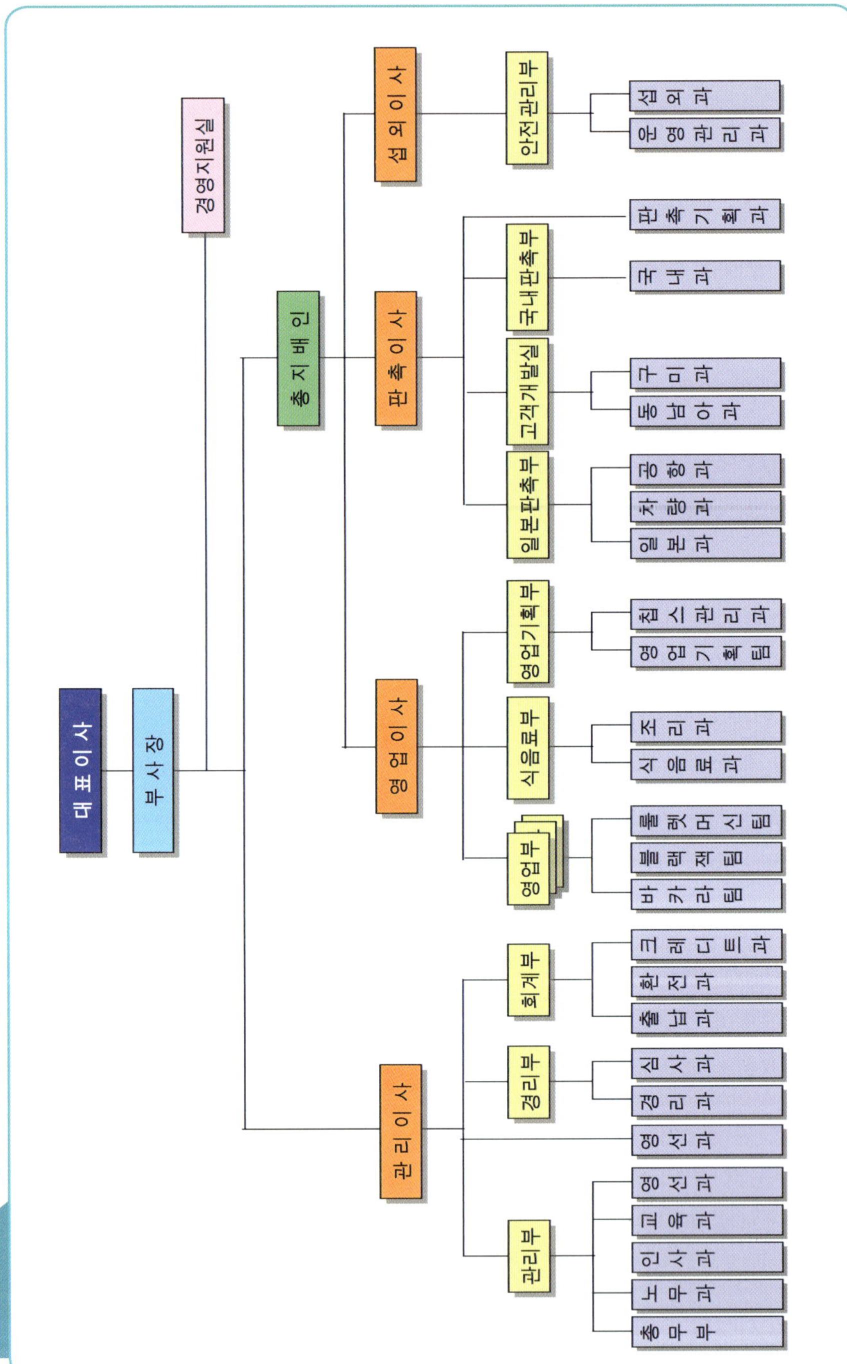

환전부서는 정부로부터 허가된 범위 내에서 환전 업무를 취급한다.

⑪ **전산부서**: 카지노에 설치된 모든 전산시설을 관리하며, 보다 선진화된 전산시설로 카지노 영업을 지원하기 위해 노력한다.

3) 카지노의 영업규칙

① 플레이이어는 관계당국이 승인한 장비와 시설에 대한 검시 및 교체를 요청할 수 없다.

② 하우스가 제공하는 게임기구 외의 기구 사용 혹은 부정행위를 행하는 경우, 그 행위로 인한 모든 민/형사상의 책임을 지게 된다.

③ 대한민국 정부에서 정한 금액 이상의 잭판 또는 이에 준하는 금액이상을 획득한 플레이어는 관련법이 정하는 세금납부의 의무를 진다.

④ 고객 사이 좌석을 팔거나 사는 행위, 또는 이를 양도하는 행위는 금한다.

⑤ 고객 사이에 부정수수료를 주거나 받아서는 안 된다.

⑥ 1시간 이상 테이블을 떠날 경우, 자리의 소유권은 인정되지 않는다.

⑦ 알코올에 취한 상태로는 게임을 할 수 없다.

⑧ 금연 테이블에서는 절대 흡연하여서는 아니된다.

⑨ 고객에게 돈을 빌려주는 사채행위를 해서는 안 된다.

⑩ 플레이어는 하우스 매뉴얼을 반드시 준수해야 하며, 게임진행에 지장을 초래하는 어떠한 행동을 하여서도 안 된다.

⑪ 고객카드를 소지하지 않으면 어떠한 혜택도 받을 수 없다.

⑫ 다른 고객의 게임에 간섭해서는 안 된다.

⑬ 블랙잭 테이블에서의 메모지 사용은 금지되어 있다.

⑭ 본인이 베팅한 칩은 본인이 주의를 기울여야 한다.

4. 게임의 종류와 방법

1) **블랙잭**(Black Jack) : 딜러와 고객이 2장 이상의 카드로 21이 되거나 가까운 것으로 승패를 가름한다. 고객이 처음 2장으로 21을 만들면 건 돈의 1.5배를 받으며 그 외는 서로 건 돈 만큼 주고받는다.

2) **바카라**(Baccarat) : 카지노 게임의 왕이라 불려짐. 뱅커와 플레이어(banker and player) 어느 쪽에 걸 수 있지만 9가 최고의 수이고, 한 자리 숫자만 계산하게 된다.

3) **룰렛**(Roulette) : 카지노 게임의 여왕이라 불려지며, 룰렛 원반에 38개의 숫자가 있고, 숫자가 새겨진 회전판에 구슬을 넣고 돌려 숫자를 맞추면 최저 1에서 최고 35배까지의 당첨금을 받을 수 있다.

4) **다이사이**(Tai-Sai) : 중국인이 즐기는 게임이며, 유리용기(dice-shaker)에 있는 3개의 주사위를 딜러가 3회 또는 4회를 진동 시킨 후 뚜껑을 벗겨 3개의 주사위가 표시한 각각의 숫자 또는 구성되어 있는 여러 종류의 칩 위에 올려놓고 맞추는 게임이다.

5) **빅휠**(Big Wheel) : 손으로 큰 바퀴모양의 기구를 돌려 가죽막대기에 걸쳐 멈추는 번호, 그림에 돈을 건 사람이 당첨금을 받는 게임이다.

6) **포커**(Pocker) : 브릿지(bridge)와 함께 세계에서 가장 널리 보급된 게임이며, 딜러가 카드를 분배한 후 미리 정해진 카드 순서의 기준에 따라 가장 높은 순위의 카드를 가진 자가 우승하는 게임이다. 게임의 종류도 120종 이상이 있다.

Chapter **12**

호텔조리부서

제1절 조리부서관리의 의의
제2절 조리부서의 유형
제3절 조리부서의 설계
제4절 조리부서의 설비
제5절 조리부서의 관리

Chapter 12 호텔조리부서

제 1 절 조리부서관리의 의의

1. 조리부서 관리개요

식음료영업은 크게 각종 영업장과 조리부서로 구성된다. 조리부서란 각종 조리기구와 저장설비를 갖춘 기능적이고 위생적인 조리작업을 통해 고객에게 제공될 식료서비스상품을 생산하는 시설을 갖춘 작업 공간으로서 실질적으로 눈에 띄는 부분은 아니지만 조리부서의 기능과 중요성은 업소운영에 있어 매우 중요한 역할을 한다. 조리부서의 중요성은 실질적으로 발생하는 비용 중에서 조리부서운영을 위한 지출비용의 크기와 매출에 대한 이익공헌도를 살펴보면 잘 알 수 있다. 따라서 조리부서관리는 식사를 위한 상품을 생산하는 단순한 관리부문이 아닌 호텔이 자랑할 수 있는 시설과 관리가 요구되는 분야이다.

호텔의 조리부서는 생산과 소비가 동시에 이루어질 수 있는 상황변수가 많은 독특한 특성을 갖고 있는 공간으로 식음료업장의 경영관리 성과와 수익성에 중요한 역할을 하고 있다. 협의의 조리부서관리란 음식을 생산하기 위해 기본적으로 요구되는 조리부서설계, 조리부서 시설, 조리부서 기기, 조리부서 기물, 조리부서 비품 등을 체계적으로 관리하는 것이며, 광의의 조리부서관리란 협의의 조리부서관리에 조리부서의 조직과 직무, 위생과 안전, 메뉴관리, 원가관리, 식자재에 대한 구매 · 입고 · 검수 · 불출 등의 관리를 포함하게 된다. 주로 초대규모 체인호텔에서 파견되는 총주방장은 광의적 조리부서관리의 업무를 수행하게 되어 호텔 내에서 영향력이 큰 직책을 수행하는 것이 일반화되어 있다. 궁극적으로 조리부서관리란 조리부서라는 공간을 중심으로 효율적으로 판매에 필요한 상품을 가장 경제적으로 생산하여 최대의 이윤을 창출하는 데 쓰이는 인적자원, 물적자원, 시설자원을 관리하는 과정이다. 인적자원에 대한 계획 · 조직 · 충원 · 지휘 · 통제를 실시함으로써 조직의 목표를 설정하고 달성하는 것이다.

2. 조리부서의 조직과 역할

호텔의 조리부서는 고객을 위해 고급스럽고, 맛있는 음식을 만들어 서비스부서를 통해 고객에게 서비스를 하게 된다. 조직의 특성상 총주방장은 식음료담당임원의 지휘를 받게 되지만 고도의 기술과 기능과 경력을 요구하는 직책이기 때문에 호텔의 최고 경영관리자인 총지배인보다 더 많은 대우를 받는 경우도 있다. 조리부서에는 총주방장(Executive Chef)을 중심으로 외국인으로 보직되는 부총주방장(Executive Sous Chef)과 내국인으로 보직되는 내국인 부총주방장(Local Sous Chef)이 있다. 외국인 부총주방장은 국제적인 음식문화와 기술을 제공하는 기능에 치중하고, 내국인 부총주방장은 주로 각 영업장에 배속된 조리부서 소속 종업원을 관리하는데 치중하므로 자연스럽게 역할분담이 이뤄진다. 또한 조리부서에는 기물과 집기를 담당하는 기물과(계)장이 있다. 간혹 식음료영업부서에 배속되어 식음영업부장의 지휘를 받기도 하지만 대부분의 체인호텔은 조리부문에서 함께 업무를 진행하고 있다. 외국인 부총주방장은 조리부서의 지휘부격인 메인주방(Main Kitchen)에서 더운 음식(hot foods)과 차가운 음식(cold foods)을 생산하는데 업무의 역량을 집중하게 되므로 직접 지휘하는 파트는 제과제빵(pastry), 식자재 준비주방(pantry, butchery), 주식주방(broiler/grill/fry), 수프와 샐러드(soup/vegetable) 등이다. 내국인 부총주방장은 대부분의 시간을 내국인 인력관리와 총주방장 및 외국인 부총지배인이 추진하고자 하는 조리기술 향상에 대한 업무를 지원하게 된다. 즉 구성원의 의사소통을 원활하게 해 주는 매개 역할을 하며, 각 영업장에 소속된 조리부서 인력을 관리하게 된다. 대규모 이상의 호텔들은 각 국적별 식당이 있고, 각 영업장에는 특색에 맞는 음식을 제공하기 위한 주방이 상설되어 있다. 예를 들면 양식당(Dining Room), 한식당, 일식당, 중식당, 이태리식당, 뷔페식당, 연회장, 종업원 카페테리아 등이 있고, 영업규모에 따라 룸서비스주방을 분리 운영하는 곳도 있다. 이렇게 방대한 조직을 운영하기 위해서는 인력관리, 기술

관리, 식자재관리, 양목표(recipe) 관리, 장비 및 기자재 관리, 조리실 시설관리에 많은 경험을 가진 간부가 보직이 되어야 한다.

그림 12-1 조리부서의 조직

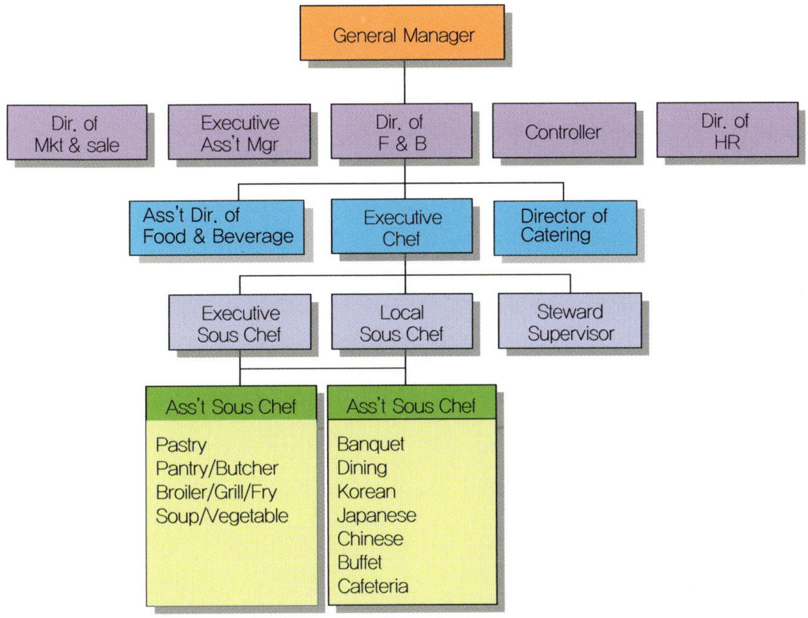

제 2 절 조리부서의 유형

1. 조리부서의 기본형태

식재료의 반입 · 저장 · 조리 · 서비스 등 작업동선의 흐름을 효과적으로 처리하는데 중점을 두어야 한다. 조리부서의 특성에 따라 약간의 차이는 있으나 〈그림 12-1〉과 같은 모델이 조리부서의 기본적 흐름이라고 할 수 있다.

2. 조리부서에 필요한 공간

- 식자재의 수령 및 검수장소
- 식자재의 저장 및 잡품류의 보관장소
- 공정 및 메뉴차림 장소
- 가열장소
- 취반작업 장소
- 메뉴 차림 · 배선 · 식기류의 보관과 세척장소
- 조리부서기기의 세척과 보관장소
- 쓰레기 · 잔반폐기와 보관장소
- 관리사무실 및 회의실
- 직원용 탈의실 락카 · 샤워실 · 화상실 등 후생시설
- 환기장치 · 보일러 · 냉동기에 필요한 조리부서기기 기계실

3. 조리부서의 유형

조리부서는 일정한 규격과 형태가 공식화되어 있지 않고 영업장 형태 · 규모 · 운영방법 · 효용성 등에 따라 독립조리부서 · 메인 조리부서 · 단위조리부서 · 즉석 조리부서로 구분한다.

(1) 독립조리부서

독립조리부서는 일반 레스토랑에서 흔하게 볼 수 있는 조리부서의 형태로 모든 종류의 음식을 자체에서 해결하는 조리부서로 시설에 대한 투자비용이 많이 소요되고 많은 직원 수를 필요로 한다. 호텔에서는 메인 조리부서가 존재하더라도 대부분 독립조리부서를 보유하고 있는데, 이는 연회 파티의 기능 및 각 영업장이 직접 영업을 하기 위한 기능을 갖는 경우이다.

그림 12-2 조리부서의 작업흐름 분석표

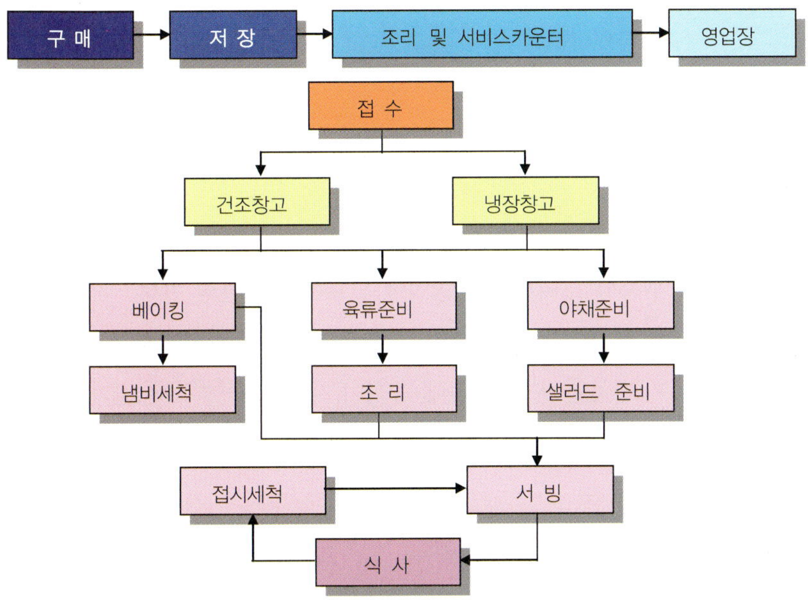

(2) 메인 조리부서

일반적으로 서양식 조리부문에서 채택하는 형태로 동일 부문내에 여러 조리부서의 형태를 갖추고, 소스 · 수프 · 스톡 · 반제품 등을 생산하여 여러 조리부서에 공급해 주는 기능을 가진 조리부서로 지원조리부서 또는 준비조리부서라고도 불린다.

대규모의 면적과 식재료 출입이 용이한 메인 조리부서 시스템의 조리부서는 모든 종류의 기자재를 구비하고 있고 대규모의 시설을 갖추고 있다.

① **핫 키친**(hot kitchen): 핫 키친에서는 스톡(stock), 수프(soup), 소스(sauce)를 생산하여 영업조리부서에 공급을 하는 역할을 하는데, 호텔 또는 대규모(upscale) 레스토랑에서는 핵심적인 역할을 한다.

② **가르드 망제**(garde manger) 또는 콜드 키친(cold kitchen): 전채(appetizer), 소스, 수프, 샐러드, 테린(terrine), 파테(pate) 와 같은 안티파스토 중 차가운 음식을 준비하여 영업조리부서에 공급을 하는 역할을 한다. 음식의 신선함을 유지하기 위하여 실내온도가 매우 낮은 것이 특징이다.

③ **육가공 조리부서**(butcher shop): 육류, 가금류, 어패류 등을 손질하여 햄, 소시지 등

으로 생산하여 영업조리부서에 공급한다. 그러나 육가공 조리부서는 규모가 크지 않은 외식업장에서는 필요하지 않다.

④ **제빵조리부서**(pastry): 빵, 케이크 초콜릿, 쿠키, 파이 등의 디저트류를 생산하는 조리부서다.

⑤ **연회조리부서**(banquet kitchen): 규모나 용도에 따라 독립된 공간을 만들 수도 있다.

(3) 단위조리부서

각 식음료업장에 부속된 조리부서로 영업에 필요한 최소한의 면적 · 기자재 · 저장시설을 갖추고 반제품을 수령하여 완제품 생산을 위한 조리부서로 불필요한 시설과 기자재는 축소시키고, 고객에게 가능한 빠른 시간에 음식이 제공될 수 있도록 설계되어 있으며 영업장과 가까운 곳에 위치한다.

(4) 즉석 조리부서

반제품을 완제품으로 생산하기보다는 퀵 서비스 형태의 조리부서로 완제품을 간단히 조리한 후 제공하는 조리부서의 형태를 말한다.

4. 조리부서의 운영 시스템

(1) 전통적인 시스템

식음료업장에서 제공되는 음식이 재료구입 · 입고 · 저장 · 서비스 제공까지 전 단계를 거치는 시스템을 말한다. 원자재를 이용하여 음식을 만드는 시스템으로 일반적으로 대부분의 식음료업장에서는 이 시스템을 사용하고 있다.

(2) 주문 시스템

이 시스템은 원자재가 어느 정도 다듬어져 있으며 즉각적으로 요리가 가능하도록 만들어진 시스템이다. 보통 이런 시스템에서는 조리부서기물에서 요리를 만들 수 있도록 하였으며 한두 가지 음식만 취급하는 식음료업장이 이 시스템을 선호한다.

(3) 중앙집중 조리부서 시스템

일시에 많은 사람들에게 음식을 제공해야 하는 식음료업장이나 연회장에서 많이 쓰이는 시스템으로, 회사 · 학교 · 병원과 같이 음식을 제공해야 할 사람이 정해진 시간에 많이 몰리는 경우 쓰인다.

(4) 중앙배급 조리부서 시스템

기내식과 같은 경우에 이 시스템이 사용된다. 중앙배급 시스템에 의해 요리가 완전히 완성되지 않은 상태에서 즉석 가열로 고객이 즉시 식사할 수 있도록 조리부서를 갖춘 시스템을 말한다. 음식은 냉동시설이 부착되어 있는 자동차나 관을 통해서 대량으로 이동되며, 이러한 시스템에서는 특정의 몇 가지 메뉴만을 취급한다.

(5) 인스턴트 조리부서 시스템

최근 고속도로 휴게소 등지에서 사용되는 시스템으로 음식 자체에 이미 양념이 부과되어 뜨거운 물만 있으면 요리가 가능하도록 설비된 시스템이다.

제 3 절 조리부서의 설계

식음료업장의 디자인과 설계는 종업원과 고객에게 많은 영향을 준다. 시설의 디자인이 잘못되었을 경우, 고객은 불편을 느낄 것이며, 신속한 서비스를 제공받을 수 없을 것이다. 또한 조리부서의 종업원 역시 조리상의 불필요한 움직임으로 시간을 낭비하게 된다.

올바른 조리부서설비는 음식의 품질과 생산성을 향상시키는 동시에 레스토랑의 수익성에 큰 영향을 미친다. 디자인과 설계시 불필요한 공간이 디자인되었다면 초기자본과 인건비는 불필요하게 증가할 것이고, 난방 · 환기 · 청소 · 냉방 등의 운영비용이 발생하게 된다.

레스토랑의 메뉴는 유동적이기 때문에 고객의 욕구에 따라 변화한다. 그렇기 때문에 조리부서설비는 이러한 메뉴 변화에 따라 유연성을 갖고 대응할 수 있도록 설계되어야 한다.

1. 조리부서 설계의 기본

조리부서 설계는 식음료업장의 컨셉에 따라 다양하지만 일반적으로 조리부서를 설계하는 데 참고해야 할 사항이 몇 가지 있다. 이것은 조리부서설계가 음식을 만드는 장소의 역할뿐만 아니라 홀에서 근무하는 종업원 · 구매물품의 보관장소의 기능을 수행하기도 하기 때문이다.

일단 조리부서에서 음식을 만드는 데 필요한 재료를 보관하는 장소로서의 기능을 갖춘 공간이 필요하다. 음식을 만드는 공정동안 재료의 출입과정이 끊임없이 이어져가야 하며, 재료의 보관이 간소하게 이루어질 수 있도록 공간이 배치되어야 한다.

고객서비스를 하는 종업원이 업무 중 불편을 느낄 수 있으므로 조리부서와 홀의 동선은 같은 층으로 또한 조리부서와 홀은 최단거리로 설계해야 한다. 서비스 동선이 길어지게 되면 고객이 불쾌해하거나 음식을 옮기는 과정에 위생적인 문제나 인건비 및 기타 비용의 소비가 생길 수 있기 때문이다. 또한 효율적인 작업공정을 위하여 홀과 조리부서 사이뿐만 아니라 조리부서 내에서도 동선을 축소시켜야 한다. 즉 조리부서설계는 요리사의 작업동선과 식품의 위생과 안전을 고려하여 설계되어야 할 것이다.

그림 12-3 조리부서의 작업기구(1)

그림 12-3 조리부서의 작업기구(2)

2. 조리부서 시설 및 설비계획의 목표

(1) 레스토랑 건설 및 보수 계획 시의 목표

① 보수되는 시설이 고객과 종업원에게 편리함을 제공할 수 있도록 해야 한다.

② 투자에 대한 최대의 수익이 보장되어야 한다.

③ 시설과 설비의 배치에 있어서 동선의 흐름을 효율적으로 해야 한다.

④ 위생적인 측면을 고려하여 설계해야 한다.

⑤ 건물과 설비는 에너지 효율성을 고려해야 한다.

(2) 레스토랑 서비스의 설비계획의 목적

① 생산설비 측면의 목적

② 설비투자 최소화의 목적

③ 공간에 대한 효율적인 이용의 목적

④ 원가관리의 목적

⑤ 노동력의 효율증진과 그 유용화의 목적

(3) 레스토랑 조리부서시설 계획의 원칙

① 종합적인 조화의 원칙

② 최단거리 운반의 원칙

③ 유통원활의 원칙

④ 공간활용의 원칙

⑤ 안전도와 만족감의 원칙

⑥ 융통성의 원칙

3. 조리부서시설의 계획과정

(1) 조리부서시설 계획 시 고려사항

계획과정의 첫 번째는 계획팀을 구성하는 일인데, 지배인이나 소유주 · 설계사 · 레스토랑 전문가는 팀의 일원이 되어야 한다. 팀이 구성된 후 시설의 개념과 아이디어를 개발해야 하며, 설비와 공간은 메뉴에 따라 결정된다. 메뉴의 다양성과 판매량 · 종업원 개인의 작업대에 따라 디자인되어야 한다. 작업대는 메뉴나 종업원에 따라 분리된다.

설계도는 설비의 배치 · 작업동선 · 작업 공간 등을 나타낸다. 설계에 대한 계획을 미리 세워 설계에 따른 비용분배를 해야 한다. 초기 계획이 확정되면 최종설계도와 설비명세서가 작성되어야 한다. 이러한 최종설계도와 설비명세서는 시설보수를 하게 될 건축사 · 설비공급업체 · 경영진에게 설계 스케줄을 제공할 뿐만 아니라 건축사와 설비공급업체 채용 결정에 영향을 준다.

(2) 조리부서의 디자인

조리부서의 디자인 계획 시 고려할 사항은 다음과 같다.

① **신체적 피로**(Physical fatigue): 조리부서는 많은 신체적 활동이 일어나는 곳으로 가능한 종업원의 피로를 줄일 수 있는 짧은 동선으로 계획하고 작업대의 높이도 고려해야 한다. 직원들을 위한 편리한 라커룸, 화장실, 식사시설을 제공하는 것 또한 중요하다.

② **소음**(Noise): 소음은 종업원과 고객으로 하여금 불편을 느끼게 한다. 따라서 소음을 줄이는 작은 조리부서설비와 소리를 흡수하는 방음장치로 소음을 최소화한다.

③ **조명**(Lighting): 각 작업에 필요한 조명을 설치하도록 한다. 조리부서의 조리구역에 중점을 두어 설계한다. 충분한 조명은 조리부서 직원들로 하여금 눈의 피로를 줄인다

④ **온도**(Temperature): 조리부서는 조리기구를 사용하는 곳으로 실내온도가 높으며, 높은 실내온도는 작업환경에 영향을 줄 수 있다. 작업환경이 항상 쾌적하도록 온냉방 · 환기 시스템을 고려해야 한다.

⑤ **안전수칙 준수**(Safety accordance): 조리부서의 디자인 · 크기 · 환기장치 · 건축자재 · 출구 · 상하수도의 배관 · 전기 시스템 · 화재예방장치에 따른 안전수칙을 지킨다. 레스토랑이 속해 있는 지역의 법규에 맞추어 설계한다.

⑥ **비용**(Cost): 초기 계획단계에서 필요한 경비를 산출하므로 예산보다 초과되면, 비용이 마련될 때까지 연기하거나, 예산에 맞추어 프로젝트를 다시 수립하거나, 프로젝트를 포기하는 방향으로 수정하는 것이 바람직하다. 현장경험이 많은 매니저, 위탁경영업체 등 관계자들이 최선의 방법을 찾는데 기여할 수 있다.

⑦ **메뉴**(Menu): 조리부서 디자인에 영향을 주는 가장 중요한 요소는 바로 메뉴이다. 조리부서에서 조리해야 하는 메뉴의 품목에 따라 필요한 조리부서공간과 설비가 결정된다. 단순한 조리과정을 요하는 메뉴를 선택하여 조리부서를 설계한 경우, 조리부서의 크기가 작아도 무관하다. 그러나 차후, 메뉴에 변동이 있을 시 수용할 수 있는 메뉴가 제한될 수 있다.

⑧ **식당의 크기**(Size): 즉 좌석수에 따라 필요로 하는 식료의 양이 결정된다. 많은 식자재를 구매 · 접수 · 저장 · 출고 · 생산하여 서비스하는 조리부서는 넓은 공간과 규모 있는 설비를 필요로 한다.

⑨ **음식의 품질**(Food Quality): 음식이 서비스되기 바로 직전에 조리되어야 음식의 질이 높아진다. 그러나 조리부서에서는 배치조리법을 사용하여 미리 5~10인분의 분량을 조리하여 놓은 후 필요시 배치로 조리한다. 배치조리는 공간 · 인건비 · 조리설비를 효율적으로 이용할 수 있는 반면 배치조리로 인해 인건비가 상승할 수도 있으므로 각 업장 별 메뉴 품목에 따른 품질수준을 결정한 후 품질을 일관성 있게 유지해야 한다.

⑩ **조리부서설비**(Facility): 모든 조리부서설비는 이동이 가능하며 설치가 용이할 수 있도록 유연성 있게 계획되어야 한다. 다용도로 사용할 수 있는 설비를 이용하여 메뉴의 변화에 대응할 수 있도록 한다. 또한 품질에 따른 조리부서설비와 조리기구의 수명도 고려해야 한다.

⑪ **에너지**(Fuel): 전기와 가스는 조리부서에서 가장 많이 사용하는 에너지로, 전기와 가스의 선택 시 비용분석이 선행되어야 한다.

⑫ **공간**(Space): 조리부서의 면적은 영업장보다 작게 분배되므로 생산 시 작업의 효율성이 떨어져 신속하게 서비스되지 못하면 고객이 불만족하게 된다. 이러한 이유로 공간에 대한 효율적인 이용이 필요하다. 많은 레스토랑이 넓은 영업장을 위해 조리부서의 면적을 적게 분배한다. 그러나 영업장에 비해 조리부서의 면적이 현저히 작아지면, 주어진 시간의 생산량도 낮아지게 된다.

⑬ **위생과 안전**(Sanitation & Safety): 식음료 경영자는 고객과 종업원을 위해 안전과 위생을 고려한 운영에 대한 책임이 있다. 그러므로 레스토랑 경영자에게 안전과 위생관리의 규칙을 준수하는 것은 매우 중요한 일이다.

⑭ **서비스의 종류**(Type of Service): 업장의 서비스 형태에 따라 조리부서의 디자인은 달라진다. 예를 들어 연회 서비스는 많은 음식을 준비하고 서비스해야 하므로 넓은

조리부서를 필요로 하나, 카운터 서비스를 하는 커피숍일 경우에는 넓은 조리부서가 필요하지 않다.

4. 조리부서공간의 안내

배치는 종합설비의 배치를 구성하고 있는 구역들이 배치될 때 반드시 고려되어야 하며, 교대로 구성하고 있는 구역의 배치는 종합설비를 배치할 때 고려되어야 한다. 배치의 계획단계에서는 운영 시 조리부서설비에 영향을 주는 대부분의 요소를 통합하기 때문에 주의해야 한다.

표 12-1 배치의 원리

항 목	원 리
재료 · 상품	① 생산하기 쉽게 설계되어야 하며, 가공하지 않은 재료의 이용은 최소 단계과정을 요구한다. ② 과정이 크기 · 모양 · 재료의 포장을 수행하기 알맞아야 한다. ③ 온도 · 습기와 같은 외부환경변화로부터 보호해야 한다. ④ 재료저장의 순환을 고려하여 공급되어야 한다. ⑤ 저장구역은 재고조사를 하기에 용이해야 한다. ⑥ 쓰레기를 저장하기 위한 설비가 필요하다.
기계 · 장비	① 배치에 공급된 설비는 과정에 적합해야 한다. ② 설비의 최대 이용을 위한 계획이 필요하다. ③ 설비를 손쉽게 배치해야 한다. ④ 융통성 있는 설비공간이 있어야 한다. ⑤ 조리부서 설비의 이동을 용이하도록 해야 한다. ⑥ 설비의 보존을 위한 충분한 접근 공간과 통풍 · 배기장치가 있어야 한다. ⑦ 설비를 손상하지 않게 배치해야 한다.
작업자	① 근로자를 안전하게 배치해야 한다. ② 충분한 조명이 필요하다. ③ 먼지와 같은 불쾌한 요소들로부터 보호되어야 한다. ④ 근로자의 신체조건과 동작에 맞추어 배치해야 한다. ⑤ 설비의 위험을 감안할 수 있도록 색체로 부호화해야 한다. ⑥ 고객과 환자의 행동을 위한 충분한 공간이 제공되어야 한다.

항 목	원 리
이동 · 흐름	① 식자재와 작업자의 이동에 불편이 없도록 배치해야 한다. ② 후방이동을 방지해야 한다. ③ 동선의 중복을 피해야 하며 최소화해야 한다. ④ 재료 이동 시 근로자의 이동거리를 최소화해야 한다. ⑤ 움직임이 최소화 되도록 공간을 배열해야 한다.
공간의 짜임새	① 적절한 높이와 충분한 넓이가 제공되어야 한다. ② 능률적인 복도가 배치되어야 한다. ③ 내부 벽은 움직임에 방해가 되지 않아야 한다. ④ 기둥의 위치는 이동과 운영에 방해가 되지 않아야 한다. ⑤ 검수시설은 저장구역 가까이에 있어야 한다.
서비스 요인	① 휴게실은 고객과 종업원을 위해 제공되어야 한다. ② 검열 · 고찰 · 통제의 공간이 제공되어야 한다. ③ 수선과 서비스 장비를 위한 공간이 제공되어야 한다. ④ 고객에게 제공될 특수한 설비의 이동을 용이하게 해야 한다.
대기 · 지연의 요인	① 재료의 효과적인 저장을 위해 배치해야 한다. ② 대기상품의 질이 보존 · 보호 · 유지되도록 배치해야 한다. ③ 고객의 대기는 예측되고 고객대기에 맞춤공간이 제공되어야 한다.

5. 조리부서배치의 형태

종업원의 동선을 고려해야 하기 때문에 조리부서의 설계 · 보수는 단순하지 않은 작업이다. 다음은 많이 사용되고 있는 조리부서의 설계유형이다.

(1) 단일직선형 배치

가장 간단한 형태이지만, 장비와 작업장에 제한을 준다. 벽을 따라서 놓여지거나 고립된 형태를 갖는다. 밑의 그림은 냄비와 팬의 세척과정을 보여준다. 사용한 냄비와 팬은 카운터(①)로 운반되고, 남은 음식물은 수거되어 세척 전에 쓰레기로 갈아서(②, ③) 처리된다. 위생규칙에 따라 세척하고, 헹구고, 위생처리(④, ⑤, ⑥)되는 싱크대가 필요하다. 말려진 후 이동식 냄비선반(⑧)에 놓여져 운반된다.

그림 12-4 단일직선형 배치

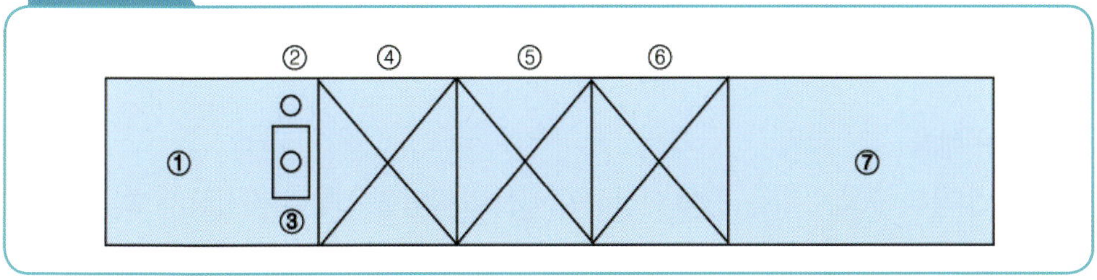

(2) L자형 배치

직선형태의 결합 형태로 많은 장비의 수를 수용할 수 있으며 작업장을 효율적으로 활용할 수 있는 형태이다. 그러나 조리부서의 모형이 직선일 경우 제한될 수 있다. 이 형태는 주요한 두 장비가 분리된 것에 적합하다.

그림 12-5 L자형 배치

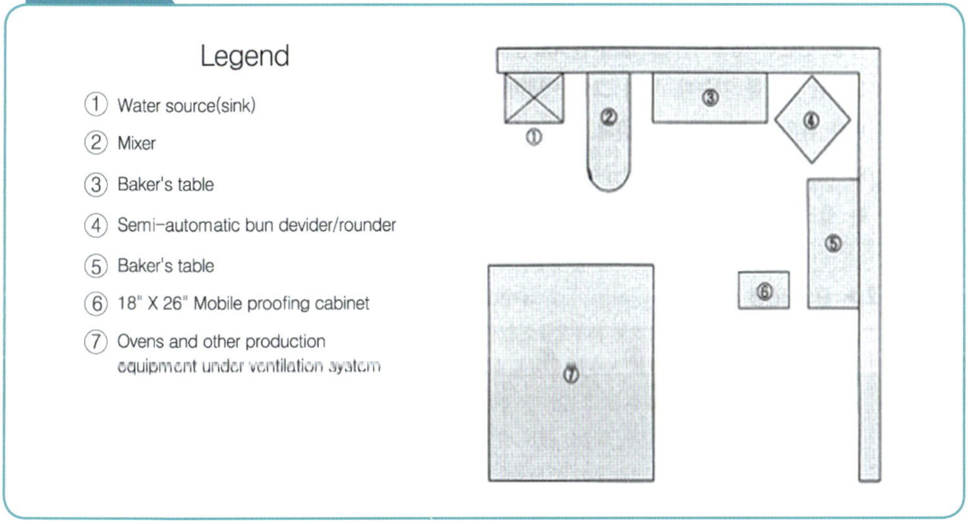

그림에 나타난 L자형 설계는 단체급식 서비스의 조리부서 형태로 제빵작업에 있어 효율적이다. 빵을 만드는 작업을 예로 들면, 빵을 만드는데 물이 필요하므로 싱크대 옆 ①에 믹서 ②를 설치하면 시간을 절약할 수 있다. 빵 제조 과정에서 반죽을 개고, 나누어 모양을 내는 작업을 해야 하므로 제빵 테이블 ③은 믹서 옆에 위치하고 있다. 다음의 절차로 반자동으로 모양을 낼 수 있는 절단기 ④를 사용하므로 테이블 옆에 위치한다. 모양이 만들어진 테이블 ⑤에서 빵을 팬에 담는 작업을 하게 된다. 팬에 담겨진 빵은 숙성되어 오븐으로 운반하는데 이동식 숙성 캐비닛 ⑥을 사용하며, 제빵 조리부서에서 많이 사용되는 오븐 ⑦은 베이커리와 가깝게 위치한다.

(3) U형 배치

식음료업장의 규모가 작은 곳에 이상적인 배치로 작업을 통한 일직선상의 흐름이 통제되는 단점을 갖고 있다.

그림 12-6 U자형 배치

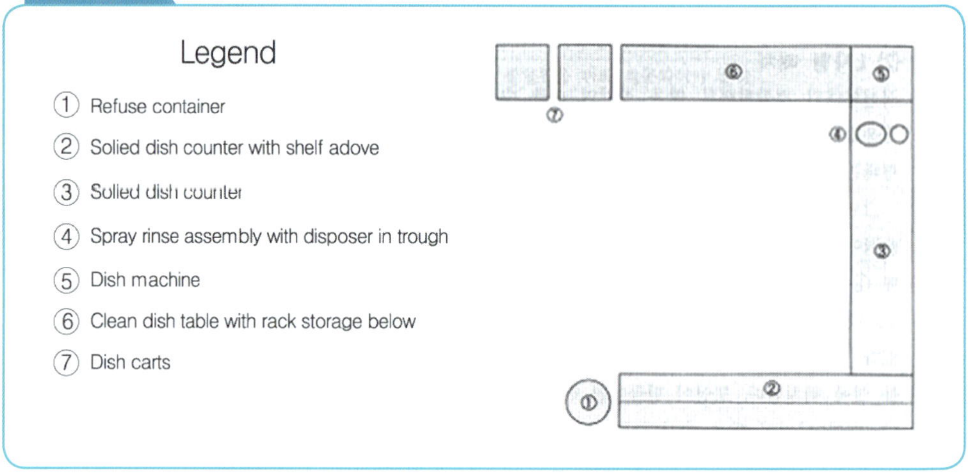

그림은 U자형 세척장의 모양이다. 세척과정은 접객원의 수거된 그릇을 놓는 카운터 ①로 시작된다. 수거된 접시 카운터 ② 위에는 선반이 있으며, 접시가 세척될 때까지 수거된 접시를 놓아둘 수 있다. 다음 카운터 ③은 예비세척 ④와 그릇세척기 ⑤에 넣기 전에 수거된 접시를 정리할 수 있다. 세척된 접시는 공기로 말린 후 깨끗한 접시 테이블 ⑥에 놓여 정리된 후 서비스 카운터로 운반된다. 운반 시에는 이동식 접시카트 ⑦이 사용된다.

(4) 평행 배치(등을 마주하는 배치)

밑의 그림은 튀김작업장의 평행형 설계이다. 작업대 ①의 밑은 냉동창고로 튀김에 사용될 식재료를 보관한다. 작업대에서 튀김옷을 입혀 튀김대 ②에서 익힌다. 튀겨진 후 작업대 ③에서 접시에 담겨지며, 주문한 음식을 수거하는 카운터 ⑤에서 접객원에게 주문한 메뉴 품목을 제공한다. ④는 그릴이 있는 오븐으로 튀김기구 옆에 설치한다. 때때로 튀김과 그릴을 동시에 사용하기도 하는데, 이런 경우에는 그릴이 작업대에 가까이 위치하여야 한다.

그림 12-7 Parallel Layout in a Frying Station

Legend

① Work counter with refrigerated storage below, dish shelf adove

② Deep fryer

③ Work counter with storage

④ Range oven

⑤ Work counter/pickup station refrigerated storage below

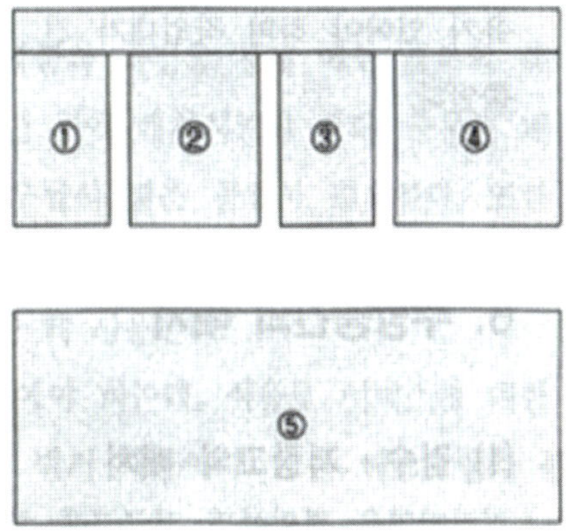

평행 배치는 두 가지의 형태가 있다. 첫 번째는 등을 마주하는 평행배치로, 조리부서의 작업대가 서로 평행한 두 라인으로 배치되어 장비에 유용한 라인을 집중화시킨 형태이다. 공간을 효율적으로 활용할 수 있다. 두 번째는 얼굴을 마주하는 평행배치로, 가장 일반적인 형태로 많은 조리부서에서 사용된다. 작업대가 평행하게 맞닿아 있어 제한된 순서에 영향을 받지 않고 작업진행이 가능하다. 보통 직원용 식당이나 병원 등에 적합한 형태로 한편에는 중량이 덜 나가는 음식을 조리하기에 적합한 기기를 설치하고, 다른 한편에는 무겁고 부피가 큰 품목들로 구성하는 것이 일반적이다. 이 형태는 작업 중심점의 변화에 따라 자유롭게 이동할 수 있는 공간적 여유가 있어야 하며 작업대가 긴 경우, 양편에 싱크대를 설치하여 불필요한 동선을 줄인다

그림 12-8 Modified U-Shaped Layout in Dishwashing Area

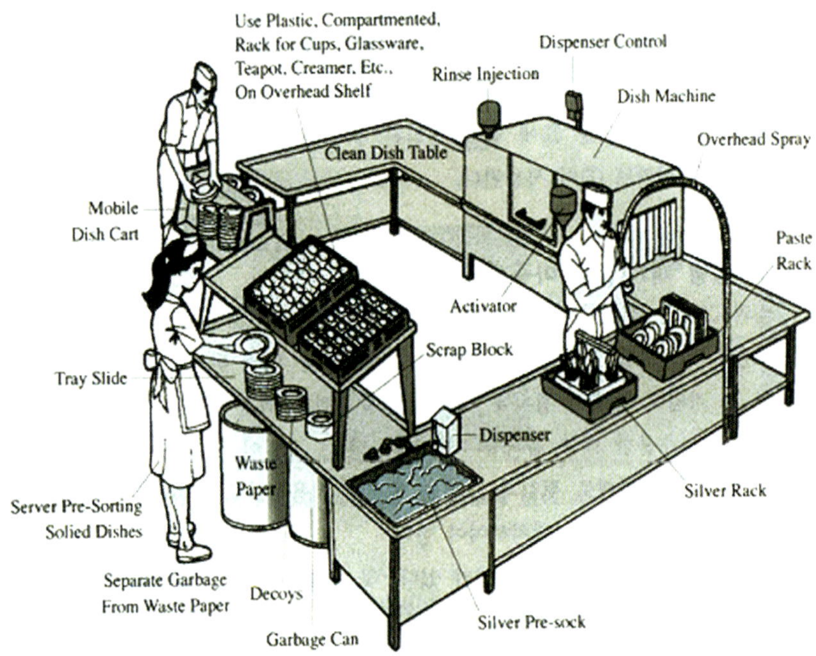

6. 조리부서공간의 배치

(1) 검수 · 저장고의 배치

저장지역은 편의성과 접근성에 중점을 두고 설계한다. 무게가 많이 나가고 부피가 큰 재료를 되도록 쉽게 이동할 수 있도록 하는 것이 좋으며, 보조공간을 가진 중앙의 저장시설은 활용이 다양한 좋은 설계이다. 저장고는 위생을 위하여 바닥에서 최소 8인치의 공간을 두는 것이 최적이며, 식자재와 비식자재의 저장실은 분리되어 위치하여야 한다. 검수지역은 모든 물품을 처리할 수 있도록 넓게 설계되어야 하며 저울, 카트 및 검수기구를 설치할 수 있어야 한다. 또한 검수장소는 고객의 눈에 띄지 않아야 하며, 유용성 있는 디자인과 통상적 규칙에 의해서 검수지역은 가능한 한 배달장소와 가까워야 한다. 배달되는 모든 물품을 다루기에 충분히 넓은 공간이 필요하며, 검수지역은 저장지역과 가까워야 한다. 또한 저장창고는 조리부서와 가까운 곳에 위치해야 한다.

저장지역은 건조 · 냉장 · 냉동된 물품을 위해 요구되는 공간으로 규모가 큰 업장은 고기와 생선을 구분한 냉동 저장고를 갖고 있기도 하다. 일반적으로 품질관리를 위하여 적정한 온도유지가 중요한데 건조창고는 10°~21°, 냉장창고 7° 이하, 냉동창고는 −18° 이하여야 한다. 일반적으로 6° 정도의 온도로 모든 식재료를 저장하기 위해 관리자가 걸어들어갈 수 있는 냉장고를 설치하는데, 냉장실의 출입구는 바닥과 같은 높이로 되어 있어 이동카트와 선반을 사용하게 하는 것이 중요하다. 건조창고는 금고로 생각되어야 한다. 계속적인 재고기록 시스템을 통해 값비싼 식자재와 기물을 기록하여야 한다.

(2) 영업장의 배치

식음료 운영에서 서비스를 제공하는 종업원과 조리부서의 종업원은 고객에게 음식을 제공하는 과정에 있어 중요한 역할을 한다. 그러나 카페테리아나 뷔페식당의 경우는 셀프서비스의 형태로 종업원의 협조가 그리 중요하지 않다. 그러므로 영업장의 설비는 서비스의 종류에 영향을 받는다.

식음료의 구매 · 검수 · 저장 · 출고 · 제품화 과정을 통해 메뉴 품목의 품질 유지에 주의해야 하며, 필요한 장비를 편리한 곳에 배치시켜야 한다. 주문된 메뉴를 서비스하는 과정에 있어 제공될 메뉴 수납 시 넓은 공간이 필요하다. 또한 테이블 서비스 형태의 식당에는 종업원의 작업거리를 줄이기 위해 작업장(service station)을 설치하여 사용하지 않은 접시 · 컵 · 은기를 보관하는 데 사용한다.

영업장 디자인에 특별한 주의를 기울여야 하는데, 식음료 서비스에 대한 고객의 반응은 업장의 분위기에서 많은 영향을 받기 때문이다. 또한 레스토랑의 분위기는 마케팅 차원에서도 중요한 요소가 되며, 영업장의 크기는 조리부서의 메뉴 생산능력과 조화를 이루어야 한다. 영업장에서 고객과 종업원의 동선형태는 통로의 넓이 · 화장실의 위치 · 카운터 등의 위치에 따라 영향을 받는다. 또한 식음료 경영에 있어 업장 종업원들이 고객들의 음료를 서비스 할 수 있도록 서비스 바는 업장과 가까운 곳에 설치되어야 한다. 즉 작업동선을 방해받지 않고 시간을 절약하면서 고객에게 서비스를 제공할 수 있어야 한다.

(3) 조리부서의 배치

메인 조리부서는 고객에게 제공될 식사를 빠르고 효율적으로 생산하는 것에 중점을 두어 설계해야 한다. 이 구역은 저장고와 준비구역으로부터 세척장 그리고 서빙되기 전의 준비대로 이어지는 흐름을 고려하여 배치해야 한다. 조리 기구나 설비를 배치할 때 통풍

구나 배기구 등의 환기 시스템을 가로막지 말아야 하며 제빵 구역과 주 요리 구역은 세척해야 할 식기가 많이 나오므로 이 두 구역 사이에 세척장을 배치해야 한다. 식재료 준비부서는 업무의 순서에 따라 실행되므로 장비가 다듬기－씻기－준비와 같은 순서로 배치된다.

(4) 서빙구역의 배치

음식의 적당한 온도유지와 신속한 서비스를 위하여 서빙구역의 장비는 효율에 기초하여 배열하며, 서비스직원의 접근이 용이하도록 배치하여야 한다.

카페테리아 서비스에 있어서 카운터는 전시용 음식이 잘 나열되고 식사의 순서에 맞도록 음식이 배열되어 있어야 한다. 더운 음식은 픽업하기까지 온도가 식을 위험이 있으므로 픽업 마지막 단계에 배치하도록 한다. 카페테리아의 계산구역은 현금과 전표를 취급하는 구역으로 특별한 주의가 요구된다.

(5) 서비스 바의 배치

바의 디자인과 업장 디자인은 조리부서설계에 있어서 중요한 요소이다. 바의 디자인은 고객과 운영 측면이 함께 고려되어야 한다. 즉 종업원의 개인작업공간 개념으로 효율적인 디자인이 되어야 하며, 최소의 투자로 설치되어야 한다. 바의 디자인은 종업원 작업의 단순화에 역점을 두고 편안한 동선이 만들어지도록 설계해야 효율적이다.

다음은 바 설계 시 고려해야 할 사항이다.

① 바텐더는 한 곳에서 모든 작업을 할 수 있어야 한다.
② 주문한 음료를 생산하기 위해 적절한 공간이 필요하다.
③ 바텐더가 수행하는 각 작업의 연계성을 고려해야 한다.
④ 장비는 작업의 순서에 따라 설치되어야 하는 것을 원칙으로 한다. 컵을 씻어 보관하고, 냉장 · 냉동 상태의 음료자재를 저장하는 곳은 독립되어 위치해야 하나 공간이 좁을 경우, 위 · 아래로 배치할 수 있다.
⑤ 적절한 조명과 작업대의 높이도 고려되어야 하는데, 작업대의 높이는 바닥으로부터 34인치가 적당하다.
⑥ 작업공간 배분에서 효율적인 서비스를 위해 음료 수납장소 · 다른 비품을 보관하는 장소가 필요하다.

(6) 식기세척구역의 배치

세척구역은 식기구분하기－잔반처리하기－세척하기－쌓아놓기의 세척흐름에 따라 배치되어야 하며, 유리나 은기류는 따로 씻을 수 있도록 해야 한다. 식기세척구역을 통한 식기류의 흐름이 끊이지 않도록 하며 가장 짧은 거리로 계획되어야 한다.

제 4 절 조리부서의 설비

적절한 설비는 식음료 종업원이 효과적으로 저장 · 준비 · 조리할 수 있는데 큰 영향을 미치므로 제품의 품질과 생산의 효율성 향상을 위해 설비의 선택은 매우 중요하다. 한번 설계된 조리부서는 장기간 사용되므로 비용측면에서 효율적인 의사결정이 필요하다.

설비결정 시 설비를 사용하는 종업원의 의사를 반영하는 것이 효과적이다. 즉 종업원이 설비사용방법을 알고 있으므로 종업원의 설비에 대한 의견을 반영하는 것이 생산성 향상에 도움이 된다.

식음료설비는 메뉴를 제조하고 공급하는 데 사용되는 것으로, 도마 · 칼과 같은 작은 도구에서부터 냉장고 · 오븐 등과 같은 규모가 크고 비용이 많이 드는 설비들이 있다.

식음료설비 선택에 있어서 유용성과 유연성이 가장 중요한데, 고려해야 할 사항은 다음과 같다.

(1) 비용

구입가격은 중요한 요소로 설비구매가격은 타당해야 한다. 구매가격은 운영비를 고려하여 책정해야 한다.

(2) 안전

설비의 사용은 안전하게 설치되어야 한다. 돌출되거나 날카로운 가장자리, 작동하는 설비에 대한 손쉬운 접근은 위험을 유발하는 요인이 된다. 미국의 경우 직업안전 · 보건법이 설비의 사고 및 재난을 방지할 수 있는 최저기준을 설치하였다. 이 기준에 따라 설비의 결정시 안전이 지켜진다.

(3) 위생

설비는 쉽게 세척할 수 있어야 하며, 위생관리가 용이하여야 한다. 설비 디자인의 위생적인 측면은 사용되는 재질에 따라 다르다. 설비는 식음료의 부식을 막을 수 있고 향기 · 색깔 · 맛이 변하지 않아야 하며 벌레 · 해충의 침투를 막을 수 있는 장비여야 한다. 나무는 가볍고 경제적인 반면 물이나 공기의 침투로 위생관리가 어렵다. 따라서 운영상 규제되어야 한다. 나무는 저장고의 선반에 많이 사용되며, 영업장에서도 사용되지만 조리부서에서는 사용이 자제된다. 금속으로는 스테인레스 스틸이 일반적으로 많이 사용된다. 철 · 동 · 구리 · 주석 등과 같은 금속을 도금하는 것이 가능하여 음식이 접촉되는 부분에 사용된다. 따라서 조리부서설비 및 작업대는 대부분 스테인레스 스틸로 제작한다.

(4) 기능과 디자인

설비의 디자인은 간단하고 기능적이어야 한다. 기능측면이란 적시에 좋은 품질의 메뉴를 조리하여 제공하는 것으로 작동이 용이하며, 가능하면 여러 가지 기능을 수행할 수 있도록 유연성이 있어야 한다. 예를 들어 믹서는 적절하게 부속품을 교환하여 갈고, 얇게 썰고, 채로 써는 기능을 할 수 있다. 요즘은 많은 비용을 들이지 않고도 설비의 기능을 추가시킬 수 있으므로 필요에 따라 선택할 수 있다.

(5) 유지 보수

대부분의 설비는 효율적인 사용을 위해 사용기간 동안 수리와 수선이 필요하다. 따라서 수선시 비용에 대해 살펴보아야 한다. 수선기간 동안 메뉴를 조정하여야 하는가도 고려할 사항이다.

(6) 설비의 용량

식당의 형태와 크기에 따라 필요한 설비의 크기와 종류가 결정된다. 즉, 메뉴의 종류와 생산량에 따라 조리부서의 설비가 결정된다. 불필요한 조리부서설비를 설치하면 불필요한 경비 및 자금의 낭비가 발생하지만 설비가 제한적이면 메뉴를 다양하게 공급할 수 없다. 공간을 지나치게 효율적인 설비로 배치하다 보면 새로운 메뉴 개발 시 어려움을 겪기도 하는데, 그럴 경우에는 이동식 설비를 이용하기도 한다.

제 5 절 조리부서의 관리

1. 조리부서원 인력관리

최근에는 조리부서가 개방되어 있는 호텔업체가 늘고 있어 조리부서 인력관리기 무엇보다 중요하다. 경영관리자는 교육 · 훈련의 중요성을 인식해야 할 것이다. 고객에게 제공할 음식을 생산하는 조리부서의 청결유지는 고객만족과 위생에 큰 영향을 미치므로 보다 철저한 관리가 요구된다.

① 조리부서종업원의 복장은 청결해야 하며, 위생모 · 앞치마는 항상 착용하여야 한다.
② 근무시간 내 잡담이나 난폭한 행동을 삼가도록 교육한다.
③ 조리부서물품은 용도에 맞춰 구별되어 사용하고, 정기적으로 소독을 한다.
④ 온수 · 가스를 절약할 수 있도록 교육한다.
⑤ 종업원 건강관리에 유념하도록 교육하며, 매니저는 조리를 하는 종업원의 건강상태를 관찰해야 한다.
⑥ 안전사고가 발생하지 않도록 조리부서의 바닥을 물기 없는 상태로 유지하도록 한다.
⑦ 미끄러지지 않는 신발을 착용하도록 한다.
⑧ 전열기구나 냉온장실의 온도를 기억하도록 교육한다.
⑨ 칼은 반드시 정해진 장소에 둔다
⑩ 소화기가 놓여있는 장소와 사용방법을 숙지하도록 한다.
⑪ 화재와 같은 중대한 사고 발생에 대한 대응방법을 교육한다.

2. 조리부서의 위생관리

아무리 훌륭한 음식과 서비스를 제공하는 레스토랑이라도 안과 밖이 청결하지 않으면 고객으로부터 외면을 당하게 된다. 조리부서의 위생은 레스토랑 경영에 있어 가장 중요하고도 기본적인 사항으로서 고객만족을 실현시키기 위해 경영자나 모든 종업원들은 조리부서 위생 점검을 철저히 해야 한다. 호텔은 위생법규에 의해 일정수준의 청결과 위생을 유지하도록 법으로 정해 놓았기 때문에 지켜야 하는 것이 아니라 고객의 건강과 직결되는 문제이기 때문에 위생에 최대한의 노력을 기울여야 한다.

조리부서의 위생관리를 위해 기본적으로 지켜야 할 사항들은 다음과 같다.

① 안전한 음식을 공급하기 위한 조리부서시설과 위생교육을 실시하며, 상호 감시와 점검을 통하여 관리한다.
② 정기적으로 시설물과 직원의 위생상태를 점검하며, 필요시 개선할 수 있도록 한다.
③ 정부의 위생관계자가 점검을 나오면 적극적으로 협조한다.
④ 식품위생 프로그램의 HACCP시스템을 준비한다.

Chapter 13

호텔안전관리

Chapter 13

호텔안전관리

제 1 절 호텔 안전관리의 의의

1. 호텔 안전관리의 개요

호텔기업이 고객의 생명과 재산을 보호하면서 편안한 휴식공간의 기능을 충실히 수행하기 위해서는 안전과 보안이 무엇보다 우선적으로 보장이 되어야 한다. 호텔 안전관리의 대상은 사람, 장비, 환경이며, 이것이 잘 지켜졌을 때 호텔의 재무적 성과를 안정적으로 달성할 수 있게 된다. 사고예방(Accident Prevention)과 손실관리(Loss Control)는 손실방지 경영관리(Risk Management)의 실행도구로서 사람, 장비, 환경의 붕괴나 파손을 예방하는 것에서부터 시작된다.

호텔 안전관리의 기본은 첫째, 모든 사고는 사전에 방지할 수 있다. 둘째, 사람이 다치게 되는 것은 그 호텔기업의 경영관리의 스타일, 안전 불감의 조직문화, 완벽하지 못한 작업조건과 환경의 결과이다. 셋째, 안전관리는 영업활동처럼 고객접점에서 일상관리를 하여야 한다. 넷째, 사고가 날 수 있는 상황은 예측할 수 있고, 이는 관리가 가능하다. 다섯째, 전문가로 구성된 안전관리 조직은 호텔안전 효과를 높이는 핵심요소이며, 여섯째, 안전관리의 책임은 상하를 막론하고 모든 구성원에게 되어야 하며, 일곱째, 안전사고예방은 영업활동만큼 중요하게 다뤄져야 하고, 여덟째, 안전관리는 서비스품질 관리 차원에서 취급되어야 한다.

2. 호텔 안전관리의 방향

호텔의 경영관리자나 영업장지배인은 담당분야의 이익을 극대화하기 위해 항상 노력한다. 그러나 영업장의 안전과 보안을 위해서 열정적으로 시간과 노력을 투입하는 지배인은 그다지 많지 않다. 만약 영업장에 화재가 나서 문을 닫게 되면 예상했던 매출을 달성할 수 있을까? 뿐만 아니라 영업부문에서 이루어낸 큰 매출신장도 경영지원부문에서 예상하지 못했던 손실을 가져온다면 전반적인 이익은 감소될 수밖에 없다. 이는 조직적인 안전관리를 통해 예방적 손실예방경영관리를 잘 이행하므로 이러한 문제에서 멀어질 가능성이 높게 된다. 호텔 안전관리는 이 업무를 중요히 여기고 책임감 있게 꾸준히 업무를 추진하는 주체가 있어야 오래도록 지속될 수 있으며, 이것이 호텔기업의 장기적인 이익에 도움을 주게 된다. 호텔은 명성에 걸맞는 안전관리가 필요하고, 고객은 그 호텔의 안전수준을 서비스품질 차원에서 평가하고 투숙을 결정하게 된다. 따라서 호텔경영관리자는 호텔의 안전관리를 경영관리의 일부분으로 인식하고 안전관리에 시간과 노력을 투입하여야 한다. 또한 전 구성원이 안전관리 프로그램에 참여할 수 있도록 교육훈련을 강화하고, 안전관리에 대한 제안제도를 적극적으로 활용하고, 기여자에게는 충분한 보상을 하므로 전체 구성원이 안전관리에 만전을 기하고, 고객관리와 매출관리에 차질을 빚지 않도록 하여야 한다. 호텔을 위험으로부터 안전하게 관리하기 위해 문서화된 정책과 규정이 필요하며, 이는 유사 시 당황하지 않고 상황에 맞게 대처할 수 있는 안전장치이다. 안전관리를 위한 평소의 준비는 첫째, 안전지역을 설정하여 고객과 종업원이 대피할 수 있는 공간을 확보하고, 평소에 이를 유지관리한다. 둘째, 안전관리프로그램의 표준을 설정하고, 구성원이 숙지할 수 있도록 교육훈련을 이행한다. 셋째, 안전관리업무는 구성원 누구에게나 책임이 있음을 인식시킨다. 넷째, 각 부문별 안전관리책임자를 지명한다. 다섯째, 조직적인 안전관리를 위해 권한의 수준을 정한다. 여섯째, 필요하면 안전관리 전문가를 고용하거나 전문회사와 계약에 의해 관리한다. 위에 언급된 제반사항들은 각 분야별 일상 업무와 연계시켜 활동하게 하므로 사고를 사전에 예방한다.

3. 안전관리부서의 조직

1988년 2월 세기의 경영학자 "Peter Drucker"는 "Harvard Business Review"에 "새로운

조직의 도래"라는 글을 통해 향후 기업들은 지식기반사회로 전환되면서 조직의 구성원들은 연구, 개발, 생산, 마케팅에 치중하던 노력을 고객의 요구에 적극적으로 대응하고, 동료와 상사에게 보다 호의적으로 닥아 가는 전문가들의 팀워크가 매우 필요하게 된다고 하였다. 이처럼 21세기는 기업에서 팀워크가 가장 중요한 성패의 요인이 되며, 특히 안전관리에는 구성원 모두가 함께 팀워크를 이뤄 실행해 나가야 할 명제임에는 틀림이 없다.

그림 13-1 안전관리부서의 조직

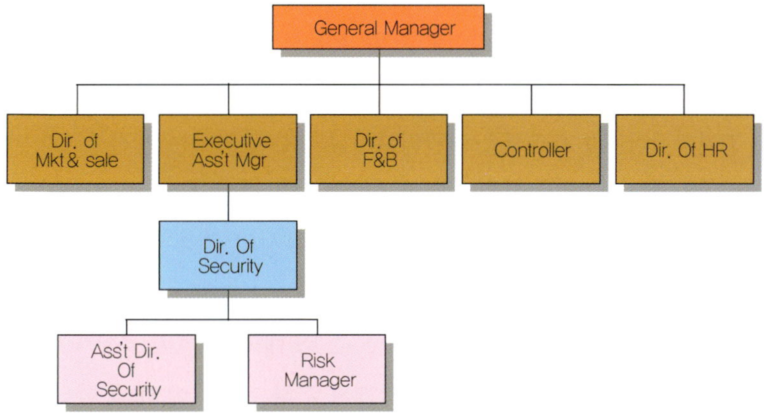

안전관리부서의 조직은 아래 조직편성표에서 보듯이 호텔에 따라 영업부문에 편성되어 부총지배인의 지휘를 받거나 관리부문에 편성되어 관리담당임원의 업무지휘를 받는 경우가 있다. 안전관리부서장 아래 안전관리과장과 위험방지과장을 두게 된다. 안전관리과는 하부조직으로 오전조, 오후조, 야간조의 계장 또는 조장을 두어 일일 24시간 3교대로 근무를 하게 되며, 이들은 고객의 생명과 재산, 직원의 생명, 호텔의 재산을 안전하게 보호하기 위해 보안근무를 수행하게 된다. 위험관리과는 호텔의 인명과 재산을 안전하게 유지관리 하므로 생산성을 높이고, 호텔의 이미지를 향상시키며, 재무적 성과를 달성하는데 기여할 수 있도록 인력과 시설, 설비, 장비의 안전한 운영, 위험요소 제거 등에 주력하게 된다. 부서업무의 특성상 안전관리는 부서장의 책임 하에 독자적으로 운영되며, 업무의 대상은 호텔을 방문하는 모든 고객, 호텔에 종사하는 모든 종업원, 그리고 호텔의 재산과 고객의 재산의 보호가 된다.

4. 안전관리부서의 역할과 업무

1) 안전관리부서장의 역할

안전관리부서장은 호텔기업에서 수년간 근무한 경력과 안전관리분야 현장근무 경력자라야 업무를 능률적으로 추진할 수 있다. 그는 과학적, 기술적, 경영학적 사고를 보유하여야 주어진 업무에 대처할 수 있는 능력이 있다고 할 수 있으며, 보안과 안전에 대한 각종 자격증을 갖추는 것이 필요하다. 1980년대 우리나라 호텔들은 경비부서를 운영하면서, 주로 호텔의 재산을 지키는 데 치중하였다. 그러나 2000년대에 들어 안전관리가 호텔의 이미지와 재정적 이익에 크게 기여함을 인식하고, 보안업무(Security)와 손실방지업무(Accident Prevention)를 핵심으로 위험방지업무(Risk Management)를 안전관리부서의 주된 업무로 부여하고 있다. 따라서 안전관리부서장의 주된 임무는 안전사고가 발생하지 않도록 사전에 예방하는 것이다. 이를 위하여 호텔기업이 설정한 예방안전관리에 대한 규정과 절차, 프로그램을 효과적으로 운영하여야 한다. 부서의 운영은 타 영업부문과 같이 일상 업무를 수행하며, 영업부문과 업무지원부문을 함께 지원하는 폭넓은 업무를 수행하게 됨을 유념해야 한다. 따라서 안전관리부서장은 호텔 내의 모든 부서장과 지배인 또는 종업원과 커뮤니케이션을 원활히 하고, 그들이 필요로 하는 업무에 대해 헌신적으로 도와야 한다. 상호의 이해를 높이기 위해서는 호텔의 예산의 집행, 공간 활용, 행사와 영업에 대한 시간계획, 마케팅을 이해하여 안전에 대한 독선을 갖지 않도록 하여야 한다. 안전에 대한 노력을 위해 달성 가능한 목표를 정하고, 이를 달성하기 위해 세부계획을 세운다.

안전관리부서장이 보다 효과적인 업무수행을 위해 집중해야 할 업무는 첫째, 사실에 근거한 영향력 있는 보고서를 작성 한다. 둘째, 안전을 필요로 하는 부서에 수시로 안전관련 자료를 제공한다. 셋째, 경영관리 채널에 참여한다. 넷째, 각 분야의 커뮤니케이션 채널에 동참한다. 다섯째, 위험으로부터 호텔을 보호하고 모든 부서가 안전하게 업무를 수행하게 해야 하는 기본업무를 유념하여 솔선수범하는 업무자세를 견지한다.

① 호텔경영관리진에게 안전관리에 대한 사항을 자문하고, 총지배인, 부총지배인 또는 관리담당임원의 지시사항을 이행한다.

② 안전관리에 필요한 계획을 수립하고, 안전관리에 문제가 발생했을 때 절차에 의해 원상복구를 위한 제반 활동을 지휘, 감독, 평가한다.

③ 안전사고예방을 위한 절차와 프로그램을 개발한다.

④ 경영관리진과 각급 지배인들과 안전과 보안업무에 관련된 사항에 대해 논의하고, 대화하여 예방안전관리에 힘쓴다.
⑤ 적합한 안전관리요원을 선발하여 교육한다. 전 직원을 대상으로 안전교육을 실시하며, 호신술, 소방 및 구조기술, 기본적인 소방훈련, 긴급구조, 인명구조, 수영장 안전관리 등에 대한 교육을 실시한다.
⑥ 사건발생 시 현장 또는 증거를 확보하고, 범죄가 발생한 곳에서의 행동이나 의무사항을 신속하게 처리한다.
⑦ 위기에서의 행동, 보고서 작성, 대인관계, 민 · 형사상의 책임소재 등에 대한 내용을 전문가적 입장에서 이행한다.
⑧ 호텔의 경영목표를 달성하고, 부서간 협동심을 고취시키기 위해 각 안전관리담당자의 팀워크를 관리한다.
⑨ 사고예방에 대한 효과적인 시스템 운영을 위해 노력하며, 손실 제로를 위해 다양한 아이디어를 모은다.
⑩ 경찰기관과 기타 유사기관들과 안전에 대한 연락망을 구축한다.
⑪ 담당부서의 모든 활동에 대한 적절한 기록을 유지 · 관리한다.
⑫ 최고의 능률을 유지하고, 최고의 안전을 확보하기 위해 일상적인 업무의 지시사항을 담당부서원에게 정확히 숙지시키며, 안전을 저해할 위험요인을 사전에 제거한다.
⑬ 호텔의 일반적인 규정과 규칙을 준수하고, 문제발생에 대한 사례연구 등을 통해 호텔 내의 인명과 재산의 안전보장에 힘쓴다.

2) 안전관리과장의 업무

① 안전관리부서장의 업무를 보좌하며, 호텔의 제반 규정에 대해 깊이 있게 숙지한다.
② 사건발생 시 현장 또는 증거를 확보하고, 범죄가 발생한 곳에서의 행동이나 의무사항을 신속하게 처리한다.
③ 안전관리부서장과 각급 지배인들과 안전과 보안업무에 관련된 사항에 대해 논의하고, 대화하여 예방안전관리에 힘쓴다.
④ 전 직원을 대상으로 안전교육을 실시하며, 호신술, 소방 및 구조기술, 기본적인 소방훈련, 긴급구조, 인명구조, 수영장 안전관리 등에 대한 교육의 실무를 책임진다.
⑤ 1일 24시간 호텔의 안전관리에 투입될 인력에 대한 스케줄을 작성하고, 근무시간 내

에 특이사항을 보고 받고, 수시로 확인한다. 이러한 활동에 대한 적절한 기록을 유지 · 관리한다.

⑥ 호텔의 안전사고 사례연구 등을 통해 인명과 재산의 안전보장에 힘쓴다.

⑦ 외부 보안행정부서 및 안전관리 인력, 장비에 대해 정보를 유지하고, 유사시 동원 체제를 확보한다.

3) 위험관리과장 업무

이 업무를 수행하는 과장은 호텔의 위험관리(risk management)를 실행하는 실무책임자로서 매우 중요한 업무를 수행하게 된다. 위험관리과장은 호텔시설에 대한 위험관리 프로그램을 운영함에 있어서 위험관리위원회의 결정사항을 현장에서 집행하고, 이를 위원회에 보고하는 역할을 수행하게 된다. 그는 안전에 대한 프로그램을 기획하고, 유사 시 응급조치를 지휘하며, 사고조사, 원상복구를 위한 행정업무, 안전업무에 대한 직원교육 등의 업무를 이행한다. 무엇보다 영업장지배인들과 팀워크를 이뤄 사고예방에 힘쓰는 것이 기본적인 업무가 된다.

① 예방안전관리에 대한 지침을 설정하여 위험관리위원회에 상정한다.

② 안전관리에 대한 예산을 확보하고, 이를 집행한다.

③ 안전사고예방에 필요한 장비를 유지관리하고, 각급 지배인과 종업원에게 사용방법에 대한 교육을 실시한다.

④ 모든 사고의 예방과 응급조치에 대한 규정과 절차를 수립하여 보고하고, 승인된 부분을 전체 종업원을 대상으로 교육하고, 기록을 유지관리한다.

⑤ 위협요인에 대한 정보를 쌍방향 대화 프로그램을 통해 전파하고, 기록관리한다.

⑥ 인력관리부서를 도와 종업원 선발 시 안전의식 결여자 또는 안전사고 발생 가능성이 높은 사람에 대해 자문한다.

⑦ 안전사고방지 캠페인에 필요한 자료를 만들어 위원회에 보고하고, 홍보자료로 활용한다.

⑧ 새로 고용된 직원에게 안전관리 오리엔테이션을 실시한다.

⑨ 안전관리 프로그램에 대해 종합적인 모니터링을 하여 안전작업 행동, 사고의 빈도, 사고의 경향, 투입된 비용 등을 분석하여 위원회에 보고한다.

⑩ 각종 인사사고에 대해 중앙정부나 지방정부에서 요구하는 수준에서 조사하여 보고한다.

⑪ 안전관리에 대해 고객의 책임과 권한, 종업원의 책임과 권한에 대해 전문인으로 자문한다.

⑫ 안전사고가 발생하면 사실에 입각하여 조사하고, 책임감 있게 조치를 취한다.

⑬ 시설관리부서장을 도와 화재안전관리 프로그램을 완성시키고, 협력하여 업무를 진행한다.

⑭ 중앙정부나 지방정부의 담당부서를 도와 지역의 안전관리에 힘쓴다.

⑮ 안전관리 프로그램을 관장하고, 업무에 적극적으로 활용한다.

4) 위험관리위원회 위원장의 업무

호텔조직의 위험관리의 총괄책임은 호텔의 경영관리를 맡은 총지배인의 몫이다. 호텔의 안전관리와 영업활동은 같은 차원에서 논의되고 운영되어야 한다. 위험관리위원회는 위원회를 이끌어 가는 총지배인, 부총지배인, 식음료담당임원, 시설관리부서장, 안전관리부서장, 인력관리부서장, 마케팅담당임원, 관리담당임원, 위험관리과장 및 영업장지배인으로 구성하며, 업무의 실행은 안전관리부서장과 위험관리과장이 맡아서 이행한다. 위험관리위원회의 핵심 업무는 첫째, 위험관리 및 안전관리에 대한 주요의사 결정, 둘째, 고객과 종업원에게 위험으로부터의 자유로운 환경 조성, 셋째, 모든 종업원이 안전절차를 충실히 이행하도록 관련 규정의 제정 및 개폐 등이다

이를 위해 위원회는 아래 내용을 검토하게 된다.

1. 사고예방 프로그램 이행을 위한 충분한 예산확보
2. 안전관리 활동을 적극적으로 지원
3. 호텔의 고객과 종업원의 사고에 대해 즉각적인 의료지원, 후송, 조사, 보고, 원상회복의 과정이 원활하게 이뤄지도록 감독
4. 각급 지배인은 안전사고 예방에 힘쓰고, 그 성과를 고과에 반영하도록 조치
5. 일일 현장 확인을 통해 업무안전에 대해 확인하고, 안전업무 이행에 대해 인지시키며, 안전위협요인을 제거
6. 중앙정부나 지방정부에 의해 실시되는 각종 안전 및 건강에 대한 행사를 전파

7. 위험관리과장의 업무를 지원

제 2 절 안전사고의 관리과정

1990년대 미국 안전관리자문위원회의 보고서에 따르면 미국에서는 호텔의 안전사고가 광산업보다 높게 나타났다. 일반적으로 호텔업은 안전사고가 많지 않은 기업으로 인식되고 있지만 많은 사람이 모여서 함께 생활하고 다양한 시설이 널리 펼쳐져 있기 때문에 사고의 위험이 높으며, 실제적으로 크고 작은 사고가 많이 일어나고 있다. 안전사고를 방지하고 쾌적한 환경에서 고객에게 수준 높은 서비스를 제공하기 위해서는 모든 사고와 손실의 원인을 규명하고 재발을 방지하는 데 경영관리의 힘이 모아져야 한다. 안전사고 발생 이전의 활동은 소홀하기가 쉽지만 모든 구성원의 유비무환의 자세가 호텔경영관리에 기본임에는 틀림이 없다. 또한 안전사고가 발생되면, 이의 신속한 원상복구를 위해 제도적이고, 조직적으로 책임감 있게 대응하고, 피해 종업원과 가족의 안정된 삶을 위해 노력하여야 한다.

1. 안전사고 발생 이전

1) 행동 분석

호텔의 안전관리는 종업원이 일상 업무에서 늘 관심을 가지고 추진하여야 하므로 습관이 매우 중요하다. 아무리 강력하고, 완벽한 안전관리규정이 만들어져 있어도 이를 지키는 사람이 이행하지 않는다면 안전사고는 지속적으로 발생할 수밖에 없을 것이다. 행동분석은 행동결정에 영향을 주는 요인들을 연구하는 것으로서 첫째, 같은 업무를 수행하는 동료들의 근무태도, 둘째, 종업원의 선발 및 충원에 대한 기준, 셋째, 오리엔테이션과 실무교육, 넷째, 경영관리 시스템적으로 부여되는 참여와 권한, 다섯째, 인성과 동기부여, 여섯째, 업무에 대한 지식과 기술과 능력 등을 살핀다. 이 때 개별적 조사와 단체별 회의를 거쳐 안전에 대한 의식수준을 파악한다.

그림 13-2 안전사고의 관리과정

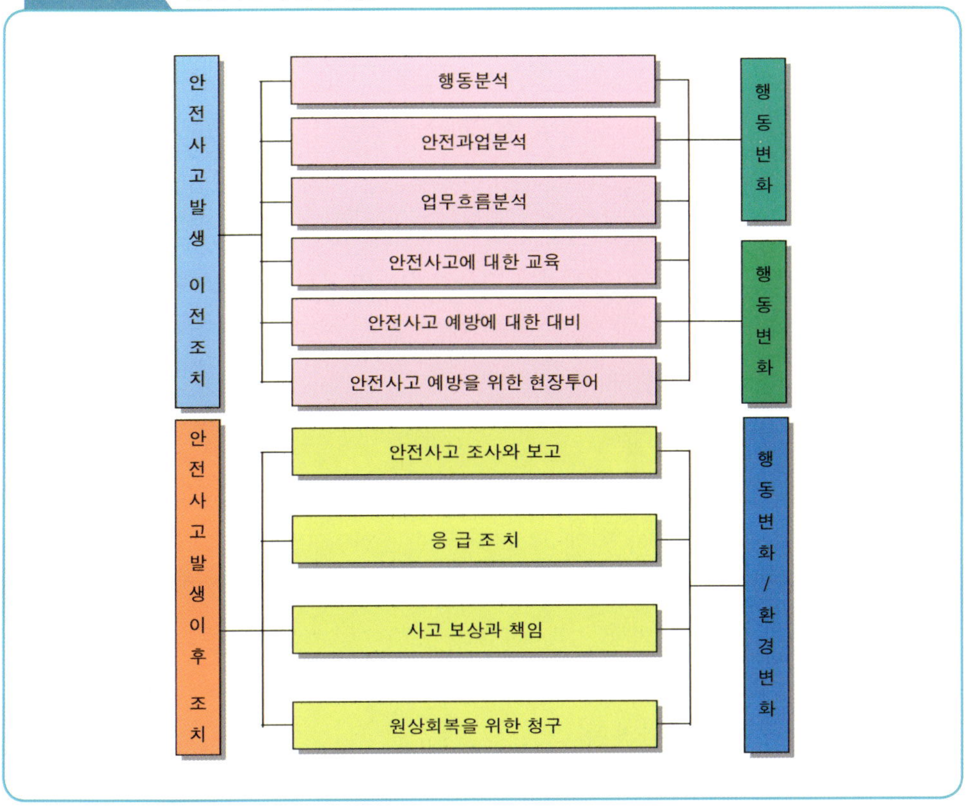

2) 안전과업 분석

안전과업 분석은 잠재적 사고의 위험에 대비하여 특정한 업무에 종사하는 사람에게 필요한 교육을 진행하는 과정을 살펴보는 것이다. 이는 새로 보직을 받게 되는 신입사원을 위한 교육프로그램 개발의 일환으로 진행되며, 교육의 내용은 분석된 안전관리 내용이 생산성 향상에 도움을 주게 된다. 예를 들면, 객실화장실의 변기를 안전하게 닦는 방법, 고기 써는 기계(meat slicer)를 안전하게 사용하는 방법, 파워 드라이버를 안전하게 사용하는 방법 등이다. 이에 참여했던 간부사원은 향후 이 분야의 오리엔테이션 교육을 맡게 된다.

3) 업무흐름 분석

업무흐름 분석은 업무의 질과 효과를 극대화하기 위해 사람, 장비, 환경을 조화롭게 디자인하는 것이다. 이는 근무자에게 알맞은 장비와 근무환경을 조성하여 안전사고와 오랜 근무로 인한 신체의 변화를 사전에 방지하는 것이다. PABX, 예약과, 객실관리부서, 시설관리부서, 조리부서부서 등은 다양한 장비를 이용하여 근무에 임하게 되므로 위험에 노출되어 있다고 하겠다. 헤드폰을 장시간 착용하는 업무, 무거운 물건을 들거나 밀고 다니는 업무, 날카로운 칼, 뜨거운 불과 물 등을 취급하는 업무는 그에 맞는 안전하고, 편안한 장비와 작업환경이 필요하다. 업무의 흐름분석은 사람과 장비와 환경이 업무를 수행하는 데 상호 조화롭게 이뤄지는 과정을 분석하여 업무의 효율을 높이게 된다. 호텔기업에서 작업안전을 위해 환경을 현장을 분석한 내용은 다음과 같으며 우리에게 시사하는 바가 크다.

첫 째, 작업자와 업무에 어울리지 않는 짝
둘 째, 부적당한 장비의 사용
셋 째, 부적당한 안전장비의 사용
넷 째, 안선을 고려하지 않은 설자
다섯째, 객실관리부서나 시설부서의 형편없는 장비와 공구
여섯째, 너무 무거운 것의 이동
일곱째, 적절한 온도에서의 작업 수행
여덟째, 누적된 불량 작업환경 등

4) 안전사고에 대한 교육

위험으로부터 안전사고를 줄이는 방법은 평소 업무에 대한 교육을 어떻게 진행해 왔는가에 기인한다. 호텔기업에서 진행하는 업무교육은 직무의 수행을 효과적으로 수행하기 위한 기능교육일 수 있다. 이것에 앞서 보다 중요한 것은 작업을 진행하기 이전에 즐거운 마음으로 재미있게 워밍업(warming up)과 스트레칭(stretching)을 하고 업무에 임하면 사고율을 크게 줄일 수 있다. 위험에 대비한 다양한 안전교육은 이론에 의존하기보다 실제 스스로 이행할 수 있는 방법을 가르치고, 이를 이용하여 생활화되도록 하는 것이 중요하다.

5) 안전사고 예방에 대한 대비

안전사고를 예방하기 위한 대비에는 다양한 방법이 있다. 호텔경영관리진에 의한 지속

적은 현장 확인, 기계와 전기장비, 차량의 주기적인 점검, 외부 전문업체에 의한 고급장비의 주기적 점검 등이 있다. 안전사고 예방에 대비한 점검의 대상은 전등과 공기정화기와 같은 일상장비의 환경점검, 주기적인 예방점검을 받는 모든 장비, 소방장비, 객실관리부서의 다양한 청소장비, 복도와 통로, 전기장비, 엘리베이터와 에스컬레이터, 창고지역, 진입로와 인도, 주차장 지역과 교통신호등, 긴급조치장비, 시설관리부서나 세탁실에서 사용하는 화공약품과 위험물질, 객실과 공공장소, 식음료영업장과 부대시설영업장 등이 있다.

6) 안전사고 예방을 위한 현장 투어

위험관리위원회가 중심이 되어 주기적으로 호텔의 전 분야를 투어를 통한 확인작업을 추진한다. 이상이 있는 지역과 공간은 안전사고 예방을 위해 즉시 복구하고, 이를 기록으로 남긴다. 안전사고 예방을 위한 현장 투어의 집중사항은 첫째, 현장 투어의 빈도, 둘째, 현장 투어의 루트, 셋째, 투어에 이용되는 체크리스트, 넷째, 투어를 진행하는 책임자와 각 분야별 업무분장 등을 고려하여 계획을 수립하고 점검한다.

2. 안전사고 발생 이후

1) 안전사고 조사와 보고

근무지에서 안전사고가 발생하면 가장 먼저 이행되어야 하는 과정은 응급조치일 것이고, 응급조치과정에서 당직지배인과 담당간호사는 환자를 병원으로 후송할 것인지, 휴식을 위해 가정으로 돌려보낼 것인지, 상태가 정상으로 회복되어 작업현장으로 보낼 것인지를 결정하게 된다. 어떠한 결정을 내리더라도 당직지배인은 위험관리과장이나 안전관리부서장에게 문서화된 보고서를 작성하여 제출하여야 한다. 보고서의 내용은 기본적인 사항, 사고의 내용, 사고경향에 대한 조사, 사고 당시 취급했던 장비와 공구, 안전사고 예방분석, 의료조치에 대한 분석, 보고자 등으로 구분하여 보고한다. 보고서는 재발을 방지하기 위한 교육에 활용될 수 있도록 상황에 충실한 분석적 보고서가 보다 가치가 있는 보고서일 것이다.

표 13-1 안전사고 조사보고서

안전사고 조사보고서
사고구분: □ 인명 사고 □ 비인명 사고 사고발생호텔: 발생일: 호텔주소: 부서명:
사고종업원 인적사항 성명: 주민등록번호: 성별: 주소: 전화번호: 직위: 직책: 입사년월일:
안전사고의 내용 사고년월일(요일): 사고발생지역: 목격자: 사고내용 기술:
사고경향에 대한 조사내용(관련 내용 기록) 1. 사고지역의 바닥재 2. 사고지역의 구조물 또는 설치물 환경 3. 사고지역에 있었던 물건 및 사고의 원인이 된 물재
사고 당시 취급했던 장비 또는 공구
안전사고 예방 분석 사고예방을 위한 조치 내용: 조치일자 : 조치자:
의료조치에 대한 분석 □ 응급조치 □ 호텔 내에서 의료서비스 □ 병원 후송 □ 장기간 입원 □ 총 소요 기간(일간, 시간)
보고자의 성명/직위

2) 응급조치

호텔에서 안전사고가 발생했을 때 신속하고, 전문적인 응급조치는 생명과 재산을 구제하는데 큰 도움이 된다. 이를 위해서는 평소에 보다 많은 종업원이 응급조치에 대한 교육을 이수하여야 한다. 또한 응급조치에 필요한 충분한 보급품을 보관하여야 한다. 필요에 따라서는 응급조치를 위한 공간을 마련해야 한다. 그러나 대부분의 호텔들은 간호사를 운영하고, 간호사에 의해 응급조치업무가 진행되고 있다. 야간이나 사고지점의 원근에 따라 제 때 응급조치를 취하지 못할 수 있기 때문에 보다 많은 종업원이 응급조치요원으로 활동하고, 필요지점마다 응급조치에 필요한 장비와 물자가 공급되는 것이 바람직하다.

3) 사고보상과 책임

대대수의 종업원은 안전사고를 당한 후 어떻게 대처하여야 할지를 잘 모른다. 호텔이 사고보상과 책임에 대해 조직적이고, 체계적으로 가이드라인을 설정하고, 관련 담당자들이 정보를 공유하며, 평소에 종업원들에게 교육을 통해 이를 인지시켜야 한다. 사고보상의 내용에는 현금보상, 급여보상, 의료보상, 연금보상, 복직보상 등이 있다. 이 중에는 법정 사항도 있고, 비법정 사항으로 호텔의 후생복리 프로그램에서 제도적으로 이를 뒷받침하는 경우도 있다. 호텔과 노동조합은 종업원의 안정된 생활보장을 위해 구체적인 보상규정을 만들고 이를 책임 있게 준수하도록 상호 협조해 나가게 된다.

4) 원상회복을 위한 청구

호텔에서 발생하는 안전사고는 사망사고와 부상에 관련한 것이든 재산에 관련한 것이든 이를 보전할 수 있는 보험에 들어 있게 된다. 일시에 대량으로 투입되는 호텔의 재무적 부담을 덜기 위해 관련 단체에 보험을 이용하게 되는데, 안전사고가 발생하면 최소한의 원상복구를 위해 보험 청구를 하게 된다. 이러한 청구는 제 때 이행하지 않을 시 불이익을 받을 수 있기 때문에 안전관리부서는 관리부서와 협조하여 호텔과 사고를 당한 종업원을 위해 신속하고 정확하게 보험을 청구하여야 한다. 부상사고는 외부의 의료기관에 입원을 하게 되고, 이에 따른 절차도 신속히 진행하여 의료보험과 산재보험을 적용하게 하므로 종업원이 호텔에 대해 불필요한 심리적 적개심을 갖지 않도록 하여야 한다. 간혹 부상을 입은 종업원이 장애인이 되는 경우도 있게 되며, 장애인복지에 대한 혜택도 받을 수 있도록 주선하여야 한다.

3. 안전관리 프로그램의 설계

안전관리 프로그램은 호텔의 규모에 맞추어 설계되어야 한다. 호텔의 규모와 손실의 규모를 고려하여 분석에 의한 최적치를 도출해 내어야 한다. 보험을 부보할 때는 위험에 노출된 사람, 장비, 환경 등의 상황에 따라 결정하게 되며, 손실의 대상은 가상적으로 사람의 사상, 자산의 손실, 재정적 손실로 하며, 얼마나 자주 일어날지도 잠정적으로 계산하여 규모를 산출하게 된다. 안전관리 프로그램을 설계할 때 다음 내용을 고려하면 보다 효과적으로 업무를 진행할 수 있게 된다. 첫째, 안전관리제도에 대한 정책과 안전규칙을 정한다. 둘째, 안전관리부서의 주요의사결정에 도움이 될 위험관리위원회와 같은 사고예방자문조직을 구성한다. 셋째, 예상되는 손실을 다 명확히 하고, 이를 관리한다. 넷째, 안전관리에 대한 교육과 보상계획을 세운다. 다섯째, 현장밀착형 관리체계를 구축한다. 여섯째, 적절한 의료후송체계를 구축한다. 일곱째, 사고 시 손해보상청구에 대한 절차를 구축한다.

표 13-2 호텔별 안전관리 프로그램의 수준

프로그램의 종류	중소규모호텔	대규모상업호텔	컨벤션호텔	리소트호텔
안전 정책과 규정	A	B	B	B
비상 시 행동분석	A	B	B	B
안전 진단	A	A	A	A
사고예방자문조직	A	B	B	B
교육과 보상계획	A	A	A	A
현장밀착형 관리체계	A	A	A	A
주기별 확인	A	A	A	A
일일 예방점검	A	A	A	A
미끄럼 방지 시설	A	A	A	A
중앙 집중 구급함	A	A	A	A
의료후송체계	A	B	B	B
손해보상청구절차	A	A	A	A
비상 벨	A/B	A/B	A/B	A/B

A = 자체관리, B = 체인본부 또는 전문업체 지원체계

제 3 절 고객 안전사고의 취급

1. 고객 안전사고 사례

【사례 1】

결혼식을 앞둔 대연회장은 호텔 종업원들이 각자 맡은 업무를 준비하기 위해 여념이 없었다. 오전 10시경 A 호텔의 연회장에는 정오 12시 결혼식을 앞두고 스튜어드직원, 연회장 웨이터와 웨이트리스가 기물과 테이블 세팅을 위해 분주하게 움직이고 있었다. 공교롭게도 스튜어드직원이 끌고 가던 틀로리에서 버터통이 떨어져 바닥에 버터가 뒹굴고 있었다. 스튜어드직원은 빗자루와 쓰레받이를 가지러 갔다. 때마침 결혼식장 확인을 위해 온 신랑의 친구(금일 결혼식 사회자)가 급히 들어오다가 바닥의 버터를 미처 보지 못하고 미끄러운 버터를 밟아 뒤로 넘어지고 말았다. 넘어지면서 얼굴을 테이블 모서리에 받아 뺨이 3㎝나 찢어지는 안전사고가 발생하였다.

위의 내용을 보면 얼마나 황당한 일이 발생하였는가? 평소에 잘 교육된 직원이라면 다른 사람이 닥아 올 것을 대비하여 주변을 치우던지 그렇지 않으면 다른 직원에게 청소도구를 가져오게 하고 위험한 현장을 지키는 것이 상책이었을 것이다.

【사례 2】

이른 아침 사우나에 도착한 70대 노인께서 평소 습관처럼 간단한 샤워를 마친 후 열탕에 불쑥 들어갔다. 갑자기 비명소리를 들은 헬스사우나 담당 어텐던트가 달려가 보니 노신사의 목 아래 부분 전체가 붉게 변하고 물집이 나와 있는 것을 보고 화상을 입었다는 것을 깨닫게 되었다. 급히 당직지배인께 연락하여 지정병원으로 후송을 하였지만 목 아래 부분 전신에 2도와 3도 화상을 입은 상태였다.

오전조 사우나 어텐던트는 평소 탕내 온도를 자동감지기에 의해 42~43℃를 유지해 왔기 때문에 밤새 온도계 눈금의 고장으로 탕내의 물이 60℃가 넘은 것을 전혀 모르고 있었다. 그 후 노인께서는 몇 달간 병원에 입원을 하게 되었고, 호텔은 노인의 치료비를 감당해야 했을 뿐만 아니라 상호 책임에 대한 주장을 하다가 급기야 법원에 고소를 당하고, 그 후 법원의 판결로 매우 큰 금액을 노인에게 보상해 주는 대가를 치르게 되었다. 이러한 일은 배관을 담당하는 시설관리부서 엔지니어와 사우나 운영을 담당하는 어텐던트의 주의력이 있었다면 미리 예방이 가능한 안전사고였다.

호텔의 시설을 운영하고, 그에 근무하는 종업원은 평소 확인하는 습관을 갖는 것만이 안전사고를 줄일 수 있는 방법이라는 것을 교훈으로 얻게 된 사고이었다. 이 사건은 오랜 송사 끝에 호텔이 패소한 사례이며, 사우나 시설 내의 "미끄럼 주의", "열탕 내 급수구 주의" 등의 푯말은 보상금을 줄이는데 자그마한 역할 밖에 할 수 없었다. 이와 같이 호텔에서 일어난 안전사고는 호텔의 사업주가 대부분의 책임을 지게 되는 불리한 입장임을 다시 한번 확인하는 사례라고 하겠다.

2. 고객 안전사고의 취급절차

안전사고를 막기 위해 호텔은 조직을 구성하고, 종업원의 교육을 강화하고 있다. 그러나 고객의 부주의에 의한 사고, 외부침입자에 의한 사고, 시설의 열악함에 의한 사고, 일부 종업원의 부주의에 의한 사고 등이 호텔기업에서는 끝임 없이 일어나고 있다. 따라서 고객이 안전사고를 당했을 때 조직적으로 신속하게 처리하는 것도 호텔의 이미지를 높이는 요인일 수 있다. 안전사고는 대부분이 안전관리부서의 주관 하에 이뤄지며 야간에는 당직지배인의 지휘를 받게 된다. 안전사고는 최초 15분이내의 처리가 매우 중요하며, 이를 담당하는 종업원의 성의있는 태도가 고객의 기분을 덜 상하게 할 수 있으며, 이는 호텔의 책임을 면하는 계기가 될 수도 있다. 고객의 안전사고는 다음과 같은 절차에 의해 조용하게 그러나 신속하게 처리한다.

1) 부상을 입은 고객을 적극적으로 보호

부상을 당한 고객은 본인이 소홀히 다뤄지는 것에 분개할 수 있기 때문에 친절하게 적극적으로 돕겠다는 마음가짐을 가지는 고객을 대하는 것이 무엇보다 중요하다. 상처가 심한 고객은 병원에 후송하여야 하므로 엠블런스가 도착하기 전까지 응급처치와 심리적 안정을 위한 도움이 절실하다. 병원으로 후송하는 문제는 고객이 결정할 수 있도록 여쭤보아서 조치를 취하고, 여기에 들어가는 비용은 호텔이 담당하게 된다. 왜냐하면 호텔 내에서 일어난 안전사고는 1차적인 책임이 호텔에 있을 뿐만 아니라 고객관리차원에서 호텔이 부담할 수밖에 없기 때문이다.

2) 사고지점을 보존하고 목격자의 진술을 확보

안전사고는 향후 법적인 시비를 가릴 수도 있기 때문에 처음 목격한 사람의 인적사항을 알아 두고, 가능한 만큼 기록을 해 두어야 한다. 처음 목격한 사람이 호텔종업원 뿐일 때는 어쩔 수 없지만 가능하면 제3자의 진술을 확보하는 것이 중요하다. 또한 현장의 상황을 사진을 찍어 향후 만들어질 안전사고 보고서를 보다 구체적으로 작성하도록 하여야 한다. 안전사고를 당한 고객과 대화중에는 구체적인 보상이나 책임에 대한 언급은 패해야 한다. 왜냐하면 고객의 마음이 편하지 않은 상황에서 구체적인 내용을 거래하듯이 대화하는 것은 고객의 마음을 상하게 할 뿐만 아니라 나중에 법적인 시비가 될 수 있기 때문이다.

3) 즉시 사고보고서를 완성하고 보상청구

안전사고의 현장에서 고객이 후생되고 난 후, 즉시 사고보고서를 작성하여 보험회사에 연락하여야 하며, 안전사고의 크고 작음에 따라 관련기관에 보고를 해야 할 사항이 있으면 시일을 놓치지 않고 보고를 하여야 한다. 대부분의 안전사고는 보상을 위한 민사사건이므로 고객과 호텔과 병원과 보험회사 간의 업무가 되며, 사건이 종결지어지면 사례를 중심으로 종업원 교육에 활용하여야 한다.

4) 행동은 예의와 친절을 갖추며 대화는 신중하게 교환

안전사고를 당한 고객에게 병원을 방문하고, 퇴원 후엔 호텔에서 휴식을 취하게 하며, 객실과 식음료를 호텔의 비용으로 제공한다. 가능하면 보험 보상을 받을 때 이러한 비용도 함께 청구하도록 하여 호텔의 손실을 최소화한다. 고객에게 친절을 다하고, 원상복구에 최선을 다하는 것은 안전관리책임자로서 당연한 업무이지만 호텔의 손실을 최소화 하는 것도 그의 책임이므로 가능하면 고객과의 대화에서 책임을 확정하는 것에는 신중을 기해야 한다.

① 병원비를 호텔이 지불하겠다는 말에 신중을 기한다.
② 호텔이 태만하여 사고가 발생하여 책임을 지겠다는 말은 삼간다.
③ 보험에 대한 언급은 미리 하지 않는다.
④ 사고발생의 원인을 두고 고객과 논쟁하지 않는다.
⑤ 현장에서 호텔의 종업원을 나무라지 않는다.
⑥ 사건에 대해 법적 검토를 자문변호사와 충분히 하고난 다음 필요한 법적 조치를 취해 나간다.
⑦ 안전사고의 처리가 완결되면 기록에 남기고, 필히 교육에 활용하도록 한다.

제 4 절 안전을 위한 설계

호텔의 안전관리시설은 건축물의 설계에서부터 시작되며, 이는 이용하는 고객과 이를 운영하여 고객에게 서비스 하는 종업원의 안전을 고려한 설계이어야 한다. 최고의 디자인은 고객의 욕구와 요구에 충실하면서 경영관리층과 종업원이 안전하게 사용할 수 있는 생산적이고 기능적인 시설과 설비를 갖추어야 하며, 또한 안전관리와 보안업무 수행에 적합한 사양이어야 한다. 따라서 호텔건물의 디자인은 호텔의 경영관리와 손실관리를 함께 고려한 유능한 건축가에 의해 설계되어야 한다. 호텔의 건축 디자인이 잘못되어 안전사고 발생의 요인이 되면, 이를 회복하는 데 많은 시간과 금전적 손실을 감당해야 하고, 안전사고에 의해 호텔의 이미지가 나빠지면, 많은 마케팅 비용을 쓰면서도 최상의 호텔의 명성을 유지할 수가 없게 된다. 사람과 장비의 편리한 동선, 편리한 정비, 자연 채광, 간편한 장비 등은 호텔의 비용을 크게 줄일 수 있다.

1. 건축과 안전관리

1) 건축 시 안전관리 활동

호텔의 손실관리위원회는 건물이 신축되는 동안 지속적으로 현장을 둘러보고, 설계 시에 요청하였던 제반 안전시설과 설비에 대한 이행여부를 확인하고, 개업 시 안전관리에 필요한 제반 사항을 건축에 반영할 수 있도록 요청한다. 구체적인 업무로는 첫째, 안전관리에 대해 기술적인 정확성을 기하기 위해 최초의 건축사양서를 확인한다. 둘째, 설계된 자재와 시행된 자재의 질을 안전관리측면에서 비교검토 한다. 셋째, 프런트 데스크, 각 식음료영업장, 부대시설영업장의 실시설계를 검토하여 승인한다. 넷째, 현장 실사팀을 구성하여 운영한다. 다섯째, 각종 안전시스템의 설치를 확인한다. 여섯째, 개업을 위한 안전사고 예방교육을 기획하고, 실행한다. 건축물은 한번 지어진 후 다시 고치기란 매우 어려운 일이다. 로비나 영업장의 바닥이 고르지 못하거나 마감재가 미끄러워 안전사고에 노출되어 있다면, 이를 속히 시정할 수 있도록 정보를 제공하는 일이 무엇보다 중요하게 될 것이다. 개업을 앞두고, 부분적인 보수를 시작하게 될 것을 미리 방지해야 한다.

2) 개업을 위한 안전관리

건축이 진행되는 동안 시설과 설비의 안전에 집중 되었던 안전관리는 시설과 비품, 소품이 제자리에 놓여 지면서 보안업무에 보다 많은 시간과 노력을 기울이게 된다. 개업을 위한 안전관리는 첫째, 보안기능의 강화, 둘째, 간부를 중심으로 예방관리에 대한 교육 실시, 셋째, 응급조치 프로그램의 작동, 넷째, 보상 프로그램의 시작, 다섯째, 부족한 물자의 공급 등이 이행되어야 한다. 호텔은 일반적으로 개업 3개월 전부터 모든 기능이 정상적으로 작동되므로 절차와 규정에 의한 안전관리업무가 진행되어야 한다.

2. 안전관리를 위한 디자인 요소들

1) 호텔시설 디자인의 원칙

미국 안전자문위원회의가 제시한 호텔 안전사고의 자료에 따르면 고객이 당한 사고 중 42%는 미끄러짐, 40%는 도난, 15%가 충돌, 3%가 음식에 데었다고 한다. 종업원의 42%는 미끄러짐, 35%는 물건을 들다가 다쳤고, 13%는 충돌, 10%는 화공약품과 강력세제에 의해 안전사고를 당했다고 한다. 이와 같이 안전사고는 다양하게 일어날 수 있고, 그 중에서도 시설이 잘못되거나 이용을 잘못하여 다치는 경우가 가장 많다. 이는 시설과 설비를 안전하게 설치하므로 많은 사고를 줄일 수 있음을 시사해 주고 있다. 따라서 초대규모호텔이든 소규모 모텔이든 안전에 대한 인식은 같아야 하며, 고객접점과 통로, 종업원의 업무

동선, 주차 공간, 공공장소 등이 구분되고, 이동에 불편과 장애물이 없도록 디자인하는 것이 가장 중요하지만 이 모든 것이 고객과 종업원의 안전을 전제로 디자인되어야 하는 것은 주지하는 바이다. 안전을 위한 디자인이란 첫째, 진행하는 방향이 뚜렷해야 하고 미로가 아니어야 한다. 둘째, 고객의 공간과 직원의 공간을 명확히 구분한다. 셋째, 사용목적에 따라 조명을 하여야 한다. 넷째, 엘리베이터와 에스컬레이터 등 지상 이동에 필요한 장비를 충분하게 갖추어야 한다. 다섯째, 복도와 통로가 잘 정비되어야 한다. 여섯째, 각 공간은 사용목적에 맞게 설정한다. 일곱째, 충분한 주차공간과 차량 통로를 마련해야 한다. 여덟째, 미끄럼, 빠짐, 넘어짐을 방지하는 시설과 설비가 있어야 한다. 아홉째, 야간에 충돌이 일어나지 않도록 디자인되어야 한다.

그림 13-3 화재대피계획도

2) 구역별 디자인의 고려사항

(1) 호텔의 현관입구

호텔의 현관입구는 폭이 8m, 2차선 이상으로 구획하고, 여의치 못하면 6m이상 1차선으로 구획한다. 입구에는 주차장, 로비, 연회장, 식음료영업장, 부대시설영업장, 서비스 공간과 종업원 출입구의 표시를 잘 보일 수 있게 하여야 한다.

(2) 주차 공간

주차 공간에는 차량과 사람이 다닐 수 있는 통로를 구획하여 사고를 방지할 수 있도록 한다. 주차장에는 통제하는 종업원이 배치되지 않아 안전사고가 발생할 가능성이 높으므로 각별히 통로를 설치하여 사고를 방지한다. 주차장은 보통 폭 2.4~3m, 길이 5.4~6m로 구성하며, 차량통로는 6.6~7.2m로 디자인한다.

장애인을 위한 시설은 호텔의 현관에서 가장 가까운 곳이나 엘리베이터에 가장 가까운 곳으로 설정하고, 폭은 보통 차량의 1.5배로 구획한다. 또한 도난사고의 예방을 위해 CCTV를 설치하고, 이를 안전관리실이나 주차장관리실에서 모니터링할 수 있도록 한다. 차량이 통과할 수 있는 높이를 표시하는 것도 빠질 수 없는 안전장치이다.

(3) 진입통로

모든 통로에는 장애인이 휠체어로 다닐 수 있도록 언덕바지를 비스듬하게 설치하고, 고객의 진입이 편하도록 넓게 디자인한다. 통로에는 난스립(non-slip) 장치와 야광장치를 하므로 안전사고에 대비할 수 있다. 통로에 나무를 심거나 화분을 비치할 때는 고객의 통행에 지방이 가지 않도록 충분한 공간의 확보가 우선되어야 한다.

(4) 현관과 로비

고객이 현관을 통해 로비로 들어가는 곳에는 안전 매트를 깔아 대리석이나 타일로 인해 넘어지는 일이 없도록 조치한다. 가죽이나 고무로 된 신발의 바닥에 물이 묻어 있으면 대리석 위에 넘어질 수 있는 위험이 매우 높다. 뿐만 아니라 고객의 신발에 묻은 불순물을 닦아 호텔의 내부를 깨끗하게 관리하는 데 도움을 주게 된다. 회전출입문(revolving doors)을 설치한 호텔은 속도를 조절할 수 있는 장치와 비상 시 즉시 중지시킬 수 있는 안전장치를 설치하여야 한다. 연회장이 2층에 위치한 호텔은 계단의 안전에 세심한 배려가 필요하다. 계단의 미끄럼방지 장치, 난간의 지지대, 카펫 말림 방지, 난간의 모퉁이 처리 등 안전관리 차원에서 시설이 이뤄져야 한다.

(5) 로비의 설치물

많은 호텔들이 로비의 바닥을 대리석으로 장식하고 있다. 잘 닦아진 대리석은 안전장치가 없어 넘어지기가 쉽다. 하우스퍼슨은 대리석에 물기가 없도록 자주 닦아서 안전사고를 방지 하여야 한다. 로비에 설치된 엘리베이터는 프런트 데스크에서 바라볼 수 있는 위치에 설치하여 경비업무를 강화하는 효과를 볼 수 있게 한다. 엘리베이터와 에스컬레이터는 문이나 바닥 틈 사이에 고객의 옷이나 휴대품이 끼어 사고를 일으킬 수 있으므로 안내문을 부착하여 고객이 주의를 요청하여야 한다. 또한 비상벨을 설치하여 비상 시 위험으로부터 신속히 고객을 구출하도록 조치를 취하여야 한다.

(6) 연회장과 복도지역

연회장, 회의실, 복도, 로비화장실, 연회장화장실, 공중전화박스는 두꺼운 카펫을 깔아 안전사고에 대비하는 것이 좋다. 통로와 화장실에는 낮은 램프를 설치하여 보행에 편리하도록 하며, 화장실의 세면대와 공중전화박스에는 밝은 조명 등을 설치하여 고객에게 편의를 제공한다. 공중화장실은 남여를 구분하여 설치하고 출입문을 이격시켜 설치하므로 남여의 프라이버시와 돌발적 사고를 방지한다. 연회장 앞의 복도에는 리셉션 데스크, 옷 보관소 등이 있고, 많은 고객이 담소하는 공간이므로 CCTV 등을 설치하여 보다 안전하게 이용할 수 있도록 한다.

(7) 부대시설영업장

일반적으로 호텔의 부대시설영업장은 주로 헬스, 사우나, 수영장 등으로 구성이 되어 있다. 호텔 내에서 고객이 이용하는 시설 가운데 가장 위험성이 높은 곳이 수영장, 소용돌이 욕탕(whirlpools or Jacuzzi), 헬스 시설인 것으로 알려져 있다. 수영장에는 물의 흐름, 손잡이, 깊이와 넓이 등이 안전규격에 맞게 설치되어야 하며, 이러한 시설은 전문가에 의해 건설이 이뤄져야 위험을 미연에 방지할 수 있다.

호텔의 수영장에는 다이빙 보드를 설치하지 말아야 하며, 내부에 다이빙을 하지 말도록 안전안내판을 설치하여야 한다. 깊이는 3~5피트로 하고, 깊이가 다른 곳마다 바닥과 벽에 피트를 표시하며, 주배수구(main drain)는 4½ 지점에 설치한다. 고객의 출입구는 가장 얕은 곳으로 정하며, 손잡이를 설치하여 출입이 용이하게 한다. 수영장 밖 고객이 이용하는 공간은 미끄러지지 않도록 난스립 타일로 처리하고, 수영장은 운영시간이 끝나면 안전을 위해 필히 시건장치로 닫아 두어야 한다. 그러나 필요한 전등은 켜 두어야 한다.

헬스클럽의 장비와 기구는 유지관리가 완벽하게 이뤄지지 않을 경우 고객에게는 흉기가 될 수 있음을 인식하여야 한다. 호텔에 설치된 헬스기구는 세계적인 명성을 얻은 것들이기 때문에 유지관리 계약에 의해 전문적인 관리가 가능하다. 장비나 기구를 도입할 때는 기구의 디자인, 사용방법, 관리방법 등을 잘 챙겨서 이를 이용자들이 충분히 인지하고 접근할 수 있도록 한다. 그리고 전문적인 교육을 받은 종업원이 가까이에서 관리를 할 수 있도록 배려하는 것도 중요하다.

사우나는 비치된 벤치는 잘 조립되어 있는지 튀어나온 부분은 없는지 확인하고, 바닥의 미끄럼을 수시로 확인하여 비눗물을 제거하고, 탕내의 온도는 자동화 시스템에 의해 유지되고 있는지 확인하며, 매 10분마다 새로운 온수를 유입시켜 청결을 유지한다. 각종 장비에는 안전관리를 위해 안내판을 부착하고, 사우나 도크의 수입구에는 뜨거운 물에 대한 주의를 당부하는 안내판을 필히 부착한다. 또한 비상 시를 대비하여 비상벨을 설치하여 고객이 사용에 편하도록 배려한다.

그 외 락카, 파우더룸, 샤워실, 스팀룸 등도 온수와 미끄럼 등에 노출된 고객의 안전을 위하여 수시로 확인하고, 정기적인 점검을 통해 안전관리에 만전을 기해야 한다.

(8) 객실부문

호텔에 투숙하는 고객에게 가장 중요한 것은 깨끗한 객실, 안전하고 편안한 채류일 것이다. 객실에 설치되는 가구, 부착물, 기구(FF&E: furniture, fixture & equipment)는 실내 분위기와 디자인을 고려하여 선택이 되지만 그보다 더 중요한 것은 이를 사용하는 고객의 안전이 앞서야 한다. 취침 중 몸부림을 쳐서 나이트스탠드에 손을 다친다면, 가구 모서리에 부딪쳐 무릎을 다친다면, 모발건조기로 머리를 말리다가 헤어드라이어에 감전이 된다면, 화재 시 피난기구가 없어 낭패를 당한다면 어떻게 될까? 또한 객실고객의 안전을 위해 시스템화된 객실 키(guestroom key), 도어 뷰어(door viewer), 도어체인(door chain), 자동잠금장치(self-closure), 밝은 출입문 전등 설치, 피난통로 안내판, 커넥팅 도어의 이중잠금장치(double lock), 창문의 안전 여닫이, 발코니의 안전대 설치, 객실에 귀중품금고 비치 등이 필요하게 된다. 고객의 안전을 위하여 객실의 창문은 4인치 이상 열지 못하게 고정하고, 객실의 가구는 마감을 둥글게 하여 부딪쳐서 피부가 찢어지는 일이 없도록 하며, 액자와 그림은 벽에 고정하여 떨어지는 일이 없도록 한다. 객실에는 가능하면 전열기 사용을 피하고, 화재경보기는 노출형으로 설치하여 작동이 용이하도록 하며, 전기꽂이는 카버가 있는 것으로 설치한다. 욕실의 바닥에는 물이 튀지 않도록 디자인 하여 미끄럼 사고를 예방한다. 더운 물이 공급되는 파이프는 보호대를 만들고, 욕실에 공급되는 더운 물은 43℃ 이하로 하고, 욕조 내부에는 손잡이를 설치한다. 욕실 내부의 전등은 물기가 가지 않는 곳에 설치하며, 출입문과 전등은 이격시킨다. 샤워실은 욕조와 분리하여 설치하며, 샤워실 내부에도 안전지지대를 설치하고, 바닥의 물이 밖으로 나오지 못하도록 턱을 약간 높여 설치한다.

그림 13-4 객실 출입문 안전장치

(9) 식음료영업장

식음료영업장은 인력의 집중과 장비의 집중이 이뤄지고, 일시에 많은 고객이 출입을 하게 되어 안전에 소홀하면 크고 작은 사고를 일으켜 영업에 막대한 지장을 주게 된다. 미국의 안전자문위원회에 따르면 호텔의 식음료영업장에서 일어나는 안전사고는 식당 내부 바닥의 미끄럼, 트랩의 위험, 시설물에 부딪쳐 넘어지는 고객이 43%, 식당 외부에서 미끄러지거나 트랩에 빠지거나 시설물에 부딪쳐 넘어지는 고객이 23%, 식당장비의 부실에서 오는 안전사고가 22%, 음식에서 화상을 입는 고객이 11%나 차지한다고 밝혔다. 또한 종업원이 당한 안전사고는 43%가 넘어지는 것이 원인이고, 11%는 무거운 것을 들다가 일어났다고 밝혔다. 뿐만 아니라 고객에 의한 도난사고, 캐셔 데스크의 현금분실사고 등 다양한 사고가 식음료영업장에서 일어나고 있으므로 제반 시설은 고객이 안전하고 편안하게 이용할 수 있도록 디자인되어야 한다.

조리부서는 호텔 내에서 작업환경이 가장 열악하며, 안전사고 위험이 가장 높은 곳이다. 대부분의 사고가 칼에 손을 비거나 불에 데거나 허리를 삐거나 미끄러져 타박상을 입거나 하는 신체적인 사고로 오랜 동안 병원에 입원을 하여야 하는 경우도 있다. 이러한 것들은 조리부서의 과학적인 디자인, 효율적이고 안전한 조리부서기구 사용, 직원들의 안전사고 방지에 대한 의식과 교육, 철저한 감독 등이 안전사고를 방지할 수 있다. 조리부서의 안전은 생산성을 높이고, 맛과 멋이 담긴 음식을 제공할 수 있어 고객으로부터 좋은 평판을 받을 수 있게 된다.

(10) 종업원 업무구역

호텔은 고객구역과 종업원의 업무구역으로 구획되며, 시설의 차이가 매우 크다. 고객이 이용하는 지역은 고급스런 시설과 디자인이 안전을 감안하여 설계될 것이지만 영업을 지원하는 서비스지역(service area)과 관리부문(back of the house)은 그렇지 못한 게 현실이다. 종업원의 인사사고를 줄이고, 생산성을 높이며, 경비인력과 비용을 줄일 수 있는 방법을 모색하여 디자인을 하여야 한다. 바닥이 미끄러워 넘어지거나 드레인에 빠지는 일을 줄이기 위해서는 바닥재, 전등, 벽보호대 등을 안전하게 설계하여야 한다. 보다 세심한 배려를 하여야 하는 공간으로 물자 수령지역 및 검수대, 조리준비실과 냉동고, 경비실, 응급처치실, 객실관리부와 세탁실 주변, 시설관리부서와 그 주변, 종업원 락카와 샤워실, 종업원식당, 각종 사무실, 프런트 데스크의 뒤편, 예약 사무실과 교환실, 조리부서와 그 주변, 연회장 및 그 주변 등이 있다. 또한 이들의 동원을 고려하여 배치하므로 인력과 시간을 절약할 수 있는 방안도 함께 모색하여야 한다. 호텔의 규모에 따라 물자수령장(receiving deck)의 규모가 정해지지만 초대규모호텔은 이 지역의 물동량이 많고 대형차량의 진입이 가능하도록 하고 안전판을 설치하여야 한다. 종업원 업무공간에 있는 사무실은 가능하면 내부를 볼 수 있도록 디자인하고, 경비실의 출입은 전자감지에 의해 확인이 될 수 있도록 설계하여 전산화를 이루어야 한다. 시설관리부서와 객실관리부서는 무거운 물건과 화공약품 등을 이동하고, 사용하므로 편리한 이동과 화공약품을 안전하게 보관하고, 사용할 수 있는 공간을 마련하여야 한다. 조리준비실에 있는 냉동고는 항상 내부에 사람이 있다는 것을 전제로 비상개방이 가능하도록 설계하고, 전자감지시설을 곁들여 동사사고에 대비하여야 한다.

제 5 절 일상 안전관리와 방화관리

1. 일상 안전관리

1) 호텔 공공장소 안전관리

호텔의 로비, 대소연회장, 영업장, 주차장 등은 개방되어 있어서 누구나 출입이 가능하다. 가끔 반갑지 않은 사람들로 인해 피해를 보는 고객이 있어 호텔의 이미지를 실추시키기도 한다. 이러한 공공장소의 안전사고는 이곳에 배치된 안전관리요원과 현장 종업원에 의해 미연에 방지되어야 한다. 안전관리요원은 공공지역 고객의 흐름과 수상한 자들의 동태를 한눈에 볼 수 있는 숙련된 종업원으로 배치되어야 하며, 근무 중인 안전요원은 고객의 행동을 감시하는 태도를 보이는 것은 고객서비스에 악영향을 주게 되므로 항상 밝은 표정과 도움을 주고자 하는 적극적인 자세를 고객에게 보여 주어야 한다. 가끔 매우 남루한 복장이나 거친 행동으로 다른 고객들에게 불편을 쌓는 사람이 나타나게 되면, 다른 고객들이 눈치를 차리지 못하게 외부로 유도하여 돌려보내야 한다. 무리한 통제는 또 다른 불만을 낳게 되므로 치안관서의 도움을 받는 것도 필요하다.

2) 호텔객실 안전관리

호텔에 투숙하는 고객은 호텔로부터 그들의 생명과 재산을 보호받을 권리가 있다. 따라서 호텔이 객실을 안전하게 보호하는 것은 대단히 중요한 업무이며, 안전관리부서, 객실영업부서, 객실관리부서가 함께 노력하여야 한다. 호텔은 투숙객의 안전을 위해 엘리베이터를 이용하는 고객을 제한하기 위해 다양한 프로그램을 활용하고 있다. 대규모호텔들은 객실로 통하는 엘리베이터가 여러 곳에 설치되어 있어 통제가 어려우므로 객실열쇠를 엘리베이터에 인식시켜 해당 층에 내리도록 하는 시스템을 갖추기도 한다. 대다수 비즈니스 호텔들은 귀빈층 투숙고객에게 귀빈층 라운지가 있는 층의 출입을 위한 카드키를 발급하게 된다. 해당 고객 외의 사람들이 객실을 출입할 때는 출입절차에 의해 허락이 되도록 규정을 설정하여 엄격히 관리를 하게 된다. 뿐만 아니라 객실 내에서 방문자를 확인하기 위한 시스템, 불의의 사고에 대비한 비상벨 시스템, 이중 잠금장치 등은 투숙고객을 안전하게 보호하기 위한 설비들을 갖추고 있다. 그러나 교환실, 프런트 데스크, 로비, 엘리베이터, 객실복도 등으로 이어지는 통로를 수시로 보호할 수 있는 업무는 안전관리요원을 중심으로 호텔 전체 구성원의 몫일 수밖에 없다.

3) 고객의 재산보호

호텔의 투숙객이나 각종 영업장을 이용하는 고객들은 항상 현금, 귀중품, 여행휴대품 등을 가지고 이동하게 된다. 호텔은 고객의 생명뿐만 아니라 재산도 보호해야 할 의무를 지니게 되므로 고객이 이용하기 편리한 시설과 설비를 마련하고, 이를 이용하게 하여야 한다. 객실 내에 설치된 귀중품 보관함을 기피하는 고객을 위해 프런트 데스크에 대형 귀중품 보관함을 마련하여 이용하게 하거나 벨데스크에 있는 짐보관실에 여행휴대품을 보관하게 한다든지, 연회장 행사에 참석하는 고객을 위해 옷 보관실을 운영하는 것과 주차장에 차량을 보관하고 주차티켓을 발행하는 것은 이러한 제도의 일환이다. 고객으로부터 위임받아 보관하는 현금과 물건은 어떠한 경우라도 고객에게 안전하게 돌려줄 의무를 지게 되므로 절차에 의해 보다 안전하게 관리하여야 한다. 간혹 객실이나 영업장에서 분실사고가 발생하였다는 보고를 받게 되는 경우가 있다. 이러한 경우 먼저 고객을 안심시키고, 호텔이 설정한 규정과 절차에 따라 차근차근하게 문제를 풀어나가야 한다. 다만 고객의 입장에서 문제를 해결하겠다는 마음가짐은 호텔리어로서 매우 중요한 덕목이다.

4) 호텔의 재산보호

안전관리부서는 영업부서에서 진행하는 일일 영업활동처럼 안전관리업무를 수행하게 되며, 이는 호텔의 인명과 재산을 보호하는 내용이 주된 업무이다. 호텔 로비와 복도에는 고가의 미술품, 조각품이 있는가 하면 대부분의 기자재가 고가품이다. 뿐만 아니라 프런트 데스크와 각 영업장 카운터에는 현금과 신용카드 전표를 취급하므로 금전가치가 충분한 것들로 산재되어 있다. 호텔도 은행처럼 주요 관리지점에 무인카메라, 비상벨 등을 설치하여 안전에 대비하고 있다. 그러나 문제가 발생될 수 있는 요인을 사전에 발견하고, 이를 제거하는 작업은 안전관리부서와 현업부서가 추진해야 하는 과제이므로 항상 업무현장의 안전을 위해 주의를 살펴야 한다.

5) 호텔의 재산보호를 위한 출입문관리

호텔을 출입하는 통로는 고객지역인 공공장소, 영업장, 부대시설영업장, 주차장 등과 호텔에 필요한 사람과 물자가 출입하는 출입문(후문)관리가 있다. 각급 호텔은 호텔출입에 대한 규정을 설정하고 이를 이행하게 된다. 호텔에 용무가 있어 방문하는 사람에게는 출입증을 발급하여 패용하게 하고, 업무가 끝나면 이를 회수한다. 외부인의 제한구역 출입은 안전관리규정에 의해 통제를 하게 되며, 출입자의 소지품 점검은 프라이버시를 최대한 존중하여 이행한다. 재활용품 및 쓰레기 처리를 위해 출입하는 협력회사 직원은 허용된 구간에 한해 출입하도록 하며, 아웃소싱 계약에 의한 협력업체 직원은 호텔의 규정에 의해 출입하도록 교육한다. 종업원의 방문객은 예의를 갖춰 맞이하고, 절차에 의해 안내한다. 비상사태가 발생된 경우 절차에 의해 보고하고, 응급조치를 취한다.

2. 방화관리

1) 호텔 방화관리의 의의

호텔에는 많은 고객이 내왕하므로 호텔은 이들의 생명과 재산보호는 물론 호텔 종업원의 생명과 호텔 재산도 확실하게 책임져야 한다. 따라서 호텔 방화관리는 각종 방화, 소방시설 및 장비를 갖추고 부단 없는 교육훈련과 예방인식을 고취시키므로 대형 사고를 방지

그림 13-5 호텔의 방화관리 장비

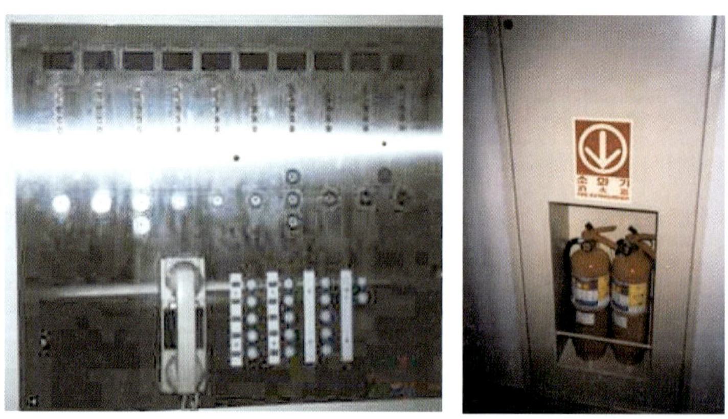

할 수 있다. 호텔의 소방설비로는 각종 소화기, 자동화재경보기, 자동전기누전탐지기, 구조대, 구조사다리, 연결송수관, 방화벽, 스프링클러 등이 있다. 많은 종류 · 양의 장비가 있어도 이를 운전할 전문요원이 없다면 이들도 무용지물이므로 각종 위험물 취급관리자의 임명 및 유자격자 확보로 24시간 감시체제 유지가 필요하게 된다.

2) 호텔의 화재 예방대책

호텔건물은 소방법상 특수 건축물로 분류되며, 내화구조로 설계 · 시공되어진다. 또한 건축방재의 계획에 있어서 기본적인 사항으로 건축물의 공간적 대응과 건축물의 설비적 대응이 고려되어 있기 때문에 근본적으로 건축물의 방화대책은 마련되어 있다고 볼 수 있다. 그러나 인간생활의 주변에서 화기나 가연물을 완전히 제거한다는 것은 불가능하기 때문에 다음과 같이 화재발생의 가능성에 대한 예방대책이 필요하다.

① 화재 예방측면에서 내장재의 불연화와 내열 및 규격 전선사용을 철저히 한다.

② 화재 확산방지 측면에서 법규에 따른 방화구획 설정, 호텔주변의 소방차 등의 통로 확보, 소화용수의 확보를 확실히 한다.

③ 화재 조기 발견 조치 측면에서 감도가 우수한 연기 감지기 및 가스 감지기의 설치 관리대책이 필요하다.

④ 호텔 직원에 대한 지속적인 소방안전교육을 실시하다.

3) 연소재의 제거

화재는 연소재가 상호작용 하므로 발화되기 때문에 이러한 요소를 한자리에 두지 않는 것이 화재예방의 관건이다. 즉, 가연물(연료), 조연물(산소), 점화원(불씨)을 격리시키는 작업을 평소에 습관화하는 것이다. 화재의 근원인 연소재로 첫째, 산화하기 쉬운 가연물로는 목재, 섬유, 종이류, 고무, 플라스틱 제품 등의 고체 가연물과 등유, 휘발유, 벙커 C유, 석유, 경유 등의 액체 가연물, 그리고 LPG, LNG, 부탄가스 등의 기체 가연물이 있다. 둘째, 연소의 조연물로는 산소가 있다. 산소는 공기 중에 21%가 존재하며, 가연물이 연소되기 위해서는 액체의 경우 공기 중의 산소량이 약 16% 정도, 고체의 경우 약 6% 정도가 있으면 연소가 진행된다. 셋째, 점화원으로 전기불꽃, 정전기, 전기스파크, 마찰 및 충격의 불꽃, 고열물체, 산화열 등이 있다. 불이 발화되어 타더라도 발화조건 중 한 가지만 제거하면 소화되므로 평소 훈련에 의해 소화요령을 익혀 두어야 한다.

4) 호텔의 화재진압

어떤 연유이든 호텔에 화재나 긴급사태가 발생할 경우에는 신속히 출동하여 초기에 진압하는 것이 가장 바람직하다. 그러기 위해서는 각 부서의 직원들로 구성된 비상 대기조의 운영이 필요하며, 인원구성은 호텔의 규모나 특성에 따라 달라질 수 있지만, 4명씩 4개분대로 구성하는 것이 효과적이다. 비상사태가 발생되면 가장 먼저 연락되어야 하는 곳은 호텔의 전화교환실이며, 다음은 당직지배인, 안전관리부서장, 시설관리부서장, 총지배인/부총지배인 등이다. 평상시에는 각자 근무 장소에서 정상적인 근무를 하다가 비상 관재실로부터 화재발생에 대한 암호방송이 나가면 즉각 출동하도록 한다. 암호방송은 화재 시와 훈련 상황 시를 구분하여 방송하도록 사전 교육이 필요하다. 예를 들면,

> 실제 화재가 발생되면,
> **"업무 연락입니다. 객실부장께서는 당직지배인께 연락해 주십시오."**
>
> 훈련 상황 시는,
> **"업무 연락입니다. 시설관리부장께서는 교환실로 연락해 주십시오"** 라고 할 수 있다.

5) 호텔의 화재피난

인명 안전 대피 측면에서 평소에 두 방향 이상의 피난통로를 확보해 두고 방 · 배연 시설, 피난기구, 유도 등이 제 기능을 충분히 발휘할 수 있도록 정기적으로 점검한다. 각 부서별 자위조직은 안전관리부서의 지휘에 의해 운영되며, 고객 대피 유도 방법은 통로, 피난구, 유도 등의 유도 방향으로 안내하여 피난층으로 대피한다. 특히 혼란으로 인한 2차적인 안전사고 발생을 방지하기 위해서는 건물구조, 용도, 영업장의 위치에 따라 층별로 적합한 대피 유도반을 운영하는 것이 매우 중요하다.

6) 방재센터의 관리

방재센터에서는 건축물 내에 있어서의 화재정보를 일관 집중 감시하는 기능을 가지고 있으며, 화재의 진전 상황을 파악할 수 있다. 따라서 화재상황에 따라 적합한 정보를 제공하고 피난할 필요가 있는 경우에는 그 뜻을 지시할 수 있다. 방재센터의 감시 · 제어기능은 화재의 탐지, 화재의 확인 · 판단 · 지령 · 통보, 초기 소화, 연소방지, 피난 유도, 본격 소화, 방범 관리, 기타 관련사항 등이 있다.

그림 13-6 초대규모호텔의 방재센터

참/고/문/헌

김동식, 피델리오시스템, 백산출판사, 2005.

김미경 · 정연국 · 안택균 · 서광열, 신관광학, 백산출판사, 2008.

김미경 외, 최신 호텔경영론, 백산출판사, 2012.

김시중 외, 호텔경영론, 백산출판사, 2012.

김의근 외, 호텔경영학개론, 백산출판사, 1999.

김재민 · 신현주, 신호텔경영론, 대왕사, 2000.

김천중, 관광정보시스템, 대왕사, 1998.

박대환 · 김철우, 현대여가와 레저생활, 학문사, 2001.

박대환 · 정연국, 호텔객실업무론, 백산출판사, 2007.

박대환 · 정연국 · 조보경 · 전우혁, 호텔객실영업론, 백산출판사, 2013.

박대환 · 정구점 · 조보경 · 전우혁, 호텔객실관리와 시설관리, 백산출판사, 2013.

박대환 · 박봉규 · 공기열 · 박진우, 호텔경영관리론, 도서출판 대명, 2007.

박대환 · 한진수 · 장병주 · 조보경, 호텔관광서비스 이론과 실제, 백산출판사, 2009.

박대환, 호텔시설관리론, 백산출판사, 2012.

박성부, 호텔경영의 입문, 백산출판사, 2009.

박중환, 현대호텔마케팅론, 형설출판사, 1998.

서성무, 경영학원론, 형설출판사, 1993.

신형섭, 호텔객실서비스실무론, 학문사, 1999.

송기헌, 호텔경영세미나, 일진사, 2003.

오정환, 호텔경영학원론, 기문사, 1997.

오찬 외, 호텔식음료 서비스실무론, 백산출판사, 2010.

유정남, 호텔경영론, 기문사, 1998.

원융희, 호텔실무론, 백산출판사, 1997.

원철식 · 최영준 · 정연국, 관광법규와 사례분석, 백산출판사, 2013.

이유재, 서비스마케팅, 학현사, 1994.

이희천 · 신정화 · 한진수, 호텔경영론, 형설출판사, 2004.

임경인, 최신호텔마케팅, 백산출판사, 1998.

정구점, Hotel Management Work-Shop, 새로미, 2011

정경훈 · 유희경, 호텔관리회계론, 1997.

정종훈 · 한진수, 호텔 프런트 · 객실관리론, 현학사, 2003.

주종대, 현관객실업무, 백산출판사, 1997.

최덕철, 서비스마케팅, 학문사, 1995.

최병호 · 유도재, 호텔경영의 이해, 백산출판사, 2008.

최수영 · 김분태, 유비쿼터스 경영기획, 도서출판 대명, 2004.

최풍운, 호텔실무(현관 · 객실 중심), 백산출판사, 1995.

한광종, 컨벤션 실무영어와회화, 백산출판사, 2003.

허정봉, 호텔경영정보시스템, 백산출판사, 1996.

허정봉 외, 호텔리어를 위한 호텔경영학의 만남, 대왕사, 2011.

허향진 · 유희경, 호텔관리회계, 2004.

한국관광공사 코리아컨벤션뷰로ipark@mail.knto.or.kr

웨스틴조선호텔, 업무 매뉴얼, 2005.

파라다이스호텔, 업무매뉴얼, 2007.

호텔신라, 객실부문 전문과정 서비스표준, 1992.

호텔롯데, 객실매뉴얼, 1996.

Angelo, Rocco M. and Andrew N. Vladimir, An Introduction to Hospitality Today, Education Institute of AH&MA, 1994.

Astroff, Milton T. and James R. Abbey, Convention Management and Service, Educational Institute of AH&MA, 1998.

Astroff, Milton T, and James R. Abbey, Convention Sales and Services, Wm. C. Company Publishers, 1978.

Bardi, James A. Hotel Front Office Management, Van Nostrand Reinhold, 1990.

Bass, B. M.(1985). Leadership and Performance Beyond Expectations, New York: The Free Press.

Goleman, Daniel(Jan. 2004). What makes a leader? Harvard Business Review, 82-91.

Gordon, Robert T., Mark H. Brezinski, The Complete Restaurant Management Guide, Sharpe Professional, 1999.

Greenleaf, R. K.(1970). The Servant as Leader, Greenleaf Center in Indianapolis.

Fuller, John, David Kirk, Kitchen Planning and Management, Butterworth- Heinemann Ltd. 1991.

Hayes, David K. and Jack D. Ninemeier, Hotel Operations Management, Pearson Education, Inc., 2004.

Howell, J. P. & Costley, D. L.(2006). Understanding Behaviors for Effective Leadership(2nd Ed.), N.J.: Pearson Prentice Hall.

Katz, R. L.(1974). Skills of an Effective Administrator. Harvard Business Review, 90-102.

Kohr, Robert L., Accident Prevention for Hotels, Motels, and Restaurants, Van Nostrand Reinhold, 1991.

Kotler, Philip, Jojn T. Bowen, James C. Makens, Marketing for Hospitality and Tourism, Pearson Education International, 2006.

Larkin, Enda M., How To Run A GREAT HOTEL, howtbooks, 2009.

Lockwood, Andrew, Michael Baker and Andrew Ghillyer, Quality Management In Hospitality, Cassell, 1996.

Miller, Jack E., Supervision In The Hospitality Industry, John Wiley & Sons, Inc., 1992.

Miller, Jack E., David K. Hayes, Basic Food and Beverage Cost Control, John Wiley & Sons, Inc. 1994.

Miner, J. B. & Smith, N. R. (1982). Decline and Stabilization of Managerial Motivation over a 20-Year Period. Journal of Applied Psychology, 297-305.

Mintzberg, H.(1980). The Nature of Managerial Work. N. J.: Prentice Hall.

Morse, J. J. & Wagner, F. R.(1978). Measuring the Process of Managerial Effectiveness. Academy of Management Journal, 23-35.

Ninemeier, Jack D. Food & Beverage Management, AH&LA, 2000.

Kajarian Edward A., Food Service Facilities Planning, 2nd ed., Westport Conneticut, 1983.

Kasavana, Michael L. and Richard M. Brooks, Managing Front office operations, Educational Institute, America Hotel and Lodging Association, 2002.

Kotschevar, Lendal H., Richard Donnelly, Quantity Food Purchasing, Macmillan Publishing Company, 1994.

Milton, T. Astroff, James R. Abbey, Convention Management and Service, Education Institute, AH&MA, 1998.

Olsen, Michael, Joseph West, Eliza Ching-Yick Tse, Strategic Management in the Hospitality Industry, John Wiley & Sons, Inc. 1998.

Pavett, C. M. & Lau, A. W.(1983). Managerial Work: The Influence of Hierarchical Level and Functional Specialty. Academy of Management Journal, 170-177.

Philip Kotler, John T. Brown, James C. Makens, Marketing for Hospitality and Tourism, Pearson Education Inc,. 2014.

Phillips, P. A. and L. Moutinho, Strategic Planning Systems in Hospitality and Tourism, CABI Publishing, 1998.

Reynolds, William and Michael Roman, Successful Catering, John Wiley & Sons, Inc., 1991.

Robbins, S. P.(1989). Training in Inter-Personal Skills, N. J.: Prentice-Hall.

Stefanelli, John M., Purchasing Selection and Procurement for The Hospitality Industry, John Wiley & Sons, Inc. 1992.

Vallen, Jerome V. CHECK IN-CHECK OUT, Brown Company Publishers, 1977.

Hotel Intercontinental, Rooms Division Service Manual, 1996.

Westin Hotels & Resorts, Front Office Service Manual, 2008.

저자 소개

박 대 환

세종대학교 경영대학원 호텔경영학과(경영학석사)
경남대학교 대학원 마케팅전공(경영학박사)
미국 플로리다국제대학교 호텔관광학부 교환교수
관광호텔 총지배인자격증 취득
미국 국제총지배인자격증 취득(AH&LA CHA)
부산웨스틴조선호텔 영업총괄 부총지배인
경상남도의회 자문위원(관광분야)
경남발전연구원 비상임연구위원
부산광역시 관광호텔 등급심사위원
부산광역시 관광협회 관광종사원 면접위원
울산광역시 관광평의시설업지정 심사위원
한국관광공사 통역안내원 면접위원
한국관광호텔업협회 관광호텔 등급심사위원
한국산업인력공단 호텔경영사 국가자격시험 문제 출제위원
국가직무능력표준(NCS)설정 전문위원
한국호텔관광학회, 한국호텔외식경영학회, 한국프랜차이즈학회 부회장
영산대학교 호텔관광학부장, 행정처장, 입학처장, 사무처장
(현) 영산대학교 호텔관광대학 호텔경영학과 교수
(현) 영산대학교 대학원 호텔관광경영전공 책임교수

저서

- 호텔기업의 서비스지향성에 관한 연구 외 논문 47편
- 호텔객실영업론 외 저서 30권

정 연 국

동국대학교 관광경영학과 졸업(경영학학사)
경희대학교 대학원 관광경영학과 졸업(경영학석사)
세종대학교 대학원 경영학과 졸업(경영학박사)
미국 국제총지배인자격증 취득(AH&LA CHA)
(주)삼립 하일라 리조트 근무
(주)스위스 로젠 관광호텔 근무
(주)한국 피제스 근무
동국대학교 관광산업연구소 연구원
영산대학교 호텔관광대학 겸임교수
한국산업인력공단, 한국관광협회중앙회 관광종사원 국가자격시험 필기시험(호텔서비스사, 관광통역안내사, 국내여행안내사) 출제위원
지역맞춤형 일자리창출 지원사업 해양서비스산업 전문 인력양성사업 책임교수
(현) 동의과학대학교 국제관광계열 호텔관광서비스전공 교수
(현) 동의과학대학교 국외여행인솔자 과정(T/C) 책임교수
(현) 한국관광서비스학회 편집위원회 편집위원장
(현) 한국호텔관광학회 대외협력 상임이사
(현) 한국와인교육협회 이사
(현) 부산불교연합회 기획부위원장
(현) 부산광역시 부산진구 사회적기업 육성위원

저서

- 호텔 · 외식산업에서 관계몰입에 영향을 미치는 관계혜택과 핵심서비스품질 접근법의 통합 모형 개발 외 논문 40편
- 호텔경영론 외 저서 20권

호텔경영의 이해

2014년 3월 5일 초판 1쇄 인쇄
2014년 3월 10일 초판 1쇄 발행

저 자 박 대 환 · 정 연 국

발행인 진 욱 상 · 진 성 원

저자와의 합의하에 인지첩부 생략

발행처 백산출판사

서울시 성북구 정릉로 157(백산빌딩 4층)
등록 : 1974. 1. 9. 제 1-72호
전화 : 914-1621, 917-6240
FAX : 912-4438
http://www.ibaeksan.kr
editbsp@naver.com

값 28,000원
ISBN 978-89-6183-893-1